IMPORTANT

MW01013897

WTGE–XN9A–7A8D–GYUI

HERE IS YOUR REGISTRATION CODE TO ACCESS M
PREMIUM CONTENT AND MCGRAW-HILL ONLINE RESOURCES

For key premium online resources you need THIS CODE to gain access. Once the code is entered, you will be able to use the web resources for the length of your course.

Access is provided only if you have purchased a new book.

If the registration code is missing from this book, the registration screen on our website, and within your WebCT or Blackboard course will tell you how to obtain your new code. Your registration code can be used only once to establish access. It is not transferable

To gain access to these online resources

1. USE your web browser to go to: **www.mhhe.com/avance**

2. CLICK on "First Time User"

3. ENTER the Registration Code printed on the tear-off bookmark on the right

4. After you have entered your registration code, click on "Register"

5. FOLLOW the instructions to setup your personal UserID and Password

6. WRITE your UserID and Password down for future reference. Keep it in a safe place.

If your course is using WebCT or Blackboard, you'll be able to use this code to access the McGraw-Hill content within your instructor's online course.

To gain access to the McGraw-Hill content in your instructor's WebCT or Blackboard course simply log into the course with the user ID and Password provided by your instructor. Enter the registration code exactly as it appears to the right when prompted by the system. You will only need to use this code the first time you click on McGraw-Hill content.

These instructions are specifically for student access. Instructors are not required to register via the above instructions.

The McGraw-Hill Companies

Mc Graw Hill **Higher Education**

Thank you, and welcome to your McGraw-Hill Online Resources.

ISBN-13: 978-0-07-294998-8
ISBN-10: 0-07-294998-8 t/a
Bretz
Avance! Intermediate Spanish, 1/e

REGISTRATION CODE
REGISTRATION CODE

¡AVANCE!
Intermediate Spanish

Mary Lee Bretz
Rutgers University, *Professor Emerita*

Trisha Dvorak
University of Washington

Carl Kirschner
Rutgers University

Rodney Bransdorfer
Central Washington University

Constance Kihyet
Saddleback College

Contributing Writers:
Javier Martínez de Velasco
Central Washington University

Carmen M. Nieto
Georgetown University

Enrique Yepes
Bowdoin College

Boston   Burr Ridge, IL   Dubuque, IA   Madison, WI   New York   San Francisco   St. Louis
Bangkok   Bogotá   Caracas   Kuala Lumpur   Lisbon   London   Madrid   Mexico City
Milan   Montreal   New Delhi   Santiago   Seoul   Singapore   Sydney   Taipei   Toronto

Higher Education

This is an [EBI] book.

¡Avance!
Intermediate Spanish

Published by McGraw-Hill, an imprint of The McGraw-Hill Companies, Inc., 1221 Avenue of the Americas, New York, NY 10020. Copyright © 2004 by The McGraw-Hill Companies, Inc. All rights reserved. No part of this publication may be reproduced or distributed in any form or by any means, or stored in a database or retrieval system, without the prior written consent of The McGraw-Hill Companies, Inc., including, but not limited to, in any network or other electronic storage or transmission, or broadcast for distance learning.

This book is printed on acid-free paper.

5 6 7 8 9 0 DOW DOW 0 9 8 7 6

ISBN-13: 978-0-07-288181-3 (Student's Edition)
ISBN-10: 0-07-288181-X (Student's Edition)
ISBN-13: 978-0-07-288283-4 (Instructor's Edition)
ISBN-10: 0-07-288283-2 (Instructor's Edition)

Vice president and Editor-in-chief: *Thalia Dorwick*
Publisher: *William R. Glass*
Director of development: *Scott Tinetti*
Development editor: *Fionnuala McEvoy*
Executive marketing manager: *Nick Agnew*
Lead project manager: *David M. Staloch*
Lead production supervisor: *Randy Hurst*
Design manager: *Violeta Díaz*
Art director: *Jeanne M. Schreiber*
Senior supplements producer: *Louis Swaim*
Senior photo research coordinator: *Nora Agbayani*
Photo researcher: *Judy Mason*
Compositor: *The GTS Companies/York, PA Campus*
Typeface and paper: *10/12 Times Roman on 45# Publisher's ThinBulk*
Printer and binder: *R.R. Donnelley*

LIBRARY OF CONGRESS CATALOGING-IN-PUBLICATION DATA

¡Avance!: Intermediate Spanish / Mary Lee Bretz ... [et al.]; contributing writers, Javier Martínez de Velasco, Carmen N. Nieto, Enrique Yepes.
  p. cm.
English and Spanish
Includes index
ISBN 0-07-288181-X (softcover)
1. Spanish language—Textbooks for foreign speakers—English. I. Bretz, Mary Lee.

PC4129.E5A83 2004
468.2'421—dc22   2003060703

www.mhhe.com

CONTENTS

CAPITULO 3

COSTUMBRES Y TRADICIONES   77

CAPITULO 4

LA FAMILIA   113

GEOGRAFIA, DEMOGRAFIA, TECNOLOGIA   145

EL HOMBRE Y LA MUJER EN EL MUNDO ACTUAL   179

CAPITULO 7

EL MUNDO DE LOS NEGOCIOS

CAPITULO 8

CREENCIAS E IDEOLOGIAS

LOS HISPANOS EN LOS ESTADOS UNIDOS   271

LA VIDA MODERNA   313

CAPITULO 11

LA LEY Y LA LIBERTAD INDIVIDUAL

CAPITULO 12

EL TRABAJO Y EL OCIO

PREFACE

Welcome to *¡Avance! Intermediate Spanish,* an exciting new program for second-year students of Spanish. In response to requests from many users of the highly acclaimed *Pasajes* series, McGraw-Hill is pleased to publish this single volume version, which distills the very best of *Pasajes: Lengua, Cultura,* and *Literatura.* The result is a comprehensive yet manageable program that enriches students' language foundation in thematic vocabulary and grammatical structures with a broad selection of literary and cultural readings.

The overall goal of *¡Avance!* is the development of *functional, communicative* language ability, accomplished through *reinforcement, expansion,* and *synthesis.* Contextualized activities that review language and foster skill development provide the core of *¡Avance!* At the same time, the growing interest in cultural competence coupled with the desire to introduce students to literature at the intermediate level motivates the inclusion of cultural and literary texts in alternate chapters. As a result, *¡Avance!* meets the professional demand that instructional materials be not merely contextualized but also content-rich and interesting to today's students.

GUIDED TOUR

This fully illustrated Guided Tour of *¡Avance!* highlights the major sections of a given chapter and serves to orient professors and students to the chapter organization.

▲ Chapter Opener

Each of the twelve chapters opens with a beautiful, evocative photograph that illustrates the larger chapter theme. A list of objectives previews the grammatical structures to be covered, as well as the literary or cultural reading presented. In addition, the thematic video segment is also highlighted.

▲ Describir y comentar

Describir y comentar opens with a large full-color drawing and concludes with a series of activities to help students practice the vocabulary in a more personalized manner. The new vocabulary in **Vocabulario para conversar** is organized according to parts of speech (verbs, nouns, adjectives, adverbs/expressions) for easier identification and reference.

▲ Lengua I and II

The core of each chapter, **Lengua** (split into two sections separated by a cultural or literary reading), contains communicative activities developed around three to five grammar points. Each main grammar explanation is followed by **Práctica,** one or two form-focused activities that check students' comprehension of the grammar point, and by **Intercambios,** a set of communicative activities that provides meaningful contexts in which students use the grammatical structures and vocabulary they have just learned.

▲ Literatura and Cultura

In odd numbered chapters, a cultural reading separates the two **Lengua** sections, thus allowing a brief pause in the grammatical coverage and providing engaging content related to the chapter theme. In even numbered chapters, a literary text serves this same function. Useful guidance and strategies for how to approach literary and cultural texts precede the readings, while a variety of post-reading activities assess comprehension and encourage student interpretation and application of content. Answers to the **Comprensión** activities are found in Appendix 9 at the back of the book.

▲ Enlace

Each chapter culminates with **Enlace,** a section designed to review the chapter structures and vocabulary as well as to advance and develop critical thinking and linguistic skills. Each **Enlace** includes an **¡Ojo!** section which practices word discrimination and teaches common and useful idiomatic expressions. Each **¡Ojo!** section also contains a **Volviendo al dibujo** activity in which students review chapter vocabulary and structures as they revisit part of the large color drawing first encountered in **Describir y comentar.**

A **Repaso** section consists of one activity that reviews material from previous lessons and another that focuses on the grammatical points presented in the current chapter. Answers to the first activity of each **Repaso** section are in Appendix 8 at the back of the book.

The **Enlace** section concludes with **Pasaje cultural,** which incorporates the thematic video to accompany *¡Avance!* The video program provides additional opportunities for students to hear spoken Spanish in authentic contexts related to the chapter theme. Pre- and post-viewing activities provide helpful pedagogical support for students, offer suggestions for pair and group discussion, and provide an activity for individual research on the Internet. Additional video activities are included in the *Cuaderno de práctica.*

Several recurring features and special activities appear in each chapter of *¡Avance!*

▲ A propósito

> **A propósito** boxes in the **Lengua** sections point out important aspects of Spanish grammar that will be helpful to students not only as they work through the **Intercambios** activities but throughout their study of Spanish.

▲ Lenguaje y cultura

> **Lenguaje y cultura** emphasizes the interconnectedness of language and culture, thereby helping students develop their appreciation of the Spanish language.

▲ Estrategias para la comunicación

> Students often want to express ideas that are beyond their linguistic abilities. *¡Avance!* encourages students to confront such situations head-on and not to avoid them. The **Estrategias para la comunicación** teach students specific strategies for communicating more effectively in Spanish.

▲ Special Activities

 ¡Necesito compañero! activities, identifiable by their icon, are specifically designed for partner or pair work.

 Entre todos are activities designed for whole-class discussion.

 Improvisaciones are role-playing activities that provide contextualized practice in grammatical structures and vocabulary as well as in conversational strategies.

> In **Guiones,** students practice extended description of drawings and narration to create characters and stories.

Components

As a full-service publisher of quality educational products, McGraw-Hill does much more than just sell textbooks to your students. We create and publish an extensive array of print, video, and digital supplements to support instruction on your campus. Orders of new (versus used) textbooks help us to defray the cost of developing such supplements, which is substantial. Please consult your local McGraw-Hill representative to learn about the availability of the supplements that accompany *¡Avance!*

For instructors *and* for students:

■ *Cuaderno de práctica*
This combined workbook and laboratory manual is coordinated with the textbook and provides students with various controlled and open-ended opportunities to practice the vocabulary and grammatical structures. The laboratory section promotes listening comprehension through many short narrative passages, and speaking skills through a variety of activities, including pronunciation practice. The **Voces** section includes authentic interviews with men and women from different areas of the Hispanic world. The workbook section provides guided writing practice to help students develop expository writing skills. The **Pasaje cultural** section contains video-based activities for individual viewing of the *Video to accompany ¡Avance!*

■ *Audio Program*
Corresponding to the laboratory portion of the *Cuaderno,* the *Audio Program* (available on CD) contains activities for review of vocabulary and grammatical structures, passages for extensive and intensive listening practice, guided pronunciation practice, and interviews with men and women from different areas of the Hispanic world. The *Audio Program* is provided free to adopters and is also available for student purchase and as premium content on the Online Learning Center.

■ *Online Learning Center* Website
The *¡Avance! Online Learning Center* Website brings the Spanish-speaking world directly into students' lives and into their language-learning experience by means of vocabulary and grammar practice quizzes and cultural resources and activities. Many resources are also available for instructors. The *¡Avance! Online Learning Center* Website can be accessed at **www.mhhe.com/avance.** If you have purchased a *new* copy of *¡Avance!*, you have access free of charge to premium content on the Online Learning Center Website at **www.mhhe.com/avance.** This includes, among other items, the complete audio program that supports the accompanying *Cuaderno de práctica.* The card bound inside the front of this book provides a registration code to access the premium content. *This code is unique to each individual user.* Other study resources may be added to the premium content during the life of the edition of the book.

If you have purchased a *used* copy of *¡Avance!* but would like to also have access to the premium content, you may purchase a registration code for a nominal fee. Please visit the Online Learning Center Website for more information.

If you are an instructor, you do not need a special registration code for premium content. Instructors have full access to all levels of content via the Instructor's Edition link on the homepage of the Online Learning Center Website. Please contact your local McGraw-Hill sales representative for your password to the Instructor's Edition.

■ *CD-ROM*

Available in a multiplatform format, the *¡Avance! CD-ROM* offers students the opportunity to review and practice vocabulary and grammar, as well as additional Spanish-language skills, in an engaging multimedia environment.

■ *Ultralingua en español* Spanish-English Dictionary on CD-ROM
This interactive bilingual dictionary, available for purchase, offers additional opportunities for students to enrich their vocabulary and improve their Spanish.

For instructors only:

■ *¡Avance! Instructor's Edition*
This special edition of *¡Avance!*, specifically designed for instructors, contains an insert

with helpful hints and suggestions for working with the many features and activities in *¡Avance!*

■ **Instructor's Manual**
This handy manual includes suggestions for using all components of the *¡Avance!* program, sample lesson plans and syllabi, sample chapter tests, and the transcript of the *Video to accompany ¡Avance!*

■ **Audioscript**
This is a complete transcript of the material recorded in the *Audio Program to accompany ¡Avance!*

■ **Video to accompany ¡Avance!**
A video consisting of authentic footage from Spanish-speaking countries accompanies *¡Avance!* Topics are coordinated with the chapter themes of the textbook. Video activities are also provided in the *Cuaderno*.

ACKNOWLEDGMENTS

We are extremely grateful to be publishing this first edition of *¡Avance!,* something we could not have predicted when we first began working on our materials many years ago.

We are especially grateful to the following reviewers who helped us work with the materials from the *Pasajes* series to create *¡Avance!* Their teaching experience with the *Pasajes* series helped them to provide us with invaluable comments and suggestions on many important decisions such as exercises to retain, readings to include, and how to reshape certain activities.

Amy R. Carbajal, Western Washington University
Bernadette Houldsworth, Wheaton College
Molly Monet-Viera, Wheaton College
Susan Schaffer, University of California, Los Angeles
Alicia V. Tabler, University of Colorado at Boulder

Additionally, we wish to thank all of the instructors who participated in the development of previous editions of *Pasajes*. Their comments, both positive and critical, were instrumental in the shaping of those editions. The appearance of their names does not necessarily constitute an endorsement of the texts or their methodology.

Dieudonne K. Afatsawo, University of Southern California
Tamara Al-Kasey, Carnegie Mellon University
Aleta Anderson, Westmont College
Cathy Barret, University of Arizona
Elizabeth S. Boyce, Houston Baptist University
Carmen Candal, Northampton Community College
Helen Child, Treasure Valley Community College
Ben Christiansen, San Diego State University

Linda DuRose, Santa Rosa Junior College
Christine Esperson, Cape Cod Community College
Julia Ferrell, Grand Valley State University
Phillip P. Flahive, North Central College
Diana Frantzen, University of Wisconsin
Sonia E. García, College of Notre Dame of Maryland
Marisa Geisler, University of Minnesota
Gilberto Gómez, Wabash College
Mary C. Harges, Southwest Missouri State University
Steven Lee Hartman, Southern Illinois University, Carbondale
T. Edward Harvey, Brigham Young University, Hawaii
Marcia Hass, University of Montana
Sue Hintz, Germanna Community College
Mary Ellen Kohn, Mount Mary College
Virginia B. Levine, SUNY Cortland
Marie Cecile Lozedo, University of Chicago
Lynne Margolies, Southeast Missouri State University
Patti Marinelli, University of South Carolina, Columbia
Claudia Martínez, Diablo Valley College
Eugenio Matibag, Iowa State University
Bruce Gregory McCoy, Germanna Community College
Jose L. Mendoza, University of San Diego
Kelly Mueller, St. Louis Community College
Edward J. Mullen, University of Missouri, Columbia
Louis L. Ollivier, Western New Mexico University
Mary Ellen Page, Valencia Community College
Linda K. Parkyn, Messiah College
David A. Petreman, Wright State University
Jerrald Pfabe, Concordia University
Marie Poldoz-Baile, University of Missouri
Pilar Poldoz-Baile, University of Missouri
Rosalea Postma-Carttar, University of Kansas, Lawrence
Gus Puleo, Columbia University
Kay E. Raymond, Sam Houston State University
Mari Pino del Rosario, Greensboro College
Hildebrando Ruiz, University of Georgia
Virginia Santos, New York University
Martha Schaffer, University of San Francisco
Cheryl M. Strand, Western Oregon State College
Kirstin Summers, University of Arizona
Edda Temocha-Weldele, Grossmont College
Katherine Thompson, University of Maryland, College Park
Carmen Urioste, Arizona State University
Hildebrando Villarreal, California State University, Los Angeles
Beth Vinkler, Illinois Benedictine College
Carol Wikerson, Gordon College
Darren Witwer, Minneapolis Community and Technical College
Philippa B. Yin, Cleveland State University

We would like to thank the people who worked on the fifth edition of the *Pasajes* series and whose work is still seen in this first edition of *¡Avance!*, as well as the people who helped shape this first edition of *¡Avance!* William Glass was our publisher, and was instrumental in shaping the plan for this textbook. Laura Chastain once again brought her talents to the manuscript development process, reading for linguistic and cultural authenticity throughout. Allen Bernier and Max Ehrsam worked as the Development Editors on the fifth edition of *Pasajes: Lengua* and *Pasajes: Cultura*. Pennie Alem worked as the Development Editor on *Pasajes: Literatura.* As the development editor of *¡Avance!,* Fionnuala McEvoy oversaw the compilation of the three texts from the *Pasajes* series into this single volume. David Staloch served as the production editor for *¡Avance!* and was critical in overseeing the production process, while Randy Hurst handled the manufacturing process. Violeta Díaz updated the interior and cover design of the book, helping to keep it contemporary for an ever-changing market. We would like to thank Nick Agnew, Executive Marketing Manager for World Languages, and the entire McGraw-Hill sales staff who have so actively promoted our materials over the years.

Finally, we would like to recognize and thank Thalia Dorwick for her ongoing assistance and support throughout the years. She has been a champion of these materials since the beginning and has contributed in countless ways.

To all of these people we again say thank you and look forward to hearing your comments about this new textbook.

Bienvenidos

1. *Parque Nacional Los Glaciares,*
   Argentina
2. *Parque Ecológico de Xochimilco,*
   México, D.F.
3. *San Antonio, Texas*

At the beginning of an intermediate language course some of you may be intimidated by a grammar book—"You mean after all those tenses we learned the first year, there are still *more*?!" The Spanish language is indeed rich in verb forms, but one of the purposes of this book is to review what you have already learned and then expand on it, while at the same time helping you see that the numerous bits and pieces of grammar—the rules and the exceptions—do in fact form a single, coherent system. *¡Avance!* explains each grammar point carefully and gives numerous examples. **A propósito** boxes throughout each grammar section provide more information on various points. At the end of each chapter is an **¡Ojo!** section that helps you recognize and learn to avoid common vocabulary errors. It is unlikely that you will acquire a perfect or even near-perfect command of grammatical structures at this stage of language learning. Such command comes slowly; we hope that over the course of time the exercises, explanations, and activities in this text and in the *Cuaderno de práctica* will help you attain greater grammatical accuracy. Each chapter also contains a literary or cultural reading with accompanying exercises.

Review, expand, synthesize: This threefold goal is the purpose of many intermediate textbooks. *¡Avance!* wants this and something more. We not only want you to *understand* the system, we want you to *use* it. For us this second goal is actually the first and most important, since the desire to speak, read, or write Spanish is the main reason that many of you sit patiently through grammar lessons in the first place. *¡Avance!* was written to help you make the leap from conjugating to communicating.

Developing the ability to communicate is fun, but also challenging. It requires more than memorization or passive participation. It requires your active, involved participation in *real* communication with your instructor and fellow students. In real communication, people ask questions because they really want to know something about a topic or person. They follow up with more questions to discover in full detail whatever it is they need or want to know. And the person who is asked a question doesn't respond with a disinterested "yes" or "no"; he or she shows interest and adds information to keep the conversation going. If some participants in the conversation have a native language other than English, they don't lapse into their native language when they don't understand what is going on; they ask questions, or reword their statements, or draw pictures to clear up the confusion.

At this point, and probably for some time to come, your Spanish may seem "babyish" in comparison with the complexity of the ideas and opinions you want to express. Don't give up on your ideas or on your Spanish. Think of other ways to say what you mean: simplify, give examples, use whatever you *do* know to bridge the gap. From the **Describir y comentar** section that begins each chapter to the **Enlace** section at the chapter's end are exercises and activities designed to encourage you to think, react, and share your ideas with your instructor and your classmates.

Don't be afraid to make mistakes; don't think that they indicate some failure on your part. Mistakes are a normal, perhaps inevitable, part of language learning. Many of the activities in *¡Avance!* are deliberately designed to challenge you, to make you use all of your Spanish knowledge. We know you will make mistakes, and we want you to learn from them. You won't always be able to say exactly what you want to say, but you *can* learn to deal with that frustration creatively and effectively. In each chapter of *¡Avance!* and in this introduction are special sections called **Estrategias para la comunicación,** which give you hints about and practice in handling many of the problems that everyone faces in real-life communication.

To communicate successfully in Spanish, you will need a strong desire to communicate as well as certain basic skills. We have tried to provide interesting exercises and activities and numerous hints to help you acquire those skills. But in the long run your level of success will depend on *you*. The potential rewards for your efforts are indeed great. Spanish is one of the most widely spoken native languages in the world. Hispanics are an immensely friendly, interesting, and important people whose culture is rich and varied. Your skill in Spanish is the **pasaje** (*passage, ticket*) that will enable you to communicate with them and to appreciate their culture in a way that a person who knows no Spanish can never experience.

ESTRATEGIAS PARA LA COMUNICACION*

¿Quieres trabajar conmigo?
Getting started

Do you know a lot of words in Spanish, but have trouble getting them out in the right order when you need to? Can you conjugate verbs fluently in the margins of your Spanish tests but freeze up when the task is conversation? Can you follow the gist of what people have said to you in Spanish but start stuttering and stammering when it's your turn to talk? Don't worry—you're more typical than you think! As a matter of fact, it is very likely that even your instructor remembers a time when he or she experienced the same problems in either Spanish or English.

Learning another language is hard work; it takes a long time. For most people, it is marked by periods of fast learning interspersed with plateaus during which no progress seems to take place. In a plateau stage, you may actually feel as if you are going downhill—making mistakes that you didn't used to make and confusing things that had previously been easy for you—instead of standing still! There isn't much that you can do to avoid plateaus, but you can make your progress through them easier and less frustrating if you keep the following tips in mind.

- *Relax.* Making mistakes is natural, not stupid. Anyone who has ever studied a foreign language has made mistakes—lots of them!—so don't waste time worrying about how to avoid them or being afraid that other people will think you are stupid. The more relaxed you are, the easier it becomes to use a language actively.

- *Think about how to get your message across.* Remember that there is never just one way to say anything; if you run into a snag, back up and go at it from another direction. The more involved you are in communicating, the less self-conscious you will be about real or potential mistakes—which, by

---

*Exercises to accompany the **Estrategias para la comunicación** sections throughout the text can be found in the corresponding chapters of the *Cuaderno de práctica*.

the way, are generally a lot less damaging to communication than you might think.

- *Be patient.* Learning another language takes considerable time and practice, but it does get easier. And you do get better—compare your present abilities to those of a first-semester Spanish student, or think about how much you know now that you didn't know when you were just a beginner!

To help you feel more comfortable and confident, each chapter of *¡Avance!* has a number of exercises specifically designed to be done with a classmate. You may find the following phrases useful for finding a partner (**un compañero, una compañera**) and getting down to work with him or her.

¿Quieres (Quisieras) trabajar conmigo?	*Do you want (Would you like) to work with me?*
Soy... ¿Y tú?	*I'm . . . Who are you?*
¿Quién empieza? (¿Quién va a empezar?)	*Who goes first? (Who's going to start?)*
Te toca. (Ahora te toca a ti.)	*It's your turn. (Now it's **your** turn.)*
Un momento. (Espera.)	*Wait a minute.*
¡Vamos!	*Let's go! Hurry up!*
¿No será... ?	*Wouldn't it be . . . ?*
¿Vale?	*OK? Is this all right with you?*
¡Regio! (¡Fenomenal! ¡Fantástico!)*	*Good job!*
Gracias por tu ayuda.	*Thanks for your help.*

---

*Exclamations of approval (and disapproval) tend to be very regional in most languages. **¡Regio!** is common in Chile and other areas of Latin America; **¡fenomenal!** and **¡vale!** are a bit more common in Spain; **¡magnífico!** and **¡fantástico!** are widely used by Hispanics from all national backgrounds. Ask your instructor for other expressions of approval that he or she knows.

CAPÍTULO

1

Tipos y estereotipos

Lesson Objectives

Lengua

- Gender and number of nouns (1)
- Basic patterns of adjective agreement (2)
- Equivalents of *to be*: **ser, estar** (3)
- Subject pronouns and the present indicative (4)
- Direct objects (5)

Cultura

- *Contrastes entre culturas*

 Vídeo: Medellín, capital industrial de Colombia

Oaxaca, México

DESCRIBIR Y COMENTAR*

The *¡Avance!* CD-ROM contains interactive activities to practice the material presented in this chapter.

■ En el Dibujo A, ¿cómo es físicamente la estudiante de la izquierda? En su opinión, ¿adónde va ella en su tiempo libre?

■ En el Dibujo A, ¿qué rasgos de personalidad asocia Ud. con la estudiante de la derecha? ¿Qué hace ella en su tiempo libre? ¿Cree Ud. que ellas van a tener problemas como compañeras de cuarto? Explique.

■ En el Dibujo B, hay varios grupos de estudiantes. ¿Dónde están? ¿Qué hacen? En su opinión, ¿tienen la apariencia de estudiosos los muchachos de la izquierda? ¿Cómo son?

■ En el Dibujo B, describa al estudiante que está a la derecha. ¿Qué hace? ¿Con quién está? ¿Qué tipo de persona parece ser? ¿Hay estudiantes coquetas o coquetones en este dibujo? ¿Dónde? Imagínese qué dicen.

*Use the **Vocabulario para conversar** on the next page to discuss the drawings.

VOCABULARIO
para conversar

asociar to associate
pertenecer to belong

la apariencia appearance
el/la atleta athlete
  un tipo muy atlético a very athletic person
el/la bromista joker
  el/la bromista de la clase class clown
la característica characteristic
la costumbre custom, habit
el/la deportista sportsman/sportswoman
el estereotipo stereotype
el estudioso / la estudiosa bookworm
la imagen image, picture
el rasgo trait, feature

bruto/a stupid, dense
cómico/a funny
coquetón flirtatious (*male*), **coqueta** flirtatious
  (*female*)
estudioso/a studious
extrovertido/a extroverted, outgoing
introvertido/a introverted, shy
listo/a bright, smart
perezoso/a lazy
pesado/a dull, uninteresting
preconcebido/a preconceived
sensible sensitive
típico/a typical
tonto/a silly, dumb
torpe clumsy, awkward
trabajador(a) hard-working

A Nombre los tipos o adjetivos de la lista anterior que se asocian con las
personas que tienen las siguientes costumbres o características. ¿Qué otros
rasgos o costumbres se asocian con cada tipo?

> MODELO: un tipo que duerme mucho → perezoso
> **otras características:** trabaja poco, camina despacio, saca
> malas notas

un tipo que...

1. hace muchas bromas (*jokes*)
2. estudia en la biblioteca todo
  el tiempo
3. es más bien tímido

4. lleva ropa de última moda
5. pasa mucho tiempo en el
  gimnasio
6. siempre está en todas las fiestas

B Usando la lista del vocabulario u otras palabras, nombre las características
que Ud. asocia con cada uno de los siguientes personajes o personas.

1. Los Simpson
2. Arnold Schwarzenegger
3. Jim Carrey

4. Frasier
5. los compañeros de «Friends»

C ¡Necesito compañero! Trabajando en parejas, arreglen las siguientes
características según las cuatro categorías indicadas en la tabla de la
siguiente página. Pueden poner una característica en más de una categoría.

atlético	extrovertido	optimista	sincero
coquetón	hablador	perezoso	sofisticado
cómico	impulsivo	responsable	tonto
egoísta	inmaduro	seguro de sí mismo	torpe
estudioso	intelectual	sensible	trabajador

características que una persona puede controlar	atlético, estudioso, perezoso,…
características que una persona no puede controlar	
características típicas de los hombres	
características típicas de las mujeres	

LENGUAJE Y CULTURA

No todas las palabras de una lengua se pueden traducir con exactitud a otra, especialmente cuando se trata del lenguaje popular o coloquial. Por ejemplo, imagínese que un amigo hispano* no encuentra las siguientes palabras en el diccionario bilingüe.
¿Puede Ud. explicarle en español lo que significan? ¿Cuáles son algunas características que se asocian con cada tipo?

■ jock
■ loser
■ geek
■ moocher
■ redneck

Después de clasificar las características, escojan las tres que Uds. consideran las más atractivas en sus amigos. Comparen sus respuestas con las de los otros miembros de la clase. ¿Tienen Uds. opiniones muy diferentes? ¿Están todos de acuerdo sobre algunas características? ¿Cuáles son? ¿Cuáles de estos rasgos asocian Uds. con sus compañeros de cuarto?

D Mire otra vez el dibujo de la página 6.

■ ¿Cuál de las personas del Dibujo A se parece a (*resembles*) la «estudiante típica» de esta universidad? Si ninguna, ¿cómo es la «estudiante típica»? ¿el «estudiante típico»?

■ ¿Tiene Ud. un compañero / una compañera de cuarto? ¿Son Uds. semejantes o diferentes? Explique.

■ ¿Qué estereotipos se presentan en los Dibujos A y B? ¿Son falsas todas esas generalizaciones? ¿Cuáles cree Ud. que son más o menos verdaderas? ¿Hay otros tipos estudiantiles en esta universidad que no están representados en los dibujos? Descríbalos.

ESTRATEGIAS PARA LA COMUNICACION

¿Cómo? *What to do when you don't understand*

*There are various terms in Spanish used to describe people and things from Spanish-speaking countries (**chicano/a, hispano/a, latino/a,** and so on), as there are in English (*Chicano, Hispanic, Latino,* and so on). In *¡Avance!,* **hispano/a** and *Hispanic* will be the preferred terms. You will learn more about these and the other terms in **Capítulo 9.**

Cope with missed messages in spoken Spanish just as you do in English: Let the other person know what part of the message you haven't understood. Request general information with **¿cómo?** (*what?*). Request specific information by using the appropriate interrogative.

¿cuándo? *when?*	¿dónde? *where?*
¿cuál(es)? *which one(s)?*	¿adónde? *where to?*
¿quién(es)? *who?*	¿de dónde? *where from?*
¿de quién(es)? *whose?*	¿cuánto/a? *how much?*
¿para quién(es)? *for whom?*	¿cuántos/as? *how many?*

Request a repetition with **más despacio, por favor** (*slower, please*) or **repita, por favor.** Often, a single unknown word or expression may be the key to your (mis)understanding. Ask **¿Qué quiere decir___?** for a definition or paraphrase of the unknown word or expression.

LENGUA I

1 GENDER AND NUMBER OF NOUNS

A. Gender of nouns

In Spanish, nouns are classified as masculine (used with the articles **el** and **un**) or feminine (used with the articles **la** and **una**).

el estereotipo *stereotype*	**la** imagen *image*
un rasgo *trait, feature*	**una** característica *characteristic*

Two primary clues can help you correctly identify the gender of most Spanish nouns.

1. **Meaning:** biological sex = grammatical gender

When a Spanish noun refers to a male being, it is masculine; when the noun refers to a female being, it is feminine.

el padre *father*	la madre *mother*
el toro *bull*	la vaca *cow*

When a noun refers to a being that can be of either sex, the corresponding article indicates gender. Sometimes the word will have a different form for masculine and feminine.

el artista / **la** artista *artist*
el estudiante / **la** estudiante *student*
el español / **la** española *Spaniard*
el profesor / **la** profesora *professor*

A PROPOSITO

Feminine nouns beginning with a stressed **a** sound use the articles **el/un** in the singular, but **las/unas** in the plural.

el agua fresca
cool water

las aguas frescas
cool waters

un arma automática
an automatic weapon

unas armas automáticas
some (a few) automatic weapons

el hada madrina
fairy godmother

las hadas madrinas
fairy godmothers

The following nouns are exceptions; they may refer to either men or women, but their grammatical gender is fixed.

el individuo *individual*	la persona *person*
el ángel *angel*	la víctima *victim*

2. **Word ending**

■ Most nouns that end in **-l, -o, -n, -e, -r,** or **-s** are masculine.

el pape**l** *paper*	el caf**é** *coffee*
el libr**o** *book*	el amo**r** *love*
el exame**n** *test*	el lune**s** *Monday*

Some common exceptions are

la mano *hand*	la gente *people*
la imagen *image*	la parte *part*

■ Most nouns that end in **-a, -d, -ie, -ión, -is, -umbre,** or **-z** are feminine.

la comid**a** *food*	la cris**is** *crisis*
la actitu**d** *attitude*	la cost**umbre** *custom*
la ser**ie** *series*	la nari**z** *nose*
la televis**ión** *television*	

Some common exceptions are

el día *day*	el sofá *sofa*
el avión *airplane*	el camión *truck*

Another group of exceptions contains many words ending in **-ma, -pa,** and **-ta.**

el atle**ta** *athlete*	el poe**ma** *poem*	el progra**ma** *program*
el dra**ma** *play*	el poe**ta** *poet*	el siste**ma** *system*
el ma**pa** *map*	el proble**ma** *problem*	el te**ma** *theme*

Práctica Indique el género de cada sustantivo con **el** o **la** según el caso. ¡Atención! En los casos de sustantivos que puedan ser o masculino o femenino, dé ambos (*both*) artículos. ¿Hay algunos que no sigan las reglas?

1. _____ madre	8. _____ detalle	15. _____ sistema
2. _____ bromista	9. _____ atleta	16. _____ tradición
3. _____ dólar	10. _____ superficie	17. _____ persona
4. _____ vez	11. _____ muchedumbre	18. _____ verdad
5. _____ rey (*king*)	12. _____ cliente	19. _____ jueves
6. _____ capacidad	13. _____ día	20. _____ tesis
7. _____ mundo	14. _____ águila	21. _____ traje

B. Plural of nouns

There are three basic patterns for forming plural nouns in Spanish.

1. Nouns that end in a vowel add **-s.**

   el hombr**e** *the man* → los hombre**s** *the men*
   una cart**a** *a letter* → unas carta**s** *some* (*a few*) *letters*

2. Nouns that end in a consonant add **-es.**

   la muje**r** *the woman* → las mujer**es** *the women*
   la pare**d** *the wall* → las pared**es** *the walls*
   el re**y** *the king* → los rey**es** *the kings*
   el me**s** *the month* → los mes**es** *the months*

3. Nouns that end in unstressed **-es** or **-is** have identical singular and plural forms. Their article indicates number.

  el lun**es** *Monday* → **los** lunes *Mondays*
  la cris**is** *the crisis* → **las** crisis *the crises*

Práctica Dé las formas plurales de los sustantivos de Práctica en la sección anterior.

Intercambios

A Complete el siguiente diálogo con el artículo correcto (**el, la, los, las**).* Se trata de (*It's about*) una manifestación en contra de la imagen negativa que muchos tienen de cierto grupo de personas.

> ANA: Dicen por _____[1] televisión que hoy hay una protesta en _____[2] Plaza Mayor.
> MANUEL: ¡Típico! ¿Quiénes protestan esta vez?
> ANA: Un grupo de personas de _____[3] barrio San Nicolás.
> MANUEL: ¡Ah, sí! ¡Allá viven todos _____[4] criminales de _____[5] ciudad!
> ANA: Precisamente ése‡ es _____[6] problema. Están cansados de _____[7] estereotipos que muchos tienen sobre su barrio y van a hacer una manifestación con banderas blancas en _____[8] mano.
> MANUEL: ¿Y quién organizó _____[9] manifestación?
> ANA: _____[10] famoso padre García, que es un activista de _____[11] zona.
> MANUEL: ¡Interesante! Vamos a ver qué comentarios e imágenes hay en _____[12] noticias.

■ ¿Qué pasa hoy en la Plaza Mayor de la ciudad? ¿Quiénes protestan? ¿Por qué?

■ ¿Sabe Ud. de grupos en los Estados Unidos que protestan en contra de los estereotipos negativos? ¿Cuál es su opinión sobre esos grupos?

B Juanita es la típica estudiante que lo sabe todo. Siempre le corrige los errores a Juan, el estudiante más perezoso de la clase. Invente su conversación, según el modelo. Nota importante: El nombre de pila (*first name*) de las personas aparece entre paréntesis para Ud.; supuestamente (*supposedly*) Juan sólo sabe los apellidos de las personas.

> MODELO: (Oscar) De la Hoya / una pintora estupenda / ¡Qué va! →
>   JUAN: De la Hoya es una pintora estupenda, ¿verdad?
>   JUANITA: ¡Qué va! Es un boxeador estupendo.

1. (Fidel) Castro / un político español / ¡Claro que no!
2. (Arantxa) Sánchez Vicario / un atleta inglesa / ¡Qué ignorancia!
3. (Sammy) Sosa / un deportista regular / ¡Qué tonto!
4. (Homer) Simpson / un «hombre» muy trabajador / ¡Qué absurdo!
5. (Jennifer) López / un actor famoso / ¡Qué bruto!

---

*Remember that **de** + **el** → **del**.
†See Appendix 1 and Appendix 2 for more information about these kinds of changes.
‡See Appendix 6 for more information about demonstrative pronouns.

2 BASIC PATTERNS OF ADJECTIVE AGREEMENT

A. Gender and number of adjectives

In Spanish, adjectives (**los adjetivos**) agree in gender and number with the noun they modify, according to the following patterns.

■ Adjectives that end in **-o** have four different forms to indicate masculine, feminine, singular, and plural.

-o, -os: el chico list**o**	→	los chicos list**os**
bright boy	→	*bright boys*
-a, -as: la chica list**a**	→	las chicas list**as**
bright girl	→	*bright girls*

■ Most adjectives that end in any other vowel or in a consonant have the same form for masculine and feminine. Like nouns, they show plural agreement by adding **-s** to vowels and **-es** to consonants.

MASCULINE	FEMININE	PLURAL
el pantalón verd**e** *the green pants*	la bufanda verd**e** *the green scarf*	los zapatos verd**es** *the green shoes*
el sombrero azul *the blue hat*	la falda azul *the blue skirt*	las medias azul**es** *the blue stockings*
el hombre realist**a** *the realistic man*	la mujer realist**a** *the realistic woman*	las personas realist**as** *the realistic people*

Note, however, that adjectives of nationality that end in a consonant add **-a** to show feminine agreement.

el hombre francé**s**	→	la mujer frances**a**
the French man	→	*the French woman*

Adjectives that end in **-dor, -ón,** and **-án** also add **-a**.

un niño encanta**dor**	→	una niña encantadora
a charming (boy) child	→	*a charming (girl) child*

■ When an adjective modifies two nouns, one masculine and the other feminine, the adjective is masculine plural.

Juan y María son baj**os**.	*Juan and María are short.*
Pedro y sus hermanas están cansad**os**.	*Pedro and his sisters are tired.*

Práctica Complete estas oraciones con la forma correcta de los adjetivos indicados.

1. En esta clase (no) hay estudiantes (francés, perezoso, trabajador, listo, atlético).
2. Me caen bien/mal las personas (optimista, inmaduro, pesado, hablador, responsable).
3. (No) Me gustan las películas (cómico, complicado, fantástico, realista, triste).
4. En la televisión (no) hay programas (interesante, aburrido, educativo, español, estúpido).
5. Una opinión (absurdo, común, falso, simplista, típico) que tienen los norteamericanos de los hispanos es que son perezosos.

B. Shortening of certain adjectives

■ The following adjectives have a short form before masculine singular nouns, but follow the usual pattern in all other cases.

bueno: un **buen** hombre *a good man*	*but* **buenos** hombres, una(s) **buena(s)** mujer(es) *good men, a good woman (some good women)*
malo: un **mal** día *a bad day*	**malos** días, una(s) **mala(s)** actitud(es) *bad days, a bad attitude (some bad attitudes)*
alguno: algún síntoma *some symptom*	**algunos** síntomas, **alguna(s)** característica(s) *some symptoms, some characteristic(s)*
ninguno: ningún problema* *no problem*	**ninguna** pregunta* *no question*
primero: el **primer** programa *the first program*	los **primeros** programas, la(s) **primera(s)** clase(s) *the first programs, the first class(es)*
tercero: el **tercer** piso *the third floor*	la **tercera** calle *the third street*

■ The adjective **grande** becomes **gran** before both masculine and feminine singular nouns, but follows the usual pattern in the plural.

grande: un **gran** país, una **gran** ciudad *a great country, a great city*	*but* los **grandes** países, las **grandes** ciudades *great countries, great cities*

C. Numbers

■ Most numbers are invariable in form and do not agree with the nouns they precede.

Hay **treinta** hombres y **treinta** mujeres.	*There are **thirty** men and **thirty** women.*

Uno and **ciento,** however, have special forms, depending upon the gender and number of the noun they precede.

---

*The forms of **ninguno** are used only with singular nouns.

A PROPOSITO

When writing numbers in Spanish, commas are generally used where periods are used in English, and vice versa.

English: 2,343,000
Spanish: 2.343.000

English: 2.5%
Spanish: 2,5%

un hombre *a (one) man*	**veintiún** hombres *twenty-one men*	**cien** hombres *a (one) hundred men*	*but*	**doscientos** hombres *two hundred men*
una mujer *a (one) woman*	**veintiuna** mujeres *twenty-one women*	**cien** mujeres *a (one) hundred women*		**doscientas** mujeres *two hundred women*

Ciento becomes **cien** when it precedes numbers larger than itself.

cien mil libros
a (one) hundred thousand books

but **ciento** cincuenta libros
one hundred fifty books

■ When used with a noun, the number **millón** always occurs with **de.**

un millón de habitantes
a (one) million inhabitants

dos millones de habitantes
two million inhabitants

■ The number **mil** is not preceded by the indefinite article (**un/una**).

mil personas

a (one) thousand people

Práctica 1 Don Negativo siempre contradice las afirmaciones de don Positivo. Invente conversaciones según el modelo. ¡Cuidado! A veces el adjetivo *precede* al sustantivo.

MODELO: Buenos Aires es / ciudad / (grande / insignificante)
    DON POSITIVO: Buenos Aires es una gran ciudad.
    DON NEGATIVO: Ud. se equivoca. (*You are mistaken.*) Buenos Aires es una ciudad insignificante.

1. España es / país / (bello / sucio)
2. «60 minutos» es / programa / (bueno / aburrido)
3. Chile produce / vinos / (magnífico / barato)
4. el ruso es / idioma / (fácil / difícil)
5. los alemanes tienen / carácter / (alegre / serio)

Práctica 2 Practique leyendo en voz alta las siguientes combinaciones de números y sustantivos. Después, escríbalas, prestando atención a la ortografía.

1. 31 niños
2. 120 atletas
3. 200 sillas
4. 2.000.000 de víctimas
5. 51 coquetas
6. 300.000 kilómetros

Intercambios

Ⓐ Entre todos

1. A veces, juzgamos (*we judge*) a la gente por su apariencia. ¿Qué características relacionadas con la personalidad se asocian con las siguientes personas?

   ■ una persona que lleva gafas oscuras

   ■ una persona que lleva gafas gruesas (*thick*)

   ■ una persona que tiene el pelo rojo

   ■ una persona que tiene el pelo rubio

¿Qué otros rasgos físicos se asocian generalmente con ciertas características de la personalidad?

2. ¿Puede revelar la ropa algo sobre la personalidad? Por ejemplo, ¿con qué nacionalidad o grupo étnico asocian algunos individuos las siguientes prendas (artículos) de ropa?

- un paraguas
- la ropa de poliéster

- zapatos puntiagudos (*pointy*) y elegantes
- un sombrero muy grande

3. ¿Revela la personalidad el tipo de vehículo que uno maneja? ¿Cuál es el estereotipo más común del conductor / de la conductora (*driver*) de los siguientes vehículos?

- un Ferrari
- un camión pickup

- un Cadillac
- una moto

B ¡Necesito compañero! Con frecuencia, tenemos opiniones e imágenes falsas de otros lugares y grupos de gente. Por ejemplo, muchos neoyorquinos (*New Yorkers*) creen que todos los que viven en Nebraska son agricultores. Trabajando en parejas, describan la imagen estereotipada que se tiene de los siguientes lugares o grupos. Después, presenten su descripción a la clase para que sus compañeros adivinen el grupo o la región que Uds. describen.

MODELO: Nueva York → La gente es descortés y un poco loca, y tiene una vida social muy activa. Todos viven apurados (*in a hurry*) y llevan pistola porque hay muchos criminales.

1. Texas
2. Maine
3. la Florida
4. este estado
5. los atletas
6. los miembros de una *fraternity* o *sorority*
7. las amas de casa
8. los políticos
9. los abogados

Entre todos Según lo que Ud. ha observado en estos intercambios, ¿qué piensa de las generalizaciones y los estereotipos? En su opinión, ¿son verdaderos o falsos? ¿Ayudan o son un obstáculo en las relaciones humanas? Explique.

3 EQUIVALENTS OF *TO BE: SER, ESTAR*

Sometimes, two or more words in one language are expressed by a single word in another. For example, English *to do* and *to make* are both expressed by Spanish **hacer.** Likewise, English *to be* has numerous equivalents in Spanish; among them are **ser** and **estar.**

ser		estar	
soy	somos	estoy	estamos
eres	sois	estás	estáis
es	son	está	están

There is/are is expressed in Spanish with **hay (haber)**. **Hay** is generally used before indefinite articles, numerals, and adjectives of quantity.

Hay **un** estudiante en el cuarto.
There is a student in the room.

Hay **muchos (diez)** estudiantes en el cuarto.
There are many (ten) students in the room.

The verbs **tener** and **hacer** can also express English *to be.**

Hace mucho calor, pero en estos edificios climatizados siempre **tengo** frío.
It's very hot, but in these air-conditioned buildings I'm always cold.

A. Principal uses of *ser* and *estar*

In general, the uses of **ser** and **estar** are clearly defined, and you must use either one or the other. The following are the most common of these uses.

Ser is used to establish identity or equivalence between two elements of a sentence (nouns, pronouns, or phrases).

Juan **es** médico.⎱ Juan = médico.⎰	*John **is** a doctor.* (profession)
El **es** mi amigo.⎱ El = mi amigo.⎰	*He **is** my friend.* (identification)
Dos y dos **son** cuatro.⎱ Dos y dos = cuatro.⎰	*Two and two **are** four.* (equivalence)
Soy mexicana.⎱ Yo = mexicana.⎰	*I **am** Mexican.* (nationality)
El reloj **es** de oro.⎱ El reloj = de oro.⎰	*The watch **is** (made of) gold.* (material)

Ser is also used to indicate

- origin (with **de**).

  Los Carrillo **son de** España.   *The Carrillos **are from** Spain.*
  Esta falda **es de** Guatemala.   *This skirt **is from** Guatemala.*

- time.

  Son las seis de la tarde.   *It's six o'clock in the evening.*
  Es medianoche.   *It's midnight.*

- dates.

  Mañana **es** el cuatro de agosto.   *Tomorrow **is** August fourth.*
  Hoy **es** lunes.   *Today **is** Monday.*

- possession (with **de**).

  Los libros **son del** profesor.   *The books **are** the professor's.*
  Ese carro **es de** Marta.   *That car **is** Marta's.*

- the time or location of an event.[†]

  El concierto **es** a las ocho.   *The concert **is** (takes place) at eight o'clock.*

  ¿Dónde **es** el concierto?   *Where **is** the concert? (Where does it take place?) In the stadium?*
  ¿en el estadio?

Finally, **ser** is used to form constructions with the passive voice (grammar section 34).

Ese libro **fue escrito** por un autor bien conocido.   *That book **was written** by a well-known author.*

---

*To review the **tener** and **hacer** constructions, see Appendix 7.
[†]Note the distinction between **¿Dónde es** (*event*)? and **¿Dónde está** (*object*)?

Estar is used

- to indicate the location of an object.*

  La librería **está** en la esquina.   *The bookstore **is** on the corner.*
  ¿Dónde **está** la biblioteca?   *Where **is** the library?*

- to form the progressive tenses (grammar section 45).

  Pedro **está corriendo.**   *Pedro **is running.***

B. *Ser* (norm) versus *estar* (change) with adjectives

In the preceding cases, you must use either **ser** or **estar.** Most adjectives, however, can be used with both verbs, and you must choose between the two.

 Ser defines the norm with adjectives, whereas **estar** indicates a state or condition that is a change from the norm.

NORM: ser	CHANGE: estar	NOTES
El león **es** feroz. *The lion is ferocious.*	Ahora **está** manso. *It is tame (behaving tamely) now.*	**Ser** indicates the lion's characteristic temperament (being ferocious). **Estar** indicates an atypical state or behavior (tameness).
El agua de Maine **es** fría. *The water in Maine is cold.*	Hoy el agua **está** caliente. *Today the water feels warm.*	**Ser** indicates the expected quality (coldness). **Estar** indicates a quality that the speaker did not expect (warmth).

Similarly, **ser** establishes what is considered objective reality (the norm), and **estar** communicates a judgment or subjective perception on the part of the speaker. Whereas Spanish distinguishes between objective reality and subjective perception by the use of **ser** or **estar,** English often emphasizes the subjectivity of the speaker's observations with verbs such as *to seem, to taste, to feel,* and *to look.*

OBJECTIVE REALITY: ser	SUBJECTIVE JUDGMENT: estar	NOTES
La niña **es** bonita. *The child is pretty.*	La niña **está** bonita hoy. *The child looks pretty today.*	**Ser** indicates that everyone considers her attractive. **Estar** reveals that the speaker perceives her as more attractive than usual today.
Los postres **son** muy ricos. *Desserts are delicious.*	Este postre **está** muy rico. *This dessert tastes delicious.*	**Ser** indicates that desserts in general are delicious. **Estar** expresses the speaker's opinion of this particular dessert.

*Note the distinction between **¿Dónde es** (*event*)? and **¿Dónde está** (*object*)?

Ser establishes an inherent characteristic of someone or something, whereas **estar** describes a condition or state. English often uses entirely different words to express this contrast.

Note that the distinction between **ser** and **estar** is not a distinction between temporary and permanent characteristics. For example, the characteristic **joven** is transitory, yet it normally occurs with **ser;** and the words **está enfermo** describe even someone with a long-term or incurable illness.

CHARACTERISTIC: ser	CONDITION: estar	NOTES
Concha **es** alegre. *Concha is a happy person.*	Concha **está** alegre. *Concha feels glad.*	**Ser** indicates that Concha's happiness is characteristic of her personality. **Estar** indicates that Concha's present state of cheerfulness is the result of some event or circumstance.
Ellos **son** aburridos. *They are boring.*	Ellos **están** aburridos. *They are bored.*	**Ser** indicates that they are boring by nature. **Estar** describes their current condition.

Práctica Dé la forma correcta: **es** o **está.** Si existe más de una posibilidad, explique la diferencia.

Luis _____ (americano, alto, cansado, trabajador, aburrido, en casa, contento, mi hermano, de Cuba, guapo, aquí, estudiante, listo, perezoso, introvertido, bien hoy, sucio, tonto, enfermo, feliz).

C. *Estar* + past participles: resultant condition

One type of adjective, the past or perfect participle (**el participio pasado**), occurs particularly frequently with **estar** to describe the state or condition that results when an event or circumstance causes a change.

EVENT/CIRCUMSTANCE	RESULTANT CONDITION
Alguien cerró la puerta. → *Someone closed the door.* →	La puerta **está cerrada.** *The door **is closed.***
Alguien rompió las sillas. → *Someone broke the chairs.* →	Las sillas **están rotas.** *The chairs **are broken.***
La noticia preocupó a mis padres. → *The news worried my parents.* →	Mis padres **están preocupados.** *My parents **are worried.***

This type of adjective, like others, must agree in gender and number with the noun it modifies. It may also modify nouns directly.

las sillas **rotas**   *the broken chairs*

A PROPOSITO

The past participle is formed by adding **-ado** to the stem of **-ar** verbs and **-ido** to the stem of **-er** and **-ir** verbs.

cerrar → **cerrado**   vender → **vendido**   aburrir → **aburrido**

Many Spanish verbs have irregular past participles. Here are the most common ones.

abrir:	**abierto**	hacer:	**hecho**	romper:	**roto**
cubrir:	**cubierto**	morir:	**muerto**	ver:	**visto**
decir:	**dicho**	poner:	**puesto**	volver:	**vuelto**
escribir:	**escrito**	resolver:	**resuelto**		

Compounds of these verbs have the same irregularity in the past participle.

describir: **descrito** descubrir: **descubierto** devolver: **devuelto**

Práctica Complete las siguientes oraciones con la forma correcta del participio pasado del verbo en letra cursiva (*in italics*).

1. Ayer trabajamos todo el día para *resolver* estos problemas. Esta mañana, por fin, todos los problemas están _____.
2. Los anuncios estereotípicos *enojaron* a los clientes; ahora no van a comprar nada porque están muy _____.
3. Mis amigas siempre *se pierden* (*get lost*). Llevo dos horas esperándolas. Creo que están _____ otra vez.
4. Dicen que cuando las personas *mueren,* van a un lugar hermoso. Mi tía está _____, y estoy seguro de que está en ese lugar.
5. Durante la Edad Media (*Middle Ages*), los europeos *escribían* los documentos importantes en latín. Por eso, estos documentos antiguos están _____ en latín.

Intercambios

A Las siguientes oraciones representan generalizaciones (algunas falsas y otras ciertas) muy comunes. Complételas con la forma correcta de **ser** o **estar,** según el contexto. Luego, comente si Ud. está de acuerdo o no con cada generalización.

1. En los Estados Unidos, los republicanos _____ conservadores.
2. Las escuelas públicas no _____ bien financiadas; por eso, la educación que ofrecen no _____ buena.
3. Si una mujer _____ madre, debe _____ en casa con los niños.
4. Las personas viejas con frecuencia _____ más liberales que las personas jóvenes.
5. Los hombres que usan secador de pelo (*hair dryer*) y laca (*hair spray*) _____ poco masculinos.
6. Los mejores autos del mundo _____ de Detroit.
7. Los hombres no _____ muy observadores; normalmente no se dan cuenta (*realize*) si su casa _____ limpia o sucia; no notan si su ropa _____ en buenas o malas condiciones.
8. Los norteamericanos _____ más interesados en el dinero que los europeos.

B Guiones Nuestras expectativas acerca de una situación influyen nuestra percepción. A continuación hay un dibujo con dos posibles contextos; cada contexto sugiere una interpretación diferente de lo que (*what*) pasa en el dibujo. Trabajando en grupos de tres o cuatro personas, inventen por lo menos cinco oraciones con **ser** o **estar** para explicar lo que pasa en el dibujo según cada contexto distinto. Sigan el modelo que se ofrece.

> MODELO: **Contexto:** turistas norteamericanos
> **Vocabulario útil:** de vacaciones, diccionario bilingüe, encontrar la solución, bruto/a, restaurante
>
> El hombre *es* Howard; la mujer *es* su esposa Louise. *Son* de Nueva York. *Están* de vacaciones en la Argentina. El restaurante *es* muy elegante. Howard *está* buscando su diccionario bilingüe porque no sabe mucho español. Louise no *está* preocupada todavía porque *está* segura que Howard va a encontrar la solución. El otro hombre *está* irritado; cree que todos los turistas *son* brutos.

1. **Contexto:** telenovela (*soap opera*)
   Vocabulario útil: el/la amante (*lover*), el anillo de compromiso (*engagement ring*), celoso/a (*jealous*), enamorado/a (*in love*), el ex esposo, proponer matrimonio, sorprendido/a
2. **Contexto:** novela de espionaje
   Vocabulario útil: el/la agente doble, el agente secreto / la agente secreta, asustado/a, el detective secreto / la detective secreta, la información robada, la pistola

C ¿Qué ocurre cuando Paul y Karen pasan su primer semestre en la universidad? Describa los siguientes dibujos para contar su historia. Use **ser** o **estar** según el contexto e incorpore el vocabulario indicado si le parece útil.

1. padres, conservador / hijos, obediente / familia, pequeño, feliz / todos, contento

2. hijos, mayor / dejar a los padres / ir a la universidad / separación difícil, triste

3. padres, triste / perro, triste / recordar a los hijos / extrañarlos (*to miss them*) / querer verlos

4. padres, sorprendido / perro, furioso / apariencia física de los hijos, diferente / hijos, ¿diferente interiormente (*on the inside*)?

¿Cómo se puede explicar la reacción de los padres cuando Karen y Paul vuelven a casa? ¿Se basa en algún estereotipo asociado con la apariencia física de sus hijos? Explique.

CULTURA

CONTRASTES ENTRE CULTURAS

APROXIMACIONES AL TEXTO

Word Guessing from Context

Even though you do not know every word in the English language, you can probably read and understand almost anything in English without having to look up many unfamiliar words. You have learned to make intelligent guesses about word meanings, based on the meaning of the surrounding passage (the context).

You can develop the same guessing skill in Spanish. There are two techniques that will help you. The first is to examine unfamiliar words to see whether they remind you of words in English or another language you know. Such words are called *cognates* (for example, *nation* and **nación**). The second technique is the same one you already use when reading in English, namely, scanning the context for possible clues to meaning.

Palabras y conceptos

abrazar to hug, embrace
cogerse del brazo to go arm in arm

el nene / la nena very young
    child, infant
el pecho breast
la reunión meeting

(in)cómodo/a (un)comfortable

Contrastes entre culturas

Muchas veces, cuando tratamos con personas de culturas distintas a la nuestra, podemos sentirnos incómodos o sorprendidos. Pero al llegar a conocer las costumbres propias de otros grupos, comprendemos que muchas veces la realidad está en conflicto con los estereotipos. Por ejemplo, muchas personas creen

5   que los hispanos son más formales en sus relaciones sociales que los norteamericanos. Vamos a ver algunos casos concretos.

A. Estamos en una reunión de colombianos. Todos hablan, cantan, gritan[1] —en fin, son viejos amigos. Es medianoche, y uno de ellos necesita regresar a su casa, pero antes de marcharse, de acuerdo con las costumbres hispanas, le da la

10 mano a cada uno de sus amigos.

En Chicago hay otra reunión de amigos norteamericanos. Llega la hora en que uno debe marcharse. Con un «Buenas noches. Hasta pronto», se despide sin más ceremonias.

[1]*shout*

Una conversación entre amigos hispanos es animada y hay más proximidad y contacto físico entre las personas que en una conversación entre norteamericanos.

B. Un abogado de 50 años espera a su esposa en el aeropuerto de Lima. Descubre que un compañero de la universidad también está allí. Sorprendido y muy contento, corre y le da un abrazo a su viejo amigo.

Un hombre de negocios de Oregón entra en un hotel de Boston. Allí ve a su antiguo compañero de los años universitarios. Los dos están muy contentos con la inesperada reunión. Se estrechan la mano.

C. Una madre norteamericana está en un parque público con su hijo de tres años y una nena recién nacida.[2] La nena llora porque desea comer. La madre le dice a su hijo que es necesario regresar a casa porque es hora de amamantar a la nena.

Una madre madrileña está en el Retiro[3] con su hija de cuatro años y un nene de pocos meses. Cuando el nene llora, la madre se sienta en un banco y le da el pecho.*

D. Un norteamericano y un hispano hablan en una fiesta. El norteamericano está acostumbrado a mantener una distancia de dos o tres pies entre él y la persona con quien habla. En cambio, el hispano normalmente mantiene una distancia de dieciséis pulgadas.[4] Cada vez que el hispano avanza a la distancia a que él está acostumbrado, el norteamericano retrocede.[5] Más que dos amigos, parecen dos adversarios.

E. Dos chicas norteamericanas deciden reunirse en la zona comercial de St. Louis con dos alumnas hispanas que estudian en su escuela. Hay mucha gente por las calles y las norteamericanas no pueden caminar juntas. A cada dos pasos se encuentran[6] separadas por otras personas que pasan entre ellas. Las hispanas, en cambio, caminan cogidas del brazo, hablando de sus clases y de la vida escolar. Cuando ven a sus amigas de la escuela, deciden cambiar de compañeras y una de las hispanas toma del brazo a una de las norteamericanas. La de St. Louis está algo incómoda porque no está acostumbrada a caminar así con otra mujer. La hispana nota que su compañera está incómoda y cree que es una chica muy fría.

¿Cuál de las dos culturas es más informal y cuál es más formal? No hay una respuesta categórica. Depende de la situación y, en muchos casos, de la personalidad de cada individuo.

[2]recién… *newborn* [3]parque grande de Madrid [4]*inches* [5]*backs up* [6]se… *they find themselves*

Comprensión

Complete la siguiente tabla con la información necesaria para resumir (*to summarize*) los contrastes culturales presentados en la lectura.

---

*In recent years, breast-feeding has increased considerably in popularity in the United States, while it has decreased in Hispanic countries. The attitude toward nursing in public has not changed in the two cultures, however; it is generally accepted in Hispanic societies and generally frowned on in the United States.

SITUACION	LOS HISPANOS	LOS NORTEAMERICANOS
el amigo que se despide en una fiesta		Dice adiós y se va.
viejos amigos en una reunión inesperada	Se abrazan.	
la madre con su nene/nena en el parque público		
dos personas en una conversación típica		Hablan a una distancia de más o menos tres pies.
dos amigas que caminan juntas por la calle		Caminan sin tocarse los brazos o las manos.

Entre todos

■ En su opinión, ¿cuáles de estas costumbres justifican la creencia de que los hispanos son más formales que los norteamericanos? ¿Cuáles la contradicen?

■ ¿Es posible que la idea de lo que se considera «formal» sea diferente en cada cultura? Por ejemplo, ¿cree Ud. que es formal o informal darse la mano al despedirse? ¿Cree que entre los hispanos es algo formal o algo informal? Explique su respuesta.

■ En general, ¿qué conclusión se puede sacar en cuanto al contacto físico en las dos culturas?

Interpretación

A ¿Cuál es el origen de los estereotipos? Cuando observamos las acciones o costumbres de las personas que pertenecen a cierto grupo, podríamos (*we could*) pensar que toda la gente de ese grupo comparte las mismas características o costumbres. ¿Qué imagen falsa de los norteamericanos se puede formar una persona de otro país que observa sólo una de las siguientes costumbres? Haga una generalización para cada costumbre.

1. Muchos norteamericanos se bañan todos los días.
2. La mayoría de los jóvenes norteamericanos no vive con sus padres después de cumplir los dieciocho años.
3. Muchas de las mujeres norteamericanas que tienen hijos trabajan fuera de casa.
4. La familia norteamericana típica tiene dos coches.

B También hacemos generalizaciones de los países que visitamos, basándonos en lo que vemos en los lugares específicos que allí conocemos. Si conocemos solamente un lugar, nuestra percepción de ese país va a ser muy limitada —y probablemente falsa. ¿Qué visión estereotipada de los Estados Unidos puede tener un(a) turista que visita solamente uno de los lugares a continuación? Haga una generalización para cada lugar.

1. la ciudad de Nueva York
2. Abilene, Texas
3. Miami Beach
4. Hollywood

¿En qué sentido van a ser falsas estas percepciones? ¿En qué sentido van a ser verdaderas? ¿Qué otros lugares debe visitar el/la turista para formarse una imagen más representativa de los Estados Unidos?

Aplicación

¿Qué estereotipo sobre los estadounidenses presenta el dibujo siguiente?

- ■ ¿Es verdad que muchos estadounidenses llevan armas? ¿Por qué las llevan? ¿En qué parte(s) del país las llevan especialmente?
- ■ ¿Qué opina Ud. sobre la costumbre de tener armas?
- ■ ¿Por qué cree Ud. que existe esta imagen sobre los Estados Unidos en otros países? (Piense en los lugares que visitan los turistas, en el cine, en la televisión, etcétera.)

EL CABALLERO EN U. S. A.
—Hemos hecho° una nueva versión al gusto americano.

Hemos... *We've made*

LENGUA II

④ SUBJECT PRONOUNS AND THE PRESENT INDICATIVE

A. Subject pronouns

SINGULAR	PLURAL
yo	nosotros, nosotras
tú	vosotros, vosotras
Ud., él, ella	Uds., ellos, ellas

A PROPOSITO

Tú is used with persons with whom you have an informal relationship: family members (in most Hispanic cultures), close friends, and children. **Usted** (abbreviated **Ud.** or **Vd.**) is used in more formal relationships or to express respect. The plural form of both **tú** and **usted** is **ustedes** (**Uds.** or **Vds.**), except in Spain, where **vosotros/as** is used in informal situations.

Subject pronouns (**los sujetos pronominales**) are not used as frequently in Spanish as they are in English, because Spanish verb endings indicate the person. For example, **comemos,** with its **-mos** ending, can only mean *we eat.* Spanish subject pronouns *are* used, however, for clarity, emphasis, or contrast.

El no come pescado, pero **ella** sí.	*He doesn't eat fish, but she does.*

B. Uses of the present indicative

The Spanish present indicative (**el presente de indicativo**) regularly expresses

■ an action in progress or a situation that exists at the present moment.

¿Qué **haces**?	*What are you doing?*

■ an action that occurs regularly (although it may not be in progress at the moment), or a situation that exists through and beyond the current moment.

Todos los días **voy** a la universidad.	*I go to the university every day.*
En Seattle **llueve** con frecuencia.	*It rains frequently in Seattle.*

■ an action or situation that will take place in the near future.

Mañana **salimos** a las tres de la tarde.	*Tomorrow we are leaving (going to leave) at three in the afternoon.*

C. Forms of the present indicative of regular verbs

Here are the principal parts of stem-constant and stem-changing regular verbs.

	-ar VERBS		-er VERBS		-ir VERBS	
No stem change	**hablar**		**comer**		**vivir**	
	hablo	hablamos	como	comemos	vivo	vivimos
	hablas	habláis	comes	coméis	vives	vivís
	habla	hablan	come	comen	vive	viven
e → ie	**cerrar**		**querer**		**sugerir**	
	cierro	cerramos	quiero	queremos	sugiero	sugerimos
	cierras	cerráis	quieres	queréis	sugieres	sugerís
	cierra	cierran	quiere	quieren	sugiere	sugieren

	-ar VERBS		-er VERBS		-ir VERBS	
o → ue	**recordar**		**volver**		**dormir**	
	recuerd**o**	record**amos**	vuelv**o**	volv**emos**	duerm**o**	dorm**imos**
	recuerd**as**	record**áis**	vuelv**es**	volv**éis**	duerm**es**	dorm**ís**
	recuerd**a**	recuerd**an**	vuelv**e**	vuelv**en**	duerm**e**	duerm**en**
e → i					**pedir**	
					pid**o**	ped**imos**
					pid**es**	ped**ís**
					pid**e**	pid**en**

■ The underlined segments in the chart are person/number endings.

tú	**-s**
nosotros/as	**-mos**
vosotros/as	**-is**
Uds./ellos/ellas	**-n**

With the exception of the preterite, you will see the same person/number endings in all of the Spanish verb forms that you will study.

■ In the present tense, stem changes occur in all forms except **nosotros** and **vosotros**. There are three patterns: **e → ie, o → ue, e → i**. In vocabulary lists, stem changes are indicated in parentheses after the verb: **cerrar (ie), volver (ue), pedir (i, i).***

■ Remember that the stem-changing verbs **decir (i), tener (ie),** and **venir (ie)** have an additional irregularity in the first-person singular (**yo**) forms: **digo, tengo, vengo.**

Práctica Laura y su hermano gemelo (*twin brother*) Luis son estudiantes superserios. ¿Cómo se compara Ud. con ellos? Conteste las siguientes preguntas.

1. Tenemos doce clases este semestre. ¿Y Ud.?
2. Nunca almorzamos. ¿Y Ud.?
3. Volvemos temprano de las vacaciones para estudiar. ¿Y Ud.?
4. Sólo dormimos de tres a cuatro horas cada noche. ¿Y Ud.?
5. Preferimos las clases a las ocho de la mañana. ¿Y Ud.?
6. Recordamos todo lo que (*that*) aprendemos. ¿Y Ud.?
7. Pasamos al ordenador (*computer*) nuestros apuntes (*notes*) de clase. ¿Y Ud.?
8. Nunca tomamos cerveza durante la semana. ¿Y Ud.?

A PROPOSITO

Jugar is the only verb that changes **u → ue.**

juego	**jug**amos
juegas	**jug**áis
juega	**jue**gan

Nosotros/as and **vosotros/as** forms never show a stem-vowel change in the present tense.

---

*A second vowel in parentheses after a verb in a vocabulary list refers to additional stem changes in the preterite and in the present participle: **preferir (ie, i), morir (ue, u), pedir (i, i).** These forms will be described in later chapters.

A PROPOSITO

Conocer means *to know* in the sense of *to be familiar with* (*a person, place, or thing*). **Saber** means *to know* (*facts*).

Conozco a Juan pero no **sé** dónde vive.
I'm acquainted with Juan, but I don't know where he lives.

When followed by an infinitive, **saber** means *to know how to* (*do something*). As in English, it can be paraphrased using the verb **poder** (*to be able, can*).

Sé esquiar. (**Puedo** esquiar.)
I know how to ski. (*I can ski.*)

D. Forms of the present indicative of irregular verbs

You have already reviewed the irregular conjugations of **ser** and **estar. Ir** and **oír** are two other common Spanish verbs whose conjugations are exceptions to the regular patterns.

ir		oír	
voy	vamos	oigo	oímos
vas	vais	oyes	oís
va	van	oye	oyen

A number of other verbs have an irregular form only in the stem of the first-person singular, whereas their other forms follow the regular pattern. Here are several of the most common ones.

caer:	**caigo,** caes, cae…	poner:	**pongo,** pones, pone…
conocer:	**conozco,** conoces, conoce…	saber:	**sé,** sabes, sabe…
dar:	**doy,** das, da…	salir:	**salgo,** sales, sale…
hacer:	**hago,** haces, hace…	traer:	**traigo,** traes, trae…
pertenecer:	**pertenezco,** perteneces, pertenece…	ver:	**veo,** ves, ve…

The following verb groups are also sometimes classed as "irregular," although their changes are predictable according to normal rules of Spanish spelling (see Appendix 2).

verbs that end in **-guir:** sigo, si**gu**es, si**gu**e…
verbs that end in **-uir:** constru**y**o, constru**y**es, constru**y**e…
verbs that end in **-ger:** esco**j**o, esco**g**es, esco**g**e…

E. *Ir a, acabar de,* and *soler*

There are three verbs that, when followed by the infinitive of another verb, have special meanings.

■ **ir** + **a** + *infinitive* expresses English *to be going to* (*do something*).

| **Voy a ver** una película. | *I am going to watch a movie.* |
| ¿Qué **vas a hacer** este fin de semana? | *What are you going to do this weekend?* |

■ **acabar** + **de** + *infinitive* expresses English *to have just* (*done something*).

| **Acabo de ver** una película. | *I have just watched a movie.* |
| Mi mejor amiga **acaba de llegar.** | *My best friend has just arrived.* |

■ **soler** + *infinitive* expresses English *to usually* (*do something*).

| ¿Dónde **sueles almorzar**? | *Where do you usually have lunch?* |
| **Suelo ir** al cine los miércoles. | *I usually go to the movies on Wednesdays.* |

Práctica Imagínese que Ud. y su familia están visitando al señor y a la señora de Tal, que son muy aficionados al turismo. Conteste las preguntas que ellos les hacen con la forma correcta de la primera persona (singular o plural), según el contexto.

1. Cuando viajamos, llevamos ropa de muchos colores. ¿Y Ud.?
2. Les damos muy buenas propinas (*tips*) a los meseros. ¿Y Ud.?
3. Solemos sacar fotos de todo. ¿Y Ud.?
4. Mi esposo consigue muchos mapas y folletos (*brochures*) de cada lugar. ¿Y Uds.?
5. Mi esposa oye todas las explicaciones de los guías. ¿Y Uds.?
6. Traemos muchos recuerdos (*souvenirs*). ¿Y Ud.?
7. Acabamos de regresar de las Islas Canarias. ¿Y Ud.?
8. Conocemos toda Europa y el Caribe. ¿Y Ud.?
9. El próximo año vamos a viajar muchísimo. ¿Y Ud.?

Intercambios ④

A Complete las siguientes oraciones con frases usando verbos que Ud. considere apropiados según el contexto.

1. Soy un estudiante típico / una estudiante típica de esta universidad. Por las noches, yo normalmente (nunca) _____.
2. Generalmente, los fines de semana mis amigos y yo (nunca) _____.
3. El turista típico / La turista típica, cuando viaja, (nunca/siempre) _____.
4. Por lo general, los políticos (nunca) _____.
5. Ese chico / Esa chica se prepara para ser deportista profesional; por eso (nunca) _____.

B Haga conjeturas sobre lo que van a hacer y lo que acaban de hacer los siguientes individuos.

MODELO: Un estudiante típico está en la librería (*bookstore*) universitaria. →
Va a comprar una camiseta con el nombre de la universidad. Acaba de vender todos los libros del semestre pasado.

1. Un estudiante típico está en el estadio.
2. Ud. y sus amigos están de vacaciones en Cancún.
3. Salimos de clase y estamos muy contentos.
4. El vecino / La vecina de Ud. regresa a casa a las tres de la mañana.
5. Un tipo muy atlético entra en un gimnasio.
6. Los padres de Ud. lo/la llaman por teléfono.
7. Una muchacha muy estudiosa sale de la biblioteca.
8. Dos novios están en el parque.

C Use las preguntas a continuación para entrevistar a ocho diferentes compañeros de clase. (Hágale una pregunta diferente a cada compañero/a.) En su cuaderno o en una hoja de papel aparte, escriba el nombre de cada persona que Ud. entrevista y los datos (información) que le da. Siga el modelo. Luego, compare sus respuestas con las de sus compañeros. ¿Qué tienen en común sus respuestas? ¿Qué diferencias hay?

MODELO: Nombre: Mary S.
Pregunta: 1
Ella suele escuchar música cuando va en carro, cuando viaja y mientras estudia. Prefiere la música clásica.

1. ¿Cuándo sueles escuchar música? ¿Qué clase de música prefieres?
2. ¿Qué sueles hacer cuando vas de viaje?
3. ¿Cuál es tu rutina cuando vuelves a casa después de las clases?
4. ¿Qué aficiones (*hobbies*) tienes? ¿Qué haces para divertirte (*for fun*)?
5. ¿Qué clase de películas (libros, comida,...) prefieres?
6. ¿A qué grupos o asociaciones perteneces? ¿Qué actividades hacen Uds. allí?
7. ¿En qué circunstancias sueles practicar el español?
8. ¿Qué sueles hacer antes de esta clase? ¿Qué sueles hacer después?

D ¿Quiénes son los individuos que están en la foto de la página siguiente? ¿Dónde están? ¿Qué hacen?

■ Use su imaginación para inventar un posible diálogo entre estas personas. ¿De qué hablan? ¿Por qué están allí? ¿En qué piensan? ¿Qué van a hacer después?

■ Cuando Ud. sale con sus amigos, ¿es su manera de divertirse parecida a o diferente de la de este grupo? ¿Piensa que ésta es una buena forma de divertirse? ¿Por qué sí o por qué no?

Málaga, España

E Describa los siguientes dibujos con todos los detalles que pueda.

- ¿Quiénes están en cada dibujo? ¿Cómo son? ¿Qué relación existe entre los varios individuos? ¿Dónde están? ¿Qué hacen? ¿Qué acaba de pasar en cada dibujo? ¿Qué va a pasar después?

- Cada uno de los dibujos presenta una imagen estereotipada de un país o de un grupo de personas. Identifique el país o la nacionalidad de la gente en cada dibujo y explique en qué consiste el estereotipo: según algunas personas, ¿cómo suelen actuar los individuos de este grupo?

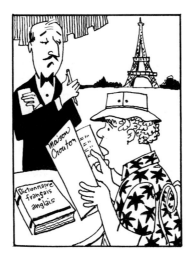

5 DIRECT OBJECTS

Objects receive the action of the verb. The direct object (**el complemento directo**) is the primary object of the verbal action. It answers the question *whom?* or *what?* The direct object can be a single word or a complete phrase.

David oye a **las chicas.**
María va a pagar **la cuenta.**

Javier sabe **que vienes mañana.**

David hears (whom?) ***the girls.***
María is going to pay (what?) ***the bill.***
Javier knows (what?) ***that you're coming tomorrow.***

A. Direct object pronouns

Direct object pronouns (**los pronombres de complemento directo**) replace nouns or phrases that have been mentioned previously.

me	*me*	nos	*us*
te	*you (informal)*	os	*you all (informal)*
lo (le)*	*him, it, you (formal)*	los (les)*	*them, you all (formal)*
la	*her, it, you (formal)*	las	*them, you all (formal)*

David oye a **las chicas** pero yo no **las** oigo.
*David hears **the girls,** but I don't hear **them.***

Javier sabe **que vienes mañana** pero Jorge no **lo** sabe.
*Javier knows **that you are coming tomorrow,** but Jorge doesn't know (**it**).*

María va a pagar **la cuenta** porque Camila no **la** puede pagar.
*María is going to pay **the bill** because Camila can't pay **it.***

but Necesito **un lápiz.** ¿Tienes **uno?**
*I need **a pencil.** Do you have **one?***

In the last example, the direct object noun (**un lápiz**) is nonspecific (any pencil) and for this reason cannot be replaced by a direct object pronoun. Expressions that answer the question *how?* or *where?* are not direct objects and cannot be replaced by direct object pronouns.

—¿Cuándo van a la fiesta?
—*When are you going (where?) to the party?*

—Vamos (allí) como a las 8:30.
—*We're going (there) around 8:30.*

—¿Hablan muy rápidamente?
—*Do they talk (how?) rapidly?*

—Sí, hablan rápidamente. (Sí, hablan así.)
—*Yes, they talk rapidly. (Yes, they talk that way.)*

B. Placement of direct object pronouns

In Spanish, object pronouns generally precede conjugated verbs. When the conjugated verb is followed by an infinitive or present participle, the object pronoun may attach to the end of either of these forms.

¿La casa? { ¿**La** puedes ver? / ¿Puedes ver**la?**
*The house? Can you see **it?***

¿El informe? { Está escribiéndo**lo** ahora. / **Lo** está escribiendo ahora.
*The report? She's writing **it** now.*

---

*Le(s) is used instead of **lo**(s) in many parts of Spain and in some parts of Spanish America as the direct object pronoun.

Direct object pronouns attach to affirmative commands, but precede negative commands.

Este candidato parece muy trabajador. ¡Contrátenlo! El otro candidato parece perezoso. No lo contraten.

*This candidate seems to be a hard worker. Hire **him**! The other candidate seems lazy. Don't hire **him**.*

Práctica Juan el perezoso conversa sobre sus hábitos de estudio con Luis y Laura, los gemelos superestudiosos. Invente sus diálogos usando los pronombres de complemento directo.

MODELO: hacer los ejercicios del cuaderno →
  JUAN: ¿Hacen siempre **los ejercicios** del cuaderno?
  LAURA: ¡Claro que **los** hacemos siempre! ¿Y tú?
  JUAN: No **los** hago nunca.

1. recordar la lección
2. seguir los consejos (*advice*) del profesor / de la profesora
3. soler usar el diccionario
4. escribir las composiciones
5. llevar el libro a clase
6. repasar los apuntes de clase
7. escuchar las cintas del laboratorio de lenguas
8. saber la fecha del examen

Intercambios (5)

A PROPOSITO

Lo (*It*) is never used as the subject of a sentence. The English subject pronoun *it* has no equivalent in Spanish; it is simply not expressed.*

Llueve.
It's raining.
Está en la mesa.
It's on the table.

Lo/La correspond only to the English direct object pronoun *it*.

¿El libro? Debes leer**lo**.
The book? You should read it.
¿La película? Debes ver**la**.
The movie? You should see it.

A Describa las diferentes escenas que hay en el parque, usando las palabras y frases indicadas y los dibujos a continuación. Luego, imagínese lo que va a pasar después y conteste las preguntas. Utilice pronombres de complemento directo cuando sea posible. Nota importante: En este ejercicio y otros ejercicios similares en *¡Avance!*, los diagonales dobles (//) significan: «iniciar una nueva oración».

MODELO: Una pareja de ancianos estar sentado // mirar gente y charlar (*chat*) // acabar de comprar pasteles
  ¿Qué van a hacer ellos con los pasteles? ¿comer en el parque? ¿dejar para los pájaros? ¿llevar a casa y comer allí? →

Una pareja de ancianos está sentada en el parque. Mira a la gente y charla. Ellos acaban de comprar pasteles. No los van a comer en el parque; no los van a dejar para los pájaros tampoco. Van a llevarlos a casa y comerlos allí.

1. José tener tortuga / sacar de paseo // los otros niños mirar y señalar // José no hacerles caso
  ¿Qué va a hacer José con la tortuga? ¿llevar a casa? ¿regalar? ¿dejar libre (*free*)?

---

*The subject pronouns **él** and **ella** are occasionally used to express the English subject *it*, but this usage is infrequent.

2. María pasear en bicicleta / perder cartera // su amigo ver y saludar // María no ver

   ¿Qué va a hacer su amigo? ¿recoger (*pick up*)? ¿guardar (*keep*)? ¿llamar?

3. jóvenes jugar al béisbol // Nora y Enrique tratar de coger (*try to catch*) pelota // Enrique no ver a Nora // Nora tampoco ver a Enrique // Jorge mirar alarmado

   ¿Qué va a pasar? ¿chocar (*collide*)? ¿coger?

4. ladrón correr con el maletín // policía seguir // la gente mirar

   ¿Qué va a pasar? ¿ladrón escapar? ¿policía atrapar? ¿gente ayudar?

B Los siguientes diálogos presentan dos actitudes muy comunes hoy en día. Cambie los sustantivos en letra cursiva por pronombres de complemento directo o por sujetos pronominales cuando sea posible, o simplemente elimine la expresión repetida. Luego, comente los diálogos usando las preguntas que siguen.

1. A: Quiero este sombrero y voy a comprar *este sombrero.*
   B: ¡Pero *ese sombrero* es muy caro! ¿Por qué no buscas *ese sombrero* en otra tienda?
   A: No, *este sombrero* es exclusivo y no tienen *este sombrero* en ningún otro lugar. Voy a comprar *este sombrero* a cualquier precio: yo merezco (*deserve*) *este sombrero.*

   ◼ ¿Dónde están estas personas? ¿Qué quiere hacer la persona A? ¿Qué opina la persona B? ¿Cómo responde la persona A?

   ◼ ¿Qué opina Ud.? ¿Asocia la actitud de la persona A con un hombre o con una mujer? Explique.

2. C: Todos los abogados son deshonestos. ¡Detesto *a los abogados*!
   D: Pero eso es un estereotipo. Los abogados pueden ayudarte. A veces necesitas *a los abogados.*
   C: No vas a convencerme. Simplemente no soporto (*I can't stand*) *a los abogados.*

   ◼ ¿De qué hablan estas personas? ¿Qué opiniones tiene cada una sobre el tema?

   ◼ ¿Está Ud. de acuerdo con la persona C o con la persona D? ¿Por qué?

    ◼ ¿Qué percepción tiene la gente de los médicos? ¿de los mecánicos? ¿de los periodistas? ¿de los atletas profesionales? ¿Qué opina Ud.? Trabaje con un compañero / una compañera para inventar diálogos en que expresen opiniones generalizadas sobre las personas que tienen estas profesiones.

ENLACE

¡OJO!

	EXAMPLES	NOTES
trabajar **funcionar**	Todos **trabajamos** mucho para vivir. *We all work hard for a living.* Mi reloj ya no **funciona**. *My watch doesn't work (run) anymore.* ¿Sabes cómo **funciona** este aparato? *Do you know how this gadget works?*	In Spanish, *to work* meaning *to do physical or mental labor* is expressed by the verb **trabajar**. *To work* meaning *to run* or *to function* is expressed by the verb **funcionar**.
bajo **corto** **breve**	Mis padres son **bajos** y por eso yo sólo mido cinco pies. *My parents are short, and so I'm only five feet tall.* Tus pantalones son demasiado **cortos**. *Your pants are too short.* La conferencia fue muy **breve** (**corta**). *The lecture was very brief (concise, short).*	Shortness of height is expressed in Spanish with **bajo**. Shortness of length is expressed by **corto**. *Short* in the sense of *concise* or *brief* is expressed with either **corto** or **breve**. (Note that all these adjectives are generally used with **ser**.)
mirar **buscar** **parecer**	Quiero **mirar** la televisión. *I want to watch TV.* ¡**Mira**! Allí hay un Rolls Royce. *Look! There's a Rolls Royce.* ¿Qué **buscas**? *What are you looking for?* Esa chica **parece** muy simpática, ¿no? *That girl seems very nice, don't you think?* **Parece** que va a llover. *It looks like it's going to rain.*	*To look* is expressed in Spanish by **mirar** when it means *to look at* or *to watch*. The command form of **mirar** is often used to call someone's attention to something. *To look for* is expressed by **buscar**. When *to look* expresses a hypothesis (*to look like, to seem,* or *to appear*), **parecer** is used.

A Volviendo al dibujo Elija la palabra que mejor complete cada oración.

Carmen es una estudiante muy atlética que (funciona/trabaja)[1] muy duro para mantenerse en forma (in shape). Ahora está en su cuarto haciendo gimnasia y escuchando música. Alguien toca a la puerta. Carmen la abre y ve a una joven (baja/corta)[2] con maletas y libros, que la (mira/parece)[3] con una expresión de pregunta. «(Mira/Parece)[4] una estudiosa», piensa Carmen.

ROSA: Hola. Me llamo Rosa. Estoy (buscando/mirando)[5] la habitación 204.

CARMEN: Aquí es. Yo soy Carmen. Vamos a ser compañeras de cuarto. ¡Entra!

Después de una (baja/breve)[6] pausa, durante la cual ella (busca/mira)[7] la habitación con curiosidad, Rosa habla.

ROSA: ¡Tu estéreo (funciona/trabaja)[8] muy bien!

CARMEN: ¡Ah, sí! ¿Te molesta la música?

ROSA: ¡Qué va! Me gusta mucho. En el restaurante donde (funciono/trabajo)[9] tocan ese tipo de música… También veo que tienes equipo para hacer ejercicio. ¿Puedo usarlo?

CARMEN: ¡Claro! ¿Haces ejercicio con frecuencia?

ROSA: ¡Sí, sí! Es muy importante para mí. Todas las mañanas salgo a correr.

CARMEN: ¡Qué bien! Pues podemos salir juntas.

La conversación continúa, y en (bajo/corto)[10] tiempo Carmen y Rosa se llevan muy bien. (Mira/Parece)[11] que van a tener buenas relaciones después de todo. Muchas veces las personas no son lo que (miran/parecen).[12]

B Exprese en español las palabras y expresiones en letra cursiva.

1. *We aren't working* today because *it looks* as if it's going to rain.
2. My watch *looks* expensive, but *it doesn't work* very well.
3. *Look!* There's an insect in my soup!
4. *I'm looking for* a *short* man. His name is Pedro Ramírez.
5. Yes, I know him. He *works* at the university.
6. It's a very *short* movie, but it's boring.

Repaso*

A Complete el párrafo con la forma correcta de los verbos. Cuando se dan varias palabras entre paréntesis, escoja la palabra apropiada.

Los estereotipos, ¿inevitables?

Los estereotipos (ser/estar/haber)[1] malos —todos (ser/estar/haber)[2] de acuerdo en eso. (Ser/Estar/Haber)[3] necesario pensar en (las/los)[4] personas como individuos y no como representantes de distintos grupos. Cuando alguien (considerar)[5] a un individuo como miembro de un determinado grupo, siempre (expresar)[6] generalizaciones que en su mayor parte (*largely*) (ser/estar/haber)[7] falsas. Estas generalizaciones, a su vez (*in turn*), (producir)[8] estereotipos que luego (causar)[9] (muchas/muchos)[10] problemas. Pero cuando nosotros (intentar)[11] eliminar las generalizaciones, pronto (estar)[12] ante (*faced with*) (un/una)[13] dilema: En realidad, ¿(ser/estar/haber)[14]

---

*The answers to Activity A in all **Repaso** sections are found in Appendix 8.

posible pensar en cada uno de los seis mil millones de habitantes del mundo como individuos? Hasta cierto punto, las generalizaciones (ser/estar/haber)[15] inevitables.

También, todos (comprender)[16] que el ser humano no (vivir)[17] aislado sino que (*but rather*) (formar)[18] parte de un grupo cultural. Y (ser/estar/haber)[19] (gran/grandes)[20] diferencias entre los grupos. Decir que no (ser/estar/haber)[21] grupos diferentes o que todos los grupos (ser/estar/haber)[22] iguales es, en el fondo (*if the truth be told*), la peor (*the worst*) de las generalizaciones.

B Describa cómo *son* las personas que están delante del espejo. Luego describa cómo *están* reflejadas las personas en el espejo. ¿Están ambos contentos con su nueva apariencia?

Imagínese que Ud. está delante de un espejo que cambia su apariencia o personalidad de una manera favorable. ¿Cómo está Ud. reflejado/a en el espejo? ¿Y cómo es Ud. en realidad?

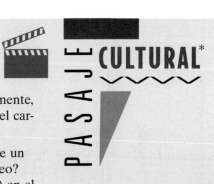

Medellín, capital industrial de Colombia

PASAJE CULTURAL*

Antes de ver

■ ¿Qué ideas o estereotipos se asocian con Colombia y, específicamente, con la ciudad de Medellín? ¿Ha oído (*Have you heard*) hablar del cartel de Medellín?

■ La ciudad de Medellín quiere cambiar su imagen con la ayuda de un vídeo promocional. ¿Qué ideas espera Ud. encontrar en este vídeo? ¿Qué aspectos de la ciudad piensa Ud. que no estarán (*won't be*) en el vídeo?

■ Ahora lea con cuidado las actividades en **Vamos a ver** antes de ver el vídeo por primera vez.

Vamos a ver*

A ¿Qué lema (*slogan*) se usa para promocionar la ciudad de Medellín?

B ¿Cuáles de los siguientes aspectos de Medellín aborda (*addresses*) el vídeo? Considere las imágenes, la canción, la narración y la entrevista con el alcalde (*mayor*).

1. ❏ el arte
2. ❏ la industria
3. ❏ las universidades
4. ❏ los deportes
5. ❏ la gente
6. ❏ la arquitectura
7. ❏ la seguridad (*safety*)
8. ❏ el progreso
9. ❏ la historia
10. ❏ la comida
11. ❏ las fiestas
12. ❏ la medicina

---

*The video segments in **Pasaje cultural** are actual clips from Hispanic television and may be difficult to understand at first. As you watch them, don't try to understand every word but rather listen to get the general message—the gist—of each segment. The **Vamos a ver** activities are designed for general comprehension and assume that you have watched the video carefully just once. The *Cuaderno de práctica* contains other activities on the video that assume that you have watched it a second time.

Después de ver

 ■ Trabajando en grupos o en parejas, preparen una lista de los elementos eficaces (*effective*) y otra de los elementos ineficaces (*ineffective*) del vídeo promocional de Medellín. ¿Qué cosas cambiarían Uds. (*would you change*) para mejorar el vídeo?

 ■ Utilizando como modelo el vídeo de Medellín, piensen en un lema y cinco imágenes que usarían (*you would use*) en un vídeo promocional para la ciudad donde Uds. viven. Compartan sus ideas con la clase.

 ■ Busque una página Web con información «oficial» sobre una ciudad de un país hispanohablante. ¿Tiene la ciudad un lema como Medellín? ¿Qué clase de información se da? ¿Qué clase de información no se da? ¿Le parece atractiva la ciudad? ¿Por qué sí o por qué no?

CAPÍTULO

2

La comunidad humana

Lesson Objectives

Lengua

- Impersonal **se** and passive **se** (6)
- Indirect objects (7)
- Sequence of object pronouns (8)

- The imperfect indicative (9)
- Reflexive structures (10)

Literatura

- *Cuyana*

Vídeo: La lengua española y su historia

Calle Florida, Buenos Aires, Argentina

DESCRIBIR Y COMENTAR

The *¡Avance!* CD-ROM contains interactive activities to practice the material presented in this chapter.

■ Describa a las personas del dibujo. ¿Cómo son? ¿Qué hacen? ¿Qué grupos puede Ud. identificar? ¿Qué semejanzas y diferencias nota Ud. entre los diversos grupos?

■ ¿Observa Ud. en el dibujo ejemplos de conflicto entre los individuos? ¿Dónde? ¿Qué hacen? ¿Hay ejemplos de cooperación o colaboración entre las personas? ¿Dónde? ¿Qué pasa en estos intercambios?

■ En el dibujo hay una mezcla de lo tradicional y lo moderno. ¿Qué cosas representan lo tradicional? ¿lo moderno? ¿Se puede ver algún aprecio por la cultura indígena? ¿Dónde, y en qué sentido? En este país, ¿existe la misma actitud hacia la cultura indígena? Explique.

VOCABULARIO
para conversar

apreciar to hold in esteem, think well of
compartir to share
despreciar to look down on
discriminar (contra) to discriminate (against)
(no) llevarse bien (con) (not) to get along
   well (with)
respetar to respect

el antepasado ancestor
el aprecio esteem
el contraste contrast
el/la descendiente descendant

el desprecio scorn, contempt
el/la indígena native (indigenous) inhabitant
el indio / la india Native American
la mezcla mixture
la población population
la raza race (*ethnic*)
la tradición tradition

con respecto a with respect to
lo moderno* modern things
lo tradicional* traditional things

A ¿Qué palabra o frase del cuadro asocia Ud. con cada palabra o frase de la lista? Explique en qué basa su asociación. ¿Son sinónimos? ¿antónimos? ¿Es una palabra o frase un ejemplo de la otra?

1. el antepasado
2. el/la descendiente
3. el/la indígena
4. apreciar
5. compartir

6. lo tradicional
7. la raza
8. la mezcla
9. el conflicto
10. la población

generoso   la biología   el nieto   la combinación
el abuelo   la historia
despreciar   los habitantes   el inmigrante   llevarse bien

LENGUAJE Y CULTURA

Hay muchas palabras y expresiones en inglés que tienen su origen en las culturas indígenas norteamericanas. Imagínese que un amigo hispano no conoce las siguientes palabras. ¿Cómo le explicaría Ud. (*would you explain*) su significado en español?

- kayak
- tepee
- papoose

Ciertas expresiones indígenas han adquirido (*have acquired*) un sentido especial para nosotros. ¿Cómo explicaría Ud. el significado de las siguientes expresiones?

- to bury the hatchet
- to have a pow-wow
- to pass the peace pipe

---

*Any adjective combined with **lo** expresses an abstract idea or quality. The English equivalent generally uses the adjective + *thing(s)* (in the sense of *aspect* or *part*).

  Prefiero lo tradicional a lo moderno.   *I prefer traditional things over modern ones.*

  ¡Eso es lo más interesante!   *That's the most interesting part!*

Creyendo que su viaje a través del océano Atlántico lo había llevado (*had taken him*) a la India, Cristóbal Colón llamó «indios» a los habitantes de las tierras recién descubiertas. En los Estados Unidos, hoy en día el término «indio» ha sido (*has been*) sustituido por el término «indígena norteamericano» (*Native American*). Asimismo (*Similarly*), en Latinoamérica se usa la palabra «indígena» en vez de «indio» en la mayoría de los contextos.

B En el pueblo donde vive Ud., ¿existen lugares como la plaza del dibujo de la página 40? En este país, ¿dónde se puede ver una situación como ésa? ¿Qué hace la gente en ese lugar? ¿Qué grupos (étnicos, generacionales, etcétera) suelen estar presentes? ¿Qué tiene Ud. en común con los miembros de esos grupos? ¿la cultura? ¿la religión? ¿la edad? ¿otra cosa?

C ¿Conoce Ud. a sus abuelos? ¿a sus bisabuelos (*great-grandparents*)? ¿Qué sabe Ud. de ellos? ¿De dónde son? ¿Es Ud. descendiente de indígenas norteamericanos? ¿de otro grupo étnico?

D ¿Se lleva Ud. bien con sus parientes? ¿Los visita con frecuencia? ¿Lo/La visitan ellos a Ud.? En general, entre los miembros de su familia, ¿de qué asuntos (*issues*) hablan y de qué asuntos *no* hablan? ¿políticos? ¿religiosos? ¿económicos? ¿sociales? ¿otros? Explique su respuesta.

LENGUA I

6 IMPERSONAL *SE* AND PASSIVE *SE*

The pronoun **se** has many uses in Spanish. Here are two of the most frequent.*

IMPERSONAL *se*	PASSIVE *se*[†]
se + third-person singular verb	**se** + third-person $\begin{Bmatrix} \text{singular} \\ \text{plural} \end{Bmatrix}$ verb + noun
	noun + **se** + third-person $\begin{Bmatrix} \text{singular} \\ \text{plural} \end{Bmatrix}$ verb

*You will learn more uses of **se** in grammar sections 8, 32, and 36.
[†] You will learn more about the passive **se** construction (and another way to form the passive voice, using **ser**) in grammar section 34.

IMPERSONAL *se*	PASSIVE *se*
1. **Se dice** que la comunicación es clave. *They say* that communication is key. 2. En esta ciudad **se vive** muy bien. *One lives* very well in this city. 3. En algunos países no **se respeta** a los indígenas. *In some countries, people don't respect the indigenous people.*	4. Aquí **se venden** zapatos. *Shoes are sold* here. 5. En Cataluña **se hablan** catalán y español. *Catalan and Spanish are spoken in Catalonia.* 6. En general, **se utiliza** el catalán en las conversaciones familiares. *In general, Catalan is used in family conversations.*

In semantic terms, the impersonal **se** (**se impersonal**) and the passive **se** (**se pasivo**) are related in that in both constructions, the agent of an action is either unknown or unimportant. That is, the speaker merely wishes to communicate that an action took, is taking, or will take place. The grammatical differences between the two constructions are as follows.

In the impersonal **se** (**se impersonal**) construction, the **se** is acting as the indefinite (unknown or unimportant) subject. Some common English equivalents of this **se** are: *one, you* (general), *people* (general), or *they* (general). In Spanish this **se** is always considered to be third-person singular, and therefore, the verb will always be in the third-person singular as well. Compare examples 1–3 in the preceding chart.

In the passive **se** (**se pasivo**) construction, the **se** is considered as an unchanging part of the verb, and the thing being acted upon becomes the subject (i.e., a passive construction). Since the subject (the thing being acted upon) can be either third-person singular or plural, the verb must also be in the third-person singular or plural in order to agree with its subject. Compare examples 4–6 in the preceding chart, paying special attention to the verb agreements.

Práctica 1 Las siguientes oraciones tienen un sujeto expresado. Cámbialas por oraciones impersonales, utilizando el **se impersonal** y haciendo otras modificaciones necesarias como en el modelo.

> MODELO: Los indígenas luchan por mantener (*strive to maintain*) sus tradiciones. →
> Se lucha por mantener las tradiciones indígenas.

1. Algunos jefes desprecian el buen servicio de sus empleados.
2. Aun en el siglo XXI, hay personas que discriminan contra otras razas.
3. Por lo general, los estudiantes respetan a los profesores de esta universidad.
4. Mucha gente aprecia lo que hicieron nuestros antepasados para mejorar la vida.
5. Algunos creen que todos deben compartir con los demás (*others*) lo que tienen.

Práctica 2 Cada una de las siguientes preguntas tiene un sujeto expresado. Primero, reformúlelas sustituyendo el sujeto por el **se pasivo** o **impersonal**. ¡Cuidado! A veces usará (*you will use*) un verbo en singular y otras veces

A PROPOSITO

Many common expressions in Spanish incorporate the impersonal or passive **se**. Here are a few common ones that you can use to ask for information.

¿Cómo **se dice** _____ en español?
How do you say _____ in Spanish?

¿Cómo **se deletrea** _____?
How do you spell _____?

¿Cómo **se hace** _____?
How do you make/do _____?

uno en plural. Luego, indique con **P** (pasivo) o con **I** (impersonal) el tipo de construcción que Ud. ha utilizado (*you have used*) en cada caso.

MODELO: P Ⓘ ¿Creen muchas personas que la vida estudiantil es fácil? →
¿Se cree que la vida estudiantil es fácil?

1. P I ¿Creen muchas personas que todos los estudiantes universitarios consumen drogas?
2. P I En este país, ¿consideran muchas personas la diversidad como algo positivo?
3. P I En esta universidad, ¿habla la gente mucho de asuntos políticos o sociales?
4. P I ¿Dan aquí fiestas en las residencias cada semana los estudiantes de primer año?
5. P I En esta universidad, ¿escriben los estudiantes composiciones en todas las clases o solamente en las clases de inglés?
6. P I Normalmente en esta universidad la gente no trabaja mucho, ¿verdad?
7. P I En esta universidad, ¿vende mucha gente sus libros al final del curso?
8. P I En esta universidad, ¿respetan muchos estudiantes a los profesores?

Intercambios

A Utilice el **se** pasivo o impersonal para contestar las preguntas de la actividad anterior (*previous*). Luego, diga si Ud. está de acuerdo o no con esas opiniones, y explique por qué.

MODELO: ¿Se cree que la vida estudiantil es fácil? →
Sí, se cree que la vida estudiantil es fácil, pero no es cierto. Se presentan muchas dificultades y problemas. Por ejemplo…

 B ¡Necesito compañero! Trabajando en parejas, completen las siguientes oraciones con el **se** pasivo o impersonal. Luego, compartan sus opiniones con el resto de la clase.

MODELO: En Italia _____ . →
En Italia se hacen muchos *westerns* y se come mucho espagueti.

1. En la clase de español _____ .
2. En esta universidad _____ .
3. En las calles de una ciudad grande _____ .
4. En las escuelas secundarias _____ .
5. En los países hispanos _____ .
6. En los pasillos (*halls*) de mi residencia _____ .
7. ¿ ?

c ¿Qué opina Ud.? Usando una expresión de la columna A y otra de la columna B, forme oraciones para completar las siguientes frases. Luego, explique sus respuestas.

En los Estados Unidos, con respecto
{
1. a las relaciones interpersonales...
2. al mundo de los negocios...
3. al mundo académico...
}

A	B	
se aprecia(n)	la paciencia	la cooperación
se desprecia(n)	los prejuicios	la disciplina
se tolera(n)	el espíritu competitivo	las reacciones emocionales
se fomenta(n)	la agresividad	la creatividad
(*is/are encouraged*)	las diferencias individuales	el sentido del humor
	la objetividad	la independencia
	las responsabilidades personales	el respeto
	la tolerancia	el egoísmo

D Entre todos

- ¿En qué países del mundo se vive bien? ¿Qué se necesita para vivir bien? ¿Se puede vivir en los Estados Unidos sin coche? ¿sin saber inglés? ¿sin saber leer?

- ¿En qué residencia de esta universidad se dan muchas fiestas? ¿Qué se hace en esas fiestas?

- ¿Qué clase de comida se come en este país? ¿en el sur de los Estados Unidos? ¿en el oeste? ¿en los barrios asiáticos? ¿en los barrios latinos? ¿en su casa?

7 INDIRECT OBJECTS

Remember that objects receive the action of the verb. The direct object is the primary object of the verbal action, answering the question *what?* or *whom?*

Los niños llevan **regalos** a la fiesta.	*The children take* (what?) *gifts to the party.*
¿Conocen Uds. a **la señora**?	*Do you know* (whom?) *the lady?*

The indirect object (**el complemento indirecto**) is the person or thing involved in or affected by the action in a secondary capacity. The indirect object frequently answers the question *to whom?, for whom?,* or *from whom?*

Los niños le llevan regalos a **su amigo.**	*The children take gifts* (to whom?) *to their friend.*
Ellos le piden dinero al **gobierno.**	*They request money* (from whom?) *from the government.*
Paula les abre la puerta a **los niños.**	*Paula is opening the door* (for whom?) *for the children.*

Note that in Spanish the indirect object noun is preceded by the preposition **a**, regardless of the corresponding English preposition.

A PROPOSITO

Since third-person object pronouns may have more than one meaning, the ambiguity is often clarified by using a prepositional phrase with **a**.

Le doy el libro
{
a él.
a ella.
}

I'm giving the book
{
to him.
to her.
}

Les escribo
{
a ellos.
a Uds.
}

I'm writing
{
to them.
to you all.
}

The prepositional phrase with **a** is also used for emphasis.

Me da el libro **a mí**, no a **ella.**

He's giving the book to me, not to her.

Indirect object pronouns

The Spanish indirect object pronouns are identical to the direct object pronouns, except in the third-person singular and plural.

me	*me, to me*	nos	*us, to us*
te	*you, to you*	os	*you all, to you all*
le	*him, to him* *her, to her* *you, to you*	**les**	*them, to them* *you all, to you all*

Mis padres **me** prestan dinero.	*My parents lend **me** money.*
Los señores García **le** escriben a **su hijo** con frecuencia.	*Mr. and Mrs. García write to **their son** frequently.*
«Dear Abby» **les** da consejos a **muchas personas.**	*"Dear Abby" gives advice to **many people.***

In sentences with **le** or **les,** as in the latter two examples, both the indirect object pronoun and its corresponding noun appear in the sentence together when the indirect object is mentioned for the first time. Once the meaning of the indirect object pronoun is clear, however, the indirect object noun can be dropped.

—¿Qué **le** escribes **a tu madre**?	*—What are you writing **to your mother**?*
—**Le** escribo una carta.	*—I'm writing **her** a letter.*

Like direct object pronouns, indirect object pronouns

■ precede conjugated verbs and negative commands.

Siempre **me** escriben a principios del mes.	*They always write (to) **me** at the beginning of the month.*
No **me** escriba a esta dirección.	*Don't write (to) **me** at this address.*

■ attach to affirmative commands.

Escríba**me** a mi nueva dirección.	*Write (to) **me** at my new address.*

■ can precede or attach to infinitives and present participles.*

No **le** voy a prestar el dinero. No voy a prestar**le** el dinero.	*I'm not going to lend **him** the money.*
Les estoy escribiendo ahora mismo. Estoy escribiéndo**les** ahora mismo.	*I'm writing (to) **them** right now.*

Práctica 1 Forme oraciones nuevas utilizando los diferentes sujetos entre paréntesis.

MODELO: *Yo* te comprendo bien. ¿Por qué no *me* cuentas tu problema? (Juan) →
Juan te comprende bien. ¿Por qué no *le* cuentas tu problema?

1. Allí viene *Pablo*. ¿Por qué no *le* pides ayuda? (María y Juan)
2. Aquí estoy *yo*, pues. ¿Por qué no *me* dicen nada Uds.? (Fernando)
3. *Juan* tiene las entradas. ¿Por qué no *le* compran algunas Uds.? (yo)
4. *Ellos* salen pronto para España. ¿Vas a escribir*les*? (nosotros)

---

*All object pronouns *must* be attached to infinitives and present participles when these are not accompanied by a conjugated verb; for example, with an infinitive that follows a preposition: **Voy a su casa para *darle* el dinero.**

Práctica 2   Conteste las siguientes preguntas con las palabras entre paréntesis.

> MODELO: ¿Qué les das a los niños? (dulces) →
> Les doy dulces.

1. ¿Qué te dan tus padres (hijos, amigos)? (dinero)
2. ¿Qué le explicas a tu amiga? (mis problemas)
3. ¿Qué nos dice el profesor / la profesora? («Buenos días.»)
4. ¿Qué me traen mis hermanos? (libros)

Intercambios

A En este dibujo se hace una crítica a la sociedad. Se presenta a un grupo de consumidores de un producto especial. Examine el dibujo para poder contestar las preguntas que siguen.

1. ¿Quiénes son los clientes de esta fábrica? ¿Qué «producto» les ofrece la fábrica?

2. ¿Por qué están el hombre y la mujer al fondo (*background*) con el técnico de computadoras? ¿Qué le explican? ¿Qué les muestra el técnico en la pantalla (*screen*) de la computadora?

3. ¿Qué crea el científico en su laboratorio que las personas esperan con tanto interés?

4. Cuando los bebés llegan a la sala de espera de los clientes, ¿qué les hace inmediatamente cada una de las empleadas? (curar el ombligo, poner talco, poner el pañal [*diaper*])

5. Al final, ¿qué le dan los nuevos padres a la empleada? ¿y qué les da ella a ellos a cambio (*in return*)?

Entre todos

■ ¿Qué opina Ud. del mensaje de este dibujo? ¿Es cómico? ¿triste? ¿prometedor (*hopeful*)? ¿aterrador (*frightening*)? ¿Por qué?

■ ¿Qué problemas le puede traer a una sociedad una «fábrica de niños»? ¿Qué beneficios le puede traer? ¿Cómo sería (*would be*) la comunidad resultante? ¿Sería más diversa o más uniforme? Explique.

B Trabajando en grupos de tres o cuatro personas, contesten las preguntas generales a continuación para describir los dibujos. Incorporen complementos pronominales cuando sea posible. ¡Usen la imaginación y recuerden las estrategias para la comunicación!

■ ¿Quiénes son estas personas? ■ ¿Dónde están?

■ ¿Cuál es la relación entre ellas? ■ ¿Qué hacen?

■ ¿Cómo son físicamente? ■ ¿Por qué lo hacen?

1. escuchar, explicar, hacer una pregunta, pasar un recado (*note*)

2. acabar de, dar las gracias, escribir, mandar

3. gritar, hacer la tarea, jugar

4. dar, leer, pedir

C Una comunidad depende de la ayuda mutua, la cual refleja las necesidades y las capacidades de sus miembros. Por ejemplo: Yo te presto mis discos de jazz y tú me llevas al partido en tu coche. ¿En qué consiste la ayuda mutua en los siguientes casos? ¡Cuidado! En la mayoría de los casos hay que usar un pronombre de complemento directo o de complemento indirecto. Recuerde usar las estrategias para la comunicación si necesita expresar una palabra que no recuerda o que no sabe.

MODELO: el pueblo y el gobierno →
El pueblo le da dinero al gobierno. El gobierno le da servicios al pueblo.

1. el perro (o el gato) y el ser humano
2. los jóvenes y los mayores
3. la nación en general y un grupo con el cual Ud. se identifica o al cual pertenece
4. los estudiantes y los profesores
5. Ud. y su hermano/a o compañero/a de cuarto
6. los atletas y la universidad

Comparta algunas de sus ideas con su compañero/a de clase.

D ¡Necesito compañero!
Miren el anuncio de la derecha y examinen el texto con cuidado. Después, comenten las siguientes preguntas. Luego compartan sus respuestas con los otros grupos de la clase. ¿Hay mucha diferencia de opiniones?

1. Según Uds., ¿cuál es la profesión de esta persona? ¿Qué les da esa impresión?
2. ¿Qué le aceleró el corazón a este hombre? ¿Por qué le aceleró el corazón? ¿Por qué él le habló por teléfono y no en persona? ¿Cuándo va a volver a verla? ¿Qué piensan Uds. que le va a decir?
3. Usen la imaginación y describan a la hija de este hombre. ¿Cómo es ella? ¿Creen Uds. que él le va a llevar un regalito? ¿Qué le va a llevar?
4. ¿A quién va dirigido (*is directed*) este anuncio? ¿Cómo lo saben Uds.? ¿Qué les ofrece esta compañía a los consumidores? ¿Qué piensan Uds. del anuncio? ¿Les atrae el mensaje? Expliquen.

"La conocí ayer. Se llama Maribel. Pelo negro, ojos claros, chinitos… No me habló una palabra pero su sola presencia me aceleró el corazón. Es la nueva mujer en mi vida… es mi hija.
Ayer la conocí por teléfono. Por fin mañana la abrazaré."

En larga distancia, nadie le da la ayuda, calidad y años de experiencia de AT&T.

AT&T
La mejor decisión.

8 SEQUENCE OF OBJECT PRONOUNS

When both a direct and an indirect object pronoun appear in a sentence, the indirect object pronoun (which usually refers to a person) precedes the direct object pronoun (which usually refers to a thing).

—No entiendo el problema. ¿**Me lo** puedes explicar?	—*I don't understand the problem. Can you explain **it to me**?*
—Sí, **te lo** explico ahora mismo.	—*Yes, I'll explain **it to you** right now.*

When the direct and indirect object pronouns are both in the third person, the indirect object pronoun (**le/les**) is replaced by **se.**

$$\textbf{le/les} \; + \; \begin{matrix} \text{lo} \\ \text{la} \\ \text{los} \\ \text{las} \end{matrix} \; \rightarrow \; \textbf{se} \; + \; \begin{matrix} \text{lo} \\ \text{la} \\ \text{los} \\ \text{las} \end{matrix}$$

—María todavía no tiene los papeles.	—*María still doesn't have the papers.*
—Bien. **Se los** envío.	—*Fine. I'll send **them to her**.*
—Los Rodríguez se mudan a una casa más grande.	—*The Rodríguezes are moving to a bigger house.*
—Ya lo sé. Mi compañía **se la** está construyendo.	—*I know. My company is building **it for them**.*
—Esas familias necesitan comida y medicinas.	—*Those families need food and medicine.*
—De acuerdo. La agencia puede mandár**selas**.*	—*Fine. The agency can send **them to them**.*

Práctica 1 En los siguientes diálogos entre Voz y Eco, hay una repetición innecesaria de algunos sustantivos. Cambie los sustantivos repetidos por los complementos pronominales adecuados.

> MODELO: VOZ: ¿Les venden los indígenas su artesanía a los turistas?
> ECO: Sí, les venden su artesanía a los turistas. →
> Sí, se la venden.

1. VOZ: ¿Les explican los indígenas sus costumbres a los europeos?
   ECO: Sí, les explican sus costumbres a los europeos.
2. VOZ: ¿Les quitan las tierras a los indígenas?
   ECO: Sí, les quitan las tierras a los indígenas.
3. VOZ: ¿Prometen los europeos devolverles las tierras a los indígenas?
   ECO: Sí, prometen devolverles las tierras a los indígenas pero nunca les entregan las tierras a los indígenas.
4. VOZ: ¿Le piden los indígenas cambios al gobierno?
   ECO: Sí, le piden cambios al gobierno, pero éste (*the latter*) no quiere hacer los cambios muy pronto.

---

*When two object pronouns attach to an infinitive, a written accent must be added to the infinitive so that the stress remains on the correct syllable.

Práctica 2 Conteste las siguientes preguntas con las palabras entre paréntesis. Elimine la repetición innecesaria utilizando los complementos pronominales apropiados.

> MODELO: ¿Quién le da regalos a Gloria? (sus padres) →
> Sus padres se los dan.

1. ¿Quién les explica los complementos pronominales a los estudiantes? (la profesora)
2. ¿Quién te manda las cartas? (mi novia)
3. ¿Quién nos presta el dinero? (el banco)
4. ¿Quién le dice mentiras a Alicia? (su compañera)

Intercambios

A Imagínese que un amigo / una amiga le pregunta a Ud.: «¿A quién puedo darle las siguientes cosas? ¿A ti o a mi mejor amigo/a?» Contéstele según su preferencia, pero ¡cuidado! Es preferible guardar lo mejor para sí mismo/a (*yourself*) y darle el resto a la otra persona, como se hace en los modelos.

> MODELOS: ¿mucho trabajo? → Se lo puedes dar a él/ella.
> ¿un día de vacaciones? → Me lo puedes dar a mí.

Cosas: un boleto de lotería, una botella de champaña, un diccionario bilingüe, dinero, unos discos compactos de música clásica, una foto del presidente, los libros de física, un pasaje de ida (*one-way*) a Universal Studios, un reloj despertador (*alarm clock*)

Y ahora, imagínese que el mismo amigo / la misma amiga le pregunta: «¿A quiénes les puedo hacer los siguientes favores? ¿A ti y a tu mejor amigo/a o a otras dos personas?» Conteste según los modelos.

> MODELOS: ¿lavar la ropa? →
> Nos la puedes lavar a nosotros.
>
> ¿regalar un disco de Frank Sinatra? →
> Se lo puedes regalar a ellos.

Favores: conseguir entradas para la última (*latest*) película, dar una casa en Acapulco, enviar unas flores, limpiar el cuarto, preparar la cena, regalar unos calcetines morados (*purple*), servir pulpo (*octopus*)

B La comunicación entre la gente permite el intercambio de opiniones diversas. También permite apreciar las diferencias que existen entre todos. Trabajando con dos o tres compañeros de clase, háganse las siguientes preguntas y contéstenlas para averiguar cómo se comunican con otras personas. Luego compartan lo que han aprendido con los demás grupos. Usen los complementos pronominales siempre que puedan.

1. ¿Qué le dices a una persona en el momento de conocerla? ¿Le estrechas la mano o le das un beso en la mejilla (*cheek*)? ¿Cómo saludas a las personas cuando llegas a una fiesta? ¿A quiénes sueles saludar dando uno o dos besos?
2. ¿Tienes amigos de otros países? ¿De dónde son? ¿Les hablas en su propio idioma? ¿Te hablan ellos en inglés? ¿Te hablan de su país? ¿Qué te

cuentan? ¿Qué información sobre este país compartes con ellos? ¿Qué clase de información les interesa más? ¿Les mandas mensajes de correo electrónico (*e-mail*) o los llamas por teléfono? ¿Por qué?

3. ¿A quién le pides ayuda cuando tienes un problema de salud? ¿un problema económico? ¿un problema en tus estudios? ¿un problema sentimental? ¿Para qué clase de problema te piden ayuda tus amigos?

4. ¿Cómo reaccionas si una persona desamparada te pide dinero en la calle? ¿si te pide comida? ¿si un miembro de una secta religiosa te pide dinero? ¿si un predicador o predicadora de barricada (*soapbox preacher*) te ofrece consejos?

 C Entre todos

■ ¿Ud. le da sus discos compactos favoritos a su mejor amigo/a si se los pide? ¿Le da su suéter más nuevo? ¿Qué más le pide él/ella? ¿Se lo da? ¿Qué *no* le da en ninguna circunstancia? ¿Qué le da él/ella a Ud.?

■ ¿Le compra flores a su novio/a? ¿Le canta canciones de amor? ¿Le compra diamantes? ¿Le escribe cartas románticas? ¿Se las escribe en español? ¿Qué le va a regalar para su cumpleaños?

■ ¿Siempre les hablo a Uds. en español? ¿En qué circunstancias no les hablo en español? Explíquenme por qué. Cuando Uds. me hacen preguntas, ¿me las hacen en español? ¿Eso está bien? ¿Por qué sí o por qué no? ¿Siempre me entregan (*hand in*) la tarea a tiempo? ¿En qué circunstancias no me la entregan a tiempo? ¿Y cuáles son algunas buenas excusas que saben para esos momentos? Si me entregan algo tarde, ¿me piden disculpas? ¿Cómo me las piden? Denme algunos ejemplos.

LITERATURA CUYANA (PARTE 1)

APROXIMACIONES AL TEXTO

Myths, legends, fairy tales, and folktales are forms of popular literature that have developed across the centuries in many cultures. Myths usually involve divine beings and serve to explain some fundamental mystery of life. For example, the Greek myth of Persephone explains the cycle of the four seasons. Persephone was the beautiful daughter of Demeter, the goddess of the harvests. When Persephone was kidnapped by Hades (the god of the underworld) and forced to marry him, Demeter swore that she would never again make the earth green. Zeus (the king of the gods) intervened in the dispute. As a result, Persephone was allowed to return to the earth for part of the year, but was obliged to spend the other part with her husband Hades in the underworld.

Consequently, Demeter makes the earth flower, then go brown, according to the presence or absence of her beloved daughter.

Folktales and legends involve people and animals. They sometimes explain natural phenomena (how the skunk got its stripes, for example) or justify the existence of certain social and cultural practices, thus underscoring cultural values and ideals. In our own culture, for instance, there are many stories about Abraham Lincoln. Although some are based in fact, all are embellished to bring out certain American values, such as honesty, individual freedom, and the belief that hard work will lead to success, regardless of economic and social status.

Palabras y conceptos

atreverse (a) to dare (to)
gozar (de) to enjoy, derive pleasure (from)
soportar to support
sumergir to submerge
vigilar to watch over

el ahijado / la ahijada godson / goddaughter
la bondad goodness
el brujo warlock (male witch)
el cacique tribal chief
la caza hunt
la cosecha crop
el fuego fire
el guerrero warrior, fighter
el paseo walk, stroll
la pesca fish; fishing
el primogénito / la primogénita firstborn son / firstborn daughter
la princesa princess
el príncipe prince
el reino kingdom

la sombra shadow
la tribu tribe

temible fearsome

La naturaleza

el aire air
la arena sand
el ave (*f.*) bird
el bosque forest, woods
la brisa breeze
el cielo sky
la nube cloud
la ola wave
el pájaro bird
el pez fish
la playa beach
la selva jungle
la tierra earth
el volcán volcano

Cuyana (Parte 1)

Sobre el autor *No se puede darle crédito a ningún escritor determinado por la creación de la leyenda de Cuyana. Como toda leyenda o cuento folklórico, ésta es producto de una creación colectiva, cuyo estilo y detalles se han transmitido, pulido (polished) y refinado de generación en generación. La versión de «Cuyana» reproducida aquí fue transcrita por Carlos Villasís Endara, pero sus autores, propiamente dicho, son todos los cuentistas anónimos que pasaron a sus descendientes la leyenda de la princesa indígena.*

Ecuador

PEQUEÑO GLOSARIO DE NOMBRES INDÍGENAS	
Cuyana Amada	**Millanaypag** Abominable, Feo
Manta una región del Ecuador	**Cachashca** Enviado
Cuyaypag Amable	**Apu** Caudillo
Pacarina Aurora	**Agllashca** Escogido
Inti Sol	**Quilla** Luna

Más antes que antes, cuando la tierra era grande y pocos los hombres que en ella habitaban; cuando el cielo era más transparente, y las aves y los animales dueños del aire y de los bosques; cuando los ríos eran niños juguetones en la hierba, y los peces, ágiles flechas de luz; cuando el mar dócilmente lamía
5 con su espuma las playas y las montañas se iluminaban con el azul misterio de la distancia…

En aquella época, en que la tierra aún no soportaba el peso de las grandes ciudades ni se la decoraba con cicatrices de caminos, en las costas de Manta vivía el Cacique Cuyaypag con su esposa Pacarina. La justicia y la bondad que im-
10 ponía el Cacique en todos sus actos se reflejaban en el respeto y el cariño que todo el pueblo le guardaba. La caza y la pesca, así como la cosecha de infinita variedad de frutos silvestres, eran la alimentación y motivo de distracciones y fiestas entre sus habitantes.

La felicidad del Cacique se vio (←) colmada[1] con el nacimiento de su pri-
15 mogénita: bella como el reflejo del sol en las aguas. Admirados[2] de tanta gracia, los dos príncipes decidieron (←) ofrecerla como ahijada al buen Padre Inti, para que él fuera (←) quien protegiera (←) a la tierna princesita.

De todos los confines[3] llegaron (←) las varias familias de la tribu, con presentes de flores, frutos y peces, para la gran celebración.
20 A la hora en que el sol limpia de sombras la tierra, salió (←) toda la tribu en procesión hacia[4] el límite de las aguas. Acunándola[5] en sus brazos, el Cacique Cuyaypag sumergió (←) a la princesita en las pequeñas olas, y luego la levantó (←) sobre todas las cabezas, entre una nube de pétalos de flores, y la ofrendó (←) al Padre Inti. En ese instante, en medio[6] del silencio, una suave brisa agitó

---

[1]se… *reached its high point* [2]*Awed, Amazed* [3]partes [4]*toward* [5]*Cradling her* [6]en… *amid*

25 susurrante la cabellera de los cocoteros[7] y claramente se escuchó (←) el nombre que llegaba del cielo: ¡Cuyana… !

El tiempo transcurrió[8] plácidamente entre el amor y la dicha[9] que entregaban los príncipes y su pueblo a la princesita. Las aves, con sus multicolores destellos, se deslizaban[10] del cielo y acompañaban con sus trinos[11] los paseos de
30 Cuyana por los vericuetos[12] del bosque y sus arroyuelos, el mar salpicaba[13] la playa de estrellas, y todos los animales le servían de juguetes y de guardianes en la siesta.

Y el buen Padre Inti, desde arriba, vigilaba.

La belleza y gracia de la princesita Cuyana se transmitió (←) de boca en boca
35 por todos los confines del reino y se extendió (←) como el eco más allá de la tierra conocida, subió las montañas hasta los cristales de hielo[14] y descendió (←) a los valles perdidos.

Jóvenes príncipes y valientes guerreros de tribus y aldeas[15] remotas se lanzaron (←) a la aventura de cruzar selvas impenetrables, atravesar torrentes y
40 precipicios, afrontar los rigores del frío y las alturas cegadoras del páramo[16] para tratar de llegar al reino del Cacique Cuyaypag y gozar con sus propios ojos de belleza tan ponderada.

En las cavernas más profundas del volcán Cotopaxi, encargado de alimentar[17] el fuego que, de cuando en cuando, lanzaba sus agudas flechas contra el
45 cielo, con sordos rugidos[18] y grandes rocas que se estrellaban sobre la tierra, vivía solitario el gigantesco brujo Millanaypag. Su nombre era temido por los pocos pueblos que habitaban en las faldas de las montañas y, periódicamente, para calmarlo, le ofrecían las muchachas más hermosas, los frutos más maduros y la caza más grande.
50 Hasta él llegaron (←) el nombre de la princesita Cuyana y la noticia[19] de los atributos de belleza que la adornaban. Sabiéndose[20] poderoso y temible, decidió

---

[7]agitó… *whispered through the coconut fronds* [8]*passed* [9]*happiness* [10]se… *slipped out* [11]*trills*
[12]*rough parts* [13]*sprinkled* [14]subió… *climbed the mountains up to the icy crystals* [15]*pueblos*
[16]*plains* [17]encargado… *charged with keeping alive* [18]sordos… *dull roars* [19]*news*
[20]*Knowing himself (to be)*

(←) que la princesita debía ser suya y alegrar su terrible reino. Selló[21] con grandes rocas la entrada a las cavernas y aumentó (←) el fuego del volcán para atemorizar[22] aún más a quien se atreviese (←) a subir hasta sus dominios durante su ausencia. Usando (ᄼ) palabras mágicas, que únicamente él y los espíritus negros que habitan el centro de la tierra entendían, se transformó (←) en un inmenso cóndor y se elevó (←) en el aire como un fantasma que ensombrecía[23] la tierra. El batir de sus alas, rasgando[24] el cielo, generaba fuertes vientos que desgajaban[25] los árboles en medio de oscuras nubes de polvo; caudalosos ríos y densos bosques quedaron (←) destruidos, formando (ᄼ) un ancho camino de ruinas.

[21]*He sealed*   [22]*scare*   [23]*darkened*   [24]*scraping*   [25]*broke off*

Comprensión

Escoja la respuesta correcta según el texto.

Hace (mucho/poco)[1] tiempo, el Cacique Cuyaypag y su esposa (Cuyana/Pacarina)[2] vivían en las costas de Manta. El pueblo (amaba/odiaba)[3] mucho al Cacique porque todos vivían (bien/mal)[4] gracias a la caza y la pesca (abundantes/escasas)[5] del reino. La (felicidad/tristeza)[6] del Cacique y su esposa aumentó aún más con el nacimiento de (Cuyana/Inti).[7] Para mostrar su emoción, los padres la (dedicaron/sacrificaron)[8] al Padre (Inti/Millanaypag).[9] Antes y después de la ceremonia el Padre reveló que estaba (contento/furioso)[10] con lo que pasaba. Muchos (animales/príncipes)[11] querían venir al reino de Cuyaypag, porque habían oído hablar (*they had heard*) de la (belleza/riqueza)[12] de Cuyana.

Millanaypag era un (brujo/cacique)[13] y la gente del reino de Cuyaypag y de otros reinos lo (admiraba/temía).[14] El quería (casarse con / matar a)[15] la princesa Cuyana.

Interpretación

A Utilizando lo que Ud. sabe de las leyendas y los cuentos folklóricos, ¿qué cree que va a hacer Millanaypag? ¿Qué impacto va a tener esto en la vida de Cuyana? ¿Cree Ud. que la leyenda va a terminar felizmente o no? Explique.

B Según la información que Ud. tiene hasta este punto en la leyenda, ¿qué puede representar Millanaypag? ¿y Cuyana? ¿y la tierra donde vive ella con Cuyaypag?

CUYANA (PARTE 2)

APROXIMACIONES AL TEXTO

Using Word Function to Determine Meaning

You have learned to rely on what you already know about a text's general structure and theme to anticipate its overall meaning; this general meaning is then a useful tool for guessing the meaning of individual words within the text. The structural clues provided by sentence context offer another tool for guessing the meaning of unfamiliar words. Try the following example.

> Las chinampas del antiguo México y los magallones cercanos al lago Titicaca son ejemplos del aporte tecnológico indígena para solucionar eficazmente los retos agrícolas de la sociedad moderna.

You know that **chinampas, magallones, aporte, retos,** and **sociedad** are nouns (**sustantivos**), because they are preceded by articles (**el, la, los, las**). The ending **-mente** (equivalent to English -*ly*) signals an adverb. You can conclude that **antiguo, agrícolas,** and **moderna** are adjectives, since they are next to nouns and agree with those nouns in gender (masculine, feminine) and number (singular, plural).* In addition, the endings **-ano** and **-lógico** signal adjectives. After this analysis you know that **chinampas** and **magallones** are technological, indigenous "things" related to the solution of modern society's agricultural **retos.** Can you now guess what **reto** means?

Inferring word functions will help you determine a number of useful pieces of information.

1. *Locating the verb.* Use your knowledge of the Spanish verb system, with its characteristic person and number endings. For example, a word ending in **-mos** is most likely a verb whose subject is **nosotros/as.** If a word ends in **-an,** however, it may be either a singular noun (e.g., **pan**) or a third-person plural verb (e.g., **miran**), and you should look for a third-person plural subject to make sure it is a verb.

2. *Locating the subject,* that is, who or what is performing the action or is being described; this will usually be a noun. Articles (**el, la, un, una,** and their plural forms) signal that a noun follows. Endings like **-cia, -dad, -ión,** and **-tad** also signal nouns. Remember that you cannot assume that the first noun in a sentence is the subject, because Spanish word order is variable (not fixed). Instead, try to identify the noun(s) with which the verb agrees in person and number. Also keep in mind that the subject may not be mentioned at all since in Spanish it is frequently indicated only by the verb ending.

---

*Note that **agrícola** is one of a group of adjectives that end in **-a** but do not have corresponding **-o/-os** endings (others of this type include **indígena** and all adjectives ending in **-ista: realista, pesimista,** etc.). These adjectives therefore do not appear to agree in gender when they describe masculine nouns.

3. *Locating the object,* that is, to whom or to what the action is being done; this will usually be a noun. Remember that direct objects that refer to people are indicated by the marker **a,** which helps you decide who the subject and object of a verb are even when they both agree logically and grammatically with that verb. In the following two questions, for example, both **los hijos** and **sus padres** could perform the action (**escuchar**), and the verb ending could refer to either noun. Only the word **a** indicates that **sus padres** is the object in the first sentence, and the subject in the second.

¿Escuchan los hijos a sus padres? *Do the children listen to their parents?*
¿Escuchan a los hijos sus padres? *Do the parents listen to their children?*

4. *Identifying adjectives,* that is, qualities of the subject or the object. You can find the adjectives that agree with each noun in gender and number. The endings **-al, -ano, -ario, -ico, -ísimo, -ivo,** and **-oso** often signal adjectives.

5. *Identifying characteristics of the action* by finding the adverbs or adverbial phrases. Unlike adjectives, adverbs do not change to show gender or number. The ending **-mente** signals an adverb; **-ísimo** signals either an adverb or an adjective, depending on whether it describes a noun (**una persona importantísima**) or a verb (**lo siento muchísimo**). Some common adverbs are **ahora, antes, aquí, ayer, demasiado, después, hoy, mucho, muy,** and **todavía.** Some common adverbial phrases are **a menudo** (*often*), **con frecuencia, de manera** + *adjective,* **de modo** + *adjective,* and **en forma** + *adjective.*

Palabras y conceptos

acercarse (a) to approach, come close (to)	**la balsa** raft
(des)atar to (un)tie	**el milagro** miracle
entregar to hand over	**el náufrago** shipwrecked person
volar (ue) to fly	**el reflejo** reflection
	el sueño sleep; dream

Cuyana (Parte 2)

Mientras tanto, ajena a[1] lo que ocurría en otras tierras por causa de su belleza, Cuyana seguía entregada a amar a su pueblo y a gozar de su libertad.

En uno de sus largos paseos por la playa, luego de un refrescante baño, se tendió (←) sobre una roca, a gozar del juego de las olas sobre la tersa piel de
5 la arena. A lo lejos,[2] creyó (←) distinguir, sobre la cresta de una ola más grande, un bulto indefinible que se hundía y se elevaba mientras se acercaba a la orilla. Curiosa por adivinar qué sería, se paró[3] sobre una roca más alta y pudo (←) reconocer el cuerpo de un hombre. Pensando (ᴖ) solamente en ayudarlo, bajó (←) de su mirador y se lanzó (←) a la carrera[4] a la playa. Decidida
10 a todo, se internó (←) en el mar y, cuando el agua le llegaba al pecho, pudo (←) asir[5] a tan extraño náufrago.

[1]ajena... *unaware of*   [2]A... *In the distance*   [3]Curiosa... *Curious to see what it might be, she stood up*   [4]a... *running*   [5]take hold of

Ya en tierra, y luego de desatarlo del resto de la destrozada balsa a la que se había atado,[6] lo puso (←) boca arriba y trató (←) de reanimarlo. Los ojos de la princesita demostraban muda sorpresa al mirar al joven náufrago, comprendiendo (∿) que nunca había visto[7] un hombre tan hermoso y diferente a todos los de su reino que eran compañeros de juego. Llena de admiración, continuaba mirándolo (∿) y, cuando el joven desconocido abrió (←) los ojos y sus miradas se encontraron,[8] sintió (←) que algo diferente e incomprensible se posaba[9] en su corazón y aleteaba[10] por todo su cuerpo. El joven le sonrió (←) y con un susurro alcanzó[11] a pronunciar: ¡Cuyana… !, para luego caer en un dulce sueño.

Y el buen Padre Inti, desde el cielo, vigilaba…

Los cuidados y atenciones de la princesita y de sus padres lograron[12] salvar la vida del joven. Después de algún tiempo pudo (←) levantarse del lecho y emprender[13] cortos paseos en compañía de la amorosa presencia de Cuyana.

Ya restablecido, solicitó (←) ser recibido por el Cacique Cuyaypag para explicarle el motivo de su presencia y de su extraña llegada al reino. Dijo (←) llamarse Cachashca y ser hijo del Apu Agllashca, cuyo[14] reino estaba más allá del misterio de las aguas, en unas bellas y grandes islas. Que hasta sus tierras, llevado por el viento y por las olas, llegó (←) el nombre de la princesita Cuyana, y que él deseó (←) conocerla y hacerla su esposa. Con la autorización de su padre preparó (←) una gran comitiva[15] con hermosos presentes y sobre varias balsas empezaron (←) su largo viaje por el mar. El viento y las aguas favorecieron (←) el viaje. Luego de mucho tiempo, cuando sentía que pronto llegaría[16] a su destino, un gran pájaro, que oscureció[17] el cielo, se lanzó (←) sobre las balsas y las hizo zozobrar.[18] Que él se salvó (←) de milagro y cuando creía que se habían perdido[19] todas las esperanzas, despertó (←) con las caricias[20] de la princesa soñada.

---

[6]se… *he had tied himself* [7]nunca… *she had never seen* [8]se… *met* [9]se… *was alighting*
[10]*was fluttering* [11]*he managed* [12]*succeeded in* [13]*try* [14]*whose* [15]*retinue* [16]*he would arrive*
[17]*darkened* [18]las… *made them sink* [19]se… *had been lost* [20]*caresses*

El Cacique Cuyaypag, su esposa Pacarina y la princesita Cuyana, que habían escuchado[21] atentamente la terrible aventura, derramaron (←) lágri-
mas de felicidad por la salvación del príncipe Cachashca. Cuyana abrazó[22] a sus padres y les rogó[23] que aceptaran (←) al joven príncipe como su esposo, ya que el milagro de su salvación era un buen augurio[24] de aceptación del Padre Inti. El Cacique reconoció (←) como un mensaje este milagro y lo aceptó (←) como futuro esposo de su hija…

El brujo Millanaypag, dedicado a destruir a todos aquellos príncipes y gue-
rreros que se habían lanzado a[25] la aventura de llegar hasta el reino del Cacique Cuyaypag para conocer a la hermosa princesita, creyendo (∩) que él era el único aspirante que quedaba,[26] recobró[27] su forma natural para presentarse ante el Cacique.

Su sorpresa fue (←) grande al ver que todo el reino estaba vestido para al-
guna importante celebración. En principio creyó (←) que toda esta fiesta se debía a su llegada, ya que su nombre y su temible poder eran conocidos por todos. Pero cuando su gigantesca figura era reconocida, hombres y mujeres cesa-
ban en sus danzas y se retiraban temerosos.

Llegó (←) hasta la plaza principal y, a grandes voces,[28] ordenó (←) que el Cacique viniera (←) hasta su presencia.

Cuyaypag, rodeado[29] por los más ancianos del reino, salió (←) al encuentro del brujo, para averiguar el motivo de su presencia e invitarle a la celebración del matrimonio de su hija Cuyana con el príncipe Cachashca.

La sorpresa de Millanaypag al conocer que el príncipe Cachashca no había muerto[30] en el mar, se transformó (←) en furia al saber que había llegado[31] tarde y que Cuyana ya estaba casada. Ordenó (←) que la princesita le fuera entregada[32] inmediatamente o, de lo contrario, destruiría[33] el reino y todos sus habitantes serían[34] sus esclavos.

[21]habían… *had heard* [22]*hugged* [23]*begged* [24]*omen* [25]se… *had set off on* [26]*remained*
[27]*returned to* [28]a… *in a loud voice* [29]*surrounded* [30]no… *hadn't died* [31]había… *he had arrived*
[32]le… *be handed over to him* [33]*he would destroy* [34]*would be*

65　　　El Cacique Cuyaypag, sin atemorizarse[35] ante esta amenaza,[36] le indicó
(←) que el matrimonio se había realizado[37] con la bendición del Padre Inti, y
que él vigilaba desde el cielo.
　　　El brujo, cegado por la ira[38] ante la intrusión del Padre Inti, juró[39] que lo
desafiaría[40] destruyendo (∩) este reino y todos los demás reinos que existían
70　sobre la tierra.
　　　Con su extraño poder se volvió a transformar en[41] cóndor y voló (←) hasta
donde se une el agua con el cielo. Llamó (←) en su ayuda a todos los espíritus
negros que habitan el centro de la tierra y a los espíritus verdes que viven en el
fondo del mar, para elevar el nivel[42] de las aguas e inundar el mundo. Con tan
75　poderosa ayuda, las aguas empezaron (←) a elevarse y sus grandes olas, impul-
sadas por fuertes vientos, se lanzaron (←) sobre las playas.
　　　El Padre Inti, que desde el cielo vigilaba, decidió (←) castigar[43] a quien se
atrevía a desconocer su mandato y descendió (←) sobre el malvado brujo para
hundirlo[44] en las mismas aguas con las que pretendía destruir la tierra. El enorme
80　calor que despedían sus rayos vengadores[45] transformaron (←) en vapor las enormes olas, que ascendieron (←) al cielo a formarse en nubes…
　　　Por esta razón, desde aquella época, el buen Padre Inti creó[46] los días y las
noches, ya que siempre desciende del cielo para hundir al brujo Millanaypag en
el fondo de las aguas, y mientras se encuentra en esta misión, un reflejo de él
85　mismo —la buena diosa Quilla— permanece vigilante en el cielo.

[35]*becoming afraid*　[36]*threat*　[37]*se… had occurred*　[38]*cegado… blind with rage*　[39]*swore*　[40]*he
would defy*　[41]*se… he again turned into*　[42]*level*　[43]*to punish*　[44]*sink him*
[45]*que… that his vengeful rays gave off*　[46]*created*

Comprensión

A Identifique a los personajes de la leyenda que aparecen a continuación.
¡Cuidado! En varios casos hay que usar más de una letra para identificar
a los personajes, y también es posible usar una letra más de una vez.

1. _____ Cuyaypag　　　**a.** un brujo　　**g.** un héroe
2. _____ Pacarina　　　**b.** bello/a　　**h.** un padre
3. _____ Cuyana　　　　**c.** una madre　**i.** un cóndor
4. _____ Cachashca　　　**d.** una esposa　**j.** el sol
5. _____ Millanaypag　　**e.** una hija　　**k.** valiente
6. _____ Inti　　　　　　**f.** un dios　　　**l.** un cacique

B ¿Cierto (**C**) o falso (**F**)? Corrija las oraciones falsas.

1. _____ Cuyana saca a Cachashca del agua un día cuando ella pasea por
la playa.
2. _____ Cachashca iba en un viaje de exploración y de comercio cuando
sus balsas naufragaron.
3. _____ Los padres de Cuyana aceptan a Cachashca como marido de
Cuyana porque creen que el Padre Inti está a favor del
matrimonio.
4. _____ El brujo Millanaypag sabía que Cuyana salvó a Cachashca y
llegó a la fiesta preparado a impedir su matrimonio.

5. _____ Millanaypag se pone furioso y decide destruir a todos con una gran inundación de aguas.

6. _____ El Padre Inti interviene y destruye totalmente al brujo Millanaypag.

C Reconstruya cada parte de la leyenda de Cuyana, poniendo las oraciones a continuación en el orden correcto. Luego cambie los verbos entre paréntesis por el imperfecto.

PARTE 1 (1–8)

_____ En las cavernas del volcán (vivir) el gigantesco brujo Millanaypag.

_____ Jóvenes príncipes y valientes guerreros se lanzaron a toda clase de aventuras y peligros para ver a la bella princesa.

_____ El cacique ofreció a su hija al padre Inti y le pidió su protección.

_____ Cuyana (ser) bella como el reflejo del sol en las aguas.

_____ Más antes que antes el mundo (ser) hermoso y los animales y las aves (vivir) felices.

_____ Millanaypag decidió que Cuyana (deber) ser su esposa y se transformó en un inmenso cóndor para ir a raptarla (_kidnap her_).

_____ El Cacique Cuyaypag y su esposa Pacarina se alegraron mucho cuando nació su hija Cuyana.

_____ Los jefes de la región de las costas de Manta se (llamar) Cuyaypag y Pacarina.

PARTE 2 (1–9)

_____ El Cacique Cuyaypag aceptó a Cachashca como futuro esposo de su hija.

_____ El brujo (pensar) que todos los otros aspirantes (estar) muertos y que la fiesta (ser) para él.

_____ Un día mientras Cuyana se (pasear) por la playa, vio a un joven náufrago en el mar y lo salvó.

_____ Millanaypag se puso furioso cuando descubrió que Cachashca todavía (vivir) y que Cuyana ya (estar) casada.

_____ El Padre Inti castigó a Millanaypag durante una terrible batalla.

_____ El joven se (llamar) Cachashca y le explicó que mientras (viajar) a las costas de Manta, un gran pájaro negro atacó sus balsas.

_____ Cuyana y Cachashca se enamoraron.

_____ Esta batalla dio como resultado la creación del ciclo del día y de la noche.

_____ Celebraron su boda con una gran fiesta.

Interpretación

A Conteste las siguientes preguntas sobre los personajes de la leyenda.

■ ¿Cuántos personajes aparecen en la leyenda? ¿Son personajes complicados o no? ¿Qué representa cada uno?

■ De los atributos que siguen, ¿cuáles se pueden aplicar a los distintos personajes y cuáles no se pueden aplicar a ninguno? ¿Qué revela esta preferencia por ciertas características en vez de otras en la leyenda?

amable	elegante	inteligente	sensual
bello	feliz	irónico	tímido
bueno	fuerte	neurótico	trabajador
cruel	generoso	pobre	valiente
débil	intelectual	rico	vengativo

B Ahora, piense en el ambiente de «Cuyana». El ambiente de cualquier historia tiene muchas características, pero algunas son más importantes que otras. Por ejemplo, todas estas características son típicas del ambiente de una novela (o película) del oeste:

árido	el polvo (*dust*)	las vacas
los caballos	romántico	violento
los espacios abiertos	los *saloons*	

De estas características, ¿cuáles le parecen las más básicas o esenciales para una novela (o película) del oeste? ¿Por qué?

■ Comparen el ambiente de este mito con el de otros mitos o leyendas que Uds. conocen. ¿En qué se parecen y en qué se diferencian?

C Las leyendas y los mitos normalmente sirven tanto para explicar ciertos fenómenos naturales como para reforzar creencias o valores culturales.

■ ¿Qué fenómenos naturales se explican en la leyenda de Cuyana? Identifique el lugar concreto en el texto donde se encuentra cada explicación.

■ ¿Qué valores o creencias culturales (o humanas) se exaltan? Piense, por ejemplo, en las características de los personajes y del ambiente, y en las relaciones entre los seres humanos y los dioses.

■ En su opinión, ¿presenta la leyenda una visión positiva o negativa de los hombres? Explique.

Aplicación

A ¿En qué sentido se puede decir que el cuento folklórico, la leyenda y la novela rosa tienen algunas características en común? Piense en el tipo de lector que los lee, en los personajes, en el lenguaje y en los tipos de conflicto que contienen.

B ¿Cree Ud. que las leyendas y el folklore tienen sentido dentro del mundo moderno o que son géneros muertos? Explique. ¿Puede Ud. nombrar algunas leyendas todavía populares en la cultura norteamericana? ¿Son leyendas conocidas por todos o forman parte de la herencia étnica o geográfica de ciertos grupos específicos?

9 THE IMPERFECT INDICATIVE

Events or situations in the past are expressed in two simple past tenses in Spanish: the imperfect (**el imperfecto**) and the preterite.*

A. Forms of the imperfect

Almost all Spanish verbs have regular forms in the imperfect tense.

-ar VERBS		-er/-ir VERBS			
tom**aba**	tom**ábamos**	quer**ía**	quer**íamos**	escrib**ía**	escrib**íamos**
tom**abas**	tom**abais**	quer**ías**	quer**íais**	escrib**ías**	escrib**íais**
tom**aba**	tom**aban**	quer**ía**	quer**ían**	escrib**ía**	escrib**ían**

In the imperfect, the first- and third-person singular forms are identical. There is no stem change or **yo** irregularity in any verb. Note the placement of accents.

Only three Spanish verbs are irregular in the imperfect.

ser		ir		ver	
era	éramos	iba	íbamos	veía	veíamos
eras	erais	ibas	ibais	veías	veíais
era	eran	iba	iban	veía	veían

A PROPOSITO

The imperfect form of **hay** (**haber**) is **había** (*there was/were*).

The verb **ver** is irregular only in that its stem retains the **e** of the infinitive ending in all persons.

B. Uses of the imperfect

The imperfect tense derives its name from the Latin word meaning *incomplete*. It is used to describe actions or situations that were not finished or that were in progress at the point of time in the past that is being described. The use of the imperfect tense to describe the past closely parallels the use of the present tense to describe actions in the present.

*You will review the forms and uses of the preterite in grammar sections 12 and 14.

When the imperfect tense is used, attention is focused on the action in progress or on the ongoing condition, with no mention made of, or attention called to, the beginning or end of that situation. For this reason, the imperfect is used to describe the background for another action: the time, place, or other relevant information.

DESCRIPTION OF	PRESENT	PAST
an action or condition in progress	**Leo** el periódico. *I'm reading the paper.*	**Leía** el periódico. *I was reading the paper.*
an ongoing action or condition	La casa **está** en la esquina. *The house is on the corner.*	La casa **estaba** en la esquina. *The house was on the corner.*
the hour (telling time)	**Son** las ocho. *It is eight o'clock.*	**Eran** las ocho. *It was eight o'clock.*
habitual or repeated actions	**Salgo** con mi novio los viernes. *I go out with my boyfriend on Fridays.* **Estudio** por la mañana. *I study in the morning.*	**Salía** con mi novio los viernes. *I used to go out with my boyfriend on Fridays.* **Estudiaba** por la mañana. *I used to study in the morning.*
an anticipated action	Mañana **tengo** un examen. *Tomorrow I have an exam.* **Vamos** a ir a la playa. *We're going to go to the beach.*	Al día siguiente **tenía** un examen. *On the next day I had (was going to have) an exam.* **Ibamos** a ir a la playa. *We were going to go to the beach.*

Práctica Cambie los verbos en el presente al imperfecto.

Durante el siglo (*century*) pasado y la primera parte de éste, las diferencias entre la vida urbana y la rural son[1] más notables que en la época actual ya que (*since*) hay[2] menos contacto entre las dos zonas. En aquel entonces (*Back then*), la gente que vive[3] en el campo no tiene[4] la ventaja de los rápidos medios de comunicación; no ve[5] la televisión, ni escucha[6] la radio ni va[7] al cine. Estos tres medios de comunicación todavía no existen.[8] Muchos no saben[9] leer y por eso no leen[10] ni periódicos ni revistas. Las noticias culturales, políticas y científicas que reciben[11] los habitantes de las ciudades llegan[12] al campo con mucho retraso (*delay*). Los campesinos, especialmente si están[13] a bastante distancia de una ciudad, no se dan[14] cuenta de (*don't realize*) los cambios sociales que ocurren[15] en los centros urbanos. Al mismo tiempo, los de la ciudad muchas veces no entienden[16] ni pueden[17] apreciar los asuntos que les preocupan[18] a las personas que viven[19] en el campo.

Intercambios

A Trabajando con un compañero / una compañera de clase, completen las siguientes oraciones. Primero cambien los verbos indicados al imperfecto y luego digan si las oraciones expresan sus recuerdos personales cuando tenían diez años.

Cuando yo *era* un niño / una niña de diez años...

1. la vida me (parecer) muy complicada.
2. (tener) los mismos intereses que tengo ahora.
3. (ser) consciente de ser miembro de un grupo étnico.
4. (obedecer) a mis padres en todo.
5. (preferir) estar con otros; no me (gustar) estar solo/a.
6. (buscar) aventuras con mis amigos.
7. (tener) miedo de los animales.
8. me (interesar) la historia de mis antepasados.

Y ahora ¿cómo son Uds.? Identifiquen por lo menos una oración que les inspira diferentes sentimientos ahora.

B Entre todos

■ ¿Qué no podía hacer la mujer en 1900 que sí puede hacer ahora? ¿Qué otros grupos tienen más derechos/oportunidades ahora que tenían en 1900? ¿los indígenas norteamericanos? ¿los grupos inmigrantes? ¿los afroamericanos? ¿los obreros? ¿los viejos? ¿los jóvenes? ¿los hombres? ¿la policía? Justifique su opinión con ejemplos concretos.

■ ¿Qué no sabíamos en 1900 que sabemos ahora? ¿Qué inventos tenemos ahora que no teníamos entonces? ¿Qué problemas tenemos que no teníamos? ¿Qué problemas teníamos entonces que no tenemos ahora?

C ¡Necesito compañero! Hágale preguntas a su compañero/a para averiguar a quién acudía él/ella (*he/she turned to*) a la edad indicada en los siguientes casos y por qué. Se debe usar el imperfecto del verbo señalado y tratar de incorporar complementos pronominales en las respuestas.

> MODELO: pedir dinero (13)
> ¿A quién le pedías dinero cuando tenías trece años? →
> Se lo pedía a mi hermano mayor porque él siempre lo tenía y no les decía nada a mis padres.

1. pedir dinero (13)
2. pedir consejos (académicos/sentimentales) (16)
3. dar consejos (académicos/sentimentales) (16)
4. contar chistes (10)
5. hacer favores especiales (10)
6. pedir protección/ayuda en caso de peligro (*danger*) o injusticia (8)

Entre todos Hagan una tabla de las respuestas más frecuentes. ¿Qué indican los resultados?

D Los siguientes dibujos representan los recuerdos de cuatro adultos cuando eran niños. Describa los recuerdos usando las palabras sugeridas. No olvide que se usa el imperfecto para describir en el pasado.

1. jugar / estar contento / tener amigos / ser popular / llevar ropa vieja

2. estar sola / leer / ser triste / llevar gafas / no tener amigos

3. estar con familia / ser feliz / llevar ropa nueva / ir a la iglesia

4. ser malo / tirar bolas de papel / asustar a otros niños / no respetar

ESTRATEGIAS PARA LA COMUNICACION

¿Y tú? *Keeping a conversation going*

You may find yourself having trouble maintaining a conversation in Spanish. However, you must be an active participant in order to carry on a conversation. A useful strategy is to ask questions that stimulate further conversation. Often, a simple «**¿Y tú?**» or «**¿Y Ud.?**» will be enough to keep the conversation going. Ask more specific questions as the situation requires.

10 REFLEXIVE STRUCTURES

A structure is reflexive (**reflexivo**) when the subject and object of the action are the same.

Yo puedo ver**me** en el espejo.   *I can see **myself** in the mirror.*

A. Reflexive pronouns

The reflexive concept is signaled in English and in Spanish by a special group of pronouns. The English reflexive pronouns end in *-self/-selves;* the Spanish reflexive pronouns (**los pronombres reflexivos**) are identical to other object pronouns except in the third-person singular and plural.

SUBJECT	REFLEXIVE	SUBJECT	REFLEXIVE
yo	me	*I*	*myself*
tú	te	*you*	*yourself*
él		*he*	*himself*
ella	se	*she*	*herself*
usted		*you*	*yourself*
nosotros/as	nos	*we*	*ourselves*
vosotros/as	os	*you*	*yourselves*
ellos		*they*	*themselves*
ellas	se	*you*	*yourselves*
ustedes			

Like other object pronouns, reflexive pronouns

■ precede conjugated verbs and negative commands.

| **Me** levanto. | *I get up (I'm getting up).* |
| No **te** levantes. | *Don't get up.* |

■ attach to affirmative commands.

| Levánte**se**, por favor. | *Get up, please.* |

■ can attach to or precede infinitives and present participles.

Voy a levantar**me** ahora.
Me voy a levantar ahora. } *I'm going to get up now.*

¿Por qué estás levantándo**te** ahora?
¿Por qué **te** estás levantando ahora? } *Why are you getting up now?*

B. Reflexive meaning

Many verbs in Spanish may be used reflexively* or nonreflexively, depending on the speaker's intended meaning. Compare the following pairs of sentences.

---

*Many verbs and expressions that use reflexive pronouns, such as **llevarse mal,** do *not* convey the idea of the subject doing something to or for itself. This section focuses on the use of reflexive pronouns to express (1) true reflexive actions and (2) reciprocal actions. You will study other functions of reflexive pronouns in grammar section 32.

NONREFLEXIVE	REFLEXIVE
El niño **mira** el juguete. *The child is looking at the toy.*	El niño **se mira.** *The child is looking at himself.*
Los pacientes **aprecian** a los médicos. *The patients think highly of the doctors.*	Los médicos **se aprecian.** *The doctors think highly of themselves.*
Corto el papel. *I cut the paper.*	**Me corto** un pedazo de manzana. *I'm cutting myself a piece of apple.*
Le escribiste a Carlos, ¿no? *You wrote to Carlos, didn't you?*	**Te escribiste** un recado, ¿no? *You wrote yourself a note, right?*

Here are some of the most common reflexive verbs used for talking about daily routines.

afeitarse *to shave*	peinarse *to comb one's hair*
bañarse *to bathe*	pintarse *to put on makeup*
(des)vestirse *to (un)dress*	ponerse *to put on (clothing)*
ducharse *to shower*	quitarse *to take off (clothing)*
lavarse *to wash*	secarse *to dry*

Los hombres **se afeitan** todos los días.

*Men **shave** every day.*

¿Por qué no **te pones** el suéter?

*Why don't you **put on** your sweater?*

C. The reciprocal reflexive

The plural reflexive pronouns (**nos, os,** and **se**) can be used to express mutual or reciprocal actions, expressed in English with *each other.*

Nosotros **nos** escribimos muy a menudo.

*We write **to each other** very frequently.*

Vosotros **os** veis con frecuencia, ¿no?

*You (all) see **each other** a lot, don't you?*

Van a encontrar**se** en el bar.

*They're going to meet (**each other**) in the bar.*

Many sentences can be interpreted as having either reciprocal or reflexive meanings, as in this example.

Leonardo y Estela **se miran** en el espejo.

*Leonardo and Estela **look at each other** in the mirror.* (reciprocal)
*Leonardo and Estela **look at themselves** in the mirror.* (reflexive)

A PROPOSITO

When context is not sufficient to determine whether a construction is reciprocal or reflexive, the reciprocal is indicated by the clarifying phrase **uno a otro** (una a otra / unos a otros / unas a otras).

Jorge y Olga se respetan **(el) uno a(l) otro.***
Jorge and Olga respect each other.

Paloma y Olga se respetan **(la) una a (la) otra.***
Paloma and Olga respect each other.

Práctica 1 Conteste cada pregunta, primero según el dibujo y luego según los demás sujetos indicados.

Vocabulario útil: el pañuelo, el jabón, el espejo

1. ¿Qué hace?
   (la mujer, yo, tú)

2. ¿Qué hacían?
   (ellos, Uds., nosotros)

3. ¿Qué va a hacer?
   (la señora, tú, Ud.)

Práctica 2 Conteste las siguientes preguntas negativamente como si fuera (*as if you were*) Manuel, un papá moderno con tres hijos. Indique que las personas mencionadas en las preguntas se hacen la acción. Recuerde usar los pronombres de complemento directo cuando pueda.

MODELO: —¿Siempre despiertas a tu esposa Olga? →
—No, ella se despierta.

1. ¿Siempre bañas a Luisito?
2. ¿Siempre le quitas el pijama a Alfonsito?
3. ¿Siempre le pones los calcetines a Carmencita?
4. ¿Siempre les preparas el desayuno a tus hijos?

Intercambios ⑩

A Describa los siguientes dibujos con la forma correcta —o reflexiva o no reflexiva— usando los verbos indicados.

Vocabulario útil: la reina, la serpiente, la nevada, la bota, el vaquero

1. matar
2. poner
3. quitar
4. bañar

---

*Masculine forms are used unless both subjects are feminine, and use of definite articles in the clarifying phrase is optional.

Ahora, elija uno de los dibujos e invente una historia explicando por qué el individuo del dibujo hace lo que hace y describiendo las consecuencias de lo que hace.

B ¡Necesito compañero! Todos tenemos costumbres muy particulares, ¿verdad? Trabajando en parejas, háganse preguntas para averiguar en qué circunstancias cada uno de Uds. hace las siguientes acciones. Usen la forma de **tú** en las preguntas y los complementos pronominales para evitar la repetición innecesaria en las respuestas.

1. lavarse la cara con agua muy fría / muy caliente
2. comprarse un regalito
3. ponerse ropa vieja
4. ponerse ropa muy elegante
5. escribirse recados para recordar algo
6. darse un baño largo y caliente
7. darse palmadas en la espalda (*pats on the back*)
8. gritarse

¿Son Uds. muy similares o muy diferentes? Cuando compartan su información con la clase, mencionen por lo menos *una* acción que *los dos* hacen cuando están en circunstancias semejantes.

C Describa estos dibujos usando los verbos indicados. Luego elija uno de los dibujos e invente una «catástrofe» que resulta de la acción descrita.

1. ladrar, mirar **2.** abrochar **3.** dar de comer **4.** servir

D Examine los dibujos a continuación y haga oraciones usando el vocabulario indicado. ¿Cuáles de las acciones son reflexivas? ¿Cuáles no son reflexivas? ¿Hay también acciones recíprocas?

1. el vendedor / la cliente / pelear, gritar **2.** los chicos / las chicas / saludar, abrazar **3.** la mujer / bañar, relajar

4. las muchachas / mirar, hablar

5. la niña / las uñas / pintar

6. el mesero / el cliente / servir, devolver

ENLACE

¡OJO!

	EXAMPLES	NOTES
pensar pensar en pensar de pensar que	**Pienso;** luego existo. *I think; therefore, I am.*	Used alone, **pensar** means *to think,* referring to mental processes.
	Piensa (Cree) que se ha asimilado muy bien. *He thinks (He believes) that he is very well assimilated.*	**Pensar** is also synonymous with **creer,** meaning *to have an opinion about something.*
	¿Piensan venir con nosotros? *Are they planning to come with us?*	Followed by an infinitive, **pensar** means *to intend* or *to plan* (*to do something*).
	Pensaba en mi novio todo el día. *I thought about my boyfriend all day.*	**Pensar en** means *to have general thoughts* (*about someone or something*).
	¿Qué piensas de mi familia? *What do you think of (about) my family? (What is your opinion of it?)*	**Pensar de** indicates an opinion or point of view; it is generally used in questions, and frequently is answered with **pensar que.**
	Pienso que es una familia divertida. *I think it's a fun family.*	

	EXAMPLES	NOTES
consistir en **depender de**	La clase **consiste en** ejercicios prácticos. *The class consists of practical exercises.* **Dependen de** sus hijos económica y emocionalmente. *They depend on their children financially and emotionally.*	The English expression *to consist of* is expressed in Spanish with **consistir en**. *To depend on* corresponds to Spanish **depender de**.
enamorarse de **casarse con** **soñar con**	**Se enamoró de** la hija de unos exiliados chilenos. *He fell in love with the daughter of Chilean exiles.* Mi abuelo **se casó** por segunda vez **con** una rusa. *My grandfather got married for the second time to a Russian woman.* **Soñó con** su esposo muerto. *She dreamed about (of) her dead husband.*	*To fall in love with someone* is expressed by **enamorarse de alguien**. *To marry* is expressed by **casarse**, followed by **con** when the person one marries is specified. English *to dream about (of)* is expressed in Spanish with **soñar con**.

Volviendo al dibujo El dibujo que aparece en esta página es el mismo que Ud. vio en la sección Describir y comentar. Examínelo y luego escoja la palabra que mejor complete cada oración de acuerdo con el contexto. ¡Cuidado! También hay palabras del capítulo anterior.

1. El chico en el centro mira a las chicas que pasan. El se enamora (a/con/de) una de ellas y quiere casarse (a/con/de) ella en el futuro. El piensa (de/en/que) ella todo el día. Sus amigos dicen que (busca/mira/parece) enfermo porque no come ni duerme bien. Su vida consiste (con/de/en) ir al trabajo y pensar (a/de/en) su novia. El chico dice que su felicidad depende (a/de/en) ella y por eso él sueña (con/de/en) ella todas las noches. ¡Vaya chico!

2. Los hombres detrás del joven enamorado juegan al ajedrez. El juego consiste (a/de/en) mover las piezas para hacer un jaque mate al rey. Cada persona piensa (de/en/que) sus jugadas y las analiza con cuidado porque la victoria puede depender (a/de/en) su decisión.

3. Por generaciones, la gente de esta ciudad usó el reloj del ayuntamiento (*town hall*) para organizar su vida. Ahora el reloj ya no (funciona/trabaja), y desde entonces todos siempre llegan atrasados a sus citas. En este momento, ellos piensan (de/en/que) son las seis y diez de la tarde y por eso, nadie (funciona/trabaja). En realidad, son las tres y diez.

Repaso*

A Complete las oraciones con la forma correcta de **ser** o **estar** en el tiempo presente.

Nuestra imagen de los indígenas norteamericanos

Para muchos estadounidenses, los indígenas norteamericanos _____[1] figuras muy conocidas (*well-known*) y misteriosas a la vez. Cuando los jóvenes todavía _____[2] en la escuela primaria, estudian la historia de estos «primeros americanos». Pocahontas, Hiawatha y Sitting Bull _____[3] nombres tan familiares como George Washington, Betsy Ross y Abraham Lincoln. Para ellos, los indígenas norteamericanos _____[4] solamente personajes (*characters*) históricos, románticos; _____[5] en los libros pero no en la vida real. Por eso ellos se sorprenden cuando leen sobre los conflictos entre los indígenas norteamericanos y el gobierno federal. Aunque muchos indígenas norteamericanos prefieren _____[6] invisibles, no todos _____[7] contentos con el estatus inferior que esto implica, y algunos lo rechazan. _____[8] triste notar que los conflictos de hoy _____[9] los mismos que los conflictos de años pasados: tierra y libertad.

B ¡Necesito compañero! Trabajando en parejas, háganse y contesten preguntas sobre su origen étnico. Luego compartan con la clase lo que han aprendido. Usen los siguientes puntos como guía y recuerden usar las formas de **tú.**

- el origen étnico de sus padres y otros parientes
- si algunos parientes todavía viven en otro país
- si conoce a alguno de ellos
- si tiene un antepasado famoso o interesante y cómo era
- si se habla o hablaba otro idioma en su casa
- si toda su familia suele o solía reunirse con frecuencia
- las costumbres —fiestas, comidas, etcétera— que hay o había en su familia que conservan rasgos de un grupo étnico determinado

---

*Activity A focuses on material from previous lessons; Activity B reviews structures in the current lesson.

La lengua española y su historia

El español es la lengua romance que cuenta con mayor número de hablantes. Hoy en día más de 400 millones de personas lo hablan en el mundo. La historia del español revela el contacto con muchas otras lenguas y culturas. El rey Alfonso X el Sabio (*the Wise*) (1221–1284) es el primer rey que inicia el uso del español, en vez del latín, como la lengua de cultura.* Poco a poco, el **castellano** (de la región de **Castilla**) o sea, el español, se enriquece con aportaciones (*contributions*) de otras lenguas mientras se sigue formando. En 1492 Antonio de Nebrija, publica la primera *Gramática Castellana,* y así el español llega a ser la primera lengua que se estudia científicamente. Para los siglos XVI y XVII, el español se impone como lengua internacional.

¿Qué lenguas contribuyen directamente al desarrollo del español? ¿Qué vocablos (palabras) de esas otras lenguas todavía se usan en español? Lea con cuidado las siguientes afirmaciones acerca de la historia del español, y luego mire el vídeo y escuche el texto que lo acompaña para descubrir esta información.

Antes de ver

- ¿Sabía Ud. que todas las lenguas toman prestadas (*borrow*) palabras de otras lenguas? ¿Sabe Ud. algunas palabras en inglés que vienen del español? ¿Sabe Ud. algunas palabras en español que vienen del inglés? ¿de otras lenguas?

- Ahora, lea con cuidado la actividad en **Vamos a ver** antes de ver el vídeo por primera vez.

Alfonso X el Sabio, rey de España, 1221–1284

Vamos a ver

Escoja la respuesta que mejor conteste cada oración.

1. En España, las tres lenguas que coexisten actualmente con el español son _____.
   a. el latín, el quechua y el rumano
   b. el catalán, el gallego y el vascuence (el euskera)
   c. el árabe, el náhuatl y el latín
2. A partir del siglo XV, ¿cuál de los siguientes grupos de lenguas tiene mayor impacto en el desarrollo del español?
   a. las lenguas romances
   b. las lenguas indígenas
   c. las lenguas norteamericanas
3. Aproximadamente el diez por ciento de las palabras españolas tiene origen _____.
   a. latín
   b. portugués
   c. árabe

---

*Es decir, la lengua que se habla en las cortes y en las iglesias, y en que se escriben los libros y otros documentos.

PASAJE CULTURAL

4. El acontecimiento (*event*) que ayuda más a la expansión del español
es _____.
   a. la llegada (*arrival*) de los españoles al continente americano
   b. la fundación de la Real Academia Española
   c. la independencia de los países hispanoamericanos

Después de ver

■ Cada una de las palabras inglesas modernas *campus, naïve, broccoli* y
democracy viene de una de las siguientes lenguas: italiano, griego, francés o latín. ¿Pueden Uds. adivinar (*guess*) a qué lengua pertenece cada
una? ¿Qué opinan de las aportaciones que otras lenguas hacen al
inglés? ¿Creen que es bueno que las lenguas sigan evolucionando (*keep
evolving*) o que es mejor que no cambien con el tiempo y que resistan
las influencias externas (*external*)? Expliquen.

■ En el vídeo se mencionan varias palabras en español que vienen del
árabe y de las lenguas indígenas. Busque información sobre esas
influencias externas en el desarrollo del español. ¿Cuántas palabras más
puede encontrar? Comparta esta información con sus compañeros de
clase. ¡A ver quién puede traer a clase la lista más extensa!

CAPITULO 3

Costumbres y tradiciones

Lesson Objectives

Lengua

- **Gustar** and similar verbs (11)
- Forms of the preterite (12)
- **Hacer** in expressions of time (13)
- Preterite/Imperfect contrast (14)
- Relative pronouns: **que, quien** (15)

Cultura

- *La Tomatina de Buñol*

Vídeo: El Día de los Difuntos en Oaxaca, México

Pamplona, España

The *¡Avance!* CD-ROM contains interactive activities to practice the material presented in this chapter.

■ ¿Qué están celebrando los niños a la izquierda? ¿Qué objetos son importantes en esta celebración? ¿Cómo celebraba Ud. este evento y cómo lo celebra ahora?

■ ¿Qué hacen las personas al fondo (*in the back*)? ¿Sabe Ud. con qué religión se asocia esta tradición?

■ ¿Qué celebran los jóvenes a la derecha? ¿Qué actividades asocia Ud. con esta celebración?

■ ¿Cuáles de las actividades de las tres escenas le parecen normales a Ud.? ¿Cuáles le parecen un poco extrañas? ¿Hacía Ud. o hace cosas parecidas?

VOCABULARIO
para conversar

aceptar to accept
asustar to frighten
cumplir to complete, fulfill
   cumplir _____ años to turn _____ years old
disfrazarse to disguise oneself
festejar to celebrate; to "wine and dine"
gastar una broma to play a prank
morir (ue, u) to die
rechazar to reject
tener miedo to be afraid

la bruja witch
   el Día de las Brujas* Halloween
el cementerio cemetery
el cumpleaños birthday
el Día de los Muertos (de los Difuntos)* All Souls' Day

el Día de todos los Santos* All Saints' Day
el disfraz costume, disguise
los dulces candy, sweets
el esqueleto skeleton
el fantasma ghost
el más allá the hereafter; life after death
el miedo fear
el monstruo monster
la muerte death
el muerto / la muerta dead person
la Semana Santa Holy Week (*week prior to Easter*)
la vela candle

lo sobrenatural the supernatural

A ¿Qué palabra no pertenece al grupo? Explique por qué. ¡Cuidado! A veces hay más de una respuesta.

1. el Día de los Difuntos, la Navidad, el cumpleaños, las Pascuas (*Easter*)
2. apreciar, aceptar, despreciar, querer
3. asustar, el miedo, los dulces, el monstruo

B ¡Necesito compañero! Sigan el modelo de la página siguiente para hacer un cuadro o mapa semántico para cada una de las palabras indicadas a continuación. Primero, pongan en el centro la palabra objeto (*target*), y luego completen el cuadro con todas las palabras o ideas que asocien con ella según las categorías indicadas. No es necesario limitarse a las palabras de la lista del vocabulario.

1. lo sobrenatural
2. disfrazarse
3. el cumpleaños
4. la muerte

---

*The customs associated with these celebrations in the United States and in Hispanic countries are quite different. All Saints' Day (November 1) and All Souls' Day (November 2) are days when Hispanic Catholics, in general, honor the memory of dead friends and relatives by visiting the cemetery and placing flowers on their graves, celebrating Mass, and lighting candles to pray for their souls. These are solemn occasions, but in some countries they include elements that would seem out of place in this country: For instance, taking children to the cemetery to have a picnic there. It is important to remember that, even though many religious beliefs are shared throughout the Hispanic world, the specific customs celebrated during these days vary from country to country.

While the disguises and pranks of Halloween have long been a peculiarly U.S. tradition, they have begun to appear among the middle and upper-middle classes in parts of the Hispanic world. In Puerto Rico, Peru, and Colombia, for example, children celebrate **el Día de las Brujas** just like their U.S. counterparts. In many parts of the Hispanic world, particularly in the Caribbean, it is common to celebrate **Carnaval** (Mardi Gras) with several days of street dancing, large meals, and costume parties.

MODELO: asustar →

Ahora, comparen sus cuadros con los de los demás grupos. ¿Revelan experiencias muy semejantes o muy diferentes?

C Conteste las siguientes preguntas.

■ Cuando Ud. era niño/a, ¿celebraba el Día de las Brujas? ¿de qué manera? ¿Salía disfrazado/a? ¿Qué disfraz solía llevar? ¿Prefería salir disfrazado/a de personaje real o ficticio? ¿Por qué? ¿Cuál era su disfraz favorito?

■ ¿Gastaba Ud. bromas el 31 de octubre? ¿de qué tipo? ¿Sabían sus padres lo que hacía?

■ Ahora que Ud. es mayor, ¿se celebra el 31 de octubre entre su grupo de amigos? ¿Cómo lo celebran Uds.?

LENGUA I

⑪ *GUSTAR* AND SIMILAR VERBS

English has several verb pairs in which one verb expresses a positive feeling and the other a related negative feeling.

POSITIVE	NEGATIVE
I like that.	*I dislike that.*
That pleases me.	*That displeases me.*

Occasionally, in any given language, a positive form exists without the corresponding negative form, or vice versa. For example, English has no direct opposite for *disgust*. Following the pattern of the other word pairs, however, we could invent such a word: **gust*, meaning *to cause a positive reaction* (the opposite of *disgust*).

That *gusts me.	*That disgusts me.*
He *gusts you.	*He disgusts you.*

In the hypothetical sentence *That *gusts me,* the pronoun *that* is the subject, and *me* is the object.

A PROPOSITO

A number of Spanish verbs follow the same pattern as **gustar.** Some of the ones you will hear and use most frequently are **caer bien/mal, disgustar, importar, interesar,** and **preocupar.**

Me caen muy bien todos mis vecinos.
I really like all of my neighbors.

Me disgusta la música «heavy».
Heavy metal music annoys me.

No me importa su reacción.
I don't care about his reaction.

Me interesa muchísimo la política.
I find politics very interesting.

Me preocupan los estudios.
I'm worried about my studies.

A. Use of *gustar*

Spanish actually has such a word pair: **disgustar** has a counterpart, **gustar,** the equivalent of our invented English verb **to gust.* The Spanish sentence that corresponds to *That *gusts me* is **Eso me gusta.** Here, **eso** is the subject and **me** is the object. Changing the subject to **libro** produces the following sentence.

El libro me gusta. *The book *gusts me.*

If the subject changes from **libro** to **libros,** the verb also changes from singular to plural, just as you would expect.

Los libros me gustan. *The books *gust me.*

In contrast to the English construction, in which the verb generally follows the subject, in the Spanish **gustar** construction the usual word order is to have the subject following the verb. The meaning, however, remains the same.

Me gusta eso. *That *gusts me.*
Me gustan los libros. *The books *gust me.*

The indirect object pronouns are used with **gustar.** As in other sentences that contain indirect objects, a prepositional phrase may be used to clarify or emphasize the object pronoun. This phrase may either follow or precede the verb.

A ti te gusta el libro. *The book *gusts you.*
A nosotros nos gusta esquiar.[†] *Skiing *gusts us.*[†]
A Lupe no le gustan los perros. *Dogs don't *gust Lupe.*

B. Meaning of *disgustar, gustar,* and *caer bien/mal*

There are some important differences in the meaning of the verbs **disgustar** and **gustar. Disgustar** is not as emphatic as English *to disgust;* the verbs *to annoy* or *to upset* express its meaning more accurately. When referring to individuals, **gustar** expresses a strongly positive reaction or physical attraction. The

A PROPOSITO

When a noun is the subject of **gustar** or verbs like **gustar,** the definite article is always used even though you are not referring to any specific item. If you want to indicate a specific item that you like, use demonstrative adjectives (**este, esa, esos,** and so on).

Me gusta **la** música.
I like music.

Me gusta **esta** canción.
*I like **this** song.*

[†] When the subject is an action, Spanish uses the infinitive (**esquiar**), whereas English uses the gerund (*skiing*).

expressions **caer bien** and **caer mal** are more commonly used to refer to individuals that one likes or dislikes.

Ese hombre **me cae bien,** pero esos tipos de allí **me caen** muy **mal.**	*That man over there **strikes me positively,** but those folks over there **strike me all wrong** (**rub me the wrong way**).*
En serio, Diego no **me cae bien.**	*Really, **I** just **do** not **like** Diego.*

Práctica Forme oraciones nuevas, sustituyendo las palabras en letra cursiva por las que aparecen entre paréntesis.

1. Me gusta *la película.* (los libros de historia, comer, los deportes, lo moderno, las vacaciones, escribir composiciones en español)
2. *A nosotros nos* gustan las fiestas. (ella, ti, Ud., mí, ellos, él)
3. Me cae bien *tu primo.* (tus hermanos, mis compañeros de cuarto, el profesor, Antonio)

Intercambios

A Conteste cada pregunta a continuación, y también añada algunas otras, según sus propias preferencias y experiencias.

1. ¿Qué (no) le gusta a Ud.? (los libros de historia, comer chiles, la gente mentirosa, la comida de la cafetería universitaria, las películas románticas, ¿ ?)
2. ¿Qué (no) le preocupa? (las notas en la clase de español, el futuro, la cuenta telefónica, ¿ ?)
3. ¿Qué (no) le interesa? (el programa «Friends», los clubes exclusivos, aprender otro idioma, los deportes en la televisión, ¿ ?)

Entre todos

- ¿Le gustan las fiestas? ¿Qué le gusta hacer en las fiestas?
- ¿Le gustan las personas honestas? ¿el presidente de los Estados Unidos? ¿los políticos en general? ¿los atletas profesionales?
- ¿A quién(es) en la clase le(s) gustan las personas ruidosas? ¿chistosas? ¿serias?

B Describa la reacción de cada persona hacia la cosa indicada. Use los verbos **gustar, disgustar, caer bien/mal, importar, preocupar** e **interesar** para hablar de las reacciones. Luego, justifique sus opiniones.

MODELO: yo: los deportes →
Me interesan mucho los deportes porque juego en el equipo universitario de baloncesto.

1. mi mejor amigo/a: el invierno
2. Papá Noel: los niños
3. mi amigo/a y yo: los exámenes finales
4. mis abuelos (padres): la música moderna
5. mi novio/a (esposo/a): los animales
6. yo: lo tradicional
7. tú: los regalos
8. los bibliotecarios: el ruido

C De pequeño/a, ¿era Ud. un niño típico / una niña típica o era diferente de sus amigos/as? Conteste las siguientes preguntas, indicando su propia reacción y también la de otros de su edad. Use las formas apropiadas de **gustar, interesar, disgustar** y **preocupar** en el imperfecto.

> MODELOS: De niño/a, ¿le gustaba dormir la siesta por la tarde? →
> Era un niño típico / una niña típica: a mí no me gustaba y a los otros niños tampoco les gustaba.
>
> Era un niño / una niña diferente: a mí me gustaba pero a los otros niños no les gustaba.

1. ¿las verduras (*vegetables*)?
2. ¿las películas animadas de Disney?
3. ¿la escuela?
4. ¿la tarea?
5. ¿tomar lecciones de música o de baile?
6. ¿leer?
7. ¿estar solo/a?
8. ¿las tiras cómicas con Batman?
9. ¿hacer cosas peligrosas?
10. ¿ponerse ropa elegante?

Ahora, nombre dos preferencias más: una que lo/la *diferenciaba* de los otros de su edad y otra que lo/la *identificaba* con ellos.

D ¡Necesito compañero! Háganse y contesten preguntas para describir su vida, sus gustos y sus preferencias de niño/a. Usen verbos en el imperfecto. Pueden incluir también sus propios detalles. ¡No se olviden de usar las estrategias para la comunicación!

> MODELO: vivir: el campo / la ciudad →
> —¿Vivías en el campo?
> —Sí, y me gustaba mucho porque…

1. vivir: con quién
2. llevarte bien: con los otros miembros de tu familia
3. gustar: ir al cine / al parque
4. tener: un perro / un gato; llamarse: el animal
5. gustar: asistir a la escuela
6. preferir: estar con tus amigos / estar solo/a
7. practicar: deporte; tomar: lecciones de baile o de música
8. apreciar más que nadie (*more than anyone*): a quién

Entre todos   En general, ¿era Ud. más feliz cuando era niño/a? ¿Era su vida más fácil o más difícil? ¿En qué sentido? ¿Cree Ud. que su vida era más interesante que ahora? Explique.

⑫ FORMS OF THE PRETERITE

In **Capítulo 2,** you reviewed the forms and uses of the imperfect tense. The preterite (**el pretérito**) is the other simple form of the past tense in Spanish.* It is used when the speaker focuses on the beginning or the end of an action in the past.

---

*The uses of the preterite and the imperfect tenses are contrasted in grammar section 14.

P R O P O S I T O

Verbs with infinitives that end in **-car, -gar,** and **-zar** have a spelling change in the first-person singular of the preterite.

bus**car** → bus**qué**
lle**gar** → lle**gué**
comen**zar** → comen**cé**

When the stem of an **-er** or **-ir** verb ends in a vowel (for example, l**ee**r, c**ae**r), the **i** of the third-person preterite ending changes to **y**.

le + ió → le**y**ó, le**y**eron
ca + ió → ca**y**ó, ca**y**eron

Such verbs also require accent marks on the second-person singular and plural forms and on the first-person plural of the preterite.*

le**í**ste, le**í**steis, le**í**mos
ca**í**ste, ca**í**steis, ca**í**mos

A. Verbs that are regular in the preterite

All regular verbs and all **-ar** and **-er** verbs that have stem changes in the present have the regular preterite forms shown in the following chart. Note that the preterite **tú** form ends in **-ste** instead of the normal **-s** ending you've seen for **tú** in other tenses.

-ar VERBS	-er VERBS	-ir VERBS
hablé	corrí	escribí
hablaste	corriste	escribiste
habló	corrió	escribió
hablamos	corrimos	escribimos
hablasteis	corristeis	escribisteis
hablaron	corrieron	escribieron

Note the written accents on the first- and third-person singular forms. The **nosotros/as** forms of **-ar** and **-ir** verbs are identical in the present tense and in the preterite; context will determine meaning. **-Er** verbs, however, do show a present/preterite contrast in the **nosotros/as** form (**corremos/corrimos**).

B. -Ir stem-changing verbs

In grammar section 4 you reviewed the forms of **-ir** stem-changing verbs in the present tense. These verbs show a slightly different stem change in the preterite, but *in the third-person singular and plural forms only*.

PRESENT TENSE e → ie PRETERITE e → i		PRESENT TENSE o → ue PRETERITE o → u		PRESENT TENSE e → i PRETERITE e → i	
preferí	preferimos	dormí	dormimos	pedí	pedimos
preferiste	preferisteis	dormiste	dormisteis	pediste	pedisteis
prefirió	prefirieron	durmió	durmieron	pidió	pidieron

Here are some of the most common verbs of this type. The first vowel(s) in parentheses refer(s) to the stem change in the present tense. The second vowel in parentheses refers to the stem change in the preterite.

divertirse (ie, i) *(to have a good time)*	morir (ue, u)	seguir (i, i)
	pedir (i, i)	servir (i, i)
	preferir (ie, i)	sonreír (i, i) *(to smile)*
dormir (ue, u)	reír(se) (i, i) *(to laugh)*	
medir (i, i)		sugerir (ie, i)
mentir (ie, i)	repetir (i, i)	vestir(se) (i, i)

---

*These spelling changes and accent rules are practiced in the *Cuaderno de práctica*. They are also discussed in more detail in Appendixes 1 and 2.

C. Verbs with irregular preterite stems and endings

All verbs in this category have irregular stems and share the same set of irregular endings. Note that these forms have *no written accents.* The preterite forms of **tener** and **venir** are examples of verbs of this category.

tener		venir	
tuve	tuv**imos**	vine	vin**imos**
tuv**iste**	tuv**isteis**	vin**iste**	vin**isteis**
tuvo	tuv**ieron**	vino	vin**ieron**

The following verbs—and any compounds ending in these verbs (**poner** → *com***poner, hacer** → *des***hacer,** and so on)—share the same endings as **tener** and **venir.**

andar:	**anduv-**	hacer:	**hic-**	querer:	**quis-**
decir:	**dij-**	poder:	**pud-**	saber:	**sup-**
-ducir:	**-duj-***	poner:	**pus-**	traer:	**traj-**
estar:	**estuv-**				

The preterite of **hay** (**haber**) is **hubo** (*there was/were*).

D. *Dar, ir,* and *ser*

Dar is an **-ar** verb that uses the regular **-er** verb preterite endings. **Ser** and **ir** have identical preterite forms; context will determine meaning.

dar		ir/ser	
di	dimos	fui	fuimos
d**iste**	disteis	fu**iste**	fuisteis
dio	dieron	fue	fu**eron**

Práctica   Complete las siguientes oraciones según el modelo.

> MODELO: Hoy no pienso *comer,* pero ayer _____ mucho. →
> Hoy no pienso comer, pero ayer comí mucho.

1. Hoy no pienso *estudiar* (manejar, correr, leer, dormir), pero ayer _____ mucho.
2. Este año los estudiantes no *estudian* (ganan, juegan, pierden, salen), pero en noviembre del año pasado _____ mucho.
3. Este año tú no *festejas a muchos amigos* (gastas muchas bromas, sigues muchos cursos, vas a Centroamérica, vienes a clase conmigo), pero el año pasado _____.

---

*Verbs with this form include **traducir** (**traduje, tradujiste,...**), **conducir** (**conduje, condujiste,...**), and **reducir** (**redujo, redujiste,...**), among others.

A PROPOSITO

The verbs **reír(se)** and **sonreír** drop the **i** of the stem in the third-person singular and plural forms of the preterite.

(son)ri + ió → (son)rió

They also have a written accent in the second-person singular and plural and first-person plural forms.

(son)reíste, (son)reísteis, (son)reímos

A PROPOSITO

The third-person singular form of **hacer** has an irregular spelling in the preterite: **hizo.**

Verbs whose preterite stem ends in **-j** drop the **i** from the third-person plural endings.

dij + ieron → dijeron
produj + ieron → produjeron
traduj + ieron → tradujeron
traj + ieron → trajeron

Ahora complete estas oraciones, poniendo los verbos en el pretérito y también cambiando los sustantivos por la forma correcta de los complementos pronominales.

MODELO: Pablo no quería *escuchar las cintas,* pero ayer _____. →
Pablo no quería escuchar las cintas, pero ayer las escuchó.

4. Pablo no quería *traducir el párrafo* (repetir las palabras, darme los dulces, decirles la verdad, hacerle el favor, reírse), pero ayer _____.
5. Esta vez ellos no van a *asustarnos* (rechazar las ideas, servirles cerveza a los niños, traerle regalos a Marta, ver los disfraces, sonreírnos), pero la vez pasada _____.
6. Este año mi sobrinita no *se disfraza* (pedirles dulces a los vecinos, hacerle travesuras a su hermano, sacarles fotos a los amiguitos), pero el año pasado _____.

Intercambios

A Todos los años, el 28 de diciembre, Pepito celebra el Día de los Inocentes* gastando bromas a sus familiares y amigos. Cambie los verbos del presente al pretérito para indicar lo que Pepito hizo el año pasado. Luego, conteste las preguntas que siguen.

Pepito se levanta[1] temprano y pone[2] un insecto de plástico en el desayuno de su hermanita. Después, llama[3] por teléfono a un amigo y le cuenta[4] una mentira (*lie*). Su mamá se enoja[5] mucho. Luego, Pepito va[6] a la escuela para gastar más bromas. En la escuela, Pepito esconde[7] una rana (*frog*) en la mochila de su compañera, dibuja[8] una caricatura insultante de la maestra en una pared y finalmente le miente[9] a su maestra. Cuando vuelve[10] a casa, se viste[11] con la ropa de su papá, cierra[12] la puerta de su cuarto, se ríe[13] y se duerme[14] feliz.

Entre todos

■ ¿Se parece el Día de los Inocentes a algún día en particular en este país? ¿A qué día se parece? ¿En qué se parecen los dos días?
■ Piensa Ud. en un primero de abril inolvidable (*unforgettable*) de cuando era niño/a. ¿Qué hizo? ¿Qué hicieron sus amigos?

B Trabajando en parejas, narren en el pretérito la secuencia de acciones que se presenta a continuación. Incorporen las expresiones que siguen los dibujos y usen complementos pronominales cuando sea posible.

---

*The origin of the **Día de los Inocentes** stems from when King Herod, upon hearing of the birth of Jesus, ordered the death of every child under the age of two. (Note the proximity in dates between the celebration of Christmas and the **Día de los Inocentes:** December 25 and 28, respectively). Arguably, it would be rather gruesome to commemorate the death of thousands of innocent children with a special holiday. However, the word **inocente** has a double meaning in Spanish: It can mean *not guilty,* or it can mean *naive.* Thus in modern times, the **Día de los Inocentes** is set aside for playing tricks on others in order to take advantage of the naivete in everyone.

1. 2. 3. 4.

5. 6. 7. 8.

La secuencia incluye una famosa escena de muerte de una película estadounidense muy conocida. ¿Pueden Uds. identificarla?

1. un día el jefe, confiarle (*to entrust*) dinero a la empleada
2. la mujer, decidir guardar (*to keep*) el dinero / poner el dinero en la bolsa / hacer las maletas
3. después, salir del pueblo en coche
4. llegar al Motel Bates
5. allí conocer a Norman / ellos, hablarse un rato / entonces ella, firmar su nombre / Norman, darle la llave de su habitación
6. en seguida ir a su habitación / decidir ducharse
7. Norman, disfrazarse de su madre / abrir la puerta / entrar al cuarto de la mujer
8. sorprenderla en la ducha / matarla a puñaladas (*to stab to death*)

C Entre todos

■ ¿Qué hizo Ud. ayer? ¿Hizo algo interesante el mes pasado? ¿el año pasado? Piense en un día festivo como el Cuatro de Julio o el Día de Acción de Gracias. ¿Qué sucedió? Ahora piense en un día terrible. ¿Qué pasó?

■ ¿Miró Ud. la televisión anoche? ¿Qué programas vio? ¿Cuál le gustó más? ¿menos? ¿Por qué? ¿Qué pasó en el programa? ¿Qué más hizo anoche?

■ Piense Ud. en la primera vez que salió con un chico / una chica. ¿Con quién salió? ¿Adónde fueron? ¿Cómo llegaron allí? ¿Qué hicieron? ¿Quién pagó la cuenta? ¿A qué hora volvieron a casa? ¿Besó Ud. al chico / a la chica? ¿Salió con él/ella otra vez? ¿Por qué sí o por qué no?

D Guiones Trabajando en grupos de tres o cuatro personas, narren en el pretérito la secuencia de acciones que se presenta a continuación. Usen el vocabulario indicado y otras palabras que Uds. crean necesarias. Cuando sea posible, traten de evitar la repetición innecesaria, usando complementos pronominales.

Una noche de Brujas

1. vestirse, peinarse, disfrazarse de

2. vestirla, pintarle la cara, disfrazarla de

3. ir de casa en casa, pedirles dulces a los vecinos, darles dulces a los vecinos

4. asustar a los vecinos, hacer travesuras, divertirse mucho

5. volver a casa, comer demasiados dulces, ponerse enfermos

ESTRATEGIAS PARA LA COMUNICACION

Es una cosa para... *How to say what you don't know how to say*

A frequent problem in conveying ideas in another language is the lack of specific vocabulary to express what you want to say. When you are writing, you can usually look up words in the dictionary, but this is difficult if you are in the middle of a conversation. Here are some conversational strategies to use.

- Try to think of other ways to phrase your message so that the vocabulary and structures you *do* know will be adequate. Use shorter sentences and look for synonyms.

- Try defining or describing the concept with expressions such as **No sé la palabra, pero es una cosa para... Es una persona que... Es un lugar donde... Es así** (appropriate gesture) **de grande/alto/largo.** Sometimes, if you can express what the concept is *not,* your listener will be able to guess what it *is.* For example, even if you forget the word for *closed,* you may remember the words **no abierto.**

- If the person you are speaking to is bilingual, ask for help with **¿Cómo se dice...?**

⓭ *HACER* IN EXPRESSIONS OF TIME

The verb **hacer** is used in two different constructions related to time: to describe the duration of an action or event and to describe the amount of time elapsed since the end of an action or event.

A. *Hacer:* Duration of an action in the present

To describe the length of time that an action has been in progress, Spanish uses either of two constructions.

> **hace** + *period of time* + **que** + *conjugated verb in present tense*
> OR
> *conjugated verb in present tense* + **desde hace** + *period of time*

Hace dos años **que trabajo** aquí. } *I've been working* (*I've worked*)
Trabajo aquí **desde hace** dos años. } *here for two years.*

Questions about the duration of events can be phrased in two ways.*

¿Cuánto tiempo hace que
  trabajas aquí? } *How long have you been*
¿Hace cuánto tiempo que   *working here?*
  trabajas aquí?

Other time expressions may be used to ask more specific questions.

¿Hace mucho tiempo / poco   *Have you been working here*
  tiempo que trabajas aquí?   *for a long / short time?*

B. *Hacer:* Time elapsed since completion of an action

To describe the amount of time that has passed since an action ended (corresponding to English *ago*), Spanish uses either of two patterns. Both are very similar to those used for actions in progress.

> **hace** + *period of time* + **que** + *conjugated verb in preterite*
> OR
> *conjugated verb in preterite* + **hace** + *period of time*

Since the focus is on a completed action, the verb for that action is conjugated in the preterite. **Hace**—present tense—is always used to measure the time.

Hace cuatro años **que vi** esa
  película.[†]
Vi esa película **hace** cuatro   *I saw that film four years ago.*
  años.

Questions with the *ago* structure can be phrased in two ways.

¿Cuánto tiempo hace que
  viste esa película? } *How long ago did*
¿Hace cuánto tiempo que   *you see that movie?*
  viste esa película?

---

*Note that English uses a perfect-tense form to describe the same situation: *I have been working, I have worked.*
[†]In spoken Spanish, **que** is frequently omitted in this structure: **Hace cuatro años vi esa película.**

A PROPOSITO

To describe an action, condition, or event that was ongoing at some point in the past—but is no longer—Spanish uses a version of the **hace** construction with a verb in the imperfect.

Hace cien años las mujeres no **tenían** el derecho de votar.
One hundred years ago women didn't have the right to vote (but they do now).

Hace dos años yo **estudiaba** en la universidad.
Two years ago I was studying (I studied) at the university (but I don't anymore).

Other time expressions may be used to ask more specific questions.

¿Hace mucho tiempo / poco tiempo que viste esa película?

*Did you see that movie **a long time / a short while ago**?*

Práctica Combine las dos oraciones de dos formas, usando expresiones con **hacer.**

MODELOS: Tengo diez años. Aprendí a leer a los seis años. →
Hace cuatro años que sé leer. (Sé leer desde hace cuatro años.)
Hace cuatro años que aprendí a leer. (Aprendí a leer hace cuatro años.)

1. Tengo veinticinco años. Empecé a asistir a la universidad cuando tenía veinte años.
2. Raúl tiene doce años. Aprendió a montar en bicicleta a los seis años.
3. Berenice fue a España en 1994 y todavía está allí.
4. La clase empezó a las once y ya son las doce menos diez.
5. El padre de Rafael se murió cuando Rafael tenía doce años. Ahora Rafael tiene veinte años.
6. Su único hijo se enfermó en 1992. Todavía está enfermo.

Intercambios

A Use información personal, o información sobre sus amigos o gente conocida, para formar oraciones según el contexto. Use una expresión de tiempo con **hacer.** Luego explique brevemente cada oración.

MODELOS: una experiencia con lo sobrenatural →
Leí un libro de cuentos de Edgar Allan Poe hace varios años. Los cuentos son buenos, pero ¡no me gusta lo sobrenatural!

una preferencia personal →
Hace muchos años que me gustan las alcachofas (*artichokes*). De niña, no me gustaban para nada.

1. una experiencia con lo sobrenatural
2. un episodio de gran importancia personal
3. una preferencia personal
4. una habilidad o capacidad común y corriente
5. un talento especial
6. la muerte de alguien importante
7. una experiencia feliz
8. una experiencia que Ud. prefiere olvidar
9. un episodio de gran importancia política o económica
10. ¿ ?

B ¡Necesito compañero! Háganse y contesten preguntas para descubrir la siguiente información. Luego, compartan lo que han aprendido con la clase.

1. ¿Cuánto tiempo hace que (tú) *aprendiste a leer*? (leer una buena novela, sacar la licencia de conducir, aprender a cocinar, conocer a una persona realmente estupenda, darle un regalo a alguien, llevar disfraz, hacer un viaje en avión)

2. ¿Cuánto tiempo hace que (tú) *vives en este estado*? (vivir en esta ciudad, no hacer un viaje, no tomar vacaciones, conocer a tu mejor amigo/a, tener esa ropa que llevas, asistir a esta universidad, estudiar español, no ver a tus padres)

C ¡Necesito compañero! A continuación se presentan cuatro esquelas (*death notices*), dos típicas de la cultura estadounidense y dos típicas de la hispana. ¿Qué semejanzas y contrastes pueden Uds. notar?

■ Primero, examinen con cuidado las esquelas en inglés, marcando en la tabla de la página siguiente los datos que se encuentran en por lo menos una de ellas.

■ Después examinen las esquelas en español, marcando en la tabla los datos que se encuentran en por lo menos una de ellas.

Jane Anderson Stone

A graveside service for Jane Anderson Stone, 65, will be held at 1 p.m. Friday at the Smalltown Cemetery. A resident of Smalltown, Mrs. Stone died Sunday at Smalltown Hospital.

Born June 17, 1939, in Kingsland, the daughter of John J. Anderson and the late Mary Burns Anderson, Mrs. Stone graduated from the University of Ourstate and taught in the Clearlake School District for 20 years.

Her survivors include her husband of 33 years, Peter M. Stone; her son William B. Stone of Shelton; daughters Roberta Crandall of Riverside and Margaret Westrick of Smalltown; and 7 grandchildren.

The family suggests that remembrances in Mrs. Stone's name be made to the National Cancer Foundation.

American Memorial is in charge of arrangements.

1.

Mark Brown

Gooden's sales manager

On Tuesday, Mark Brown, 80, died in Sunflower Hospital after a long battle with cancer.

Born in Chicago on December 15, 1924, he served in the U.S. Navy and was a longtime employee of Gooden's.

An avid golfer, Mr. Brown also enjoyed playing cards and was devoted to his family.

Mr. Brown was preceded in death by his wife, Louise Morrow Brown, and was the beloved father of Richard A. Brown of Albuquerque, N.M.

Friends may call at the Roses Funeral Home, 11234 Blues Ave. in Sunflower, on Thursday from 2 to 4 and 7 to 9 p.m. Funeral services will be held at 1 p.m. Friday at St. Paul's Church in Sunflower. Interment will be in St. Paul's Cemetery.

2.

EL SEÑOR
DON JOSE MOCHON SANTIAGO
HA FALLECIDO EN LEON
EL DIA 29 DE JULIO DE 1990
a los sesenta y tres años de edad
Habiendo recibido los Santos Sacramentos y la bendición de Su Santidad

D. E. P.

Su esposa, doña Carmen Toha Abella; hijos, don Popi, don Paco, doña Marisa, doña María del Carmen y don Juanjo Mochón Toha; hijos políticos, don Amador, doña Lía y don Yeyo; madre política, doña María Rebull; hermanas, doña Anita, doña María Luisa y doña Consuelo; hermanos políticos, don Pedro, doña Monse, doña Conchita, doña Toñeta, doña Daidi, don Juan, doña María José, doña Teresa, don Alvaro, doña Adriana, don Manuel, don Rafael y don Vicente; nietos, tíos, sobrinos, primos y demás familia.

Suplican a usted asistan a las exequias y misa de funeral que tendrán lugar hoy, lunes, día 30 del corriente, a las doce de la mañana, en la iglesia parroquial de Santa Marina la Real, y seguidamente a dar sepultura al cadáver.

Capilla ardiente: Sala número 3. Calle Julio del Campo.
Casa doliente: San Juan de Prado, 3.

3.

✝
DON ENRIQUE CRIADO CRESPO
NOTARIO JUBILADO
FALLECIO CRISTIANAMENTE
EN BARCELONA
a los setenta y tres años de edad
EL DIA 29 DE JULIO DE 1990

D. E. P.

Sus afligidos esposa, hijos y demás familia, al participar a sus amigos y conocidos tan sensible pérdida, les suplican un recuerdo en sus oraciones y la asistencia al acto del entierro, que tendrá lugar mañana, día 31, a las once de la mañana, en las capillas del I.M.S.F., área de Collserola (provincia de Barcelona), donde se celebrará la ceremonia religiosa. No se invita particularmente.

4.

¿Qué información se incluye?	EEUU		ESPAÑA	
	1	2	3	4
1. el nombre de la persona que murió	☐	☐	☐	☐
2. su dirección	☐	☐	☐	☐
3. la fecha en que murió	☐	☐	☐	☐
4. el lugar donde falleció (murió)	☐	☐	☐	☐
5. la causa de su muerte	☐	☐	☐	☐
6. la edad que tenía cuando murió	☐	☐	☐	☐
7. el lugar de su nacimiento	☐	☐	☐	☐
8. la profesión de sus hijos	☐	☐	☐	☐
9. el nombre de sus parientes cercanos	☐	☐	☐	☐
10. alguna información sobre su vida	☐	☐	☐	☐
11. la hora y el lugar del entierro	☐	☐	☐	☐
12. la hora y el lugar de la ceremonia fúnebre	☐	☐	☐	☐
13. otros datos o características:				
■ ¿ ?	☐	☐	☐	☐
■ ¿ ?	☐	☐	☐	☐

Ahora, analicen su tabla. ¿Qué información encontraron Uds. en las esquelas de ambas culturas? ¿Hay información o elementos que encontraron sólo en las esquelas de una cultura? Expliquen.

Entre todos

■ ¿Nota Ud. algún vocabulario especial en estas esquelas? Con respecto al estilo o formato, ¿qué semejanzas y diferencias nota entre las esquelas de ambas culturas?

■ En su opinión, ¿qué sugieren estas semejanzas y diferencias con respecto a las culturas estadounidense e hispana?

CULTURA

LA TOMATINA DE BUÑOL

APROXIMACIONES AL TEXTO

Using the Main Idea to Anticipate Content

In **Capítulo 1** you practiced techniques that enable you to quickly skim a selection to get a general idea of its meaning. Another important technique is using your knowledge of the main idea to anticipate the rest of the selection's content.

If you know, for example, that the main topic is religious and secular holiday traditions throughout the world, then you can predict that you will find information in the text from a variety of countries (not just one), that the information will probably be organized by country, and that there is likely to be a fair amount of comparative detail about the religious or secular significance of the holiday. On the other hand, if the topic appears to be Jewish holiday traditions, then you would expect the text to limit itself to the religious holidays of that faith and to describe some of the traditions in detail.

Palabras y conceptos

acercarse a to move near to
agacharse to duck (down)
aplastar to squash, smash
botar to dump, tip over
cargar to carry; to load
ensuciar to dirty, make messy
estar a salvo to be safe
impedir (i, i) to impede, prevent
lanzar to launch; to throw
rendirse (i, i) to give up, surrender
tener lugar to take place
tener que ver con to have to do with
tirar to throw

la batalla battle
el caos chaos
el cohete rocket
el/la contendiente combatant
el desfile parade
la muchedumbre crowd
el objetivo target
la risa laugh, laughter
la sangre blood

alimenticio/a (pertaining to) food
insoportable unbearable
sangriento/a bloody

La Tomatina de Buñol

Todos los años, el último miércoles de agosto, miles de personas se juntan para realizar una de las costumbres más divertidas del mundo: la Tomatina de Buñol. Buñol, situado a unas 30 millas al oeste de Valencia, es un pueblo relativamente tranquilo la mayoría del año. Pero por una hora en la Plaza del Pueblo los que
5 participan en esta costumbre se tiran mutuamente alrededor de 150.000 tomates. La Tomatina no conmemora ningún evento histórico, político o religioso: Sirve para divertirse en una de las peleas alimenticias más grandes del mundo.

El primer tomatazo*

La Tomatina, como toda costumbre, tuvo (←) que tener algún comienzo. Es decir, alguien tuvo (←) que tirar el primer tomate. Pero la pregunta es: ¿cuándo y
10 por qué? En 1944, la gente de Buñol estaba (←) reunida en la plaza para celebrar una de las fiestas religiosas principales del pueblo. Los organizadores de la fiesta habían designado[1] (←) a algunos jóvenes para cargar las imágenes religiosas en una procesión. Pero como los jóvenes no llegaron (←) a tiempo, los organizadores tuvieron (←) que buscar a otros voluntarios. Cuando llegaron (←)

[1]habían… *had designated*

---

*El sufijo **-azo** se puede añadir a varios sustantivos en español para formar nombres de acción violenta o de golpe. Por ejemplo, un **martillazo** es un golpe con un martillo (*hammer*), un **puñetazo** es un golpe con un puño (*fist*), etcétera.

15 por fin los jóvenes designados primero, perdieron (←) su oportunidad y se enojaron (←). Botaron (←) varios puestos de fruta, incluyendo (∩) uno donde había (←) tomates y empezaron (←) a tirar la fruta a todos los que vieron (←) a
su alrededor. Las víctimas de esa furia frutal contraatacaron (←), lanzando (∩)
sus propios frutazos. Dentro de poco, nadie recordaba (←) por qué estaba (←)
20 peleando (∩), pero todos estaban (←) riéndose (∩) y divirtiéndose (∩) muchísimo. Uno de los jóvenes de Buñol que participó (←) en esa primera batalla,
Francisco Garcés, vio (←) algo más que una simple pelea frutal: el potencial de
un nuevo elemento para las celebraciones de cada año.

Una tradición permanente

Después de esa primera batalla, algunas personas siempre la repetían (←) cada
25 año, dándole (∩) más popularidad y atrayendo (∩) a más participantes. Pero a
las autoridades no les gustaba (←) el evento porque representaba (←) una falta
contra la tranquilidad cívica, ensuciaba (←) las calles y además, las mismas autoridades siempre recibían (←) la mayoría de los tomatazos. Por eso, las autoridades siempre trataban (←) de impedirlo, mientras Garcés y sus colegas inten-
30 taban (←) legalizarlo.

Por ejemplo, en 1950, la policía arrestó (←) a tantos participantes que llenaron
(←) no solamente la cárcel[2] sino también toda la estación de policía. Mucha
gente estaba (←) acumulándose (∩) fuera de la estación y el alcalde[3] temía (←)
que sucediera (←) algo feo.[4] Para evitar un disturbio total[5] el alcalde aceptó (←)
35 los consejos de dejar libres a los encarcelados y comprarles una copa a todos.[6]

En 1957, el alcalde decidió (←) que por fin ese año el evento no iba (←) a
tener lugar. Llamó (←) y contrató (←) a casi todos los policías de la región, no
sólo a los de Buñol. Los policías y el alcalde se pusieron (←) en lugares estra-
tégicos alrededor de la plaza para impedir la batalla inminente. Cuando Garcés
40 y los otros participantes vieron (←) la determinación del alcalde y los policías,
se rindieron (←) y aceptaron (←) que no iban (←) a divertirse así ese año.

Sin embargo, Garcés y sus colegas tenían (←) tanta determinación como el
alcalde y, en 1959, tuvo (←) lugar la última ronda[7] en la lucha para legalizar
el espectáculo. Garcés se reunió (←) con el alcalde para darle dos opciones. Si
45 el alcalde permitía (←) que tuviera (←) lugar el evento,[8] la batalla duraría[9]
60 minutos —ni un minuto más ni un minuto menos— y los mismos participantes limpiarían[10] (←) las calles después. Pero si no lo permitía (←), habría[11] un
disturbio catastrófico. El alcalde y las autoridades aceptaron (←) la primera opción y así la Tomatina llegó (←) a ser una tradición permanente del pueblo de
50 Buñol.

La Tomatina de hoy

Desde ese año, la Tomatina, que obviamente no tiene nada que ver con la religión, ha sido (←) la culminación de una semana de celebraciones que coincide
con la fiesta del santo patrón de Buñol. Durante toda la semana hay desfiles, fuegos artificiales, bailes y fiestas en las calles y una gran competencia[12] de paella
55 (*Concurso des Paellas* en el dialecto de Valencia) cerca de la Plaza del Pueblo la
noche antes de la Tomatina.

---

[2]*jail*   [3]*mayor*   [4]temía… *feared something awful might happen*   [5]disturbio… *complete riot*
[6]comprarles… *buying every one of them a drink*   [7]*round*   [8]permitía… *permitted the event to take
place*   [9]*would last*   [10]*would clean up*   [11]*there would be*   [12]*competition*

La tradición de la Tomatina es una de las más sorprendentes y divertidas del mundo.

El día del gran espectáculo, los dueños de los bares y restaurantes pasan la mañana cubriendo (ᴖ) los balcones, puertas y ventanas de su establecimiento con plástico y tablas de madera en preparación para la sangrienta batalla. Un poco antes del mediodía, más de 20.000 participantes se reúnen en la plaza y seis o siete camiones, cargados de más de 90.000 libras (40.909 kilogramos) de tomates, comienzan su lenta procesión por las calles empedradas[13] de Buñol hacia el «campo de batalla». Cuando los camiones se acercan a la plaza, la gente empieza a gritar: «¡Tomates, tomates, tomates… !», «¡Necesitamos fruta, dadnos los tomates!» y otras cosas semejantes. Desde los camiones algunos instigadores le lanzan agua con cubetas[14] a la muchedumbre como anticipo de lo que pronto vendrá (→). Todos saben que hay que esperar la hora indicada porque así fue (←) el acuerdo original entre Garcés y el alcalde en 1959, pero la tensión es casi insoportable.

El reloj de la iglesia toca el mediodía, alguien lanza un cohete que explota sobre la plaza y los instigadores empiezan a aplastar* y tirar los primeros tomates desde los camiones. Dentro de pocos segundos se declara la guerra y la escena se convierte en un caos total. Pero no hay alianzas en esta guerra porque son todos contra todos: hermano contra hermano, amigo contra amigo, padre y madre contra hijos, etcétera. Mientras vuelan los tomates, se escuchan risas y gritos por todas partes de la plaza. Supuestamente los objetivos son solamente los

---

[13]*cobble-stoned*   [14]*buckets*

---

*Una de las pocas reglas de la Tomatina es que hay que aplastar los tomates entre las manos antes de tirarlos.

participantes, pero en realidad cualquiera[15] que se mueva, se pare, se agache, se esconda, corra, camine u observe pasivamente puede caer víctima de un tomatazo inesperado.[16] Nadie está a salvo, especialmente el turista típico con su cámara y gorra de béisbol.

80

Exactamente 60 minutos después del primer cohete, otro explota sobre la plaza, declarando (∿) la paz. Las calles están llenas de pulpa[17] de tomate y la gente está empapada[18] de lo mismo. Los enemigos vuelven a ser amigos, los familiares se reconcilian y todos se marchan para el río donde se quitan la «sangre de batalla» con la ayuda de una serie de duchas temporáneas que el pueblo de Buñol les ofrece a los contendientes. Los dueños de los bares y restaurantes quitan las tablas de madera y el plástico de su negocio y hacen una limpieza general. Otros empiezan a limpiar las calles, y para el atardecer,[19] casi ya no hay ninguna indicación de la sangrienta batalla que tuvo (←) lugar al mediodía. Para terminar el día, todos encuentran donde pasar la última noche de la semana de celebraciones, comiendo (∿), tomando (∿) copas y contando (∿) los detalles de su experiencia en la más reciente Tomatina de Buñol.

85

90

[15]anyone   [16]unexpected   [17]pulp   [18]soaked   [19]late afternoon

Comprensión

A Cambie los verbos entre paréntesis en las siguientes oraciones por el pretérito o el imperfecto según el contexto. Luego, diga si son ciertas (**C**) o falsas (**F**) según la lectura y corrija las oraciones falsas.

1. _____ Nadie sabe con certeza quién (tirar) el primer tomate ni quién (recibir) el primer tomatazo.
2. _____ Cuando los jóvenes designados primero (presentarse), se enojaron porque ya no (poder) participar en la procesión religiosa.
3. _____ Al principio, las autoridades de Buñol (estar) de acuerdo con la idea de la fiesta, pero después ya no les gustó porque las calles siempre (ensuciarse).
4. _____ La policía (encarcelar) a muchos en 1950, pero el alcalde los (dejar) libres y les compró una copa.
5. _____ En 1957, (tener) lugar la Tomatina más divertida y caótica de la historia del evento.
6. _____ En 1959, el alcalde (reunirse) con los dueños de los restaurantes y juntos (decidir) legalizar la Tomatina.

B ¡Necesito compañero! Apunten el mayor número posible de datos que aprendieron sobre la Tomatina de hoy en cada categoría del siguiente cuadro. Después, comparen sus respuestas con las de otra pareja. ¿Están todos de acuerdo o hay diferencia de opiniones? Expliquen.

Otros eventos que coinciden con la Tomatina	
En la mañana, antes del mediodía	
Al mediodía y dentro de los primeros segundos	
Al final de la «batalla»	

⓮ PRETERITE/IMPERFECT CONTRAST

When describing events or situations in the past, Spanish speakers must choose between the preterite and the imperfect. The choice depends on the aspect of the event or situation that the speaker wants to describe.

A. Beginning/end versus middle

In theory, every action has three phases or aspects: a beginning (**un comienzo**), a middle (**un medio**), and an end (**un fin**). When a speaker focuses on the beginning or the end of an action, the preterite is used. When he or she focuses on the middle (a past action in progress, a repeated past action, or a past action that has not yet happened), the imperfect is used. Read the following text carefully, paying attention to the uses of the preterite and the imperfect.

Era[1] marzo, y toda Sevilla **celebraba**[2] el Jueves Santo. **Era**[3] una noche estrellada, **hacía**[4] un poco de fresco y **había**[5] tantos turistas como sevillanos. Algunos, los que **venían**[6] a participar en las celebraciones todos los años, **estaban**[7] muy emocionados, pero los otros simplemente **querían**[8] ver las actividades de ese día tan especial.

*It **was**[1] March, and all of Seville **was celebrating**[2] Holy Thursday. **It was**[3] a starry night, **it was**[4] a little cool, and **there were**[5] as many tourists as Sevillians. Some, the ones that **came**[6] to participate in the celebrations every year, **were**[7] very excited, but the others merely **wanted**[8] to see the activities of that special day.*

[1]middle: in progress   [2]middle: in progress   [3]middle: in progress   [4]middle: in progress
[5]middle: in progress   [6]middle: repeated   [7]middle: in progress   [8]middle: in progress

A PROPOSITO

Although English sometimes uses a progressive verb form—*was approaching, was wagging*—to signal an action in progress, the simple past tense—*it seemed, it had, it wore*—may also have this meaning, depending on the context. Learning to use the preterite and imperfect correctly does not involve matching English forms to Spanish equivalents but rather paying attention to contextual clues that signal middle (imperfect) or non-middle (preterite).

El evento **comenzó**[9] cuando varios grupos de hombres **sacaron**[10] figuras religiosas de las iglesias y **empezaron**[11] a llevarlas en procesión por las calles de Sevilla. Mientras los hombres **caminaban**,[12] la gente que **orillaba**[13] las calles **gritaba:**[14] «¡Guapa!». Al momento en que la procesión **pasaba**[15] enfrente de la catedral, todas las campanas **sonaron.**[16]

Después de la procesión, los hombres **devolvieron**[17] las figuras a las iglesias y cada quien **se encontró**[18] con su familia. Muchos **fueron**[19] a tomar algo en algún bar o restaurante, pero otros **regresaron**[20] a su casa donde **tuvieron**[21] una reunión familiar. Como siempre, **fue**[22] un día lleno de emociones para toda la ciudad.

*The event **started**[9] when several groups of men **removed**[10] religious figures from the churches and **started**[11] to take them in a procession through the streets of Seville. While the men **walked**,[12] the people that **lined**[13] the streets **shouted**,[14] "Beautiful!". At the moment that the procession **was passing**[15] in front of the cathedral, all the bells **rang.**[16]*

*After the procession, the men **returned**[17] the figures to the churches and each one **joined**[18] his family. Many **went**[19] to have something in a bar or restaurant, but others **returned**[20] to their home where they **had**[21] a family gathering. As always, **it was**[22] an exciting day for the whole city.*

---

[9]beginning [10]end [11]beginning [12]middle: simultaneous [13]middle: in progress [14]middle: simultaneous [15]middle: in progress [16]end [17]end [18]end [19]end [20]end [21]end [22]end

B. Context of usage

The contrast between middle and non-middle helps to explain why certain meanings are usually expressed in the preterite whereas others are generally expressed in the imperfect.

■ Emotions, mental states, and physical descriptions are generally expressed in the imperfect. This information is usually included as background or explanatory material—conditions or circumstances that were *ongoing* or *in progress* at a particular time.

> Algunos, los que venían a participar en las celebraciones todos los años, **estaban** muy emocionados, pero los otros simplemente **querían** ver las actividades de ese día tan especial.

Descriptions of weather and feelings are often included as background "circumstances" or "explanations."*

> **Era** una noche estrellada, **hacía** un poco de fresco y había tantos turistas como sevillanos.

■ When a story is narrated, several successive actions in the past are expressed in the preterite. Here the focus is usually on each individual action's having *taken place* (i.e., having begun or been completed) before the next action happens.

> El evento **comenzó** cuando varios grupos de hombres **sacaron** figuras religiosas de las iglesias y **empezaron** a llevarlas en procesión por las calles de Sevilla.

---

*See Appendix 7 for a review of some of these common idiomatic expressions with **hacer** and **tener.**

- Actions that are considered simultaneous are expressed in the imperfect: the focus is on two (or more) actions *in progress* at the same time.

   Mientras los hombres **caminaban,** la gente que orillaba las calles **gritaba:** «¡Guapa!».

- When an ongoing action in the past is interrupted by another action, the ongoing action is expressed in the imperfect. The interrupting action is expressed in the preterite.

   Al momento en que la procesión **pasaba** enfrente de la catedral, todas las campanas **sonaron.**

- When the endpoint or the duration of an action is indicated, the preterite is used, regardless of whether the action lasted a short time or a long time.

   Como siempre, **fue** un día lleno de emociones para toda la ciudad.

C. Meaning changes with tense used

In a few cases, two distinct English verbs are needed to express what Spanish can express by the use of the preterite or the imperfect of a given verb. Note that, in all of the following examples, the preterite expresses an action at either its beginning or ending point, and the imperfect expresses an ongoing condition.

	PRETERITE: ACTION	IMPERFECT: ONGOING CONDITION
conocer	**Conocí** a mi mejor amigo en 1999. *I met* (action that marked the beginning of our friendship) *my best friend in 1999.*	Ya **conocía** a mi mejor amigo en 2000. *I already knew* (ongoing state) *my best friend in 2000.*
pensar	De repente, **pensé** que era inocente. *Suddenly it dawned on me* (action that marked the beginning of the thought) *that he was innocent.*	**Pensaba** que era inocente. *I thought* (ongoing opinion) *that he was innocent.*
poder	**Pude** dormir a pesar del ruido de la fiesta. *I managed* (*was able*) *to sleep* (action of sleeping took place) *despite the noise from the party.*	**Podía** hacerlo pero no tenía ganas. *I was able* (had the ability) *to do it but I didn't feel like it.* (Being able to do something and actually doing it are two separate things.)
no querer	Me invitó al teatro, pero **no quise** ir. *She invited me to the theater, but I refused to go.* (Action—saying no—took place.)	Me invitó al teatro, pero **no quería** ir. *She invited me to the theater, but I didn't want to go.* (This describes only what your mental state was; wanting or not wanting to do something and actually doing it are separate things.)

	PRETERITE: ACTION	IMPERFECT: ONGOING CONDITION
querer	El vendedor **quiso** venderme seguros; me costó mucho trabajo deshacerme de él. *The salesman **tried** to sell me insurance* (act of trying to sell took place); *it took a lot of hard work to get rid of him.*	El vendedor **quería** venderme seguros, pero se le olvidaron los formularios. *The salesman **wanted** to sell me insurance* (mental state only), *but he forgot the forms.*
saber	Elvira **supo** que Jaime estaba enfermo. *Elvira **found out*** (action that marked the beginning of knowing) *that Jaime was sick.*	Elvira **sabía** que Jaime estaba enfermo. *Elvira **knew*** (ongoing awareness) *that Jaime was sick.*
tener	**Tuve** una fiesta ayer. *I **had*** (action took place) *a party yesterday.*	**Tenía** varios buenos amigos mientras estaba en la escuela. *I **had*** (ongoing situation) *several good friends while I was in school.*
tener que	**Tuve que** ir a la oficina anoche. *I **had** to go* (and did go) *to the office last night.*	**Tenía que** ir a la oficina. *I **was supposed** to go* (mental state of obligation, no action is implied one way or the other) *to the office.*

Práctica Lea el siguiente párrafo y decida si los verbos entre paréntesis indican el medio de la acción o no. Luego dé la forma correcta de cada verbo (pretérito o imperfecto) según el caso.

La historia de un ex novio (Parte 1)

I used to have (**tener**)[1] a boyfriend named Hector. He was (**ser**)[2] very tall and handsome, and we used to spend (**pasar**)[3] a lot of time together. We would go (**ir**)[4] everywhere together. That is, until he met (**conocer**)[5] a new girl, Jane. He talked to her (**hablarle**)[6] once and then invited her (**invitarla**)[7] to a big dance. He told me (**decirme**)[8] that it was because he felt sorry for her (**tenerle compasión**),[9] but I didn't believe him (**creérselo**).[10] I wanted (**querer**)[11] to kill him! But I decided (**decidir**)[12] to do something else. Since I knew (**saber**)[13] where she lived (**vivir**),[14] I went (**ir**)[15] over to her house to tell her what a rat Hector was (**ser**).[16] But when I got there (**llegar**),[17] I saw (**ver**)[18] that his car was (**estar**)[19] parked in front. I got (**ponerme**)[20] so angry that I started (**empezar**)[21] to slash his tires. Just then, Hector came out (**salir**)[22] of the house. When he saw me (**verme**),[23] he yelled (**gritar**)[24] and ran (**correr**)[25] toward me. . . .

(*Continúa en Repaso, Capítulo 6.*)

Intercambios

A La siguiente historia describe los recuerdos de una puertorriqueña acerca del Día de los Muertos durante los primeros años de su vida, antes de mudarse (*moving*) a los Estados Unidos. Lea la historia por completo y luego escoja la forma correcta del verbo según el contexto. Al final, conteste las preguntas que siguen.

Hace trece años que vivo en los Estados Unidos, pero los primeros dieciesiete años de mi vida los viví en una casa grande de madera frente al cementerio. Desde una de las ventanas de mi cuarto siempre (pude/podía)[1] ver los portones (*gates*) del cementerio. Casi cada día, había uno o dos entierros y desde mi ventana (conté/contaba)[2] las coronas (*wreaths*) de flores y (observé/observaba)[3] a mucha gente llorar.

Una costumbre de mi abuela paterna (fue/era)[4] ir al cementerio el Día de los Santos o el Día de los Muertos. Ella siempre (puso/ponía)[5] flores y velas en las tumbas de los parientes muertos, parientes que yo nunca (conocí/conocía)[6] porque (murieron/morían)[7] antes de nacer (*was born*) yo. Frente a alguna tumba, yo (vi/veía)[8] que los labios de mi abuela se (movieron/movían).[9] Ella (rezó/rezaba)[10] (*would be praying*) por el descanso de las almas de sus parientes pues (fue/era)[11] muy devota.

Recuerdo una vez, cuando yo (tuve/tenía)[12] ocho años, mis primos, e inclusive mi padre, (compraron/compraban)[13] velas. Pero ellos no las (pusieron/ponían)[14] en las tumbas ni tampoco (rezaron/rezaban).[15] Sin que nadie los observara, las (pusieron/ponían)[16] en el mismo medio de la carretera (*road*), se (escondieron/escondían)[17] detrás de las murallas (*walls*) del cementerio y (empezaron/empezaban)[18] a hacer ruidos extraños. La gente que esa noche pasó por allí y (vio/veía)[19] las velas encendidas y (oyó/oía)[20] los ruidos (comenzó/comenzaba)[21] a correr asustada, mientras que detrás de las murallas del cementerio, mis primos y mi papá se (rieron/reían)[22] sin parar. Todavía nos reímos cuando recordamos esa noche.

- ¿A Ud. le han contado sus padres la historia de alguna travesura que ellos hicieron cuando eran jóvenes? ¿Qué travesura hicieron?

- Cuando Ud. escuchó esa historia por primera vez, ¿pensó que era cómica? ¿Qué piensa ahora?

B Lea el siguiente párrafo y conjugue los verbos indicados según el contexto.

Cuando yo (ser)[1] más joven, (gustarme)[2] mucho ir a leer a la vieja biblioteca de mi pueblo. Yo (creer)[3] que la biblioteca (ser)[4] un lugar misterioso porque (haber)[5] muchos libros antiguos y porque todo el mundo (hablar)[6] en voz baja. En días lluviosos y oscuros, el edificio (parecer)[7] embrujado (*bewitched*). Generalmente yo (ir)[8] por las tardes porque entonces (ver)[9] al Sr. Panteón, un bibliotecario muy extraño y algo lúgubre (*gloomy*), tan flaco (*skinny*) que (parecer)[10] un esqueleto. Me (hablar)[11] de la historia de la biblioteca y me (ayudar)[12] a alcanzar los libros en los estantes más altos.

Un día cuando yo (llegar),[13] (notar)[14] que el Sr. Panteón no (estar).[15] (Poner)[16] mi mochila en una mesa; (ir)[17] a pedirle ayuda a otro bibliotecario. Pero todos (estar)[18] ocupados y nadie (poder)[19] ayudarme. Frustrado, yo (decidir)[20] regresar a casa, y (volver)[21] a la mesa para recoger mi mochila. Pero, ¡qué raro! Al lado de la mochila, amontonados (*piled up*) con cuidado, (estar)²² los libros... ¿Cómo (llegar)²³ allí?

Entre todos

- ¿Qué pasó? ¿Cómo explica Ud. que los libros que los otros bibliotecarios no pudieron encontrar estaban en la mesa? ¿Quién los puso allí?

- ¿A quién en la clase le ha pasado algo semejante? Cuénteselo a la clase.

C ¿Recuerda Ud. la secuencia de acciones que se describió en la página 87? En este página, se han agregado (*have been added*) algunos detalles descriptivos que sirven de fondo (*background*) a las acciones principales. Narre el cuento de nuevo, cambiando los verbos en letra cursiva al imperfecto o al pretérito, según sea apropiado. Si puede, añada más detalles a la historia.

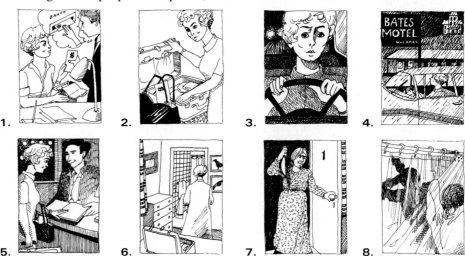

1. un día, el jefe, *confiarle* dinero a la empleada / ella, *llamarse* Marian / *ser* una mujer joven y ambiciosa / pero no *estar* satisfecha / *querer* un cambio en su vida
2. la mujer, *deber* depositar el dinero / *decidir* guardarlo / ya que *tener* miedo de las autoridades / *necesitar* salir del pueblo inmediatamente / *poner* el dinero en la bolsa / *hacer* las maletas
3. después, ella, *salir* del pueblo en coche / *estar* nerviosa
4. la mujer, *estar* cansada / *llegar* al Motel Bates / en el motel, *haber* habitaciones vacantes / ella, *pensar* que allí *poder* descansar un poco antes de continuar su viaje / *haber* una enorme casa cerca / *llover* y *hacer* mal tiempo
5. en el hotel, la mujer, *conocer* a Norman / él, *ser* un joven guapo y tímido / *parecer* simpático / ellos, *hablarse* un rato / entonces ella, *firmar* su nombre en el registro / no *haber* otros huéspedes (*guests*) en el motel / Norman, *darle* la llave de su habitación
6. en seguida, ella, *ir* a su habitación / *tener* hambre / *pensar* salir a comer algo más tarde / por eso, *decidir* ducharse
7. Norman, *vivir* solo con su madre / madre, *estar* muerta / Norman, *estar* un poco demente (loco) / *tener* dos personalidades / *disfrazarse* de su madre / *abrir* la puerta / *entrar* al cuarto de la mujer mientras ella *ducharse*

8. ella, no *darse* cuenta del peligro / Norman, *sorprenderla* en la ducha / *matarla* a puñaladas

D ¡Necesito compañero! Usando los verbos indicados, y añadiendo otros detalles necesarios, narren una pequeña historia para cada uno de los dibujos a continuación. (Para el número 6, tienen que hacer un dibujo e inventar su propia historia.) Antes de empezar, decidan qué aspecto de cada acción (el medio de la acción o no) quieren indicar y conjuguen cada verbo en el pretérito o en el imperfecto según el caso.

1. ser las doce / jugar / llamar / no tener hambre / preferir jugar

2. recibir corbata de su tía / ser muy fea / no gustarle / decidir devolverla / hablar con la dependienta / ver a su tía

3. tener unos diez años / ser un muchacho travieso (*mischievous*) / siempre hacer cosas que no deber hacer / encontrar unos cigarrillos / fumar / llegar su madre

4. ser una noche oscura / hacer muy mal tiempo / estar solos en la casa / leer / oír unos ruidos extraños / estar asustados / no querer ir a investigar

5. ser su aniversario / ir a comer a un restaurante elegante / pedir una gran comida / estar muy contentos / abrir la cartera para pagar la cuenta / descubrir / no tener / no aceptar tarjetas de crédito / tener que lavar los platos

6. ¿ ?

E ¡Necesito compañero! Háganse y contesten preguntas para obtener la siguiente información sobre la niñez. Recuerden usar las formas de **tú** en las preguntas. ¡No se olviden de usar las estrategias para la comunicación! Luego, compartan con la clase lo que han aprendido sobre la niñez de su compañero/a.

1. una cosa que le gustaba muchísimo
2. un lugar que le parecía especial

3. una persona que influía mucho en su vida de una manera positiva
4. algo que tenía que hacer todos los días y que no le gustaba
5. algo que hizo sólo una vez pero que le gustó mucho
6. una cosa con la que siempre tenía mucho éxito
7. una ocasión en que estaba muy orgulloso/a de sí mismo/a
8. una cosa buena que hizo para otra persona

15 RELATIVE PRONOUNS: *QUE, QUIEN*

A series of short sentences in a row sounds choppy; often there are no smooth transitions from one idea to another. By linking several short sentences together to make longer ones, you can form sentences that have a smoother, more fluid sound.

A. Simple versus complex sentences

A *simple sentence* consists of a subject and a predicate (verb with or without a complement).

David compró el disfraz.	*David bought the costume.*
El disfraz estaba en la tienda.	*The costume was in the store.*
El muerto era médico.	*The deceased was a doctor.*
Enterraron al muerto ayer.	*They buried the deceased man yesterday.*

A *complex sentence* is really two sentences: a main sentence (**la oración independiente/principal**) and a second sentence (**la oración dependiente/subordinada**) set inside (embedded in) the main sentence. The two sentences are joined by a relative pronoun (**un pronombre relativo**).

Two Sentences	David compró **el disfraz.** **El disfraz** estaba en la tienda.	**El muerto** era médico. Enterraron **al muerto** ayer.
Embedded Element	**que** estaba en la tienda	**que** enterraron ayer
Complex Sentence	David compró **el disfraz que** estaba en la tienda. *David bought **the costume that** was in the store.*	**El muerto, que** enterraron ayer, era médico. *The deceased man, that they buried yesterday, was a doctor.*

Note that the same noun is present in both sentences. When the two are joined, the repeated noun is replaced by a relative pronoun. The embedded sentence is then inserted into the main sentence following the noun to which it refers.

B. Que versus quien

There are three principal relative pronouns in English: *that, which,* and *who/whom.* In Spanish, all three are usually expressed by the relative pronoun **que.**

Laura leyó el libro **que** compró.   *Laura read the book **that** she bought.*

Mi coche, **que** está estacionado allí, es azul.	*My car, **which** is parked there, is blue.*
Este es el artículo de **que** te hablé.	*This is the article **that** I spoke to you about.*
Vi al hombre **que** estaba aquí ayer.	*I saw the man **who** was here yesterday.*

Although *who/whom* is usually expressed in Spanish by **que,** in two cases *who/whom* may be expressed by **quien(es).**

1. When *who/whom* introduces a nonrestrictive clause.

Julia, **quien** (**que**) no estuvo ese día, fue el líder del grupo.	*Julia, **who** was not there that day, was the leader of the group.*
Carmen y Loren, **quienes** (**que**) hoy viven en Newark, son de Cuba.	*Carmen and Loren, **who** today live in Newark, are from Cuba.*

Nonrestrictive clauses, which are always set off by commas, are embedded in sentences almost as an afterthought or an aside. If they are removed, the essential meaning of the sentence remains unchanged. When the replaced element is a person, either **que** or **quien(es)** may be used to introduce the clause. Although **que** is more common in spoken language, **quien(es)** is preferred in writing.

2. When *whom* follows a preposition or is an indirect object.*

No conozco al hombre **de quien** hablaba.	*I don't know the man he was talking **about** (**about whom** he was talking).*
La persona **a quien** vendimos el auto nos lo pagó en seguida.	*The person we sold the car **to** (**to whom** we sold the car) paid us for it immediately.*

In colloquial English we often end sentences and clauses with prepositions: *I don't know the man he was talking **about;** The person we sold the car **to** paid us for it immediately.* In Spanish, however, *a sentence may never end with a preposition.* When a prepositional object is replaced by a relative pronoun, the preposition and pronoun are both moved to the front of the embedded sentence, as in the following examples from more formal English: *I don't know the man **about whom** he was talking; The person **to whom** we sold the car paid us for it immediately.*

En resumen

- If it is *possible* to use a relative pronoun in English, it is *necessary* to use one in Spanish.

- Unless there is a preposition or a comma, always use **que.**

Práctica Complete las siguientes oraciones con **que** o **quien(es)** según el contexto.

1. Mucha gente desprecia a las personas _____ son algo diferentes.
2. Las películas _____ más me asustan son las de Stephen King.
3. Hay muchos rasgos _____ compartimos con esos grupos étnicos.

---

*When *whom* is a direct object, **quien** can be used, but in contemporary speech it is more common to omit the object marker and introduce the embedded element with **que: La persona a quien vimos allí es muy famosa. → La persona que vimos allí es muy famosa.**

A PROPOSITO

Relative pronouns are often omitted in English.

The car (that) we bought isn't worth anything.

He doesn't know the man (that) we were talking with.

In contrast, the relative pronouns are never omitted in Spanish.

El coche que compramos no vale nada.

No conoce al hombre con quien hablábamos.

LENGUAJE Y CULTURA

Hay muchas expresiones en inglés en que se usa la palabra *dead* pero que no tienen nada que ver con la muerte. Explique en español el significado de las siguientes frases.

1. dead wrong
2. dead set against
3. a dead ringer for . . .
4. a deadbeat
5. dead center
6. the dead of winter

En cambio, muchas frases que sí se relacionan con la muerte y la vejez (*old age*) disfrazan su verdadero significado. Ahora explique la relación que tiene cada una de las siguientes expresiones con la muerte.

1. funeral home/parlor
2. to buy the farm
3. rest home
4. memorial park

4. Estoy segura de que la mujer con _____ hablan es una bruja.
5. ¿Cuáles son las características _____ se asocian con lo sobrenatural?
6. Los indígenas de _____ hablábamos son descendientes de los primeros habitantes del continente.
7. La noche del 31 de octubre muchos niños, _____ llevan disfraces distintos, van de casa en casa pidiendo dulces.
8. Los esqueletos y calaveras con _____ se decora la casa simbolizan la muerte.

Intercambios

A Junte los siguientes pares de oraciones, omitiendo la repetición innecesaria por medio de pronombres relativos apropiados.

> MODELO: El cementerio es el famoso Forest Lawn. Hablaron del cementerio. →
> El cementerio de que hablaron es el famoso Forest Lawn.

1. Los disfraces representan brujas, piratas y animales. Los jóvenes llevan los disfraces en Carnaval.
2. En México hay mucha gente. Esta gente celebra el Día de la Independencia el 16 de septiembre.
3. Pienso invitar a la fiesta a todas las personas. Trabajo con estas personas.
4. La edad es un tema. La edad asusta a mucha gente en las fiestas de cumpleaños.
5. Todas las personas eran parientes del niño. Estas personas asistieron a su cumpleaños.
6. La mezcla de razas constituye un elemento característico de la cultura nacional. Esta mezcla resultó de la conquista.

B Guiones Trabajando en grupos de tres o cuatro personas, narren una breve historia para la secuencia de dibujos a continuación. Utilicen el pretérito y el imperfecto, y traten de usar complementos pronominales y los pronombres relativos para evitar la repetición innecesaria. ¡No se olviden de utilizar las estrategias para la comunicación!

Vocabulario útil: la bibliotecaria, darse cuenta, llamar, el equipo antifantasma, proteger, medir, combatir, los rayos láser, estar satisfecho

1.

2.

3.

4.

5.

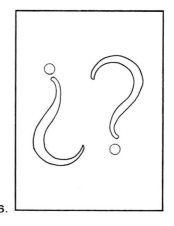
6.

ENLACE

¡OJO!

	EXAMPLES	NOTES
hora **vez** **tiempo**	¿Qué **hora** es? ¿No es **hora** de comer? *What time is it? Isn't it time to eat?* Estudié dos **horas** anoche. *I studied for two hours last night.* He estado en Nueva York muchas **veces.** *I've been in New York many times.* No tengo **tiempo** para ayudarte. *I don't have time to help you.* Nunca llegan **a tiempo.** *They never arrive on time.*	The specific time of day or a specific amount of time is expressed with the word **hora.** *Time* as an *instance* or *occurrence* is **vez,** frequently used with a number or other indicator of quantity. **Tiempo** refers to *time* in a general or abstract sense. The Spanish equivalent of *on time* is **a tiempo.**
el cuento **la cuenta**	**El cuento** es largo pero muy interesante. *The story is long but very interesting.* Mi padre me pidió **la cuenta** y después me la devolvió; no la pagó él. *My father asked me for the bill and then gave it back to me; he didn't pay it.*	**Cuento** means *story, narrative,* or *tale.* **Cuenta** means *bill (money owed), calculation,* or *account.*

	EXAMPLES	NOTES
pagar **prestar** **atención**	Tuvimos que **pagar** todos los gastos de su educación. *We had to pay for all the expenses related to his education.*	The verb **pagar** expresses *to pay for* (*something*). Note that the preposition is included in the meaning of the verb; it is not necessary to add **por** or **para**.
hacer **caso** **hacer una** **visita**	Algunos estudiantes nunca **prestan atención** a sus maestros. *Some students never pay attention to their teachers.*	To *pay attention* (and *not let one's mind wander*) is expressed with **prestar atención**.
	No le **hagas caso**; es tonto. *Don't pay any attention to him; he's a fool.*	To *pay attention* in the sense of *to heed* or *to take into account* is **hacer caso (de)**.
	Vamos a **hacerle una visita** este verano. *We're going to pay her a visit this summer.*	The equivalent of *to pay a visit* is **hacer una visita**.

A Volviendo al dibujo Los siguientes párrafos se refieren al dibujo que se ve a continuación. Elija la palabra o expresión que mejor complete cada oración. ¡Cuidado! También hay palabras de los capítulos anteriores.

1. El niño que celebraba su cumpleaños recibió un robot, pero no (funcionaba/trabajaba). La niña no (pagaba/prestaba) atención porque leía y soñaba (en/de/con) el príncipe (del cuento/de la cuenta). Ella estaba enamorada (en/de/con) él y quería casarse (en/de/con) él. La madre del niño pensaba (de/en/que) era tarde. Ya era (hora/tiempo/vez) de regresar a casa.
2. Los tres jóvenes se divertían tanto que no (realizaron/se dieron cuenta de) que su amiga no estaba con ellos. Ella (miraba/parecía) muy con-

fundida y (buscaba/miraba) a sus amigos. Ella pensó: «Ya me perdí (otro tiempo/otra vez/otra hora).»

3. La procesión consistía (en/de/con) un grupo de hombres que llevaban figuras religiosas. El recorrido (*route*) dependía (en/de/con) las circunstancias. Si estaba lloviendo, el recorrido iba a ser más (bajo/corto). Durante la procesión, un turista quería sacar una foto pero los hombres no le (prestaban/pagaban) atención. Los hombres (miraban/parecían) muy serios y no tenían (hora/vez/tiempo) para distracciones.

B Entre todos

■ De niño/a, ¿le leían cuentos sus padres (abuelos, tíos,…) en voz alta a Ud.? ¿Qué cuentos le gustaban más: los de hadas, los de acción y de aventuras, los de fantasmas o los de terror? ¿Todavía le gusta ese tipo de cuento? ¿Le gusta escuchar los cuentos narrados (por ejemplo, en «books on tape») o prefiere leerlos?

■ Cuando Ud. era más joven, ¿pagaban sus padres todos sus gastos? En general, ¿qué tipo de gasto tenía que pagar Ud. personalmente? En su opinión, ¿quién debe pagar la cuenta cuando un hombre y una mujer salen juntos? Cuando Ud. quiere pagar (o insiste en *no* pagar), ¿qué hace su pareja? ¿Se molesta o le da igual (*do you care*)? En los siguientes casos, ¿quién debe pagar, Ud. o la persona que está con Ud.? ¿Por qué?

la primera cita
una cita con su novio/a
   (de hace algún tiempo)

una cita con unos amigos íntimos
una cita con sus padres

¿Hay situaciones en que el uno o el otro *deba* pagar? Explique.

Repaso

A En el siguiente diálogo, hay mucha repetición innecesaria de complementos. Léalo por completo y luego elimine los complementos innecesarios, sustituyéndolos por los pronombres y adjetivos apropiados.

Una conversación en la clase de español del profesor O'Higgins

O'HIGGINS: Bueno, estudiantes, es hora de entregar (*turn in*) la tarea de hoy. Todos tenían que escribirme una breve composición sobre la originalidad, ¿no es cierto? ¿Me escribieron la composición?

JEFF: Claro. Aquí tiene Ud. la composición mía.

O'HIGGINS: Y Ud., señora Chandler, ¿también hizo la tarea?

CHANDLER: Sí, hice la tarea, profesor O'Higgins, pero no tengo la tarea aquí.

O'HIGGINS: Ajá. Ud. dejó la tarea en casa, ¿verdad? ¡Qué original!

CHANDLER: No, no dejé la tarea en casa. Sucede que mi hijo tenía prisa esta mañana, el coche se descompuso (*broke down*) y mi marido llevó el coche al garaje.

O'HIGGINS: Ud. me perdona, pero no veo la relación. ¿Me quiere explicar la relación?

CHANDLER: Bueno, anoche, después de escribir la composición, puse la composición en mi libro como siempre. Esta mañana salimos, mi marido, mi hijo y yo, en el coche. Siempre dejamos a Paul —mi hijo— en su escuela primero, luego mi marido me deja en la universidad y entonces él continúa hasta su oficina. Esta mañana, como le dije, mi hijo tenía mucha prisa y cogió mi libro con sus libros cuando bajó del coche. Desgraciadamente no vi que cogió mi libro. Supe que cogió mi libro cuando llegamos a la universidad. Como ya era tarde, no pude volver a la escuela de mi hijo. Así que mi marido se ofreció a buscarme el libro. Pero el coche se descompuso y...

O'HIGGINS: Bueno, Ud. me puede traer la tarea mañana, ¿no?

CHANDLER: Sin duda, profesor.

B Imagínese que acaban de morirse las siguientes personas.

1. un hombre muy rico y muy tacaño (*stingy*)
2. un don Juan
3. una mujer que miente mucho
4. el dictador de un país muy pobre
5. una mujer que no cree en Dios

Al llegar al más allá, tienen que justificar, frente a San Pedro, su comportamiento en la Tierra para poder entrar al cielo. Es necesario comentar lo bueno... y también lo malo. Para comenzar, complete las oraciones a continuación de la forma en que lo harían (*would do*) estas personas recién muertas. Añada información para completar las historias.

Yo siempre _____, pero una vez _____.
Yo nunca _____, pero un día _____.
Yo solía _____, pero en 1999 _____.

Y Ud., ¿qué le diría (*would you say*) a San Pedro sobre su vida para que él le permitiera entrar al cielo?

PASAJE CULTURAL

El Día de los Difuntos en Oaxaca, México

En todo el mundo hispano se celebra el Día de los Difuntos (el Día de los Muertos), pero la forma en que se celebra varía de país a país e incluso de una región a otra dentro de un mismo país. La manera en que se celebra este día en Oaxaca, México, es muy particular; allí existe una herencia (*heritage*) religiosa indígena muy arraigada (*deeply rooted*).

Antes de ver

■ ¿Cuánto sabe Ud. de la celebración del Día de los Difuntos en México? ¿Qué clase de ritos piensa Ud. que forman parte de esta celebración en Oaxaca?

■ Ahora lea con cuidado la actividad en **Vamos a ver** antes de ver el vídeo por primera vez.

Vamos a ver

¿Cuáles de las siguientes costumbres y creencias del Día de los Difuntos puede Ud. identificar como propias de los oaxaqueños?

1. ☐ La gente pone velas y flores en las tumbas y reza (*pray*) por las almas (*souls*) de los muertos.
2. ☐ Se dedican dos días del mes de noviembre a la memoria de los muertos.
3. ☐ Los adultos, igual que los niños, visitan el cementerio por la noche.
4. ☐ Todos se disfrazan de brujas y fantasmas.
5. ☐ Se cree que los muertos regresan a la vida el primer día de noviembre.
6. ☐ La creación de los altares demuestra el amor que se les tiene a los difuntos.
7. ☐ Los niños van de tumba a tumba pidiéndole dulces a la gente en el cementerio.
8. ☐ Se hacen altares para los difuntos frente a casas y restaurantes.

Oaxaca, México

Después de ver

■ Trabajando en grupos, hagan una lista de por lo menos cuatro características de la celebración del *Memorial Day* y otra del Día de los Difuntos en Oaxaca. Comparen sus listas con las de los otros grupos. De estas listas, ¿se puede llegar a una conclusión sobre algunos de los valores culturales de los dos países?

■ Busque Ud. información sobre otras fiestas o tradiciones en México. ¿Cuáles son parecidas a las de este país? ¿Cuáles son distintas? ¿Cuáles le parecen más interesantes a Ud.? Comparta esta información con sus compañeros de clase.

CAPITULO

4

La familia

Lesson Objectives

Lengua

- Imperatives: Formal direct commands (16)
- The subjunctive mood: Concept; forms of the present subjunctive (17)
- Uses of the subjunctive: Persuasion (18)
- Imperatives: Informal direct commands (19)

Literatura

- *El nieto* Antonio Benítez Rojo

 Vídeo: La «Casa de la Madre Soltera» en Guayaquil, Ecuador

San Miguel de Allende, México

DESCRIBIR Y COMENTAR

The *¡Avance!* CD-ROM contains interactive activities to practice the material presented in this chapter.

■ ¿Qué pasa en cada uno de estos dibujos? ¿Dónde están las personas y qué hacen? ¿En qué dibujos aparecen parientes viejos? ¿En qué dibujos hay conflictos generacionales? ¿Cómo se van a resolver? Compare y contraste las emociones que se presentan en los dibujos.

■ Identifique a cada uno de los parientes que aparecen en el Dibujo C. ¿Qué pasa en la reunión? ¿Qué hacen las personas? ¿Ocurren en la familia de Ud. escenas similares? ¿Cuándo?

VOCABULARIO
para conversar

casarse con to marry
castigar to punish
criar to raise, bring up
cuidar to take care of
disciplinar to discipline
discutir to argue
divorciarse de to divorce
enamorarse (de) to fall in love (with)
estar a cargo (de) to be in charge (of)
golpear to hit
llevar una vida (feliz/difícil) to lead a
    (happy/difficult) life
mimar to indulge, spoil (a person)
pelear(se) to fight
portarse bien/mal to behave/misbehave

el cariño affection
el castigo punishment
la crianza childrearing
la disciplina discipline
el divorcio divorce
el hijo único / la hija única only child
el huérfano / la huérfana orphan
el matrimonio matrimony; married couple
el noviazgo courtship
el novio / la novia boyfriend/girlfriend; fiancé(e)
la pareja couple; partner
la sangre blood
el viudo / la viuda widower/widow

Los parientes

el abuelo / la abuela grandfather/grandmother
el bisabuelo / la bisabuela great-grandfather/
    great-grandmother
el bisnieto / la bisnieta great-grandson/
    great-granddaughter
el cuñado / la cuñada brother-in-law/sister-in-law
el esposo / la esposa husband/wife; spouse
el hermano / la hermana brother/sister
el marido husband
la mujer wife
el nieto / la nieta grandson/granddaughter
la nuera daughter-in-law
los padres parents
el primo / la prima cousin
el sobrino / la sobrina nephew/niece
el suegro / la suegra father-in-law/mother-in-law
el tío / la tía uncle/aunt
el yerno son-in-law

bien educado/a, mal educado/a* well-mannered,
    ill-mannered
cariñoso/a affectionate
malcriado/a bad-mannered, ill-mannered

A ¡Necesito compañero! Trabajando en parejas, creen un cuadro o
mapa semántico para las palabras y expresiones en la página siguiente.
Sustituyan la palabra **mimar** del modelo por cada palabra o expresión, y
completen el cuadro con todas las ideas que asocien con el nuevo concepto. No es necesario limitarse a las palabras de la lista de vocabulario
para hacer sus asociaciones.

---

*Many native Spanish speakers from Spain use **estar** with **educado/a;** many Latin Americans
use **ser.**

MODELO: mimar →

egoísta, malcriado

consecuencias

razones ◁ **MIMAR** ▷ **acciones**

amor   permitirle todo

personas

los niños pequeños

1. enamorarse
2. pelearse
3. portarse bien

B ¡Necesito compañero! Es fácil ver que varias de las palabras y expresiones de la lista del vocabulario sugieren un orden cronológico: el noviazgo, el matrimonio, el divorcio. De las 46 palabras y expresiones de la lista de vocabulario, ¿cuántas pueden Uds. poner en orden cronológico? Trabajando en parejas, hagan una cronología para todas las palabras que puedan. Pero, ¡prepárense para explicarle sus decisiones a la clase!

C Explique la diferencia entre cada par de palabras.

1. el noviazgo / el matrimonio
2. los padres / los parientes
3. los suegros / los sobrinos
4. un huérfano / un viudo
5. el padre o la madre / los padres
6. la cuñada / la nuera

D Defina brevemente en español cada uno de los términos de la lista de vocabulario que se refieren a «los parientes».

MODELO: el abuelo →
Mi abuelo es el padre de mi padre o de mi madre.

NO VAYAS A OFENDERTE, ELCIRA, PERO ¿NOSOTROS ÉRAMOS AMIGOS, PARIENTES, ESPOSOS O QUÉ?

Describa la conversación que tiene lugar en este dibujo. ¿Quiénes son los dos individuos que hablan? ¿Es cómico o triste el dibujo? ¿Por qué?

E Entre todos

■ Cuando Ud. era niño/a, ¿qué actividades se hacían con frecuencia en su familia? ¿Había muchas actividades en que participaba toda la familia? ¿Puede dar un ejemplo?

■ ¿Qué actividades eran típicas del verano? ¿del fin de semana?

■ ¿Había tareas domésticas de las que Ud. y sus hermanos estaban a cargo? ¿Cuáles?

*See Appendix 5 for more information about patterns of agreement.

16 IMPERATIVES: FORMAL DIRECT COMMANDS

The imperative (**el imperativo**) is used to express direct commands (**los mandatos directos**). It has four basic forms in Spanish: third-person formal **Ud.** (**Uds.**) commands, and second-person informal **tú** (**vosotros/as**) commands.*

A. Forms of formal commands

To form singular formal (**Ud.**) commands, start with the **yo** form of the present indicative. Change the **-o** ending to **-e** for **-ar** verbs, and to **-a** for **-er** and **-ir** verbs. To form plural formal (**Uds.**) commands, add the **-n** ending to the singular command.

	PRESENT INDICATIVE	COMMANDS	
	YO	UD.	UDS.
-ar VERBS	hablo → pienso →	hable piense	hablen piensen
-er VERBS	como → tengo →	coma tenga	coman tengan
-ir VERBS	vivo → oigo →	viva oiga	vivan oigan

The use of **Ud./Uds.** makes the command more formal or more polite, but this use is optional.

> **Hable** más despacio, por favor.　　　***Speak** more slowly, please.*
> ¡No **coman** Uds. esa fruta!　　　*Don't **eat** that fruit!*

If the present indicative **yo** form of a verb does *not* end in **-o** (for example, **sé** or **voy**), the verb will have an irregular command stem. The endings, however, follow the same pattern as those for regular verbs.

---

*You will review the forms and uses of informal commands in grammar section 19.

LENGUAJE Y CULTURA

Las siguientes expresiones se utilizan con bastante frecuencia cuando se trata de la experiencia familiar norteamericana. ¿Puede Ud. explicar cada una en español?

- to be grounded
- allowance
- crybaby
- tattletale
- teenager

¿Hay otras expresiones que Ud. agregaría (*would add*) a la lista? ¡Explíquelas en español!

A PROPOSITO

Verbs that end in **-car, -gar,** and **-zar** have a spelling change in the formal command form.

-car: buscar → busco → busque
-gar: llegar → llego → llegue
-zar: empezar → empiezo → empiece

For more information on this type of spelling change, see Appendix 2.

INFINITIVE	PRESENT INDICATIVE	COMMANDS	
	YO	UD.	UDS.
dar	doy →	dé	den
estar	estoy →	esté	estén
ir	voy →	vaya	vayan
saber	sé →	sepa	sepan
ser	soy →	sea	sean

B. Placement of pronouns with formal commands

Object and reflexive pronouns attach to affirmative commands and precede negative commands.

¿Esos libros? Pónga**los** allí.

*Those books? Put **them** over there.*

¿Esas cosas viejas? No **las** ponga aquí.

*Those old things? Don't put **them** here.*

¡No **se** bañe con cualquier jabón! ¡Báñe**se** con Cristal!

Don't bathe with just any soap! Bathe with Cristal!

If two object pronouns are used, the indirect or reflexive pronoun precedes the direct object pronoun.

Este vino está muy bueno. Sírva**noslo** ahora, por favor.

*This wine tastes very good. Serve **it to us** now, please.*

Este vino está muy bueno, pero no **nos lo** sirva ahora.

*This wine tastes very good, but don't serve **it to us** now.*

Práctica Los señores Gambas están en la oficina del consejero familiar. Cambie las siguientes sugerencias del consejero por mandatos formales directos. ¡Atención! Hay mandatos en singular y en plural.

MODELO: Señores Gambas, Uds. deben leer mi libro sobre la crianza de los niños. →
Lean Uds. mi libro sobre la crianza de los niños.

1. Señor Gambas, Ud. nunca debe gritarles a sus hijos.
2. Señores Gambas, Uds. deben enseñarles a ser responsables.
3. Señora Gambas, Ud. no debe mimarlos.
4. Señores Gambas, Uds. no deben comprarles pistolas ni otros juguetes violentos.
5. Señora Gambas, Ud. debe obligarlos a tomar clases de música y de gimnasia.
6. Señores Gambas, Uds. no deben discutir delante de los niños.

*The one-syllable **dar** commands are exceptions to this rule. The **Ud.** command has an accent to distinguish it in spelling from the preposition **de** (*of, from*): **dé.**

7. Señores Gambas, Uds. deben darles igual trato (*treatment*) a los niños y a las niñas.
8. Señor Gambas, Ud. debe pasar más tiempo con los hijos porque la relación entre padre e hijos es muy importante.

Intercambios

A ¿Qué sugerencias ofrece Ud. para resolver las siguientes situaciones? Use mandatos formales y dé por lo menos un mandato afirmativo y un mandato negativo para cada situación.

MODELO: Tengo hambre. →
Cómase un biftec con patatas fritas. Pero si Ud. está a dieta, haga algún ejercicio físico y no piense en la comida.

1. Tengo un examen mañana.
2. Tengo dolor de cabeza.
3. Estamos casados pero no estamos contentos.
4. Tenemos que ir a Nueva York.
5. No sé qué llevar a una fiesta elegante.
6. No tengo dinero y necesito pagar el alquiler (*rent*) de la casa.
7. Mi esposo/a está muy enfadado/a conmigo.

B ¡Necesito compañero! Imagínese que Ud. y su compañero/a trabajan para la revista mensual española *Mamás y Papás* en la sección que les ofrece consejos a los nuevos padres, contestando sus cartas en la revista. Han llegado las siguientes cartas. ¿Qué les recomiendan Uds. a los padres en cada caso? Traten de ofrecer por lo menos dos sugerencias, en forma de mandato, para cada caso. ¿Qué dicen las otras parejas al respecto?

Nietos imposibles

Los hijos de mi nuera son insoportables. Aunque los quiero mucho —al fin y al cabo son mis nietos— me molesta que no tengan ningún sentido de la responsabilidad ni de sus obligaciones ni deberes. Su madre les hace todo, y cuando le digo que les debe pedir que la ayuden con los quehaceres domésticos, me dice que ella, de niña, odiaba este tipo de trabajo y que no quiere someter a sus hijos a la misma situación. ¿Cómo puedo convencerla de que los niños sí deben compartir el trabajo de casa aunque lo odien?

Mi hijo se deja dominar

Supongo que no escriben muchos hombres a este consultorio, pero no soporto más observar cómo mi hijo Jaime, de tres años, se deja dominar por otro chico, uno o dos años mayor que él, hijo de unos vecinos. ¿Qué les parece, por ejemplo, la siguiente escena? Mi hijo está tranquilamente jugando con su caja de construcciones; cuando aparece el otro, acapara todos los tacos y se pone a construir un garaje. Y Jaime no sólo se lo permite, sino que incluso le mira embelesado y le alcanza los taquitos. ¿Se convertirá en un ser sin voluntad propia?

Un niño difícil

Nuestro hijo Aaron es muy cariñoso y colaborador en casa, pero en el colegio va siempre mal, y ya ha repetido el 2° año. Al principio de cada curso, los profesores nos dicen que es aplicado, aunque le cuesta aprender, y al final nos dicen que es problemático, malhablado y que no se esfuerza. ¿Por qué es tan diferente en casa y en el colegio? ¿Debemos ser más severos con él? ¿Debemos cambiarle de centro?

C Entre todos De nuevo les toca a los miembros de la clase ser consejeros. ¿Qué línea de conducta (*course of action*) les sugieren Uds. a las personas en las siguientes circunstancias? ¡Atención! Las respuestas deben hacerse con mandatos formales.

1. Un amigo quiere algo más que amistad conmigo y yo no quiero eso. Hoy me compró un regalo muy caro. ¿Lo guardo (guardar: *to keep*) o se lo devuelvo?
2. Quiero salir con un chico que todavía no parece saber que existo. ¿Lo llamo yo o espero hasta que él se fije en mí (*he notices me*)?
3. Mi novia fuma mucho y esto me irrita terriblemente. Hemos hablado de esto muchas veces pero la situación no cambia. ¿Lo aguanto (aguantar: *to put up with*) o hago algo más drástico?
4. Este semestre mis notas son terribles. ¿Se lo explico a mis padres o no les digo nada?
5. Mis padres no me comprenden para nada y siempre tenemos tensiones y conflictos. ¿Busco ayuda profesional para toda la familia o no hago nada?
6. Cuando estoy en casa de mis padres, ellos me imponen reglas de conducta estrictas. ¿Obedezco sus reglas o sigo mis propias preferencias?
7. Tengo un hermano menor que me ha dicho, en confianza, que está experimentando con las drogas. ¿Se lo digo a mis padres o le guardo el secreto?
8. Mi hermana menor tiene dieciséis años; es muy mala estudiante y quiere abandonar la escuela para buscar trabajo. ¿La animo (animar: *to encourage*) o la desanimo?

PROPOSITO

The subjunctive occurs in some English sentences, too.

I prefer that *she be* home by twelve o'clock.
We insist that *he turn in* the keys.

There are few direct correspondences, however, between the use of the subjunctive in English and in Spanish. In most cases, the subjunctive in Spanish is expressed in English by the indicative or an infinitive.

Esperamos que **esté** en casa para las doce.

We hope that she is home by twelve o'clock.

Quiere que las **mandemos.**

He wants us to send them.

17 THE SUBJUNCTIVE MOOD: CONCEPT; FORMS; USE IN NOUN CLAUSES

A. The subjunctive mood: Concept

As you know, one way to indicate that you want someone to do something is to give a direct command.

—Tóquelo de nuevo, Sam.　　　　—*Play it again, Sam.*

Commands are not always stated directly, however.

—¿Cómo?　　　　　　　　　　—*What?*
—Quiero que Ud. lo toque　　　—*I want you to play it again.*
　de nuevo.

The idea of a command is present in the last sentence, but it is now part of (embedded in) a longer sentence that begins with **Quiero que.** Embedded commands can be used to give orders to anyone.

Quiere que **nosotros estemos** aquí.	*She wants **us to be** here.*
Es necesario que **yo hable** con el jefe primero.	*It's necessary for **me to talk** to the boss first.*
Prefieren que **los niños lleven** botas.	*They prefer (that) **the children wear** boots.*

The forms used to express both direct and embedded commands are part of a general verbal system called the subjunctive mood (**el modo subjuntivo**).

A *mood* designates a particular way of perceiving an event. (A *tense*, in contrast, indicates when—present, past, future—an event takes place.) The present, preterite, and imperfect forms you have studied thus far are part of the indicative mood (**el modo indicativo**), which signals that the speaker perceives an event as fact or objective reality. In contrast, the subjunctive mood describes what is beyond the speaker's experience or knowledge, what is unknown. In the preceding Spanish sentences, note that the information conveyed by the subjunctive forms—**estemos, hable, lleven**—is not fact, but rather someone's wish that an event take place, with the possible fulfillment of that wish still in the future.

B. The present subjunctive: Forms

To form the present subjunctive, start with the **yo** form of the present indicative. Remove the **-o** ending, and add **-e, -es, -e, -emos, -éis, -en** for **-ar** verbs and **-a, -as, -a, -amos, -áis, -an** for **-er** and **-ir** verbs.

INFINITIVE	PRESENT INDICATIVE: yo	PRESENT SUBJUNCTIVE
hablar	hablo →	hable, hables, hable,...
comer	como →	coma, comas, coma,...
vivir	vivo →	viva, vivas, viva,...

Most verbs that have a spelling change in the **yo** form of the present indicative show that change in all forms of the present subjunctive.

INFINITIVE	PRESENT INDICATIVE: yo	PRESENT SUBJUNCTIVE
conocer	conozco →	conozca, conozcas, conozca,...
poner	pongo →	ponga, pongas, ponga,...
tener	tengo →	tenga, tengas, tenga,...

In **-ar** and **-er** stem-changing verbs, the pattern of stem change is the same as in the present indicative: all forms change except **nosotros/as** and **vosotros/as.**

pensar		volver	
piense	pensemos	vuelva	volvamos
pienses	penséis	vuelvas	volváis
piense	piensen	vuelva	vuelvan

-Ir stem-changing verbs show the present indicative stem change in the same persons in the present subjunctive. In addition, they show the preterite stem change (**e → i, o → u**) in the **nosotros/as** and **vosotros/as** forms.

pedir		dormir	
pida	pidamos	duerma	durmamos
pidas	pidáis	duermas	durmáis
pida	pidan	duerma	duerman

A PROPOSITO

The spelling changes indicated for the formal direct commands appear in all forms of the present subjunctive.

busque, busques...
llegue, llegues...
empiece, empieces...

See Appendix 2 for more information.

A PROPOSITO

Since the first- and third-person singular forms of the present subjunctive are identical, subject pronouns are used when necessary to avoid ambiguity.

¿Quieres que vaya **yo** o prefieres que vaya **ella**?
Do you want me to go, or do you prefer that she go?

All verbs whose present indicative **yo** form does not end in **-o** have irregular present subjunctive stems. The endings, however, follow the same pattern as those of regular verbs.

dar	estar	ir	saber	ser
dé*	esté	vaya	sepa	sea
des	estés	vayas	sepas	seas
dé*	esté	vaya	sepa	sea
demos	estemos	vayamos	sepamos	seamos
deis	estéis	vayáis	sepáis	seáis
den	estén	vayan	sepan	sean

The present subjunctive of **hay** is **haya.**

Práctica† Cambie los infinitivos por la forma indicada del presente de subjuntivo.

1. La profesora prefiere que yo (hablar español, escribir una composición, no dormirse sobre el escritorio, estar contento/a, venir a clase todos los días).
2. Nuestros padres quieren que nosotros (portarse bien, comer muchas legumbres, volver temprano, ser alegres, no decir mentiras).
3. Yo sugiero que Ud. (lavarse las manos antes de comer, cerrar la puerta, pedir la paella, hacer mucho ejercicio, ir a casa de sus padres).
4. Es importante que ellos (respetar las leyes, leer muchos libros, abrir la puerta, dar una caminata, ver una buena película).
5. Espero que tú (mandarle una carta a tu abuela, no discutir con tus parientes, sugerir un buen restaurante, salir con ese chico / esa chica interesante de tu clase, saber las conjugaciones del presente de subjuntivo).
6. Quizás Uds. (beber demasiado alcohol, asistir a muchos conciertos, recordar el pasado, seguir las reglas de la sociedad, reírse mucho).

C. The subjunctive mood: Requirements for use in noun clauses

In order for the subjunctive to be used in noun clauses, three conditions must be met: (1) the sentence must contain a main clause and a subordinate clause; (2) the main clause and the subordinate clause must have different subjects; and (3) the main clause must communicate certain messages. Compare the following sentences.

Quiero **agua.**   *I want **water.***
Quiero **que me traigas agua.**   *I want **you to bring me water.***

In the first sentence, **agua** is a noun describing what the speaker wants (*water*). In the second sentence, **que me traigas agua** is a clause, acting as a noun, describing what the speaker wants (*you to bring me water*).

A PROPOSITO

The subjunctive, with few exceptions, occurs only in subordinate clauses. The exceptions include sentences that begin with **tal vez, quizá(s),** and **ojalá,** which are followed by the subjunctive even though there is no subordinate clause.

Tal vez (Quizás) **llueva** mañana.
Maybe it will rain tomorrow.

Ojalá **traiga** el impermeable.
I hope he brings his raincoat.

---

*As with the formal command, the first- and third-person singular form **dé** has a written accent to distinguish it from the preposition **de.**
†There are more exercises on this grammar point in subsequent sections.

1. Every clause (**cláusula**) contains a subject and a conjugated verb. The first of the previous example sentences has only one clause (a simple sentence), whereas the second (a complex sentence) has both a main (independent) clause and a subordinate (dependent) clause.

2. The subjunctive is used in a subordinate clause when its subject is different than the subject of the main clause.* In the first of the following examples, there is no change of subject, so the infinitive is used. In the second sentence, there is a change of subject, so the subjunctive is used in the subordinate noun clause.

No quiero **mimar a mis hijos.**	*I don't want **to spoil my children.***
No quiero **que mi marido mime a nuestros hijos.**	*I don't want **my husband to spoil our children.***

3. The subjunctive occurs in a subordinate clause only when the main clause communicates certain messages such as persuasion, doubt, or emotional reactions.

Mamá **espera** que **me case** algún día.	*Mom hopes (that) I get married someday.*
Dudo que esos dos **se enamoren.**	*I doubt (that) those two will fall in love.*
Me alegro que no **nos peleemos** así.	*I'm glad (that) we don't fight like that.*

LITERATURA EL NIETO

APROXIMACIONES AL TEXTO

La «desfamiliarización»

In popular literature, such as romances, soap operas, and comic books, texts do not have many possible interpretations; rather, they fulfill the reader's expectations along conventional lines. Readers often enjoy this type of literature because they know what to expect.

As a reading or viewing public becomes more sophisticated, however, it finds this fulfillment of expectations boring and begins to demand more. This phenomenon is apparent today in the movie industry, which often takes a well-known film type and parodies or spoofs it, turning the conventions inside out. This process is called "defamiliarization." For instance, there have been many parodies of the classic cowboy movie, one example of which is *Cat Ballou*. In this film the cowboy who comes to rescue the lady in distress turns out to be a drunk,

---

*An exception to this rule is found with the expressions of doubt, which will be explained in grammar section 22.

and the helpless female proves to be more than capable of defending herself *and* taking care of the wayward hero. A similar reversal of expectations occurs in a detective story that has no solution or one in which the detective "did it."

Breaking with convention or with the literary pattern is very common in literature and in other art forms that are not addressed specifically to a mass audience. In the defamiliarization process, texts shake readers free from their preconceived ideas and make them see phenomena as if for the first time. Obviously, there are limits to the use of defamiliarization, since a total break with literary convention would impede communication. Most writers work within a middle range, using and reshaping conventional materials to create new expressions and new approaches to human reality.

Palabras y conceptos

agradecer to thank	**la acera** sidewalk
alargar to hand, pass (*something to someone*)	**el anciano / la anciana** old man / old woman
arreglar to fix	**la barba** beard
arrimarse to come close	**la bodega** grocery store
asomarse to lean out of (*a window or opening*)	**el carnet** ID card
detener (ie) to stop (*something*)	**la cuadra** (city) block
estar encargado de to be in charge of	**el marco** frame
	las obras (construction) works
picar hielo to chip ice	**el plano** plan, architectural drawing
ponerse de pie to stand up	**la restauración** restoration
reparar to fix, repair	**el retrato** photo, portrait
restaurar to restore	**el sudor** sweat
sudar to sweat	
tropezar (ie) con to bump into	**agradecido/a** thankful
valer la pena to be worth the effort	**a cuadros** plaid
volverse (ue) to turn around	**calle arriba/abajo** up/down the street

El nieto

Cuba

Sobre el autor *El cuentista, ensayista y novelista Antonio Benítez Rojo nació en La Habana, Cuba, en 1931. En 1967 ganó el prestigioso Premio Casa de las Américas donde luego sirvió de director para el Centro de Estudios Caribeños. También fue profesor de español en Amherst College, Massachusetts, donde ahora tiene el título de «Thomas B. Walton Jr. Memorial Professor».*

E l hombre debía ser[1] uno de los arquitectos encargados de las obras de restauración del pueblo, pues se movía de aquí para allá con los bolsillos prendidos

[1]debía... *must have been*

de lapiceros[2] y bolígrafos de colores. Podía tener unos treinta años, tal vez algo más, pero no mucho más, pues su barba era apretada[3] y de un castaño parejo,[4] y en general, hacía buena figura con sus ajustados[5] pantalones de trabajo y camisa a cuadros, con sus botas españolas y el rollo de planos en la mano y su gorra[6] verde olivo, verdaderamente maltrecha y desteñida.[7]

Quizá por ser mediodía no había obreros en los andamios,[8] ni junto a las pilas de arena y escombros,[9] ni sobre la armazón[10] de tablas[11] que apenas dejaba ver la fachada[12] de la gran casa, alzada[13] mucho tiempo atrás[14] en el costado[15] más alto de la plaza de hermoso empedrado.[16] El sol recortaba[17] las cornisas[18] de tejas[19] rojas, sin duda ya restauradas, de las casas vecinas, y caía a plomo[20] sobre la pequeña casa, de azotea achatada y muros roídos,[21] que se embutía en la hilera[22] de construcciones remozadas[23] como un diente sin remedio.

El hombre caminó calle abajo, hasta llegar frente a la pequeña casa, y allí se volvió y miró hacia la plaza del pueblo, tal vez para juzgar cómo marchaban las obras de la gran casa. Al poco rato desplegó[24] el plano, volvió a mirar calle arriba e hizo un gesto de inconformidad mientras dejaba que el plano se enrollara (←) por sí solo.[25] Fue entonces que pareció reparar en[26] el sol, pues salió de la calle y se arrimó a la ventana cerrada de la pequeña casa; se secó el sudor con un pañuelo y miró de nuevo hacia las obras.

—¿Quiere un vaso de limonada? —dijo la anciana de cara redonda que se había asomado (←) al postigo.[27]

---

[2]bolsillos… *pockets full of mechanical pencils*   [3]*thick*   [4]castaño… *even chestnut color*   [5]*tight-fitting*   [6]*cap*   [7]maltrecha… *worn and faded*   [8]*scaffolding*   [9]pilas… *heaps of sand and debris*   [10]*framework*   [11]*planks*   [12]*façade*   [13]*constructed*   [14]mucho… *long time ago*   [15]*side*   [16]*cobblestones*   [17]*was outlining*   [18]*cornices*   [19]*roof tiles*   [20]a… *directly*   [21]azotea… *flattened roof and damaged walls*   [22]se… *was crammed into the row*   [23]*rejuvenated*   [24]*he unfolded*   [25]se… *roll up by itself*   [26]reparar… *to notice*   [27]*shutter*

El hombre se volvió con un gesto de sorpresa, sonrió agradecido y dijo que
sí. Enseguida la puerta se abrió, y la figura amable y rechoncha[28] de la anciana
apareció en el vano[29] y lo invitó a entrar.

De momento el hombre no parecía distinguir bien el interior de la casa, pues
tropezó con un sillón[30] de rejillas hundidas y saltadas a trechos,[31] que empezó a
balancearse[32] con chirridos[33] a un lado de la sala.

—Siéntese —sonrió la anciana—. Ahora le traigo la limonada. Primero voy
a picar hielo —agregó como si se excusara (↶) por anticipado[34] de cualquier
posible demora.[35]

El hombre detuvo el balanceo del sillón y, después de observarlo, se sentó
cuidadosamente. Entonces, ya habituado a la penumbra[36] de la sala, miró a su
alrededor:[37] la consola[38] de espejo manchado,[39] el otro sillón, el sofá con
respaldo[40] en forma de medallones, los apagados paisajes[41] que colgaban de las
paredes. Su mirada resbaló[42] indiferente por el resto de los objetos de la
habitación, pero, de repente, se clavó[43] en la foto de carnet que, en un reducido
marco de plata, se hallaba[44] sobre la baja mesa del centro.

El hombre, precipitadamente, se levantó del sillón y tomó el retrato, acer-
cándoselo (↶) a los ojos. Así permaneció, dándole (↶) vueltas en las manos,
hasta que sintió los pasos[45] de la anciana aproximarse por el corredor. Entonces
lo puso en su lugar y se sentó con movimientos vacilantes.

La anciana le alargó el plato con el vaso.

—¿Quiere más? —dijo con su voz clara y cordial, mientras el hombre bebía
sin despegar[46] los labios del vaso.

—No, gracias —replicó éste poniéndose (↶) de pie y dejando (↶) el vaso
junto al retrato—. Es fresca su casa —añadió sin mucha convicción en la voz.

—Bueno, si no se deja entrar el sol por el frente, se está bien. Atrás, en el patio, no hay problemas con el sol; tampoco en la cocina.

—¿Vive sola?

—No, con mi esposo —dijo la anciana—. El se alegra mucho de que estén
arreglando (↶) las casas de por aquí. Fue a la bodega a traer los mandados[47]…
¿Usted sabe si piensan arreglar esta casa?

—Pues… bueno, habría que ver[48]…

—Es lo que yo le digo a mi esposo —interrumpió la anciana con energía—.
Esta casa no es museable.[49] ¿No es así como se dice? Lo leí en una revista.

El hombre sonrió con embarazo[50] e hizo ademán[51] de despedirse. Caminó
hacia la puerta seguido de la mujer.

—Le agradezco mucho —dijo—. La limonada estaba muy buena.

—Eso no es nada —aseguró la mujer al tiempo que abría la puerta al resplandor[52] de la calle—. Si mañana está todavía por aquí y tiene sed, toque sin
pena.[53]

—¿Esa persona del retrato… es algo suyo[54]? —preguntó el hombre como si
le costara[55] encontrar las palabras.

—Mi nieto —respondió la mujer—. Esa foto es de cuando peleaba contra la
dictadura[56] en las lomas[57] de por aquí. Ahora se casó y vive en La Habana.

---

[28]*chubby* [29]*opening* [30]*rocking chair* [31]rejillas… *sagging and partially cracked cane work*
[32]*rock* [33]*creakings* [34]por… *in advance* [35]*delay* [36]*oscuridad* [37]*surroundings* [38]*wall table*
[39]*black-spotted* [40]*back* [41]apagados… *faded landscapes* [42]*glided* [43]se… *it was riveted*
[44]se… *estaba* [45]*footsteps* [46]sin… *without removing* [47]*groceries* [48]habría… *we would just have
to see* [49]*a museum piece* [50]*embarrassment* [51]*gesture* [52]*brightness* [53]toque… *don't hesitate to
knock* [54]algo… *someone related to you* [55]como… *as if it were hard for him* [56]*dictatorship* (*of
Batista in 1958*) [57]*hills*

El hombre sólo atinó[58] a mover la cabeza y salió con prisa de la casa. Una vez en la calle, se detuvo, pestañeó[59] bajo el intenso sol y miró hacia la puerta, ya cerrada.

—¿Van a reparar nuestra casa? —le preguntó un anciano que llevaba dos grandes cartuchos[60] acomodados en el brazo; de uno de ellos salía una barra de pan.[61]

—Trataremos de hacerlo —dijo el hombre—. Pero usted sabe como son estas cosas… Aunque creo que sí. En realidad vale la pena.

—Desentonaría[62] mucho en la cuadra —dijo el anciano—. Le quitaría presencia[63] a las demás —añadió con un dejo de astucia.[64]

—Sí, tiene razón —respondió el hombre mirando (∩) hacia la casa—. La estuve viendo (∩) por dentro. Por dentro está bastante bien.

—Ah, menos mal. El problema es el techo, ¿no? Pero eso no sería[65] un problema grande, ¿no? La de al lado[66] tampoco tenía techo de tejas, y mírela ahora lo bien que luce.[67]

De improviso[68] el anciano dio unos pasos hacia el hombre y, abriendo (∩) la boca, le observó detenidamente[69] el rostro.[70]

—Usted es… —empezó a decir con voz débil.

—Sí.

—¿Ella lo reconoció? —preguntó el hombre después de pasarse la lengua por los labios.

—Creo que no. Adentro estaba un poco oscuro. Además, han pasado (←) años y ahora llevo barba.

El anciano caminó cabizbajo[71] hacia el poyo[72] de la puerta y, colocando (∩) los cartuchos en la piedra, se sentó trabajosamente[73] junto a ellos.

[58]*managed* [59]*blinked* [60]*grocery bags* [61]barra… *baguette* [62]*It would be out of place* [63]Le… *It would take away from the effect* [64]dejo… *trace, touch of shrewdness* [65]*wouldn't be* [66]La… *The house next door* [67]*it looks* [68]De… *Unexpectedly* [69]*attentively* [70]cara [71]*head down* [72]*stone bench* [73]con dificultad

—Vivíamos en La Habana, pero los dos somos de aquí. Este es un pueblo viejo. Quisimos regresar y pasar estos años aquí. No tenemos familia. Es natural,
95 ¿no? —dijo el anciano, ahora mirándose (∩) los zapatos, gastados[74] y torcidos en las puntas[75]—. El mismo día en que llegamos… Ahí mismo —dijo señalando (∩) un punto en la acera—, ahí mismo estaba el retrato. ¿Usted vivía cerca?

—No, andaba por las lomas. Pero a veces bajaba al pueblo. Tenía una novia que vivía… Me gustaba caminar por esta plaza —dijo el hombre señalando (∩)
100 vagamente calle arriba—. Me parece que comprendo la situación —añadió dejando (∩) caer el brazo.

—No, no puede comprender. No tiene la edad para comprender… La gente de enfrente, los de al lado, todos creen que usted es su nieto. Tal vez ella misma.

—¿Por qué sólo *su* nieto?
105 —La idea fue de ella —respondió el anciano—. Siempre fue muy dispuesta,[76] dispuesta y un poco novelera.[77] Es una pena que no hayamos podido (←) tener familia. Ella, ¿comprende?

—Lo siento.

—¿Qué va a hacer? —preguntó el anciano, mirando (∩) al hombre con ojos
110 vacíos.

—Pues, dígale a la gente de enfrente y de al lado que el nieto de La Habana vino a trabajar un tiempo aquí.

El anciano sonrió y sus ojos cobraron brillo.[78]

—¿Le sería mucha molestia[79] venir esta noche por acá? —El hombre fue
115 junto a él y lo ayudó a levantarse.

—Sería[80] lo natural, ¿no le parece? —dijo mientras le alcanzaba[81] los cartuchos.

[74]*worn out* [75]torcidos… *turned up at the toes* [76]*clever* [77]*given to inventing stories* [78]cobraron… *shone* [79]¿Le… *Would it be too much trouble for you* [80]*It would be* [81]*handed*

Comprensión

A Cambie los verbos entre paréntesis por la forma apropiada del presente de indicativo o de subjuntivo, según el contexto. Luego diga si las oraciones son ciertas (**C**) o falsas (**F**) y corrija las falsas.

1. _____ El hombre le manda a la anciana que le (traer) un vaso de limonada.
2. _____ La anciana no quiere que el hombre (entrar) en su casa, ya que está sola.
3. _____ El hombre dice que (hacer) fresco dentro de la casa.
4. _____ El anciano quiere que los obreros (arreglar) su casa.
5. _____ El hombre insiste en que la mujer le (decir) de quién es el retrato.
6. _____ El anciano sabe que el retrato (ser) del arquitecto.
7. _____ El anciano espera que el arquitecto (volver) esa noche.
8. _____ El arquitecto dice que no (poder) volver porque tiene mucho trabajo.

B ¡Necesito compañero! Determinen a cuál(es) de los personajes corresponde cada uno de los siguientes objetos. Luego, comparen sus resultados con los de los otros estudiantes. Si algunos dieron respuestas diferentes, discutan hasta que todos estén de acuerdo con las asociaciones hechas.

el marco	los mandados	la camisa a cuadros
la limonada	los planos	el sillón
los zapatos gastados	la gorra verde olivo	los bolígrafos de colores

C Busque en el cuento dónde se encuentra exactamente la siguiente información.

1. por qué la pareja vive en esa casa
2. por qué el joven está allí
3. por qué la vieja dice que el hombre del retrato es su nieto

Interpretación

A continuación se mencionan algunos de los pensamientos y acciones de los personajes del cuento. Explique la causa de cada uno. ¡Cuidado! Puede haber más de una respuesta para cada oración.

1. La anciana le ofrece un vaso de limonada al hombre.
2. El hombre mira con mucha atención el retrato que está sobre la mesa.
3. Para la anciana, el hombre del retrato que está en la mesa es su nieto.
4. El anciano invita al hombre a volver esa misma noche.
5. El hombre dice que va a volver a visitar a los ancianos.

Aplicación

A El cuento «El nieto» presenta un concepto de familia que no tiene lazos consanguíneos, es decir, que no se basa en relaciones de sangre. ¿Qué otros ejemplos de familias sin lazos consanguíneos se ven en la sociedad moderna? ¿Cree Ud. que la sociedad contemporánea acepta totalmente el matrimonio sin hijos? ¿Hay algunas maneras que se han institucionalizado hoy en día de «inventar» a un hijo o a un nieto? Explique.

B Para la anciana del cuento, tener hijos es un hecho de gran importancia. ¿Es tan importante para el marido de ella? ¿Es igualmente importante para las mujeres hoy en día? ¿y para los hombres? ¿Cuáles de las siguientes afirmaciones le parecen que reflejan la opinión de un sector considerable de la gente de hoy?

1. Los matrimonios que deciden no tener hijos son egoístas.
2. El hombre que no puede tener hijos no es hombre.
3. La gente debe poder decidir si quiere formar una familia o no.
4. La gente que no tiene hijos va a sentirse más solitaria en la vejez que la que tiene hijos.
5. La pareja sin hijos es más feliz.
6. El matrimonio tiene como fin principal la reproducción.
7. La pareja sin hijos es más responsable socialmente hoy en día, ya que la sobrepoblación es un problema grave para nuestro planeta.

LENGUA II

A PROPOSITO

Some verbs like **decir** and **escribir**, can either transmit information or convey a request. When information is transmitted, the indicative is used in the subordinate clause; when a request is conveyed, the subjunctive is used in the subordinate clause.

INFORMATION:
El les dice que **van** al parque.
He tells them (that) *they are going to the park.*

REQUEST:
El les dice que **vayan** al parque.
He tells them to go to the park.

18 USES OF THE SUBJUNCTIVE: PERSUASION

As you know, the subjunctive occurs in subordinate clauses only when the main clause communicates certain messages. One of these is *persuasion:* a request that someone else do something. The action that may or may not occur as a result of the request is expressed with the subjunctive because it is outside the speaker's experience or reality.

Esperan que llevemos una vida feliz.	***They hope*** (that) *we lead a happy life.*
Prefiero que no me visiten con tanta frecuencia.	***I prefer*** (that) *they not visit me so frequently.*
Es necesario que disciplinen a sus hijos.	***It is necessary*** *that you discipline your children.*

It is impossible to provide a list of all the verbs that express persuasion; remember that it is the *concept* of persuasion in the main clause that results in the use of the subjunctive in the subordinate clause. The following expressions of persuasion occur in the exercises in this chapter. Make sure you know their meanings before beginning the exercises.

es importante que	aconsejar que	pedir (i, i) que
es (im)posible que	decir (i, i) que	permitir que
es (in)admisible que	desear que	preferir (ie, i) que
es necesario que	escribir que	prohibir que
es obligatorio que	esperar que	querer (ie) que
es preferible que	insistir en que	recomendar (ie) que
importa que	mandar que	sugerir (ie, i) que

Práctica Escoja uno de los verbos del cuadro anterior y conjúguelo para crear una oración lógica como en el modelo. Puede haber (*There may be*) varias respuestas posibles.

MODELOS: Todos los padres _____ que sus hijos se porten bien. →
Todos los padres **esperan** que sus hijos se porten bien.
Todos los padres **desean** que sus hijos se porten bien.

1. Todas las mamás _____ que su hija se case con un hombre bueno.
2. Cada esposa recién (*recently*) casada _____ que su marido se lleve bien con su suegra.
3. Un buen padre nunca _____ que su hija de doce años esté fuera de la casa toda la noche.
4. A veces los abuelos _____ que los nietos hagan cosas que no deben hacer.
5. Se (impersonal) _____ que cada pareja tenga un largo noviazgo antes de casarse.

Intercambios

A En el párrafo a continuación un adolescente expresa sus opiniones sobre la crianza de los hijos. ¿Cuántos ejemplos del subjuntivo para persuadir puede Ud. identificar?

¿Jóvenes alguna vez? ¿Los padres? ¡Imposible! Les encuentran defectos a mis amigos; me critican la ropa, el peinado (*hairstyle*), la música... En fin, me lo critican todo. Me prohíben salir durante la semana pero no me dejan hablar mucho por teléfono. No hacen caso de mis problemas e incluso me critican delante de mis amigos.

Definitivamente no voy a ser como ellos. Voy a dejar que mis hijos <u>hablen</u> todo lo que <u>quieran</u> por teléfono porque la comunicación es importante. Voy a dejar que se vistan como <u>quieran</u> y que se <u>peinen</u> a su gusto. Al fin y al cabo (*After all*), ¡es su pelo! Si tienen problemas, quiero que me los <u>cuenten</u> y que <u>tengan</u> confianza en mí. Es imprescindible (absolutamente necesario) que nunca los <u>critique</u> delante de sus amigos y que les dé mucha libertad personal, pues así aprenderán (*they will learn*) a ser personas felices e independientes.

Mi madre me dice que ella se hizo las mismas promesas a mi edad, pero no me lo creo. Todas las madres dicen eso.

■ ¿Está Ud. de acuerdo con los puntos de vista de este adolescente? ¿Por qué sí o por qué no?

■ ¿Qué cosas les permiten sus padres a Ud. y a sus hermanos? ¿Qué cosas les prohíben o les critican? Si Ud. ya tiene hijos, ¿qué cosas les permite, les prohíbe o les critica?

■ Y Ud., ¿va a permitirles y prohibirles las mismas cosas a sus hijos? Si Ud. ya tiene hijos, ¿cree Ud. que ellos van a permitirles y prohibirles las mismas cosas a sus propios hijos (a los nietos de Ud.)? Explique.

B María Luisa se prepara para su primera cita. Todos sus parientes y amigos le dan consejos. Explique los consejos que le dan, siguiendo el modelo.

MODELO: padre: decir / volver temprano →
Su padre le dice que vuelva temprano.

1. madre: aconsejar / ir con otra pareja
2. hermano menor: pedir / no volver temprano
3. hermana mayor: decir / ponerse una falda larga y botas
4. abuela: recomendar / tener cuidado porque hay mucho tráfico
5. mejor amiga: sugerir / llevar un perfume exótico
6. chico con quien va a salir: pedir / traer dinero

Y ¿qué le aconseja Ud. a María Luisa que haga para prepararse para su primera cita?

C Los padres siempre les dan consejos a sus hijos para ayudarles a resolver sus problemas. ¿Qué consejos típicos le dan sus padres a Ud. en las siguientes situaciones?

MODELO: Si alguien me golpea, me dicen que _____. →
Si alguien me golpea, me dicen que le devuelva la bofetada (*hit him or her back*).

1. Si voy a llegar tarde a casa, me piden que _____.
2. Si una persona desconocida me habla, me dicen que _____.
3. Si mi hermano/a menor me molesta, me recomiendan que _____.
4. Si voy a entrar en una tienda de porcelanas, me piden (¡por favor!) que _____.
5. Si voy a pasar la noche en casa de un amigo / una amiga, me mandan que _____.
6. *Invente Ud. una situación para que sus compañeros sugieran consejos.*

 D Guiones Trabajando en grupos de tres o cuatro personas, describan lo que quieren las personas en los dibujos a continuación. Usen las preguntas que siguen como guía y añadan todos los detalles que necesiten. Después, inventen un breve diálogo para acompañar cada dibujo.

1. **Vocabulario útil:** el chicle, hacer cola, pagar la cuenta, el supermercado

2. **Vocabulario útil:** espiar, no querer, la pareja, pedir la mano

3. **Vocabulario útil:** dejarlos solos, hablar sin parar, los novios

4. **Vocabulario útil:** dejar en paz, jugar al fútbol, ocupado

- ¿Cómo son las personas?

- ¿Quiénes son? (¿Cuál parece ser la relación entre ellos?)

- ¿Dónde están?

- ¿Cuál es el dilema?

- ¿Cómo van a resolverlo?

©Joaquín S. Lavado, QUINO, Toda Mafalda, Ediciones de La Flor, 1997

La mujer de esta tira cómica parece seguir las reglas y los papeles de una esposa en una familia tradicional. ¿Cuáles son los «mandamientos» para las mujeres y para los hombres en este tipo de familia? ¿Hay otros papeles y reglas en la familia de Ud.?

E Por lo general, en cada familia hay reglas que obedecer y papeles que los miembros de la familia adoptan. Utilizando las expresiones entre paréntesis y formando oraciones con el subjuntivo, explique las siguientes reglas de una familia tradicional. Después, explique cómo es la situación en su propia familia, o cómo piensa que va a ser cuando Ud. tenga hijos.

MODELO: (es preferible) los hombres hacer las reparaciones de la casa →
En la familia tradicional, es preferible que los hombres hagan las reparaciones de la casa. En mi propia familia, es importante que todos —hombres y mujeres— ayudemos a reparar la casa. Cuando yo tenga hijos, voy a permitir que las muchachas participen en todos los trabajos de la casa.

1. (es preferible) las mujeres hacer toda la limpieza de la casa
2. (es necesario) los hermanos menores obedecer a los mayores
3. (es importante) los hermanos mayores dar buen ejemplo a los menores
4. (es deseable) la madre quedarse (*stay*) en casa para criar a los hijos
5. (es obligatorio) los hijos estar en casa por la noche a cierta hora (*a specific time*)
6. (es preferible) los padres escoger la ropa y el peinado de los hijos
7. (es inadmisible) los hijos imponer reglas a los padres

F Entre todos Divídanse en grupos de tres o cuatro estudiantes. Su profesor(a) les asignará (*will assign*) uno de los siguientes temas para comentar. Después, compartan sus conclusiones con el resto de la clase.

1. La vida familiar está llena de conflictos entre sus miembros. Por ejemplo, ¿creen Uds. que hay riñas (*quarrels*) y peleas en todas las familias? ¿Es normal o natural esto? ¿O indica un problema grave? ¿Qué pueden hacer los padres para evitar los conflictos entre sus hijos? ¿Cómo pueden fomentar (*promote*) la cooperación entre ellos? ¿Es importante que haya autoridad y disciplina? ¿Por qué sí o por qué no?
2. ¿Hasta qué punto presenta la televisión a la familia norteamericana tal como es en realidad? Identifiquen algunas comedias, series y telenovelas que tratan el tema de la vida familiar. ¿Qué tipos de familia se representan en esos programas? ¿Qué tipos de familia *no* se representan, normalmente? ¿Qué pueden Uds. inferir de esto?
3. ¿Hay realmente una separación entre las generaciones? Señalen las actitudes típicas de los miembros de la generación de sus padres con respecto a temas como la educación sexual, la homosexualidad, el matrimonio interracial, la pena capital, el aborto, etcétera. ¿Cuál es la actitud más común de su propia generación hacia estos temas? Si algún día Uds. tienen hijos, ¿cuál va a ser la actitud de ellos hacia estos temas? Si Uds. ya tienen hijos, ¿cuál es la actitud de ellos y cuál va a ser la actitud de sus hijos (los nietos de Uds.) hacia estos temas?
4. Muchos políticos hoy día utilizan el tema de los valores familiares como punto clave de sus campañas. Pero ¿se refieren todos a las mismas ideas? Hagan una lista de esos valores y pónganlos en orden según la importancia que les dan Uds. ¿Es deseable que los gobiernos (nacionales o estatales) fomenten o regulen esos valores? ¿Hasta qué punto? ¿Cómo deben hacerlo? ¿O es necesario que otros grupos (la comunidad, la familia o incluso el individuo mismo) asuman esa responsabilidad? Expliquen.

ESTRATEGIAS PARA LA COMUNICACION

Por favor... *How to get people to do things*

You have practiced the use of formal direct commands, polite questions, and embedded (*implied*) commands (**Es necesario que... , Quiero que...**) to convey requests to others. Another way to communicate a request is to use an expression of obligation. One such expression is **deber** + *infinitive*, which suggests that a person has a duty to perform a certain action. A more forceful expression that indicates personal or individual obligation is **tener que** + *infinitive*. **Hay que** + *infinitive* indicates necessity in a general or impersonal sense. It may also express *to have to do something* when no specific person is indicated as performing the action.

Debes decirme la verdad.	*You should (ought to) tell me the truth.*
No deben estar afuera a estas horas.	*They shouldn't (ought not to) be outside at this hour.*
Ud. tiene que hacerlo.	*You have to (must) do it.*
Uds. tienen que ayudarme.	*You have to (must) help me.*
Hay que tomar el autobús número cinco.	*It's necessary to (One must) take bus number five.*
Hay que estudiar mucho para aprobar el examen.	*One has to (It is necessary to) study a lot in order to pass the test.*

19 IMPERATIVES: INFORMAL DIRECT COMMANDS

Unlike formal (**Ud./Uds.**) commands, the informal **tú** and **vosotros/as** commands have two different forms: one for affirmative and one for negative.

With only a few exceptions, affirmative **tú** commands are identical to the third-person singular present indicative forms. Meaning is made clear by context.

AFFIRMATIVE tú COMMANDS		
-ar VERBS	**-er VERBS**	**-ir VERBS**
hablar: habla pensar: piensa	comer: come entender: entiende	vivir: vive pedir: pide

The following verbs have irregular affirmative **tú** command forms.

decir: **di**	ir: **ve**	salir: **sal**	tener: **ten**
hacer: **haz**	poner: **pon**	ser: **sé**	venir: **ven**

The negative **tú** command for all verbs is the same as the second-person singular form of the present subjunctive.

NEGATIVE tú COMMANDS		
-ar VERBS	**-er VERBS**	**-ir VERBS**
hablar: no habl**es**	comer: no com**as**	vivir: no viv**as**
pensar: no piens**es**	entender: no entiend**as**	pedir: no pid**as**
almorzar: no almuerc**es**	hacer: no hag**as**	salir: no salg**as**

The **vosotros/as** affirmative commands for all verbs are formed by replacing the **-r** ending of the infinitive with **-d.**

AFFIRMATIVE vosotros/as COMMANDS		
-ar VERBS	**-er VERBS**	**-ir VERBS**
hablar: habl**ad**	comer: com**ed**	vivir: viv**id**
pensar: pens**ad**	entender: entend**ed**	pedir: ped**id**
almorzar: almorz**ad**	hacer: hac**ed**	salir: sal**id**

Negative **vosotros/as** commands, like negative **tú** commands, are the same as the corresponding form of the present subjunctive.

NEGATIVE vosotros/as COMMANDS		
-ar VERBS	**-er VERBS**	**-ir VERBS**
hablar: no habl**éis**	comer: no com**áis**	vivir: no viv**áis**
pensar: no pens**éis**	entender: no entend**áis**	pedir: no pid**áis**
almorzar: no almorc**éis**	hacer: no hag**áis**	salir: no salg**áis**

En resumen

Remember that, with the exception of affirmative **tú** and affirmative **vosotros/as** commands, all command forms are identical to the corresponding forms of the present subjunctive.

COMMAND FORMS OF hablar			
PERSON	**SUBJUNCTIVE**	**NEGATIVE COMMANDS**	**AFFIRMATIVE COMMANDS**
tú	hables	no hables	habl**a**
vosotros/as	habléis	no habléis	habl**ad**
Ud.	hable	no hable	hable
Uds.	hablen	no hablen	hablen

Práctica 1 A veces los padres no están de acuerdo sobre lo que debe o no debe hacer su hijo/a. Cuando este niño / esta niña le hace las siguientes preguntas a su mamá, recibe una respuesta negativa, pero cuando se las hace a su papá, recibe una respuesta afirmativa. Escriba cómo contestarían (*would answer*) la madre y el padre cada pregunta, incorporando los complementos pronominales cuando sea posible. Siga el modelo.

MODELO: ¿Puedo mirar *Viaje a las estrellas?* →
(madre): No, no lo mires.
(padre): Sí, míralo.

1. ¿Puedo poner los discos?
2. ¿Puedo comer estos chocolates?
3. ¿Tengo que hacer la cama?
4. ¿Puedo beber esta cerveza?
5. ¿Puedo ir al cine?
6. ¿Puedo cortarme el pelo?
7. ¿Puedo salir a jugar?
8. ¿Puedo ponerme mi mejor ropa ahora?

Práctica 2 Conchita y su abuelo, don Tomás, tienen problemas similares. Lea los problemas y luego, usando las palabras entre paréntesis, escriba mandatos informales (para Conchita), mandatos formales (para don Tomás) y mandatos en plural para los dos. Use la forma de Uds. o de vosotros según le indique su profesor(a). La primera serie ya está hecha como modelo.

PROBLEMA	CONCHITA	DON TOMAS	LOS DOS
Me duele la cabeza. (tomar una aspirina)	Toma una aspirina.	Tome (Ud.) una aspirina.	Tomen (Tomad) una aspirina.
Estoy muy cansado/a. (acostarse)	Se acost a te	acuestese	acrostados
Tengo hambre. (comer algo)	come algo	coma algo	coman algo

PROBLEMA	CONCHITA	DON TOMAS	LOS DOS
Quiero ir a mi casa. (irse)	Vete	Se vaya	Se vayan
Necesito ropa nueva. (comprarla)	comprala	Comprela	la comprenla
No sé qué regalarle a Miguel. (darle dinero)	dale dinero	dele dinero	dele dinero
Tengo frío. (ponerse el abrigo)	ponte el abrigo	ponga se el abrigo	ponganselo

pongaselo

Intercambios

A Complete las siguientes oraciones con las recomendaciones que Ud. considere adecuadas para su hermano/a menor. Utilice la forma apropiada del mandato familiar (*informal*).

1. Si quieres tener muchos amigos, (no) _____.
2. Si no quieres tener problemas con papá y mamá, (no) _____.
3. Si no quieres enfermarte, (no) _____.
4. Si quieres llevarte bien conmigo, (no) _____.
5. Si quieres evitar problemas románticos, (no) _____.

B ¡Necesito compañero! Es posible que el mandato sea la forma verbal que los niños escuchan con más frecuencia. Trabajando en parejas, hagan una lista de los mandatos (por lo menos *dos* para cada situación) que los niños suelen oír en las siguientes situaciones. Traten de usar tantos verbos diferentes como puedan.

1. en la escuela
2. en una tienda elegante
3. en la iglesia, la sinagoga, el templo, etcétera
4. en un restaurante o una cafetería
5. en un vehículo (coche, tren, autobús, avión, etcétera)

C Pablo es un joven típico. Como todos los jóvenes, tiene que aguantar los regaños (*nagging*) y críticas de sus padres y demás parientes sobre su conducta y sus modales (*manners*). ¿Qué les responde Pablo a sus parientes cuando le hacen los comentarios a continuación? Contésteles por él, usando tantos mandatos diferentes como pueda. Siga el modelo.

MODELO: EL HERMANO MENOR: ¡No tienes ninguna paciencia conmigo y además eres demasiado mandón (*bossy*)! →
PABLO: ¡Déjame en paz! ¡No te quejes tanto! ¡Sal de mi cuarto!

1. LA MADRE: ¡Con esos modales nunca te van a invitar a ningún lado, Pablito!
2. EL PADRE: ¡¿Cómo vas a hacerte abogado con estas notas tan desastrosas?!
3. LA HERMANA MAYOR: ¡Pareces un payaso (*clown*) perdido con esa ropa y ese peinado!
4. LA ABUELA: ¡Nunca puedes encontrar nada porque tu habitación está hecha un lío (*mess*)!

Ahora invente los comentarios o quejas que le hacen a Pablo otras dos personas, dejando que sus compañeros de clase les contesten con los mandatos apropiados.

 D Guiones Trabajando en grupos de tres o cuatro personas, describan lo que pasa en los dibujos a continuación. Usen las preguntas que siguen como guía para expresar el mandato más común que se usaría (*would use*) en cada situación. ¡Atención! En cada caso es necesario decidir si el mandato más apropiado es para **Ud., Uds.** o **tú.**

1. 2. 3. 4.

Vocabulario útil: el periódico, el sillón, fumar, el humo, toser (*to cough*), la biblioteca, hacer ruido, molestar, el camarero, una cena elegante, una cena informal, pedir

- ¿Quiénes son las personas?
- ¿Dónde están?
- ¿Cuál es el dilema?
- ¿Cómo se va a resolver?
- ¿Qué mandato van a usar?

 Entre todos

- ¿Pueden Uds. expresar los mensajes *de otra manera sin usar un mandato directo?* Recuerden usar las estrategias para la comunicación.

ENLACE

¡OJO!

	EXAMPLES	NOTES
soportar **mantener** **apoyar** **sostener**	No puedo **soportar** su actitud. *I can't stand her attitude.* Mi tío rico **mantiene** a toda la familia. *My rich uncle supports the whole family.* La **apoyo** en la campaña política actual. *I'm supporting her in the current political campaign.* El **sostiene** al niño en sus brazos. *He holds the child in his arms.*	**Soportar** means *to tolerate* or *to put up with.* **Mantener** means *to support financially.* **Apoyar** means *to support* in the sense of *to back* or *to favor.* *To support* in the physical sense of *hold* or *hold up* is expressed by **sostener.**
cerca **cercano/a** **íntimo/a** **unido/a**	Nuestra casa está muy **cerca de** la playa. *Our house is very close to the beach.* La ciudad más **cercana** es Albuquerque. *The closest city is Albuquerque.* Mi pariente más **cercano** es mi padre. *My closest relative is my father.* Elena y Mercedes son amigas **íntimas.** *Elena and Mercedes are close friends.* En general, la familia hispano-americana es muy **unida.** *In general, the Latin American family is very close-knit.*	When *close* refers to the physical proximity of people or objects, Spanish uses **cerca** (adverb), **cerca de** (preposition), or **cercano/a** (adjective). **Cercano/a** can also describe the degree of blood relationship between relatives. When *close* describes friendship or emotional ties, **íntimo/a** is used. **Unido/a** expresses the closeness of family ties (but not blood relationships).

	EXAMPLES	NOTES
importar **cuidar**	¿Te **importa** si abro la ventana? *Do you care (mind) if I open the* *window?* —¿A qué hora salimos? —No me **importa.** —*What time shall we leave?* —*I don't care. (It doesn't matter to me.)*	When *to care* has the meaning of *to be interested in,* it is expressed in Spanish by **importar.** This construction works just like **gustar:** the person who is interested is expressed by an indirect object pronoun, and the subject of the verb is the item that causes the interest. This construction is often equivalent to the English expressions *to matter to (someone).*

	La señora Pérez **cuidó** a su madre por
	   muchos años.
	Mrs. Pérez cared for her mother for
	   many years.
	
	Si no **te cuidas,** te vas a enfermar.
	If you don't take care of yourself,
	   you're going to get sick.
		To care for or *to take care of* is expressed with **cuidar.** When used reflexively, it means *to take care of oneself.*

Ⓐ Volviendo al dibujo Elija la palabra que mejor complete cada oración. ¡Cuidado! También hay palabras de los capítulos anteriores.

Toda mi familia estuvo presente cuando me gradué de la universidad. Esto no me sorprendió, porque somos muy (cercanos/unidos)[1] y siempre nos (apoyamos/mantenemos)[2] mutuamente. Mi hermano, que también es mi amigo (íntimo/unido),[3] (miraba/parecía)[4] un loco sacando fotos de todo.

¡Mis padres estaban tan emocionados! Ellos (funcionaron/trabajaron)[5] muy duro para (mantenerme/soportarme)[6] y pagar mis estudios, pues les (cuida/importa)[7] mucho que sus hijos reciban una educación universitaria. Creo que todos soñábamos (con/de/en)[8] ese momento tan especial. También mi hermanita, quien asiste a una escuela (cercana/íntima)[9] a mi universidad, participó con mucho interés en el acontecimiento.

Cuando pienso (de/en)[10] todo el afecto que mi familia expresó en ese momento, me considero muy afortunada. Es normal que a veces tengamos problemas, y hay días en que no puedo (mantener/soportar)[11] el carácter de mi madre o los chistes de mi hermano. También tengo que sacrificar algunas noches para (cuidar/importar)[12] a mi hermanita cuando mis padres salen. Sin embargo, todos ellos me han enseñado que la vida familiar consiste (de/en)[13] dar y recibir apoyo y comprensión.

B Entre todos

- ¿Quién es su pariente más cercano? ¿Vive Ud. cerca de él/ella? Si no, ¿lo/la visita con frecuencia? ¿Tiene Ud. una familia grande? ¿muy unida? ¿Tiene un amigo íntimo / una amiga íntima entre sus parientes?

- ¿Cree Ud. que se ha hecho (*has become*) más difícil ser padre/madre en la actualidad? ¿Es más difícil criar a una familia hoy que en el pasado? Explique. ¿Cuáles son algunos de los problemas que tienen los padres actuales que no tenían los padres de antes?

- En su opinión, ¿cuál de sus compañeros de clase va a ser famoso/a? ¿rico/a? ¿abogado/a? ¿vagabundo/a (*bum*)? ¿inventor(a)? En este momento, ¿a sus padres les importan sus planes para el futuro? ¿Están ellos de acuerdo con sus planes?

Repaso

A Complete la siguiente historia, dando la forma correcta del verbo. Cuando se dan varias palabras entre paréntesis, escoja la palabra apropiada.

Los paseos (*walks*) con mi abuelo

Durante los últimos años de su vida, mi abuelo vivió con mi tía Georgina, su única hija soltera. Cuidar de mi abuelo (ser)[1] una labor difícil, y mi tía siempre (mirar/parecer)[2] cansada. Un día, ellos dos (llegar)[3] a mi casa con una maleta.

—Norah, yo (ser/estar)[4] muy cansada, y el médico me recomienda que tome unas vacaciones. Por favor, cuida a papá durante esta semana. No olvides darle su medicina. También es importante que salga a caminar todos los días —(decirle)[5] mi tía a mi madre.

—Papá, pórtese bien, y no hable demasiado —le dijo a mi abuelo—. Nos vemos en una semana.

Sin mucho entusiasmo, mi madre (recibir)[6] a mi abuelo, con (que/quien)[7] no se llevaba muy bien. Mi madre (decidir)[8] darle mi habitación y yo (tener)[9] que dormir en el cuarto de mi hermano. Así que a mí tampoco (gustarme)[10] la idea.

A la mañana siguiente, después del desayuno, mi madre (decirme):[11]

—Miguel, tu abuelito quiere que vayas al parque con él. ¡No te preocupes! Va a ser un paseo (bajo/corto).[12]

Yo no (querer)[13] salir con un anciano (que/quien)[14] me era prácticamente desconocido, pero (ponerme)[15] la chaqueta y (salir)[16] con él.

Esa mañana, (hacer)[17] sol, y el parque (ser/estar)[18] lleno de vida. Al principio, (nosotros: caminar)[19] en silencio, pero después mi abuelo (comenzar)[20] a hablarme de sus viajes y aventuras y (él: preguntarme)[21] sobre mis amores. Descubrí con sorpresa que él (ser/estar)[22] más comprensivo (*understanding*) que mis padres, y que (escucharme)[23] con interés. Además, siempre (él: tener)[24] una historia interesante que se relacionaba con mis propias experiencias.

Durante esa semana, salí de paseo todas las mañanas con mi abuelo, mi nuevo amigo. Después, cuando (él: volver)[25] a casa de mi tía, yo (visitarlo)[26] con frecuencia.

—Abuelo, ¡cuénteme una historia! —yo (pedirle)[27] cada (tiempo/vez)[28] que salíamos a caminar.

B **¡Necesito compañero!** Trabajando en parejas, háganse preguntas con el subjuntivo para averiguar qué tipo de padres/madres Uds. serán (*may be*) en el futuro o son ahora. Háganse otras preguntas para explicar las respuestas de «Depende».

¿Vas a permitir (Permites) que tus hijos… ?

1. fumarse (*to cut*) las clases	Sí	No	Depende
2. usar drogas alucinógenas	Sí	No	Depende
3. ver mucho la televisión	Sí	No	Depende
4. ponerse aretes y hacerse tatuajes (*tattoos*)	Sí	No	Depende
5. llevar la ropa que quieran	Sí	No	Depende

¿Vas a insistir (Insistes) en que tus hijos… ?

6. asistir a la universidad	Sí	No	Depende
7. trabajar desde la adolescencia	Sí	No	Depende
8. ayudar en casa	Sí	No	Depende
9. tener buenos modales	Sí	No	Depende
10. aprender otro idioma	Sí	No	Depende

PASAJE CULTURAL

La «Casa de la Madre Soltera (*Single*)» en Guayaquil, Ecuador

Esther Guarín de Torres es una estudiante de derecho (*law*). Ella vivió en carne propia (personalmente) el calvario (*suffering*) de muchas mujeres embarazadas (*pregnant*) y desamparadas (abandonadas) que deambulan (*wander*) sin protección por las calles. Aunque Esther tenía pocos recursos económicos, quería ofrecer a las futuras madres un albergue (*shelter*) en donde dar a luz (*to give birth*). Por esta razón, ella fundó en Guayaquil la «Casa de la Madre Soltera».

Antes de ver

■ ¿Qué tipos de servicios y beneficios espera Ud. que ofrezca este tipo de albergue?

■ ¿Piensa Ud. que la «Casa de la Madre Soltera» se parecerá (*will resemble*) a sitios similares en las ciudades de este país o será muy distinta?

■ Ahora lea con cuidado la actividad en **Vamos a ver** antes de ver el vídeo por primera vez.

Vamos a ver

«Casa de la Madre Soltera», Guayaquil, Ecuador

Según este segmento de vídeo, ¿cuáles de los siguientes servicios o beneficios reciben las mujeres que se albergan en la «Casa de la Madre Soltera»?

1. ☐ un ambiente familiar de comprensión y cariño
2. ☐ ayuda de la policía contra los parientes abusivos
3. ☐ orientación maternal
4. ☐ entrenamiento (*training*) en carreras artesanales (*handcrafting*) y técnicas
5. ☐ ayuda económica para asistir a la universidad
6. ☐ un lugar seguro en donde dar a luz
7. ☐ alimentación y albergue
8. ☐ ayuda legal para arreglar la adopción de los hijos

Después de ver

■ ¿Piensa Ud. que las necesidades de una madre soltera en Guayaquil son diferentes de las necesidades de una madre soltera en la comunidad donde Ud. vive? Explique.

■ Trabajando en pequeños grupos, hagan una lista parecida a la de la sección **Vamos a ver** para un centro para madres solteras en la comunidad donde Uds. viven. Luego, comparen sus listas con las de sus compañeros de clase.

■ Busque Ud. información sobre los servicios sociales en un país hispano. ¿Qué servicios están orientados a la familia? ¿Qué le parecen estos servicios?

CAPITULO 5

Geografía, demografía, tecnología

Lesson Objectives

Lengua

- More relative pronouns (20)
- Positive, negative, and indefinite expressions (21)
- Uses of the subjunctive: Certainty versus doubt; emotion (22)

Cultura

- La hispanoamérica actual

Vídeo: Los bosques, defensas del planeta

1.

1. *Arequipa, Perú*
2. *Santiago, Chile*

2.

DESCRIBIR Y COMENTAR

The *¡Avance!* CD-ROM contains interactive activities to practice the material presented in this chapter.

■ En el Dibujo A, ¿qué le propone el urbanista al arquitecto? ¿Cómo reacciona el arquitecto? ¿Qué problemas piensan resolver o eliminar? Para ellos, ¿cómo es la vivienda ideal?

■ ¿Quiénes son las personas que se ven en los Dibujos B y C? ¿Qué necesidades tienen? Para ellos, ¿cómo es la vivienda ideal? ¿Cómo cambia la situación al mudarse a su nuevo apartamento (Dibujo C)? ¿Están todos contentos? ¿Por qué sí o por qué no?

■ ¿Qué pasa en el Dibujo D? ¿Cree Ud. que el nuevo diseño va a responder mejor a las necesidades de los clientes? ¿Por qué sí o por qué no? ¿Qué información deben tener en cuenta la arquitecta y el urbanista para mejorar el diseño?

VOCABULARIO
para conversar

diseñar to design
reciclar to recycle
resolver (ue) to solve, resolve
tener en cuenta to take into account; to keep in
    mind
urbanizar to urbanize

la alfabetización literacy
el analfabetismo illiteracy
el arquitecto / la arquitecta architect
el barrio bajo slum
la desnutrición malnutrition
la despoblación rural movement away from the
    countryside
el diseño design
el edificio building
el hambre (*but f.*) hunger
el medio ambiente environment
la modernización modernization
la población population
la pobreza poverty
el reciclaje recycling
los recursos resources
   el agotamiento de los recursos naturales
    exhaustion/consumption of natural resources
la sobrepoblación overpopulation
el suburbio slum
la tecnología technology
el urbanismo urban development; city planning
el/la urbanista developer; city planner
la urbanización migration into the cities;
    subdivision or residential area
el vecindario neighborhood
la vivienda housing; dwelling place

analfabeto/a illiterate
culto/a well-educated*
desnutrido/a undernourished
en vías de desarrollo developing

Las computadoras[†]

almacenar to store
imprimir to print
navegar la red to "surf the net"
programar to program (*with a computer*)
trabajar en red to be networked

las aplicaciones (computer) applications
la autoedición desktop publishing
la autopista de la información information
    superhighway
la base de datos database
el correo electrónico e-mail
el disco, el disquete diskette
el disco duro hard drive
el hardware hardware
la hoja de cálculo spreadsheet
la informática computer service
la impresora printer
el Internet Internet
la memoria memory
el mensaje (de correo electrónico) (e-mail)
    message
el módem modem
el monitor monitor
la multimedia multimedia
la pantalla screen
el procesador de textos word processor
la programación programming
el ratón mouse
la red net(work)
la red local local area network (LAN)
el software software
el teclado keyboard

en línea, on-line online

---

*Remember that **educado/a** means *educated* in the sense of *well-mannered.*
[†]The vocabulary for computers, like that for many specialized fields, varies from country to country.
In Spain, for example, the word for *computer* is **el ordenador;** in Latin America, **la computadora** is
more frequent. In addition, a number of terms are commonly expressed with the English term: **el
hardware, el software.**

A Trabajando en grupos de cuatro, inventen definiciones en español para algunas de las palabras de la lista de vocabulario. Cada persona debe inventar por lo menos una definición y los otros miembros del grupo deben adivinar (*guess*) la palabra.

> MODELO: Es una persona que diseña edificios. Algunos ejemplos son Frank Gehry, Frank Lloyd Wright… (el arquitecto)

B A continuación hay una serie de oraciones que intentan definir algunas de las palabras del vocabulario. ¿Son exactas o inexactas las definiciones? ¿Qué modificaciones puede Ud. sugerir para las que encuentra inexactas?

1. Carlos tiene cuatro años. No sabe leer ni escribir. Es analfabeto.
2. Una persona desnutrida no come mucho.
3. Pilar acaba de graduarse de la escuela secundaria. Es muy inteligente. Es una persona culta.
4. Un país en vías de desarrollo es muy pobre; no tiene muchos recursos económicos.
5. El hambre es lo que tiene una persona antes de comer; después de comer, ya no tiene hambre.

LENGUAJE Y CULTURA

En español, «slum» se expresa con una frase descriptiva como «barrio bajo» o «barrio muy pobre». También, y en esto se ve un interesante contraste cultural, se puede usar la palabra «suburbio».

En los Estados Unidos, los barrios pobres generalmente se encuentran dentro de las ciudades, a veces en el centro mismo de la ciudad, en los sectores más viejos y deteriorados; en cambio, los suburbios son los distritos residenciales más nuevos, se encuentran en las afueras de la ciudad, y es allí donde suele vivir la gente más adinerada. En contraste, en muchas partes del mundo hispano las direcciones de más prestigio están en el centro de la ciudad, mientras que los barrios donde vive la gente pobre están en las afueras, en los suburbios.

C ¡Necesito compañero! Estudien cada palabra de la primera columna y expliquen la relación que tiene con cada una de las palabras de la segunda columna. Puede haber varias relaciones posibles para cada pareja.

> MODELO: los arquitectos / el urbanismo →
> El urbanismo crea trabajos para los arquitectos.

1. los arquitectos
   - el diseño
   - el edificio
   - la tecnología
   - el urbanismo

2. la sobrepoblación
   - la despoblación rural
   - el hambre
   - la urbanización
   - el agotamiento de los recursos naturales

3. el analfabetismo
   - la inmigración
   - la pobreza
   - la instrucción
   - el desarrollo económico

D ¿Cuánto saben Ud. y sus compañeros sobre las computadoras? ¡Vamos a ver! Escoja cinco palabras de la lista del vocabulario que se relacionan con las computadoras y escriba una breve definición, en español, de cada una. Luego, lea sus definiciones en voz alta para que sus compañeros puedan adivinar las palabras. ¿Quién puede adivinar el mayor número de palabras?

E ¿Cree Ud. que el ambiente en que se vive afecta mucho a las personas? ¿En qué sentido (*sense*)? ¿Nos afecta la arquitectura? ¿Cómo se siente Ud. en los siguientes lugares?

1. un cuarto sin ventanas
2. un lugar donde todos los muebles son de metal, vidrio (*glass*) o plástico

3. un lugar donde todos los muebles son de madera
4. un cuarto pintado de rojo/amarillo/azul/blanco

F Entre todos

- ¿Tiene Ud. una computadora personal? ¿Cuánto tiempo hace que la tiene? ¿Por qué la compró? Si no tiene computadora, ¿adónde va para usar una?

- Cuando entró a la universidad, ¿ya sabía Ud. usar una computadora o aprendió a usarla aquí? En su opinión, ¿es importante la computadora para tener éxito en los estudios universitarios? ¿Por qué sí o por qué no?

- ¿Para qué clases utiliza Ud. la computadora? ¿La utiliza también para fines (*purposes*) *no* académicos? Explique.

- En general, cuando Ud. trabaja en la computadora, ¿prefiere estar solo/a o le gusta estar con otra gente? ¿Por qué?

- Algunos expertos dicen que la computadora puede crear una dependencia (*addiction*) psicológica en algunos usuarios. ¿Está Ud. de acuerdo? ¿Cuánto tiempo pasa Ud. en la computadora cada día?

LENGUA I

20 MORE RELATIVE PRONOUNS

A. Review of *que* and *quien*

Remember that complex sentences are frequently formed in Spanish by combining two simple sentences with the relative pronouns **que** and **quien** (grammar section 15).

> David compró **la computadora. La computadora** estaba en la tienda. →
> David compró **la computadora que** estaba en la tienda.

- English *that, which,* and *who* are generally expressed in Spanish by **que.**

Hay muchos problemas **que** la tecnología ayuda a resolver.	*There are many problems **that** technology helps to solve.*
La memoria de una computadora, **que** funciona más o menos como la nuestra, es probablemente su aspecto más importante.	*A computer's memory, **which** functions more or less like our own, is probably its most important part.*
Todos los arquitectos **que** colaboraron en el diseño recibieron un premio.	*All the architects **who** collaborated on the design received a prize.*

- **Quien,** which can refer only to people, *may* be used after a comma (that is, in a nonrestrictive clause) and *must* be used after a preposition to express *who* or *whom.*

Los programadores, **que (quienes)** trabajaron todo el fin de semana, por fin pudieron resolver el problema.	*The programmers, **who** worked all weekend, finally managed to solve the problem.*

A PROPOSITO

Lo que can be used as a subject, predicate nominative, or direct object to express *that which* or the noninterrogative *what.*

Lo que Ud. dice es verdad.
What you say is true.

Es **lo que** ella me escribió.
It's what she wrote me.

Remember that the interrogative *what* is expressed by **¿qué?, ¿cuál?,** or **¿cómo?**

¿Qué es esto?
What is this?

¿Cuál es la capital?
What is the capital?

¿Cómo? No entiendo **lo que** Uds. dicen.
What? I don't understand what you're saying.

¡Ese es el actor de **quien** hablábamos!	*That's the actor we were talking about (about **whom** we were (talking)!*

B. *Que* and *cual* forms: Referring to people and things more formally

The simple relative pronouns **que** and **quien** are preferred in speaking in most parts of the Hispanic world. But after a preposition or a comma, English *that, which,* and *who* can also be expressed by compound forms, which are used in writing and in more formal situations by many native speakers.*

■ As these examples show, the compound relatives, or "long forms," can refer to *both* people and things. Through the definite article they show gender and number agreement with the noun to which they refer.

	TO REFER TO	
	PEOPLE	**THINGS**
	After a Preposition	
informal quien que	Acaba de llegar el arquitecto **con quien** trabajamos el año pasado. *The architect (that) we worked with last year just arrived.*	¿Cuáles son los recursos **con que** podemos contar? *What are the resources (that) we can count on?*
formal el/la que los/las que el/la cual los/las cuales	Acaba de llegar el arquitecto **con el que (con el cual)** trabajamos el año pasado. *The architect with whom we worked last year just arrived.*	¿Cuáles son los recursos **con los que (con los cuales)** podemos contar? *What are the resources on which we can count?*

---

*Since the **que** and **cual** forms are largely limited to written Spanish and to use in formal situations, the majority of practice with them in *¡Avance!* is in the *Cuaderno de práctica.*

	TO REFER TO	
	PEOPLE	**THINGS**
	After a Comma	
informal quien que	Van a mandarles la comida a los pobres, **quienes** (**que**) la necesitan más. *They're going to send the food to the poor, who need it most.*	Los problemas, **que** se plantearon ayer, fueron comentados por todos. *The problems, which were posed yesterday, were discussed by all.*
formal el/la que los/las que el/la cual los/las cuales	Van a mandarles la comida a los pobres, **los que** (**los cuales**) la necesitan más. *They're going to send the food to the poor, who need it most.*	Los problemas, **los que** (**los cuales**) se plantearon ayer, fueron comentados por todos. *The problems, which were posed yesterday, were discussed by all.*

■ Like the relative pronoun **quien(es),** the long forms can occur *only* after a preposition or a comma. When there is no preposition or comma, only **que** can be used.

■ In many cases, **que** and **cual** variants of the long forms are interchangeable; choosing between them is a matter of personal preference.

Práctica 1 Complete las siguientes oraciones con **que** o **quien(es),** según el contexto. ¡Cuidado! A veces puede haber más de una respuesta correcta.

1. Los jóvenes _____ acaban de entrar son mis vecinos.
2. ¿Cuáles son los recursos a _____ te refieres?
3. El dueño es un individuo _____ posee algunos recursos.
4. Mis bisabuelos, _____ llegaron a este país en 1920, vinieron de Italia.
5. Las personas para _____ se construyeron estos apartamentos merecen (*deserve*) mucho más.
6. Esa no es la manera en _____ Ud. debe hablarme.

Práctica 2 Complete las siguientes oraciones con **lo que** o con la forma apropiada de **el que / el cual** haciendo los cambios de número y género necesarios, según el contexto.

1. Esos edificios, _____ son parte del proyecto de modernización, se van a tumbar (*are going to be knocked down*) la semana que viene.
2. _____ me estás diciendo me parece un consejo muy bueno. Voy a tenerlo en cuenta.
3. La despoblación rural y la sobrepoblación de las ciudades grandes, dos problemas de _____ han hablado (*they have spoken*) mucho en algunos países de Latinoamérica, van a ser difíciles de resolver.
4. Es sorprendente (*surprising*) que el reciclaje y la conservación de los recursos naturales, dos ideas con _____ mucha gente está de acuerdo en este país, no tenga mayor importancia en las campañas (*campaigns*) políticas.
5. Aquellas viviendas, _____ están en la colina (*hill*) más alta, siguen en vías de desarrollo desde hace dos años.
6. Parece que los trabajadores no comprenden _____ dicen los urbanistas y los urbanistas no entienden _____ dicen los arquitectos.

Intercambios

20

A Junte los siguientes pares de oraciones usando **que, quien(es)** o la forma apropiada de **el que / el cual,** según el contexto. ¡Cuidado con la colocación (*placement*) de las preposiciones! Luego, indique si Ud. está de acuerdo o no. Siga el modelo.

MODELO: El hambre y la desnutrición son problemas graves. Encontramos estos problemas principalmente en los países en vías de desarrollo. →
El hambre y la desnutrición son problemas graves que encontramos principalmente en los países en vías de desarrollo. No estoy de acuerdo; es verdad que son problemas graves, pero los encontramos en casi todo el mundo.

1. Los individuos tienen miedo del futuro. Esos individuos pueden perder su trabajo por causa de la tecnología.
2. Los avances tecnológicos «pequeños» nos afectan más que ningún otro invento. Utilizamos los avances pequeños todos los días.
3. Los ambientalistas (*environmentalists*) son unos extremistas. Es muy difícil trabajar con ellos.
4. Los individuos odian la tecnología. Esos individuos pueden ser realmente peligrosos.
5. Sueño con un mundo ideal. En ese mundo los seres humanos respetan y protegen la naturaleza y el medio ambiente.

B Defina las siguientes palabras y frases en español. ¡Cuidado con los pronombres relativos!

1. una impresora
2. un(a) urbanista
3. un disco duro
4. una vivienda
5. un barrio bajo
6. un arquitecto / una arquitecta

C ¡Necesito compañero! ¿Qué (no) les gustaría a Uds. (*would you [not] like*) en el futuro? Trabajando en parejas, háganse y contesten preguntas para averiguar sus preferencias, y la razón por ellas. Luego compartan con la clase lo que han aprendido. Cuidado con las formas de los pronombres relativos, y recuerden que en español nunca se puede terminar una oración o cláusula con una preposición.

MODELO: persona / hablar con →
—¿Quién es la persona con quien te gustaría hablar algún día?
—El presidente, porque quiero hacerle algunas sugerencias.

1. persona / hablar con
2. lugar / hacer un viaje a
3. problema / resolver
4. película / ver
5. compañía / trabajar para
6. libro / leer
7. persona / conocer a
8. lugar / vivir en
9. lugar / *no* vivir en
10. invento / vivir sin
11. invento / *no* vivir sin
12. persona / salir con

21 POSITIVE, NEGATIVE, AND INDEFINITE EXPRESSIONS

A. Patterns for expressing negation

Negation is expressed in Spanish with one of two patterns.

1. **no** + *verb*
   No trabajaron.   *They did**n't** work.*
   no + *verb* + *negative word*
   No hicieron **nada**.   *They did **nothing**. (They did**n't**
                                          do **anything**.)*

2. *negative word* + *verb*
   Nadie se presentó.   **Nobody** *showed up.*
   negative word + *verb* + *negative word*
   Yo **tampoco** veo a **nadie**.   *I don't see anyone **either**.*

There must always be a negative before the verb: either **no** or another negative word such as **nadie** or **tampoco.** Additional negative words may follow the verb. Unlike standard English, Spanish can have two or more negative words in a single sentence and maintain a negative meaning. Once a negative is placed before the verb, all indefinite words that follow the verb must also be negative.

No vi a **nadie**.   *I did**n't** see **anyone**.*
Nunca hace **nada** por **nadie**.   *He **never** does **anything** for
                                          anyone.*

The following chart shows the most common positive and negative expressions.

POSITIVE		NEGATIVE	
algo	*something*	nada	*nothing*
alguien	*someone*	nadie	*no one*
algún (alguno/a/os/as)	*some*	ningún (ninguno/a)	*none, no*
también	*also*	tampoco	*neither*
siempre	*always*	nunca, jamás	*never*
a veces	*sometimes*		
o	*or*	ni	*nor*
o... o	*either . . . or*	ni... ni	*neither . . . nor*
aun	*even*	ni siquiera	*not even*
todavía, aún	*still*	ya no	*no longer*
		todavía no	*not yet*
		apenas	*hardly*

B. *Alguno/Ninguno* and *alguien/nadie*

■ **Alguno/Ninguno** means *someone / no one* or *something/nothing* from a particular group; **alguien/nadie** expresses *someone / no one* without reference to a group.

Alguien/Nadie llama a la puerta.	*Someone / No one is knocking at the door.*
Hay tres niños en casa. **Alguno** (de ellos) va a abrir la puerta.	*There are three children at home. Someone (one of them) will open the door.*
La compañía ha probado varios diseños nuevos, pero **ninguno** (de ellos) funciona bien.	*The company has tried various new designs, but **none** (of them) works very well.*

■ As adjectives, **alguno** agrees in number and gender, and **ninguno** agrees in gender with the nouns they modify. They shorten to **algún/ningún** before masculine singular nouns.

Hay **algunos chicos** de España en esa clase.	*There are **some guys** from Spain in that class.*
No tengo **ningún amigo.**	*I don't have **any friends.***

■ Because they always refer to people, the words **alguien** and **nadie** must be preceded by the personal **a** when they function as direct objects. **Alguno/a/os/as (algún)** and **ninguno/a (ningún)** also require the personal **a** when they function as direct objects that refer to people.

Veo **a alguien** en el pasillo.	*I see **someone** in the hall.*
No vimos **a nadie** anoche.	*We did**n't** see **anyone** last night.*
No conozco **a ningún** escritor chileno.	*I don't know **any** Chilean authors.*
No conozco **ninguna** novela chilena.	*I'm **not** familiar with **any** Chilean novels.*

C. Other positive, negative, and indefinite expressions

■ When two subjects are joined by **o... o** or **ni... ni,** the verb may be either singular or plural. Native speakers of Spanish tend to make the verb plural when the subject precedes the verb and singular when the subject follows.

Ni mi padre **ni** mi madre me visitan.	*Neither my father **nor** my mother visits me.*
No me visita **ni** mi padre **ni** mi madre.	

■ **Algo/Nada** can be used as adverbs to modify adjectives.

Pues, sí, es **algo** interesante.	*Well, yes, it's **somewhat** interesting.*
No, no es **nada** interesante.	*No, it isn't interesting **at all.***

■ English *more than* (*anything, ever, anyone*) is expressed with negatives in Spanish: **más que (nada, nunca, nadie).**

Más que **nada,** me gusta leer.	*More than **anything,** I like to read.*

Práctica 1 Algunas de las siguientes oraciones son afirmativas y otras son negativas. Siguiendo el modelo, modifíquelas para que las afirmativas sean negativas y viceversa.

MODELO: Nadie viene mañana. →
Alguien viene mañana.

1. Nadie quiere que tú te vayas.
2. Todavía tengo el regalo que mi ex novio me dio.
3. Los viejos no viven aquí tampoco.
4. ¡No voy jamás a conciertos de música rock!
5. ¿Conoces a alguien que me pueda ayudar?
6. Ninguna casa es perfecta.
7. Todavía están buscando una computadora; no les gusta ninguna de éstas.
8. La modernización y la tecnología siempre son la respuesta.

Práctica 2 El alcalde (*mayor*) de Puerto Dorado es muy optimista y piensa que todo está bien en su ciudad. Un periodista le hace preguntas sobre los problemas urbanos. Conteste las preguntas del periodista usando las palabras negativas.

MODELO: ¿Conoce Ud. a alguien que no tenga vivienda?
No, no conozco a nadie que no tenga vivienda.

1. ¿Hay algún problema con el agua de la ciudad?
2. ¿A veces hay cortes de electricidad (*blackouts*)?
3. ¿Todavía usan máquinas de escribir en su oficina?
4. ¿Hay muchos robos (*robberies*) o asesinatos (*murders*) en la ciudad?
5. ¿Hay algo sospechoso en la política municipal?
6. ¿Hay alguna resistencia a reciclar en la ciudad?

Intercambios

A Siempre hay opiniones pesimistas y optimistas sobre cualquier tema. ¿Qué diría (*would say*) un(a) pesimista con respecto a los temas a continuación? Y ¿qué diría un(a) optimista? Trate de usar diferentes expresiones positivas y negativas en cada oración.

MODELO: el hambre en el mundo →
UN(A) PESIMISTA: Nunca vamos a resolver el problema del hambre.
UN(A) OPTIMISTA: Algún día vamos a encontrar una solución.

1. el agotamiento de los recursos naturales
2. la energía solar
3. la medicina alternativa
4. la pobreza
5. la tecnología y la industrialización

B ¿Se preocupa Ud. por el medio ambiente? ¿Es activista? ¿Cuáles de las siguientes oraciones describen sus sentimientos y opiniones al respecto? Coméntelas, cambiando el adverbio o el adjetivo si es necesario para que la oración sea más exacta.

MODELO: *A veces* trato de comprar productos que no contaminan el medio ambiente. →
No es cierto para mí.
Siempre trato de comprar productos que no contaminan el medio ambiente.

1. *Siempre* estoy dispuesto/a a pagar más por productos que no contaminan el ambiente.
2. Trato de reciclar *todo* el papel que utilizo.
3. No voy a comprar *ningún* producto desechable (*disposable*), *ni siquiera* los pañales.
4. Cuando veo artículos sobre la ecología en *algún* periódico o *alguna* revista, *a veces* los leo.
5. *Ya no* reciclo los envases de vidrio y de lata (*jars and cans*).
6. *Todavía no* estoy dispuesto/a a conducir menos (y menos rápido) para reducir la contaminación del aire.

C ¡Necesito compañero! A medida que (*As*) nos modernizamos, y con la ayuda de la tecnología, esperamos que nuestra vida sea cada vez más fácil. ¿Hasta qué punto dependen Uds. de la tecnología? ¿Cuál de los siguientes inventos ha tenido (*has had*) el mayor impacto en su vida? Para investigar el tema, sigan los pasos a continuación.

■ Primero, examinen la tabla de inventos y agreguen por lo menos tres más.

■ Después, entrevístense para averiguar con qué frecuencia Uds. utilizan los inventos de la tabla. Indiquen sus respuestas con una X.

INVENTO	CON MUCHA FRECUENCIA	A VECES	APENAS	NUNCA	TODAVIA NO, PERO EN EL FUTURO, SI	YA NO
la computadora	✓					
la videocasetera		✗	✓			
el tocadiscos		✓				

INVENTO	CON MUCHA FRECUENCIA	A VECES	APENAS	NUNCA	TODAVIA NO, PERO EN EL FUTURO, SI	YA NO
el televisor en blanco y negro				✓		
el tren	✓					
el Velcro						✓
el correo electrónico	✓					
el teléfono inalámbrico (*cordless*)	✗		✓	✗		
el horno (*oven*) convencional			✓			
¿ ?						
¿ ?						
¿ ?						

■ Luego, analicen los inventos que Uds. utilizan con mayor frecuencia. ¿Cuál(es) de ellos ha(n) tenido el mayor impacto en su vida? ¿Por qué?

■ Finalmente, compartan los resultados de su entrevista y análisis con los demás miembros de la clase. ¿Hay mucha diferencia de opiniones? Comenten.

D Entre todos

■ Algunos de los inventos que nos facilitan la vida no son realmente resultado de ninguna investigación científica sino que son producto de la casualidad (*chance*) o fruto del ingenio humano para resolver las pequeñas molestias (*hassles*) de todos los días. ¿Cuáles de los inventos de la actividad anterior son de este tipo? ¿Y cuáles son resultado de la investigación científica?

■ Emparejen seis de los inventos de la lista a continuación con una de las descripciones que siguen.

el abrelatas (*can opener*)
los alimentos enlatados
la calculadora
el chupete (*pacifier*)
el frigorífico
el jabón

las lentillas
los pañales (*diapers*) desechables
la penicilina
la pila (*battery*) eléctrica
el plástico

el semáforo (*traffic light*)
el televisor
las tiras adhesivas
el Velcro

1 Inspirado en el sistema de señales codificado por Gran Bretaña en 1818, la señalización de las calles por... tricolores comienza en el campo inglés en 1838. Después la ciudad de Londres aplica, a partir de 1868, un sistema análogo para intentar organizar la circulación. En los Estados Unidos, en un intento por canalizar su gran parque automovilístico, aparecen en Cleveland, en 1914, los... bicolores, y después los tricolores en Nueva York. En París la primera señal luminosa empieza a funcionar el 5 de mayo de 1923. Es una luz roja acompañada de una pequeña campanilla, que se activa manualmente. La luz verde y la naranja serán utilizadas diez años más tarde.

2 Aunque puedan parecer un invento de la tecnología moderna, ya se conocían en el Renacimiento. Leonardo Da Vinci fue el primero a quien se la ocurrió la idea, pero sólo se decidió a experimentar con ella. Sin embargo, el francés Descartes aprovechó las ocurrencias del genio italiano y las empleó por primera vez con fines terapéuticos, aunque no obtuvo demasiado éxito. Hasta finales del siglo XIX no se emplearon para corregir la miopía y fue en 1937 cuando se sustituyó el vidrio puro por el plástico. Desde entonces la tecnología se ha encargado de reducirlas, perfeccionarlas y hasta hacerlas desechables, de usar y tirar.

3 Gracias a este sistema revolucionario de adherencia, obra de un montañero suizo en los años 50, podemos prescindir de los botones, cremalleras e incluso cordones en algunas prendas de vestir. Basta con unir cada una de las partes del mismo a la ropa para que ésta quede bien sujeta y no se pueda desprender fácilmente. Para quitarla, tan sólo hay que tirar de un extremo con mucha fuerza y la prenda quedará desabrochada.

4 Este artilugio tan sumamente útil, que más de una vez nos ha sacado de un apuro al permitirnos preparar rápidamente una comida, data de la década de los 60 del siglo XIX. Lo curioso del invento es que apareció cincuenta años más tarde que las latas. Así de sorprendente e insólito.

5 Fue un hallazgo muy curioso de un empleado de la firma Johnson & Johnson para curar los cortes que se hacía su mujer en la cocina. Esta brillante idea de cortar en trozos pequeños los vendajes quirúrgicos y pegarlos a continuación en una tira adhesiva se le ocurrió en 1920 cuando estaba en su casa y su mujer sufrió un accidente doméstico. Cuando el presidente de la empresa se enteró de su invento, no dudó ni un momento de la rentabilidad del mismo y a partir de entonces se empezó a comercializar este pequeño vendaje provisional.

6 Su origen se remonta a la necesidad de una madre neolítica de calmar los llantos de su retoño. Los expertos afirman que el primer... fue un hueso. Hasta hace cincuenta años cualquier cosa valía para sosegar a los bebés, pero el... con la forma que lo conocemos tiene cinco décadas.

■ ¿Cuál de los inventos descritos les parece que ha tenido mayor impacto en la vida humana? ¿Por qué?

■ Muchos de los inventos que aparecen en la lista han facilitado la vida, de eso no cabe duda. Sin embargo, algunos de ellos también han creado problemas que afectan el medio ambiente. ¿Cuáles de esos inventos relacionan Uds. con problemas ecológicos? Digan cuál es el problema en cada caso.

ESTRATEGIAS PARA LA COMUNICACION

¡No me gusta nada! *More about likes and dislikes*

As you know, the English verb *to like* is generally expressed in Spanish with **gustar.** Likes and dislikes exist in varying degrees, however. Sometimes you may want to change the way you communicate your likes and dislikes according to the context of the conversation.

For example, if a professor recommended a movie to you that you subsequently saw and heartily disliked, which of the following would be a better response to your professor's question, "How did you like it?"

La película me dio asco. Fue una pérdida total de tiempo.	*The movie made me sick. It was a complete waste of time.*
A mí no me gustó tanto como a Ud.	*I didn't enjoy it as much as you did.*

Here are some useful expressions for talking about your likes and dislikes. Note that all are conjugated like **gustar.**

STRONGLY POSITIVE	POSITIVE	NEUTRAL	NEGATIVE	STRONGLY NEGATIVE
encantar *to delight*	gustar *to be pleasing to*	dar igual *to be the same to*	no gustar *to not be pleasing to*	ofender *to be offensive to*
fascinar *to fascinate*	importar *to matter to, to be important to*	no importar *to not matter to, to not be important to*		disgustar *to annoy, to irk*
	interesar *to be interesting to*			molestar *to bother, to annoy*
				dar asco *to sicken*
				no gustar nada* *to be very unpleasing to*

Todo este ruido nos molesta.	*All this noise bothers us.*
Me fascinaron sus diseños.	*Your designs fascinated me.*
—¿Prefieres café o té?	*—Do you prefer coffee or tea?*
—Me da igual.	*—It's all the same. (It doesn't matter to me.)*

---

*The verb **odiar** (*to hate*) is used by most native speakers of Spanish to express extremely strong passion—of the type that might lead to murder, for example. A strong dislike of something such as a food or a household chore can be expressed by **detestar** (*to detest*).

CULTURA

LA HISPANOAMERICA ACTUAL

APROXIMACIONES AL TEXTO

Discriminating Between Facts and Opinions

An important skill to develop as a reader is the ability to tell the difference between facts and opinions. Uncritical readers accept anything in print as factual simply because it has been published. Being a *critical* reader means making decisions. You will want to accept immediately what you view as factual. In contrast, however, you will want to think about opinions and decide whether or not there is enough information available to justify accepting them.

Palabras y conceptos

atravesar (ie) to cross
aumentar to increase
crear to create
crecer to grow, become larger
cultivar to grow, cultivate
dificultar to make difficult
disminuir to decrease, diminish
poblar (ue) to populate, settle
subir to go up; to climb

el aislamiento isolation
la barrera barrier
el camino road
el ciudadano / la ciudadana citizen
el control de la natalidad birth control
la convivencia living together with others
la cordillera mountain range
la cosecha harvest
el crecimiento growth

la escasez scarcity
la esperanza de vida life expectancy
el índice (la tasa) de mortalidad death rate
el índice (la tasa) de natalidad birthrate
la periferia periphery
el poblador / la pobladora settler
la pobreza poverty
el regionalismo regionalism
la selva jungle; forest

despoblado/a uninhabited
fértil fertile
lleno/a full
paradójico/a paradoxical

a pesar de in spite of, notwithstanding

La Hispanoamérica actual

Cuando se habla de Hispanoamérica, se suelen señalar dos aspectos contradictorios: la inmensa riqueza natural de la zona y la pobreza extrema de buena parte de la población. Entre sus muchos recursos naturales, Hispanoamérica cuenta con la selva tropical más grande del mundo e importantes yacimientos de cobre,[1] estaño,[2] plata[3] y petróleo. El cultivo de sus tierras produce fruta, café y trigo y en los llanos del sur se cría ganado.[4] Su enorme costa rinde una rica variedad de comestibles y otros productos marinos. A pesar de la gran riqueza de Hispanoamérica, sigue habiendo[5] (�Ↄ) una gran pobreza. Para entender la coexistencia de estas dos realidades paradójicas, hay que considerar los factores geográficos y demográficos que influyen en el desarrollo de los países hispano-americanos.

La geografía de Hispanoamérica

Geográficamente, Hispanoamérica es una de las zonas más variadas de todo el mundo. Gran parte de su extensión está en la zona tropical. Pero el continente sur tiene 4.500 millas de largo y, si incluimos la zona de Centroamérica, la longitud es de 6.000 millas. A modo de comparación, la distancia entre Londres y Pekín es también de 6.000 millas. Así que desde México hasta la Argentina se pasa de la zona templada a la tropical hasta llegar a la isla de la Tierra del Fuego, con sus vientos glaciales y temperaturas frígidas (apenas 50 grados Fahrenheit en verano).

Pero aun más impresionante es la presencia de los Andes. La cordillera andina se extiende sin interrupción desde Venezuela hasta el extremo sur de Chile; es decir, 4.500 millas. En comparación con las cordilleras de Europa, los Estados Unidos y Africa, los Andes son las montañas de mayor altura y de mayor extensión. En muchas partes de Hispanoamérica, las montañas están cubiertas de nieve durante todo el año, aun en zonas tropicales que están en la misma latitud que el Congo o Tanzania en Africa. En consecuencia, en muchos países hispanoamericanos el clima está determinado más por la altitud que por la latitud. En Colombia, sólo unas 30 millas separan una selva tropical de la nieve perpetua.

Se ve el dramatismo de los Andes muy claramente en el Ecuador. Dos cordilleras atraviesan el país de norte a sur, creando (�Ↄ) una meseta en el centro. Pero otras cordilleras cruzan la meseta por el medio y la dividen en una gran cantidad de secciones que se llaman «hoyas». Para atravesar el Ecuador de norte a sur o de oeste a este, hay que soportar un continuo subir y bajar con cambios constantes de temperatura y de presión.

En comparación con las montañas Rocosas y la Sierra Nevada de los Estados Unidos, los Andes forman una barrera mucho más infranqueable. Hay pocos puertos de montaña[6] y a menudo los coches que se atreven a[7] cruzar tienen que compartir el camino con los muleros.[8] Los caminos que atraviesan los Andes no son, por supuesto, rutas comerciales. Los Andes, en el oeste, y la selva amazónica, en el este, han impedido (←) la comunicación y el comercio entre la periferia del continente y el interior.

Aun cuando se han vencido (←) los obstáculos para construir una vía férrea, la comunicación no es ni rápida ni económica. Hay una línea de ferrocarril que une la ciudad de Lima con Cerro de Pasco. La distancia directa entre los dos lugares es de 115 millas. Pero con las curvas y los rodeos que la vía tiene que seguir,

---

[1]*copper* [2]*tin* [3]*silver* [4]*cattle* [5]*sigue… there continues to be* [6]*puertos… mountain passes*
[7]*se… dare to* [8]*mule drivers*

Los Andes atraviesan casi todos los países de Sudamérica. Forman una barrera que dificulta la comunicación, el transporte y especialmente la agricultura. Hoy, en varios países andinos, la vuelta al cultivo de productos de los antiguos incas —y a los métodos de cultivo practicados por estos— está transformando la agricultura.

el tren viaja a lo largo de 220 millas, es decir, casi el doble. Además, se necesita más combustible para el viaje, la velocidad es menor que en un viaje a través de terrenos más
50 uniformes y también es menor la cantidad de mercancía[9] permisible. Un viaje que se puede hacer en dos o tres horas en terreno llano se hace en diez en los Andes.

Como consecuencia de esta situación geográfica, la población hispanoamericana está concentrada en la pe-
55 riferia, y la comunicación entre los diversos centros de población se efectúa por avión o por barco. Hasta hace poco todas las ciudades de Hispanoamérica estaban (←) a 300 millas o menos de la costa. Sólo se aprecia cierta dispersión de la población en México, donde el terreno fértil y el clima
60 templado atrajeron (←) a la gente. En el resto del continente sur, el interior queda prácticamente despoblado. Como ha dicho (←) un estudioso de geografía hispanoamericana, la situación sería[10] igual en los Estados Unidos si sus pobladores nunca hubieran atravesado[11] (←) los Apalaches.

65 Limitados a un área relativamente pequeña, algunos hispanoamericanos tienen por fuerza que vivir en los Andes. El 20 por ciento de la población vive en una altitud tan considerable como para padecer[12] ciertos efectos especiales. El cambio de altura influye en el tipo de agricultura, en la fisiología animal y humana y también en el funcionamiento de los motores de vapor[13] y de gasolina.
70 La gente acostumbrada a vivir en esas alturas sufre problemas respiratorios si se traslada a zonas de baja altitud. Por otra parte, quien se traslada a vivir en zonas de gran altura puede sufrir de esterilidad durante temporadas más o menos largas.

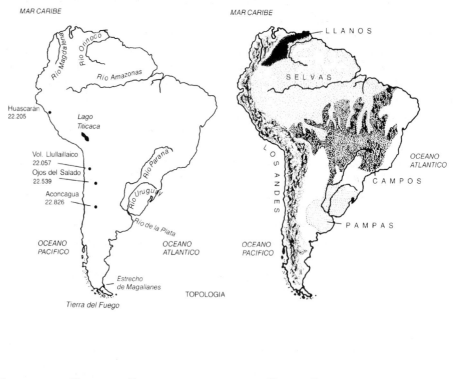

[9]*merchandise*   [10]*would be*   [11]nunca... *had never crossed*   [12]sufrir   [13]*steam*

Las grandes diferencias que existen entre la tierra alta y la baja contribuyen a diferenciar las culturas de la gente que puebla las dos regiones. Del mismo modo, la presencia de los Andes y de otras barreras para la comunicación tiende a crear un fuerte regionalismo que puede tener graves consecuencias económicas y políticas. En miles de comunidades de un mismo país, los ciudadanos se identifican más con las tradiciones locales que con las nacionales. A veces ven a los ciudadanos de las comunidades vecinas con cierta hostilidad, y en muchas ocasiones ni siquiera hablan el mismo idioma. Todavía se hablan más de noventa lenguas en México y, aunque el número no es tan alto en otros países, grandes sectores de la población hispanoamericana no hablan español. El aislamiento de las diversas comunidades también contribuye al analfabetismo, a un elevado índice de mortalidad infantil y a toda clase de problemas relacionados con la falta de servicios pedagógicos y médicos adecuados.

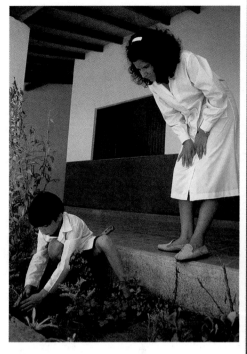

La tecnología y la explosión demográfica

Poco a poco, el desarrollo del transporte aéreo y la necesidad de ampliar la extensión de las tierras cultivables van estableciendo (ꝋ) medios de comunicación entre zonas que antes no los tenían (←). El índice de analfabetismo disminuye todos los años, al igual que el de la mortalidad infantil. Es precisamente el mejoramiento del servicio médico lo que ha dado (←) origen a la explosión demográfica de Hispanoamérica. Tradicionalmente, las familias eran (←) muy grandes porque la alta incidencia de la mortalidad infantil lo requería (←). Ahora que la mortalidad infantil ha disminuido (←), el número de hijos en las clases medias y altas es cada vez menor pero en las clases bajas no ha experimentado (←) una reducción considerable.

El control de la natalidad no se acepta en las clases bajas por muchas razones. En primer lugar, se necesita cierta educación para emplear los diversos métodos anticonceptivos. Existe una relación directa entre el nivel cultural de la población femenina de un país y la tasa de fertilidad. Por ejemplo, aproximadamente el 50 por ciento de las mujeres guatemaltecas son analfabetas y la tasa de fertilidad de ese país es una de las más altas de Hispanoamérica: 5,0 hijos por mujer. En segundo lugar, la Iglesia católica lo prohíbe. Y por último, durante años se dio (←) una gran importancia al número de hijos que una mujer tenía (←). La madre de una familia grande era (←) una buena madre y, por lo tanto, una mujer estimable. No era (←) sorprendente que estas mujeres rechazaran (←) el control de la natalidad, ya que medían (←) su propio valor dentro de la sociedad según el número de hijos que tuvieron (←).

La poca aceptación del control de la natalidad, en combinación con la reducción espectacular de la tasa de mortalidad, hace que el crecimiento demográfico de Hispanoamérica sea entre los más altos del mundo.* Igualmente grave, ahora el 33 por ciento de la población hispanoamericana tiene menos de quince años, frente al 18 por ciento que se da en Europa.

En Hispanoamérica, como en muchas otras partes del mundo, se hacen grandes esfuerzos por orientar a las nuevas generaciones hacia la protección del medio ambiente y los recursos naturales. Se fomentan numerosos programas a favor del reciclaje y contra la destrucción de las selvas tropicales.

---

*Para el año 2000, el crecimiento medio (*average*) de los países hispanoamericanos fue del 2,0 por ciento, igual que el del continente africano. Durante el mismo período, el crecimiento demográfico medio de los Estados Unidos fue del 1,0 por ciento, en España del 0 por ciento y en toda Europa del −0 por ciento.

Las consecuencias de un crecimiento demográfico desenfrenado[14] son numerosas. Mientras el sector pasivo[15] de la sociedad aumenta rápidamente, el sector activo permanece más o menos estable. La mano de obra[16] es constante pero tiene que sostener a un número cada vez mayor de niños que piden co-
120 mida, educación, atención médica, etcétera.

El rápido crecimiento de la población es todavía más problemático si se recuerda que esa población está concentrada en ciertos lugares de la costa. En la Argentina, por ejemplo, el 34,5 por ciento de la población vive en Buenos Aires y en el Uruguay, más del 40 por ciento de la población vive en la ciudad de
125 Montevideo. En muchos países, hay una capital sobrepoblada y un gran número de comunidades pequeñas que permanecen alejadas[17] de la vida, la cultura y la economía de su país. Para los hispanoamericanos que quieren participar en la vida económica nacional, la única solución es la emigración a la capital. En con- secuencia, las ciudades están creciendo (ᴖ) continuamente mientras que las
130 posibilidades de sostener a esos recién llegados disminuyen constantemente.

Es por ello que los gobiernos de los países hispanoamericanos se enfrentan con un reto de difícil solución: la mejora de la explotación de los recursos naturales y el aumento de la producción agrícola, pese a[18] las barreras geográfi- cas y climatológicas que los dificultan. Sin esta mejora, la situación en las ciuda-
135 des se agravará (→) hasta alcanzar unas condiciones de vida que amenacen la convivencia diaria; la metamorfosis que han experimentado (←) las ciudades de Hispanoamérica en las últimas décadas se ha convertido (←) ya en una pesadilla de incalculables proporciones.

[14]sin control   [15]*nonworking*   [16]mano… *workforce*   [17]distanciadas   [18]pese… a pesar de

Comprensión

A Explique la importancia que tienen las siguientes ideas dentro del contexto de la lectura. ¿Con qué asocia Ud. cada una?

1. paradójico
2. la diversidad
3. la barrera
4. el aislamiento
5. el regionalismo
6. el control de la natalidad

Escoja otras dos palabras o frases de la lista del vocabulario (o de la lec- tura misma) que le parezcan muy importantes y explique su importancia.

B Use una de estas palabras o frases para comentar las siguientes afirmacio- nes según la información de la lectura.

Dudo…   (No) Creo…   (No) Es cierto…

1. Hay mucha diversidad geográfica en Hispanoamérica.
2. La cordillera de los Andes se extiende desde el país más norteño (*northern*) hasta el punto más al sur de Hispanoamérica.
3. El transporte de mercancías se hace rápida y fácilmente dentro de los países hispanoamericanos.
4. El índice de mortalidad es más bajo hoy que hace diez años.
5. Muchas rutas comerciales atraviesan los Andes.
6. La mayoría de la población vive en los pequeños pueblos de las zonas rurales.

7. El crecimiento demográfico en Hispanoamérica representa uno de los más altos del mundo.
8. El clima en toda Hispanoamérica es bastante uniforme.
9. La mayoría de la población en Hispanoamérica es muy joven.
10. Los escasos recursos naturales de Hispanoamérica causan la gran pobreza de mucha gente.

C Cambie la información de cada afirmación falsa o dudosa de la actividad anterior para hacerla verdadera. Luego comente cada afirmación, usando **Es bueno/problemático que... porque...**

D Estudie las siguientes ideas con cuidado y luego explique la causa y el efecto de cada una en la Hispanoamérica actual.

1. La comunicación entre la periferia y el interior es difícil.
2. Hay diferencias culturales muy acusadas (notables) entre la gente que puebla las tierras altas y la que habita las tierras bajas.
3. En las clases bajas no se acepta el control de la natalidad.
4. En muchos países hay una capital sobrepoblada y muchas comunidades pequeñas que están aisladas de la vida, la cultura y la economía del país.

Interpretación

A ¿En qué se diferencian la geografía y la demografía de este país de las de Hispanoamérica? En su opinión, ¿qué situaciones geográficas han favorecido (*have favored*) el desarrollo de este país? Explique.

B ¡Necesito compañero! A continuación se enumeran algunas de las áreas problemáticas de Hispanoamérica. Trabajando en parejas, hagan una sugerencia para mejorar cada área, indicando un posible beneficio y un problema que puedan resultar de ella.

MODELO: la ganadería (*livestock breeding*) →
Hispanoamérica debe aumentar su producción ganadera.
Beneficio: Produce carne y así ayuda a reducir el hambre.
Problema: Muchas veces se destruye la selva para hacer espacio para el ganado.

1. la agricultura
2. la industrialización
3. el transporte
4. la alfabetización

Entre todos Comparen sus listas con las del resto de la clase y recopílenlas en una sola lista. En la opinión de la clase, ¿cuál de las sugerencias ofrece el mayor número de beneficios con el menor número de problemas?

C En su opinión, ¿por qué están relacionados la tasa de fertilidad y el nivel de educación de las mujeres? ¿Hay maneras de combatir esta relación aun en el caso de las mujeres con muy poca o ninguna educación? Explique.

LENGUA II

22 USES OF THE SUBJUNCTIVE: CERTAINTY VERSUS DOUBT; EMOTION

A. Certainty versus doubt

Certainty versus doubt is another of the main-clause characteristics that determine the use of indicative or subjunctive in the subordinate clause. The subjunctive is generally used when the speaker wishes to describe something about which he or she has some degree of uncertainty or no knowledge at all.

No es cierto que la población urbana **sea** más culta que la población rural.	*It's not true that the urban population is better educated than the rural population.*
Es dudoso que la tecnología **solucione** todos los problemas.	*It's doubtful that technology will solve every problem.*
Es probable que el gobierno **resuelva** el problema de la vivienda.	*It's probable that the government will resolve the housing problem.*

In contrast, the indicative is used to describe something about which the speaker is, for the most part, certain or knowledgeable.

Es cierto que la población **está** aumentando rápidamente.	*It's true that the population is increasing rapidly.*
No hay duda que la tecnología **es** importante.	*There is no doubt that technology is important.*
Parece que el futuro **es** muy prometedor.	*It appears that the future is very promising.*

In Spanish, some main-clause verbs and impersonal expressions consistently introduce the subjunctive, whereas others consistently introduce the indicative. With impersonal expressions, probability/improbability and possibility/impossibility are always considered degrees of uncertainty, and therefore they always introduce the subjunctive. Here is a chart of some the most common phrases in the *certainty versus doubt* classification. Make sure you know their meanings before beginning the exercises.

CERTAINTY: TO INTRODUCE INDICATIVE	DOUBT/UNCERTAINTY: TO INTRODUCE SUBJUNCTIVE
creer que	no creer que
no dudar que	dudar que
estar seguro/a (de) que	no estar seguro/a (de) que sure
no negar que	negar que deny
pensar que	no pensar que to think
suponer que	no suponer que suppose, assume

CERTAINTY: TO INTRODUCE INDICATIVE	DOUBT/UNCERTAINTY: TO INTRODUCE SUBJUNCTIVE
Es cierto que	No es cierto que
No es dudoso que	Es dudoso que
Es evidente que	No es evidente que
Es obvio que	No es obvio que
Es que	No es que
Es seguro que	No es seguro que
Es verdad que	No es verdad que
No cabe duda (de) que ~no do-bt	(No) Es (im)posible que
No hay duda (de) que ~no do-bt	(No) Es (im)probable que
Parece que	(No) Puede (ser) que

Práctica 1 ¿Demuestran seguridad o falta de seguridad las siguientes oraciones?

1. Es evidente que a él no le gusta el cambio.
2. No estamos seguros que Jaime aspire a ser arquitecto.
3. Vemos que Uds. tienen muchos diseños.
4. No creo que participen en la manifestación.
5. Existe la posibilidad de que haya más igualdad en el futuro.

Práctica 2 Complete las siguientes oraciones con la forma correcta del presente de subjuntivo o de indicativo del verbo entre paréntesis.

1. Supongo que el analfabetismo _____ (seguir) siendo un problema en todo el mundo.
2. No creo que se _____ (resolver) pronto los problemas de los barrios bajos en las grandes ciudades de este país.
3. Creo que reciclar la basura _____ (ser) una buena idea, pero es obvio que _____ (haber) mucha gente que no participa en los programas de reciclaje todavía.
4. Dudo que los urbanistas _____ (poder) resolver el problema de la falta de viviendas en esta ciudad.
5. Es probable que ese vecindario ya no _____ (estar) en vías de desarrollo. Parece que nadie _____ (trabajar) allí desde hace varias semanas.
6. Algunos creen que no es posible que los recursos naturales _____ (acabarse: *to run out*) durante este siglo (*century*).
7. El alcalde no duda que la gente _____ (querer) eliminar los problemas del hambre y la pobreza en la ciudad, pero es evidente que nadie _____ (saber) cómo hacerlo.
8. Es dudoso que toda la modernización programada para este año _____ (realizarse: *to be realized/completed*) a tiempo.

B. Emotion, value judgments

The subjunctive is used in subordinate clauses that follow the expression of an emotion or the expression of a subjective evaluation or judgment. Impersonal expressions that describe emotional responses to reality, or make a subjective commentary on it, are also followed by the subjunctive in subordinate clauses. Here are some of the most common expressions of emotion that result in the use of the subjunctive in the subordinate clause.

esperar que	me encanta* que	es bueno que
estar contento/a (de) que	me enfada que	es fantástico (increíble,
estar triste (de) que	me enoja que	interesante, malo,
sentir (ie, i) que	me fascina que	natural, sorprendente,
tener miedo (de) que	(no) me gusta que	tremendo, triste) que
	me pone contento/a que	es (una) lástima que
	me pone triste que	¡Qué bueno (fantástico,
	me preocupa que	malo, lástima, triste)
		que… !

Siento mucho que la vivienda **sea** tan cara.	*I regret that housing is so expensive.*
Me pone triste que **haya** tanta hambre en el mundo.	*It makes me sad that there is so much hunger in the world.*
¡Qué lástima que **piensen** destruir ese edificio!	*What a shame that they are planning to destroy that building!*
Es bueno que **investiguemos** las causas del problema.	*It is good that we are investigating the causes of the problem.*

Práctica Examine los verbos en letra cursiva en el siguiente pasaje. ¿Cuáles están en indicativo? ¿Cuáles están en subjuntivo? Indentifique la razón por su uso escribiendo las letras **C** (*certainty*), **U** (*uncertainty*) o **EV** (*emotion/value judgment*) en otro papel.

Hoy en día, es evidente que la tecnología *está*[1] presente en todas las actividades diarias. Sin embargo, hay muchas reacciones diferentes sobre su importancia. Muchos piensan que *es*[2] necesario incorporar la tecnología en todos los campos, pero otros dudan que siempre *sea*[3] beneficiosa. Es obvio que la tecnología nos *hace*[4] la vida más fácil, pero muchos tienen miedo de que *dependamos*[5] demasiado de las computadoras. Es probable que dentro de unos años, la mayoría de la población *tenga*[6] una computadora en su casa, y es sorprendente que el uso de las computadoras *se extienda*[7] a todos los rincones (*corners*) del mundo. Según Félix del Dato: «Es cierto que la tecnología nos *mejora*[8] la vida personal, pero es una lástima que *perdamos*[9] el contacto interpersonal».

Intercambios

 ¿Qué opina Ud.? Use una expresión diferente para reaccionar a cada una de las siguientes afirmaciones. Luego, justifique brevemente sus opiniones. ¡Cuidado con el uso del subjuntivo!

---

*All the expressions in this column are used like **gustar** with indirect object pronouns.
  Le/Les gusta que seas arquitecto.
  Me/Nos preocupa que llegues tan tarde.

Creo	Es (im)posible	Estoy seguro/a
Dudo	Es increíble	Es triste
Es bueno	Es malo	Es verdad
Es fantástico	Espero	No creo

1. Vamos a tener colonias en la luna para el año 2050.
2. Muchos jóvenes usan calculadoras y computadoras en la escuela primaria.
3. Se puede resolver el problema del hambre en el mundo.
4. Es más importante proteger (*to protect*) los recursos naturales que aprovecharse (*to take advantage*) de ellos.
5. La industrialización trae graves problemas sociales.
6. En este país, muchas personas están «emigrando» de las grandes ciudades a las afueras o a las zonas rurales.
7. La mayoría de las personas que viven en la pobreza son mujeres y niños.
8. Los científicos no son responsables de la aplicación ni del uso de sus inventos.
9. Hay una conexión entre el analfabetismo y la televisión.
10. Vivimos mejor ahora que hace cincuenta años.

B Usando las siguientes preguntas como guía, describa lo que pasa en los dibujos a continuación. Cuidado con el uso del subjuntivo.

▨ ¿Quiénes son esas personas?　　▨ ¿Cuál es la situación?

▨ ¿Dónde están?　　▨ ¿Cuál es su reacción?

1. amasar (*to knead*), la batidora (*beater*), la cafetera (*coffee maker*), la máquina para hacer palomitas (*popcorn popper*), moler (ue) (*to grind*), el vendedor
2. atrapar, conducir (*to drive*), evitar (*to avoid*) accidentes de tráfico, el imán (*magnet*), volar (ue) (*to fly*)
3. estar absorto, no hacerle caso, repetirse (i, i) la historia

1.

2.

3.

C ¡Necesito compañero! Trabajando en parejas, preparen un comentario positivo y otro negativo sobre tres de los temas a continuación. Para formular sus comentarios, usen las expresiones de las listas que siguen. Luego, comparen sus comentarios con los de los demás miembros de la clase.

Comentarios positivos: es interesante, es tremendo, estamos contentos, nos gusta

Comentarios negativos: no nos gusta, nos enfada, nos preocupa, tenemos miedo

1. la tecnología
2. la sobrepoblación
3. el analfabetismo
4. la posibilidad de un gobierno mundial
5. los recursos naturales
6. la contaminación del medio ambiente
7. el reciclaje
8. la autopista de la información

D Guiones Trabajando en grupos de dos o tres, narren en el tiempo presente la siguiente historia de un invento que ha tenido gran impacto en la vida moderna. Incorporen complementos pronominales cuando sea posible y usen cada una de las expresiones a continuación por lo menos una vez.

cree que…	está muy contento/a (de) que…
duda que…	pide que…
es necesario que…	recomienda que…
es triste que…	les parece ridículo / una buena idea que…

Vocabulario útil: las asas (*handles*), la bolsa (*bag*), el carrito (*shopping cart*), el/la cliente (*customer*), pedir un préstamo (*to ask for a loan*), pesar (*to weigh*), la rueda (*wheel*)

LENGUAJE Y CULTURA

El mundo de la computadora tiene toda una cultura y un lenguaje propios. ¿Reconoce Ud. las siguientes siglas, comunes en la comunicación electrónica? Explique lo que representa cada sigla en inglés, y luego exprésalas en español.

- **Las fáciles**
  TTFN IMO IMHO
  BTW FYI LOL

- **Algunas más difíciles**
  IWBIWISI YMMV

- **Para los peritos (expertos)**
  MRD

Investigue cuáles son las siglas que utilizan los que escriben y «charlan» electrónicamente en español.

1. 2. 3. 4.

5. 6. 7.

E ¡Necesito compañero! Los inventos tecnológicos no sólo traen beneficios, sino que también (*but also*) tienen sus desventajas. Trabajando en parejas, utilicen algunas de las expresiones que Uds. han aprendido (*have learned*) en este capítulo para mencionar dos de los efectos (uno positivo y otro negativo) que la modernización ha tenido en cada cosa o grupo a continuación. Luego, compartan sus opiniones con los demás miembros de la clase.

MODELO: los obreros →

Por un lado (una parte), es bueno que las máquinas puedan hacer algunos de los trabajos más peligrosos. Pero por otro (otra), nos preocupa que muchas personas pierdan el trabajo como resultado de la modernización.

1. la comida
2. los médicos
3. los estudiantes
4. los profesores
5. los políticos
6. el medio ambiente

F Entre todos

■ Los videojuegos son muy populares entre los jóvenes. Algunos creen que esto los puede afectar negativamente, mientras que otros no están seguros de que sea así. Trabajando en grupos, utilicen las expresiones de este capítulo y expliquen las consecuencias negativas y positivas que estos juegos pueden tener en los niños y los jóvenes. De niños, ¿dedicaban Uds. mucho tiempo a estos juegos? Cuando tengan sus propios hijos, ¿van a limitarles el tiempo que dediquen a este tipo de actividad? ¿Por qué sí o por qué no? Si ya tienen sus propios hijos, ¿les limitan el tiempo que dediquen a este tipo de actividad? ¿Por qué sí o por qué no?

■ Hoy en día hay una gran polémica acerca del impacto de la televisión sobre los jóvenes. Mientras algunos la condenan, otros la defienden. Antes se criticaba mucho la presentación de tanta violencia; hoy la crítica ataca también la presentación ubicua (constante) del sexo casual y la falta de valores familiares. Piensen en esto al contestar las siguientes preguntas.

1. ¿Qué evidencia hay de estas tendencias en los programas de televisión de hoy en día?
2. ¿Es cierto que la televisión tiene gran impacto en quienes la miran? ¿Qué efectos positivos y negativos tiene?
3. Miren las dos tiras cómicas a continuación. ¿Qué pasa en cada una? ¿Cómo ve el caricaturista (*cartoonist*) la televisión? ¿Cuál es su punto de vista? ¿Están Uds. de acuerdo? ¿Por qué sí o por qué no?

©Joaquín S. Lavado, QUINO, Toda Mafalda, Ediciones de La Flor, 1997

ENLACE

¡OJO!

	EXAMPLES	NOTES
volver **regresar** **devolver**	Van a **volver** (**regresar**) a España este verano. *They're going to return to Spain this summer.* Tienen que **devolver** el libro a la biblioteca. *They have to return the book to the library.*	**Volver** means *to return to a place;* with this meaning, it is synonymous with **regresar.** **Devolver** means *to return something* (*to someone*).
mudarse **trasladar(se)** **mover(se)**	Como mi padre era militar, **nos mudábamos** constantemente. *As my father was in the military, we moved around constantly.* La compañía la **trasladó** a otra oficina. *The company moved (transferred) her to another office.* Nuestra empresa **se traslada** a Bogotá. *Our firm is moving to Bogotá.* ¿Puedes ayudarme a **mover** este estante? *Can you help me move this bookshelf?* ¡Hijo! No **te muevas.** Tienes una abeja en el brazo. *Son! Don't move. You have a bee on your arm.*	When *to move* means *to change residence,* use **mudarse.** *To move* or *to be moved from place to place*—from city to city or from office to office, for example—is expressed with **trasladar(se).** Use **mover(se)** to express *to move an object or a part of the body.*
sentir **sentirse**	**Siento** un gran alivio sabiendo que vas a estar conmigo. *I feel a great relief knowing that you're going to be with me.*	Both **sentir** and **sentirse** mean *to feel.* **Sentir** is always followed by nouns, and **sentirse** by adjectives.

	EXAMPLES	NOTES
sentir sentirse (continued)	**Me siento** muy aliviada sabiendo que vas a estar conmigo. *I feel very relieved knowing that you're going to be with me.*	
	Lo siento. *I'm sorry. (I regret it).* **Siento** que esto haya llegado hasta allí. *I'm sorry that it has come to this.*	**Sentir** can also mean *to regret*.
	Piensan (Creen, Opinan) que es una poeta excelente. *They feel that she is an excellent poet.*	Neither **sentir** nor **sentirse** can express *to feel* in the sense of *to believe* or *to have the opinion*. These concepts must be expressed with **pensar, creer,** or **opinar**.

A Volviendo al dibujo Elija la palabra o expresión que mejor complete cada oración. ¡Cuidado! También hay palabras de los capítulos anteriores.

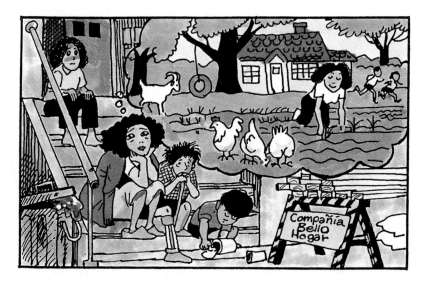

1. La señora Esperanza era joven cuando se casó (a/con/de) un hombre muy bueno. Pero un día, cuando él era muy joven todavía, se enfermó de tuberculosis. Ella tuvo que gastar todos sus ahorros (*savings*) en (cuidar/importar) a su esposo, pero a pesar de todo, él murió. Ahora (mira/parece) que ella no sabe qué hacer porque vive en la ciudad y tiene tres hijos a quienes ella (cuida/importa) y (mantiene/soporta) sola. No quiere depender (al / del / en el) gobierno y prefiere (funcionar/trabajar), pero ¿cómo, si tiene que atender a sus hijos? Ella sueña (con/de/en) (moverse/mudarse) al campo y tener allí una casita con jardín y todo. Ahora (se siente / siente) desesperada. Necesita ayuda, pero nadie hace (atención/caso) de sus necesidades.

2. Los arquitectos se dedican a diseñar edificios para modernizar la ciudad. El urbanista (busca/mira/parece) el diseño que consiste (con/de/en) edificios grandes y supermodernos para múltiples familias. No hay viviendas individuales. (Busca/Mira/Parece) que los arquitectos y el urbanista creen que es (hora/tiempo/vez) de transformar el barrio. También (busca/mira/parece) que ellos no (se sienten / sienten) responsables de los efectos de sus acciones. Lo que más les (cuida/importa) son el progreso, la modernización de la ciudad y el ganar dinero.

3. Después de la realización del proyecto del arquitecto, la señora Esperanza se (movió/mudó/trasladó) con su familia a uno de los edificios modernos. Pero aunque el nuevo apartamento es grande y moderno,

ellos (se sienten / sienten) tan tristes e infelices como antes. Ella y los niños (buscan/miran/parecen) por las ventanas y lo único que pueden ver son los otros edificios que están (cerca/íntimos/unidos).

B Entre todos

■ Hoy en día, ¿es típico que una familia se establezca en una sola ciudad por un largo tiempo (veinte años o más)? ¿Con qué frecuencia se ha mudado (*has moved*) su familia? Por ejemplo, antes de cumplir los dieciocho años, ¿cuántas veces se mudaron Uds.? Si ya tienen hijos, ¿cuántas veces se han mudado con su propia familia? Para los padres, ¿es una ventaja o una desventaja mudarse con frecuencia? ¿y para los niños?

■ Cuando llegó la hora de dejar su casa y mudarse, ¿cómo se sentían Uds.? ¿felices? ¿preocupados/as? ¿Tenían miedo? ¿Recuerdan la primera semana en su nueva residencia? ¿Cómo se sentían? ¿Fue fácil o difícil acostumbrarse? ¿Por qué? Y ahora, después de algún tiempo en su residencia actual (*current*), ¿cómo se sienten? ¿Por qué?

Repaso

A Complete el párrafo, dando la forma correcta de los verbos entre paréntesis.

¡El «hacelotodo», máquina del porvenir!

¿Se siente Ud. agobiada (*overwhelmed*) por el trabajo? ¿Quiere que su vida (ser)[1] más interesante? ¿Quiere (pasar)[2] más tiempo con sus amigos y familiares? ¡(Escuchar)[3]! Ya es posible que la vida (ser)[4] más fácil y más divertida. ¡(Comprar)[5] un hermoso «hacelotodo»! ¿No tiene tiempo de preparar la comida? ¡Es mejor que (preparársela)[6] él! ¿Se cansa lavando la ropa? ¡Es posible que (lavársela)[7] él! ¿Le molesta ir al banco y hacer las compras? ¿No quiere escribir cartas y visitar a sus suegros? ¡No (preocuparse)[8]! ¡Permita que (hacérselo)[9] todo el «hacelotodo»! En la casa, en la escuela, en la oficina, el maravilloso «hacelotodo» está a sus órdenes. De ahora en adelante (*from now on*), ¡(empezar)[10] a vivir de verdad!

En una gran variedad de modelos y colores... a un precio realmente increíble... satisfacción garantizada... el maravilloso «hacelotodo». Sólo en las tiendas más elegantes.

B En el futuro, muchos aparatos que existen hoy van a ser muy diferentes. Identifique los siguientes aparatos del futuro. ¿Cuáles son sus funciones? ¿En qué son diferentes de los aparatos de hoy? ¿Cuáles son los aspectos de cada aparato que le gustan más? ¿los que no le gustan nada? ¿Cuál de los aparatos le parece más útil? ¿menos útil? Explique.

Vocabulario útil: la pantalla (*screen*), oler → huele (*to smell*), secar (*to dry*), planchar (*to iron*), doblar (*to fold*)

¡Me encanta tu perfume!

1.

2.

Los bosques, defensas del planeta

Se sabe que los bosques suministran (*supply*) muchos recursos y que son una de las defensas más importantes para la conservación del planeta Tierra. Sin embargo, los árboles de los bosques se derriban (*are being cut down*) en grandes cantidades para emplearlos como combustible (*fuel*) y para fines industriales. Aunque la situación es crítica, no es del todo desesperada, ya que tanto los gobiernos como muchos individuos se han dado cuenta (*have realized*) del peligro y están intentando salvar lo que queda de los grandes bosques del pasado y asegurar que los terrenos deforestados vuelvan a su estado de bosque primario.

Antes de ver

■ ¿Qué sabe Ud. de los problemas ecológicos de Latinoamérica? Haga una lista y compárela con la de sus compañeros de clase.

■ En el vídeo, se sugieren varias formas de proteger los bosques. ¿Cuáles pueden ser algunas de estas sugerencias?

■ Ahora lea con cuidado la actividad en **Vamos a ver** antes de ver el vídeo por primera vez.

Bosque Tropical Centroamericano

Vamos a ver

¿Son ciertas (**C**) o falsas (**F**) las siguientes afirmaciones? Corrija las oraciones falsas.

	C	F
1. Para que una parcela que fue cultivada retorne a su estado de bosque primario, se requieren de 25 a 30 años.	☐	☐
2. Es importante no comprar nada que esté hecho de madera.	☐	☐

	C	F

3. Los bosques son «fábricas de agua», es decir, en ellos nacen muchos ríos. ☐ ☐

4. Sólo los gobiernos pueden detener la desaparición de los bosques. ☐ ☐

5. Más del 50 por ciento de la madera que se obtiene de los bosques se usa como combustible. El resto se emplea para fines industriales. ☐ ☐

6. Se recomienda que usemos bolsas de papel color castaño porque están hechas de papel reciclado. ☐ ☐

7. Es evidente que cuando tiramos el papel a la basura, ayudamos a que no se derriben nuevos árboles. ☐ ☐

Después de ver

■ ¿Está Ud. de acuerdo con las recomendaciones del vídeo? ¿Qué cosas cambiaría (*would you change*) o añadiría (*would you add*) a esa lista?

■ El gobierno del Perú solicita ideas para una campaña publicitaria para proteger la selva amazónica. Trabajando en grupos, hagan una lista de por lo menos cuatro recomendaciones básicas para esta campaña. Usen mandatos formales como: «Usen bolsas de papel reciclado». Luego, presenten sus ideas a la clase y voten por las mejores.

■ Busque información sobre un grupo ecologista basado en algún país hispanohablante. ¿Cuáles son sus objetivos y actividades principales? ¿Está Ud. de acuerdo con las ideas de ese grupo? ¿Por qué sí o por qué no? Luego, comparta la información y sus opiniones con sus compañeros de clase.

CAPITULO

6

El hombre y la mujer en el mundo actual

Lesson Objectives

Lengua

- Present perfect indicative (23)
- Present perfect subjunctive (24)
- Uses of the subjunctive: Adjective clauses (25)

Literatura

- *Rosamunda* Carmen Laforet
- **Vídeo:** Alfareras de la provincia del Cañar, Ecuador

Ellen Ochoa, la primera astronauta hispana, abordo del transbordador espacial Atlantis con su colega Jerry Ross

DESCRIBIR Y COMENTAR

The *¡Avance!* CD-ROM contains interactive activities to practice the material presented in this chapter.

- Compare las actividades de los niños con las de las niñas en los años veinte. ¿Qué aspiraciones tenían? ¿Hay alguna relación entre sus juegos y sus aspiraciones? ¿Cuál es? ¿Piensa Ud. que en realidad ocurría tal socialización? ¿Piensa que todavía ocurre? Explique.

- ¿En qué son diferentes las actividades femeninas de principios del siglo XXI de las de los años veinte? ¿Hay diferencias también entre los juegos masculinos de los años veinte y los de principios del siglo XXI? ¿Cuáles son? ¿Sugieren estos dibujos que han ocurrido algunos cambios socioculturales? ¿Cuáles son?

- ¿Refleja el segundo dibujo lo que ocurre en la comunidad de Ud. (entre sus amigos, su familia, etcétera)? ¿En qué sentido?

VOCABULARIO
para conversar

aspirar a to aspire to
desempeñar un papel to play (fulfill) a role
educar* to rear, bring up (children)
socializar to socialize

el amo/a de casa homemaker
la aspiración aspiration, goal
el cambio change
la carrera career, profession; university
specialty (major)
la custodia custody
la educación* upbringing; education
la expectativa expectation
el/la feminista feminist
la igualdad equality
la infancia infancy
el juguete toy
la juventud childhood; youth
el/la machista male chauvinist
la meta goal, aim
la muñeca doll
el papel role

la pelota ball
el prejuicio prejudice
el puesto job; position
los quehaceres domésticos household chores
la responsabilidad responsibility
la sensibilidad (emotional) sensitivity
la socialización socialization
el sueldo salary
la vejez old age

femenino/a feminine
feminista feminist
machista male-chauvinistic
masculino/a masculine

alguna vez ever (*used in a question with present perfect tense*)
en cuanto a... as far as . . . is concerned
en estos días these days
recientemente recently
últimamente lately

A Dé la palabra de la lista del vocabulario que corresponde a cada una de las siguientes definiciones.

1. característico de las mujeres
2. el principio que reconoce los mismos derechos (*rights*) para todos
3. la época de la vida entre la infancia y la madurez (*adulthood*)
4. que se emociona fácilmente
5. el dinero que se recibe periódicamente por un trabajo realizado

B ¡Necesito compañero! Trabajando en parejas, mencionen las palabras de la lista del vocabulario, y otras más, que Uds. asocien con cada una de las palabras a continuación. ¡Prepárense para explicarle sus respuestas al resto de la clase!

> MODELO: el ama de casa →
> educar, la educación, la responsabilidad, la tradición

1. el puesto
2. el juguete
3. la socialización
4. la custodia
5. la meta

---

*In both English- and Spanish-speaking cultures, "bringing up" (**educar**) children denotes both physical care as well as the process of educating them with respect to the values and rules of the society in which they live. The Spanish term **educación** refers both to the moral upbringing of a child as well as to schooling. *Higher education* is commonly expressed as **la educación superior.**

Remember that **bien educado/a** and **mal educado/a** convey the meaning of *well-* or *ill-mannered.* To indicate that someone is *well-educated,* use **culto/a.**

C Relacione cada persona de la lista con una(s) de las palabras del cuadro. Luego, justifique sus respuestas. ¿Cuáles de estas asociaciones reflejan estereotipos? Explique.

1. una mujer
2. una muchacha
3. un hombre
4. un muchacho

criar   el cambio   la juventud   sensible

el prejuicio   la responsabilidad   el ama de casa

la muñeca   la pelota

la expectativa   la custodia

la carrera

D En su opinión, ¿hay más igualdad entre los sexos hoy en día que en 1920? Considere los siguientes contextos con respecto a ambos sexos para explicar su respuesta. Luego, comparta su respuesta con la clase.

1. los papeles (responsabilidades, deberes) que tienen en la sociedad
2. la situación económica (participación en las distintas carreras, sueldos)
3. la participación política

■ En general, ¿qué aspecto(s) de los cambios entre los sexos desde 1920 considera Ud. positivo(s)?

■ ¿Hay algunos que le parecen negativos? Explique.

■ ¿Qué otros cambios se van a producir entre este año y el año 2020 en cuanto a las actividades de ambos sexos?

E Entre todos

■ ¿Cuál es el papel de la mujer en su comunidad o grupo? ¿y el papel del hombre?

■ En general, ¿tiene la mujer el papel de líder en nuestra sociedad?

■ ¿Tiene el hombre la libertad suficiente para manifestar su sensibilidad? ¿para dedicarse a los quehaceres domésticos?

UNA MUJER EN LA CIMA DEL EVEREST

¡ ME DIJERON, "YA QUE SUBE UD. ALLÁ..."!

el peric

¿Dónde está esta mujer? ¿Por qué está barriendo (*sweeping*)? ¿Qué contradicción hay entre lo que acaba de hacer y lo que está haciendo en el dibujo? ¿Qué estereotipo(s) contradice o ridiculiza este dibujo? Explique.

23 PRESENT PERFECT INDICATIVE

Both Spanish and English have simple and compound verb forms. A simple form has only one part: the verb with its appropriate ending (*I spoke,* **hablé**). A compound form has two parts: an auxiliary verb plus a participle of the main verb (*I have spoken,* **he hablado**). The auxiliary verb used with English perfect forms is *to have;* **haber** is the auxiliary verb used with Spanish perfect forms.

Hemos alcanzado nuestras metas.	*We have achieved our goals.*
Nunca **ha visto** un fantasma.	*He has never seen a ghost.**

Haber is conjugated to show person/number, tense, and mood. The present perfect indicative (**el presente perfecto de indicativo**) uses the present indicative of **haber.** Other perfect forms use other tenses and moods of **haber.** The form of the past participle does not change. Here are the present indicative forms of **haber.**

he	hemos
has	habéis
ha	han

The present perfect expresses an action completed in the past; however the present perfect's time frame is open-ended and *usually* not defined by any implied or specified time limit in the past. In contrast, the preterite's time frame is *always* closed and defined by an implied or specified time limit. Thus, the present perfect's scope can start at an unspecified time in the past and span up to—and even include—the present. Compare the following sentences.

¿**Ha encontrado** Ud. el prejuicio en su trabajo alguna vez?	*Have you ever encountered prejudice in your job?* (open, unspecified time frame in the past, up to and including the present)
¿**Encontró** Ud. mucho prejuicio en su trabajo el año pasado?	*Did you encounter much prejudice in your job last year?* (closed, defined time frame in the past; no reference to the present)

This lack of specificity in the present perfect's scope means it is often accompanied by such adverbs or adverbial expressions as: **alguna vez, en estos días, recientemente, siempre, todavía no, últimamente, ya.**

---

*Note that, unlike English, Spanish never inserts another word between the auxiliary verb and the past participle.

LENGUA I

A PROPOSITO

Remember that the past participle is formed by adding **-ado** to the stem of **-ar** verbs and **-ido** to the stem of **-er** and **-ir** verbs.

amar → amado
comer → comido
salir → salido

For more information on the formation of past participles, as well as a list of the most common irregular forms, see **Capítulo 1,** page 18.

A PROPOSITO

The use of the present perfect versus preterite varies widely from country to country, and even from region to region within a country. For example, in some parts of Spain, the present perfect is often used instead of the preterite, whereas in other parts, the opposite is true. In Mexico, the preterite is generally preferred over the present perfect.

Práctica Use los verbos entre paréntesis para formar oraciones en el presente perfecto de indicativo. Recuerde que es necesario usar una forma del verbo **haber** más el participio pasado del verbo.

> MODELO: Nunca en mi vida (yo: jugar) al fútbol. →
> Nunca en mi vida he jugado al fútbol.

1. La mujer moderna (aprender) a desempeñar muchos papeles en su familia.
2. (Tú: educar) muy bien a tus hijos.
3. Yo (obtener) la custodia de mis hijos por fin.
4. ¿(Aspirar) Uds. a aprender un idioma extranjero alguna vez?
5. (Nosotros: cumplir) con muchas responsabilidades últimamente.
6. Se (**se pasivo:** abrir) muchos puestos en esa compañía recientemente.
7. ¿Qué (tú: hacer) en estos días?

Intercambios

A **¡Necesito compañero!** ¿Cómo ha sido su experiencia universitaria hasta ahora? Trabajando en parejas, háganse y contesten preguntas con la forma correcta del presente perfecto de indicativo. También añadan otra información para que sus respuestas sean más completas. Después, comparen sus experiencias con las de las otras parejas.

Alguna vez, siendo estudiante aquí, recientemente, últimamente, en estos días,...

1. ¿asistir a un evento deportivo?
2. ¿participar en alguna actividad política?
3. ¿inventar una excusa para no ir a clase?
4. ¿tener un encuentro con la policía?
5. ¿gastar una broma pesada (*practical joke*)?
6. ¿trasnochar (*"stay up all night"*)?
7. ¿enamorarse?
8. ¿dormirse en una clase?
9. ¿escribir un diario (*diary or journal*)?
10. ¿ir de compras para escaparse de los estudios?
11. ¿pasar toda la noche escuchando/aconsejando a un amigo / una amiga que tenía algún problema?
12. ¿ ?

¿Qué revelan los resultados? ¿Es verdad que la experiencia de ser estudiante es bastante homogénea? ¿Han notado algunas diferencias entre la experiencia femenina y la masculina? Comenten.

B Muchas ideas sobre lo que es «típicamente» masculino o femenino han cambiado a través del tiempo. Indique si en el pasado las siguientes actividades se consideraban «terreno» exclusivo de los hombres (**H**), de las mujeres (**M**) o si se consideraban aceptables para ambos sexos (**A**).

Tradicionalmente, llorar en público se ha considerado poco masculino. ¿Qué opina Ud.? ¿Ha cambiado esta idea hoy en día? ¿En qué circunstancias es aceptable que un hombre llore?

	H	M	A
1. llevar pantalones	☐	☐	☐
2. especializarse en ciencias	☐	☐	☐
3. teñirse (*dye*) el cabello	☐	☐	☐
4. besarse en la mejilla entre personas del mismo sexo	☐	☐	☐

	H	M	A
5. hablar de temas románticos	☐	☐	☐
6. estudiar una carrera en educación	☐	☐	☐
7. mirarse al espejo	☐	☐	☐

En los últimos años, ¿han cambiado algunas de estas ideas o siguen siendo iguales? Si ha habido cambios, ¿han sido positivos o negativos? Dé su opinión e indique las razones por las cuales es posible que hayan ocurrido (*have occurred*) estos cambios. Use el modelo como guía.

MODELO: llevar pantalones →
Tradicionalmente los pantalones han sido usados exclusivamente por los hombres, pero hoy en día las mujeres los llevan también. La costumbre ha cambiado porque las mujeres se han dado cuenta que es más cómodo y práctico llevar pantalones que llevar falda. Yo creo que este cambio ha sido positivo porque les ha dado a las mujeres más libertad de movimiento para trabajar, hacer ejercicio, etcétera.

C **¡Necesito compañero!** Imagínense que una persona busca trabajo como periodista para el periódico universitario. Trabajando en parejas, preparen una lista de preguntas para entrevistarla. Usen las actividades a continuación como guía, y agreguen por lo menos tres preguntas más. Traten de usar el presente perfecto cuando el contexto lo permita.

estudiar	trabajar
tener experiencia	ganar $_____ en el puesto anterior
dejar el puesto anterior	aspirar a

Cuando hayan completado su lista de preguntas, úsenla para entrevistar a otro compañero / otra compañera de clase.

ESTRATEGIAS PARA LA COMUNICACION

¿Ud. quiere decir que... ? *Double-checking comprehension*

Communication sometimes breaks down because the ideas being discussed are complex and lend themselves to more than one interpretation. In addition to asking for more information, you can check your understanding in other ways.

■ Try paraphrasing what the other person has said and asking whether that is what he or she meant: **¿Quiere Ud. decir que... ?** This lets the other person know exactly what you have and have not understood.

■ If you understand the words but not the message, indicate this by asking: **¿Qué quiere Ud. decir con eso?** The other person then knows that what you need is an explanation, not a repetition.

■ You can also ask for an example of the point or idea that you don't fully understand: **¿Podría Ud. darme un ejemplo de eso?** or **¿Como qué, por ejemplo?** This is an excellent strategy to use in reverse as well: when you aren't sure how to express something, try to give an example of what you mean.

24 PRESENT PERFECT SUBJUNCTIVE

The present perfect subjunctive (**el presente perfecto de subjuntivo**) is formed with the present subjunctive of **haber** plus the past participle. Here are the present subjunctive forms of **haber.**

haya	hayamos
hayas	hayáis
haya	hayan

The cues for the choice of the perfect forms of the subjunctive are the same as those for the simple forms of the subjunctive; the difference is only in the time reference. The *present subjunctive* always refers to an action that occurs at the same time or at a future time with respect to the main verb; the *present perfect subjunctive* refers to an action that has occurred before the main verb.*

CUE	EL PRESENTE (PRESENT, FUTURE)	EL PRESENTE PERFECTO (PAST)
la duda	No creo que el padre **gane** la custodia. *I don't believe that the father is winning (will win) custody.* Dudo que **sean** buenos padres. *I doubt that they are (will be) good parents.*	No creo que el padre **haya ganado** la custodia. *I don't believe that the father has won (won) custody.* Dudo que **hayan sido** buenos padres. *I doubt that they have been (were) good parents.*
la emoción	Es una lástima que muchos jóvenes no **tengan** metas más altas. *It is a shame that many young people do not (will not) have higher goals.* Me pone furioso que no nos **ayude.** *It makes me furious that she does not (will not) help us.*	Es una lástima que Ud. no **haya tenido** metas más altas. *It is a shame that you have not had (did not have) higher goals.* Me pone furioso que no nos **haya ayudado.** *It makes me furious that she has not helped (did not help) us.*

---

*Expressions of persuasion generally imply that the subordinate action will occur at some point in the future. For this reason, the use of the present perfect subjunctive, which expresses a completed action, is infrequent after these constructions.

Práctica Dé oraciones nuevas según las palabras que aparecen entre paréntesis.

La sociedad actual es menos sexista que antes, pero…

1. es triste que (*nosotros*) no *hayamos* hecho más cambios. (tú, el gobierno, yo, Uds.)
2. dudo que la sociedad haya *combatido el sexismo.* (eliminar los estereotipos, resolver todos los problemas, acabar con la discriminación, ver las dimensiones del problema)
3. *es bueno* que el gobierno haya escrito nuevas leyes (*laws*). (no creo, es natural, me gusta, es importante)

Intercambios

A Complete las siguientes oraciones con la forma correcta del presente perfecto —de indicativo o de subjuntivo, según el contexto— del verbo en letra cursiva.

1. Es necesario que en el futuro *eviten* el sexismo en los cuentos infantiles; no creo que lo _____ en el pasado.
2. Es importante que en el futuro *eduquen* a los niños sin estereotipos; es triste que no los _____ así en el pasado.
3. No quiero que *exista* discriminación en el futuro aunque todos sabemos que _____ en el pasado.
4. Es bueno que ahora los hombres *estén* más liberados emocionalmente; dudo que lo _____ en el pasado.

Siga completando las oraciones, usando el mismo verbo u otro que tenga sentido dentro del contexto.

5. Es necesario que las mujeres aprendan a ser más independientes; es una lástima que en el pasado…
6. Es importante que entendamos ahora los efectos del sexismo; (no) creo que en el pasado…

B Exprese su opinión sobre las siguientes afirmaciones. Utilice las expresiones que se sugieren en cada caso, u otras que Ud. considere apropiadas. Use la forma correcta del presente perfecto de indicativo o de subjuntivo, según el contexto.

MODELO: La publicidad ha ayudado a combatir los estereotipos sexuales.
a. No creo que… **b.** Es bueno que… **c.** Es claro que… →
No creo que la publicidad haya ayudado a combatir los estereotipos sexuales. De hecho (*In fact*), es claro que los ha fomentado.

1. En los últimos años, ha cambiado la imagen del hombre ideal presentada en la televisión y el cine.
a. Dudo que… **b.** Es evidente que… **c.** Me alegra que…

LENGUAJE Y CULTURA

Tanto en inglés como en español, hay casos en que la misma palabra puede cambiar de sentido si se refiere a un hombre o a una mujer. Por ejemplo, «un hombre público» alude a alguien conocido en el mundo político, mientras que «una mujer pública» es una prostituta. Estudie los siguientes pares de expresiones y explique, en español, la diferencia que resulta del cambio de sexo.

1. master / mistress
2. bachelor / spinster
3. mothering / fathering

¿Conoce Ud. otras expresiones o palabras que cambien de significado de esta manera?

2. La imagen del hombre violento al estilo de Rambo ha predominado en las películas de Hollywood.
   a. No creo que…   **b.** Es cierto que…   **c.** Es triste que…
3. Ultimamente se han impuesto modelos de hombres menos violentos.
   a. Es posible que…   **b.** Es verdad que…   **c.** ¡Qué lástima que… !
4. El papel de líderes tradicionalmente ha sido reservado para los personajes masculinos.
   a. Es probable que…   **b.** Es seguro que…   **c.** Es lógico que…
5. Los personajes femeninos, en cambio, han desempeñado un papel pasivo.
   a. Tal vez…   **b.** Es absurdo que…   **c.** Me enoja que…
6. También se han hecho algunos programas y películas en los que las mujeres han sido fuertes e independientes.
   a. Es dudoso que…   **b.** Sé que…   **c.** ¡Qué maravilloso que… !

 C ¡Necesito compañero! ¿Creen Uds. que la imagen tanto del hombre ideal como de la mujer ideal ha evolucionado en el cine y en la televisión?

■ Trabajando en parejas, hagan una lista de algunos personajes masculinos y femeninos representativos. Incluyan en su lista algunos personajes actuales y también algunos no muy recientes, es decir, de hace diez años o más.

■ Luego, analicen su lista. ¿Qué tipos o categorías generales pueden identificar? (Por ejemplo, la mujer «fuerte», o el hombre «suave».)

■ ¿Qué características o valores representa cada tipo o categoría?

Comparen su lista y análisis con los de las otras parejas. ¿Qué notan Uds. en cuanto a los valores representados por estos personajes? ¿Qué características o valores han predominado? ¿Cuáles han cambiado a través del tiempo? ¿Les parecen positivos o negativos estos cambios? Expliquen.

 D Guiones ¿Qué han hecho? Trabajando en grupos de tres, describan los dibujos a continuación con una forma apropiada del presente perfecto de indicativo o de subjuntivo. En su descripción, identifiquen a cada persona, describan la situación o el contexto general y especulen sobre lo que le va a pasar después. Recuerden usar las estrategias para la comunicación.

Vocabulario útil: atrapar (*to catch*), la pelota, el cristal, la cuenta, el carnicero, dejar plantado/a (*to stand someone up*)

MODELO:

→ Lisa es una estudiante universitaria que ha pasado toda la semana escribiendo una composición para la clase de español. Hoy por fin la ha terminado y está muy contenta que todo le haya salido como esperaba. ¡Qué bien que se haya levantado temprano, porque ahora puede salir a divertirse!

1. 2. 3. 4.

LITERATURA ROSAMUNDA

APROXIMACIONES AL TEXTO

Puntos de vista masculinos y femeninos

A knowledge of the literary and social conventions implicit in a text is a helpful tool for understanding the text. This is true for all kinds of texts, since even uncomplicated messages, such as those communicated in popular literature and in advertisements, require a great deal of cultural as well as linguistic knowledge to be understood.

The more one reads and becomes familiar with literary conventions, the easier it is to understand literary texts. Knowledge of literary conventions, however, does not necessarily imply only one interpretation of a text. Think of how many pages have been written on the character of Hamlet! An important reason for different interpretations is that each reader brings his or her personal experiences and perceptions to the text.

In recent years attention has focused on the differences between readers, and in particular, between male and female readers. Men and women appear to react to texts in different ways, whether for biological or sociohistorical reasons. Texts that are generally popular with one sex are often disliked by the other. And certain experiences that male writers and critics have presented as universal are limited to the male sphere of action, being either outside female experience or experienced negatively by women. For example, in James Joyce's *Portrait of the Artist As a Young Man,* the male protagonist contemplates a young woman on a beach and, through her sensuality and beauty, comes to a more profound understanding of beauty and of the universe in general. A male reader may well identify with this experience and incorporate Joyce's feelings and meaning, but a female reader may not respond in the same way; the presentation of female beauty as perceived by the male may be an alien experience for her.

Palabras y conceptos

aborrecer to hate, abhor
amenazar to threaten
atar to lace up
casarse (con) to marry, get married (to)
comprobar (ue) to verify, ascertain
convidar to invite (*to a meal*)
dar pena to cause grief, cause pain
odiar to hate
salvar to save

el alrededor surroundings
el amanecer dawn
el asiento seat
el cansancio fatigue
el carnicero butcher
la cinta ribbon
el collar necklace
la lágrima tear

el lujo luxury
la mariposa butterfly
la naturaleza nature
la paliza beating
el pelo hair
el pendiente earring
la plata silver

asombrado/a astonished
borracho/a drunk
celoso/a jealous
desdichado/a unfortunate
estrafalario/a odd, strange
flaco/a skinny
necio/a foolish, stupid
soñador(a) dreamy
tosco/a rough, coarse

Note: The following story is told in both the first and third person. The first-person narrative occurs in the dialogues between the two main characters, Rosamunda and a soldier, and also in their interior monologues (that is, their unspoken thoughts). The third-person narrative unfolds on two levels. The first is the voice of an objective and distant observer who, like a camera, simply records what can be seen. The second is the voice of an omniscient narrator who reveals the inner feelings of the two characters, thus communicating to the reader information that otherwise would not be known. The shifting back and forth from one level to another adds a variety of dimensions to the story and forces the reader to question the accuracy of the descriptions presented.

Rosamunda

España

Sobre la autora *Carmen Laforet (1921–) es una novelista española. Su primera novela* Nada *(1944) es considerada como una de las primeras obras importantes escritas después de la Guerra Civil Española (1936–1939) que abrió el paso a una visión crítica de la España de la dictadura de Franco. Además de novelas, Laforet ha escrito libros de cuentos y narraciones sobre sus viajes por Europa y América.*

Estaba amaneciendo, al fin. El departamento de tercera clase olía a cansancio, a tabaco y a botas de soldado. Ahora se salía de la noche como de un gran túnel y se podía ver a la gente acurrucada, dormidos hombres y mujeres en sus asientos duros. Era aquél un incómodo vagón-tranvía, con el pasillo atestado de cestas y maletas. Por las ventanillas se veía el campo y la raya plateada del mar.

Rosamunda se despertó. Todavía se hizo una ilusión placentera al ver la luz entre sus pestañas semicerradas. Luego comprobó que su cabeza colgaba hacia atrás, apoyada en el respaldo del asiento y que tenía la boca seca de llevarla abierta. Se rehizo, enderezándose. Le dolía el cuello —su largo cuello marchito—. Echó una mirada a su alrededor y se sintió aliviada al ver que dormían sus compañeros de viaje. Sintió ganas de estirar las piernas entumecidas —el tren traqueteaba, pitaba—. Salió con grandes precauciones, para no despertar, para no molestar, «con pasos de hada» —pensó—, hasta la plataforma.

El día era glorioso. Apenas[1] se notaba el frío del amanecer. Se veía el mar entre naranjos.[2] Ella se quedó como hipnotizada por el profundo verde de los árboles, por el claro horizonte de agua.

—«Los odiados, odiados naranjos… Las odiadas palmeras[3]… El maravilloso mar… »

—¿Qué decía usted?

A su lado estaba un soldadillo. Un muchachito pálido. Parecía bien educado. Se parecía a[4] su hijo. A un hijo suyo que se había muerto. No al que vivía; al que vivía, no, de ninguna manera.

—No sé si será[5] usted capaz de entenderme —dijo [ella], con cierta altivez[6]—. Estaba recordando unos versos[7] míos. Pero si usted quiere, no tengo inconveniente en recitar…

[1]*Hardly, Scarcely*   [2]*orange trees*   [3]*palm trees*   [4]*Se… He resembled*   [5]*are likely to be*   [6]*orgullo*
[7]*lines of poetry*

El muchacho estaba asombrado. Veía a una mujer ya mayor, flaca, con profundas ojeras.[8] El cabello[9] oxigenado, el traje de color verde, muy viejo. Los pies calzados en unas viejas zapatillas de baile…, sí, unas asombrosas zapatillas de baile, color de plata, y en el pelo una cinta plateada también, atada con un lacito[10]… Hacía mucho que él la observaba.

—¿Qué decide usted? —preguntó Rosamunda, impaciente—. ¿Le gusta o no oír recitar?

—Sí, a mí…

El muchacho no se reía porque le daba pena mirarla. Quizá más tarde se reiría.[11] Además, él tenía interés porque era joven, curioso. Había visto[12] pocas cosas en su vida y deseaba conocer más. Aquello era una aventura. Miró a Rosamunda y la vio soñadora. Entornaba[13] los ojos azules. Miraba al mar.

—¡Qué difícil es la vida!

Aquella mujer era asombrosa. Ahora había dicho esto con los ojos llenos de lágrimas.

—Si usted supiera,[14] joven… Si usted supiera lo que este amanecer significa para mí me disculparía.[15] Este correr hacia el Sur. Otra vez hacia el Sur… Otra vez a mi casa. Otra vez a sentir ese ahogo[16] de mi patio cerrado, de la incomprensión de mi esposo… No se sonría usted, hijo mío; usted no sabe nada de lo que puede ser la vida de una mujer como yo. Este tormento infinito… Usted dirá[17] que por qué le cuento todo esto, por qué tengo ganas de hacer confidencias, yo, que soy de naturaleza reservada… Pues, porque ahora mismo, al hablarle, me he dado cuenta de que tiene usted corazón y sentimiento y porque esto es mi confesión. Porque, después de usted, me espera, como quien dice,[18] la tumba… El no poder hablar ya a ningún ser humano…, a ningún ser humano que me entienda.

Se calló, cansada, quizá, por un momento. El tren corría, corría… el aire se iba haciendo cálido,[19] dorado. Amenazaba un día terrible de calor.

—Voy a empezar a usted mi historia, pues creo que le interesa… Sí. Figúrese[20] usted una joven rubia, de grandes ojos azules, una joven apasionada por el arte… De nombre, Rosamunda… Rosamunda ¿ha oído?… Digo que si ha oído mi nombre y qué le parece.

El soldado se ruborizó[21] ante el tono imperioso.

—Me parece bien… bien.

—Rosamunda… —continuó ella, un poco vacilante.

Su verdadero nombre era Felisa; pero, no se sabe por qué, lo aborrecía. En su interior siempre había sido Rosamunda, desde los tiempos de su adolescencia. Aquel Rosamunda se había convertido en la fórmula mágica que la salvaba de la estrechez de su casa, de la monotonía de sus horas; aquel Rosamunda convirtió al novio zafio y colorado[22] en un príncipe de leyenda. Rosamunda era para ella un nombre amado, de calidades exquisitas… Pero ¿para qué explicar al joven tantas cosas?

—Rosamunda tenía un gran talento dramático. Llegó a actuar con éxito brillante. Además, era poetisa. Tuvo ya cierta fama desde su juventud… Imagínese, casi una niña, halagada, mimada[23] por la vida y, de pronto, una catástrofe… El amor… ¿Le he dicho a usted que era ella famosa? Tenía dieciséis años apenas, pero la rodeaban por todas partes los admiradores. En uno de los recitales de

---

[8]*bags under her eyes* [9]pelo [10]*little bow* [11]se… *he would laugh* [12]Había… *He had seen* [13]*She half-closed* [14]*(only) knew* [15]*you would forgive* [16]opresión [17]*probably wonder* [18]como… *as they say* [19]se… *was becoming hot* [20]Imagínese [21]se… *blushed* [22]zafio… *boorish and ruddy* [23]halagada… *flattered, spoiled*

poesía, vio al hombre que causó su ruina. A… A mi marido, pues Rosamunda, como usted comprenderá,[24] soy yo. Me casé sin saber lo que hacía, con un hombre
75 brutal, sórdido y celoso. Me tuvo encerrada años y años. ¡Yo!… Aquella mariposa de oro que era yo… ¿Entiende?

(Sí, se había casado, si no a los dieciséis años, a los veintitrés; pero ¡al fin y al cabo[25]!… Y era verdad que le había conocido un día que recitó versos suyos en casa de una amiga. El era carnicero. Pero, a este muchacho, ¿se le podían con-
80 tar[26] las cosas así? Lo cierto era aquel sufrimiento suyo, de tantos años. No había podido ni recitar un solo verso, ni aludir a sus pasados éxitos —éxitos quizá inventados, ya que no se acordaba[27] bien; pero… —Su mismo hijo solía decirle que se volvería[28] loca de pensar y llorar tanto. Era peor esto que las palizas y los gritos de él cuando llegaba borracho. No tuvo a nadie más que al hijo aquél,
85 porque las hijas fueron descaradas[29] y necias, y se reían de ella, y el otro hijo, igual que su marido, había intentado hasta encerrarla.)

—Tuve un hijo único. Un solo hijo. ¿Se da cuenta[30]? Le puse[31] Florisel… Crecía delgadito, pálido, así como usted. Por eso quizá le cuento a usted estas cosas. Yo le contaba mi magnífica vida anterior. Sólo él sabía que conservaba un
90 traje de gasa,[32] todos mis collares… Y él me escuchaba, me escuchaba… como usted ahora, embobado.[33]

Rosamunda sonrió. Sí, el joven la escuchaba absorto.

—Este hijo se me murió. Yo no lo pude resistir… El era lo único que me ataba a aquella casa. Tuve un arranque,[34] cogí mis maletas y me volví a la gran

---

[24]*can probably guess*   [25]¡al… *it's all the same!*   [26]*se… could he be told*   [27]*no… she didn't remember*   [28]*se… she would go*   [29]*impudent*   [30]¿Se… ¿Comprende?   [31]Le… *I named him*   [32]*gauze, muslin*   [33]*fascinado*   [34]*fit*

95 ciudad de mi juventud y de mis éxitos... ¡Ay! He pasado unos días maravillosos y amargos. Fui acogida[35] con entusiasmo, aclamada de nuevo por el público, de nuevo adorada... ¿Comprende mi tragedia? Porque mi marido, al enterarse de[36] esto, empezó a escribirme cartas tristes y desgarradoras: no podía vivir sin mí. No puede, el pobre. Además es el padre de Florisel, y el recuerdo del hijo perdido

100 estaba en el fondo[37] de todos mis triunfos, amargándome.

El muchacho veía animarse[38] por momentos a aquella figura flaca y estrafalaria que era la mujer. Habló mucho. Evocó un hotel fantástico, el lujo derrochado[39] en el teatro el día de su «reaparición»; evocó ovaciones delirantes y su propia figura, una figura de «sílfide[40] cansada», recibiéndolas.

105 —Y, sin embargo, ahora vuelvo a mi deber... Repartí[41] mi fortuna entre los pobres y vuelvo al lado de mi marido como quien va a un sepulcro.

Rosamunda volvió a quedarse[42] triste. Sus pendientes eran largos, baratos; la brisa los hacía ondular... Se sintió desdichada, muy «gran dama»... Había olvidado aquellos terribles días sin pan en la ciudad grande. Las burlas de sus amis-

110 tades ante su traje de gasa, sus abalorios[43] y sus proyectos fantásticos. Había olvidado aquel largo comedor con mesas de pino cepillado,[44] donde había comido[45] el pan de los pobres entre mendigos[46] de broncas toses.[47] Sus llantos,[48] su terror en el absoluto desamparo[49] de tantas horas en que hasta los insultos de su marido había echado de menos. Sus besos a aquella carta del marido en que, en su

115 estilo tosco y autoritario a la vez,[50] recordando al hijo muerto, le pedía perdón y la perdonaba.

El soldado se quedó mirándola. ¡Qué tipo más raro, Dios mío! No cabía duda[51] de que estaba loca la pobre... Ahora [ella] le sonreía... Le faltaban dos dientes.

120 El tren se iba deteniendo[52] en una estación del camino. Era la hora del desayuno, de la fonda[53] de la estación venía un olor apetitoso... Rosamunda miraba hacia los vendedores de rosquillas.[54]

—¿Me permite usted convidarla, señora?

En la mente del soldadito empezaba a insinuarse una divertida historia. ¿Y

125 si contara[55] a sus amigos que había encontrado en el tren una mujer estupenda y que...?

—¿Convidarme? Muy bien, joven... Quizá sea la última persona que me convide... Y no me trate con tanto respeto, por favor. Puede usted llamarme Rosamunda... no he de enfadarme por eso.[56]

---

[35]Fui... Me recibieron [36]enterarse... descubrir [37]*background* [38]veía... *saw become enlivened* [39]*squandered* [40]*sylph, nymph* [41]Dividí [42]volvió... *again became* [43]*glass beads* [44]pino... *scrubbed pine* [45]había... *she had eaten* [46]*beggars* [47]broncas... *hoarse coughs* [48]*sobs* [49]*helplessness* [50]a... al mismo tiempo [51]No... No había duda [52]se... *was stopping* [53]restaurante [54]*sweet fritters* [55]*he should tell* [56]no... *it won't bother me*

Comprensión

(A) Complete las siguientes oraciones según la lectura.

1. El cuento tiene lugar en _____.
2. Rosamunda habla al soldado porque _____.
3. Rosamunda lleva ropa _____.

4. El soldado nunca ha conocido a nadie que _____.
5. Rosamunda dice que le espera la tumba porque _____.
6. A Rosamunda le gusta el nombre Rosamunda porque _____.
7. Rosamunda dice que se casó a los dieciséis años, pero en realidad _____. No dice la verdad porque _____.
8. Rosamunda dice que sólo tuvo un hijo porque _____.
9. Cuando Rosamunda fue a la ciudad, encontró _____.
10. El soldado cree que Rosamunda _____.

B Complete este cuadro con información de la lectura.

	LUGAR EN QUE ESTA(N)	CARACTERISTICAS FISICAS	CARACTERISTICAS PSICOLOGICAS Y EMOCIONALES	SUEÑOS E IDEALES
Rosamunda				
el soldado				
los hijos				
el marido				

C En este cuento hay dos narradores principales: Rosamunda/Felisa y el narrador omnisciente. ¿Quién habla en los siguientes párrafos? ¡Cuidado! En algunos alternan los dos narradores.

1. en el primer párrafo
2. en el segundo párrafo
3. en el párrafo que empieza en la línea 20
4. en el párrafo que empieza en la línea 77

Interpretación

A ¿Qué parte de la historia que narra Rosamunda le parece a Ud. inventada por ella y qué parte le parece real? ¿Por qué? ¿Cómo se imagina Ud. al marido de Rosamunda? ¿Hasta qué punto cree Ud. que la visión que ella nos presentó sea verdadera? ¿Es posible que Rosamunda haya inventado toda la historia?

B ¿Qué visión tiene Rosamunda de sí misma? ¿Qué visión tiene el soldado de ella? ¿Qué visión parece tener el narrador con respecto a Rosamunda?

C En su opinión, ¿quién es responsable del fracaso del matrimonio: Rosamunda o su marido? ¿Cómo cree Ud. que va a ser la vida de Rosamunda después de que vuelva con su marido? ¿Por qué?

 D ¡Necesito compañero! Completen la siguiente tabla y después comparen sus respuestas con las de los demás compañeros de clase para ver en qué coinciden y en qué difieren.

	DOS COSAS QUE NUNCA HAYA(N) HECHO	DOS COSAS QUE HACE(N) CON FRECUENCIA	UNA ACCION QUE HAYA(N) HECHO Y DE LA QUE ESTE(N) CONTENTO/A/OS	UNA ACCION QUE HAYA(N) HECHO Y DE LA QUE NO ESTE(N) CONTENTO/A/OS	ALGO QUE NO HAYA(N) HECHO TODAVIA PERO QUE POSIBLEMENTE HAGA(N) DENTRO DE POCO
Rosamunda					
el soldado					
el marido					
el hijo que murió					
los hijos que sobreviven					

E ¿Por qué cree Ud. que Laforet hace transcurrir (*take place*) la acción de su cuento en un tren? ¿Qué otros ambientes serían (*would be*) igualmente apropiados? ¿Por qué?

Aplicación

 Papel y lápiz En los viajes o en otros encuentros con desconocidos, algunas personas prefieren no hablar nada mientras que otras les cuentan toda su vida. Explore este tema en su cuaderno de apuntes.

■ En la película *Forrest Gump,* el protagonista les cuenta su vida a una serie de individuos que se sientan a su lado en el banco de un parque público. ¿Le ha ocurrido a Ud. algo parecido en una estación de tren, en un autobús, durante un viaje en avión o en algún otro lugar? Describa brevemente lo que pasó.

■ ¿Qué características suelen tener las personas que prefieren no hablar con desconocidos en los lugares públicos y en los vehículos de transporte público? ¿Y cuáles suelen tener los individuos que hablan abiertamente con personas desconocidas sobre su vida privada?

25 USES OF THE SUBJUNCTIVE: ADJECTIVE CLAUSES

A clause that describes a preceding noun is called an adjective clause (**una cláusula adjetival**).

> Leí un libro **que se trata de la igualdad entre los sexos.**
>
> *I read a book **that deals with equality of the sexes.***

Here **que se trata de la igualdad entre los sexos** is an adjective clause that describes the noun **libro.** Adjective clauses are generally introduced by **que,** or, when they modify a place, they can be introduced by either **que** or **donde.**

> Busco una librería **que** venda literatura feminista.
>
> *I'm looking for a bookstore **that** sells feminist literature.*
>
> Busco una librería **donde** vendan literatura feminista.
>
> *I'm looking for a bookstore **where** they sell feminist literature.*

There are two general rules that determine whether to use the subjunctive or the indicative with adjective clauses.

1. When an adjective clause describes something about which the speaker has knowledge (something specific or that the speaker knows exists), the indicative is used.

> La informática es una carrera **que paga bien.**
>
> *Computer science is a career **that pays well.***

This sentence indicates that the speaker knows that working with computers pays well—it is part of the speaker's objective reality.

2. When an adjective clause describes something with which the speaker has had no previous experience, or something that may not exist at all, the subjunctive is used.

> Me interesa **una carrera** que **pague** bien.
>
> *I'm interested in **a career** that **pays** well.*

This sentence indicates that the speaker is interested in a career—any career—that pays well. Such a career is part of the unknown; at worst, it may not even exist.

Note the contrast between the indicative and the subjunctive in the following sentences.

A PROPOSITO

Note that the use of the subjunctive in an adjective clause meets both of the necessary conditions for the use of the subjunctive in general. First, there is a *subordinate clause* in the structure of the sentence. Second, the *meaning* expressed in the main clause is of a particular type: In this case, it concerns what is unknown to the speaker.

KNOWN OR EXPERIENCED REALITY: INDICATIVE	UNKNOWN OR HYPOTHETICAL: SUBJUNCTIVE
Necesito **el libro que trata** el problema de la sobrepoblación. *I need the book* (a specific one I know exists) *that deals with the problem of overpopulation.*	Necesito **un libro que trate** el problema de la sobrepoblación. *I need a book* (does it exist?) *that deals with the problem of overpopulation.*
Tengo **un libro que trata** el problema de la sobrepoblación. *I have a book* (and therefore have direct knowledge of it) *that deals with the problem of over-population.*	
Busco a la mujer que **es** médica. *I'm looking for the woman* (I know this specific woman exists) *who is a doctor.*	Busco una mujer que **sea** médica. *I'm looking for a woman* (I don't know if such a person exists) *who is a doctor.*
Hay alguien aquí que **sabe** cambiarle el pañal al bebé. *There is someone here* (this person exists) *who knows how to change the baby's diaper.*	¿Hay alguien aquí que **sepa** cambiarle el pañal al bebé? *Is there anyone here* (does such a person exist?) *who knows how to change the baby's diaper?*
Conozco a una mujer que **quiere** ser química. *I know a woman* (she exists, is a specific person) *who wants to be a chemist.*	No conozco a nadie que **quiera** ser químico. *I don't know anyone* (there is no person within my experience) *who wants to be a chemist.*

It is the meaning of the main clause—and not the use of any particular word—that signals the choice of mood. Regardless of the way a particular sentence is phrased, the subjunctive is used in the subordinate clause whenever the main clause indicates that the person or thing mentioned is outside the speaker's knowledge or experience.

Not only does meaning signal the choice of mood for the speaker, but the speaker's choice of mood *conveys information* to the listener, who is unaware of the speaker's knowledge or experience. Compare the following sentences. What information do they convey to the listener?

Voy a mudarme a un apartamento que **tenga** tres baños.
Voy a mudarme a un apartamento que **tiene** tres baños.

} *I'm going to move to an apartment that **has** three bathrooms.*

In the first example, the speaker is unsure whether such an apartment exists; in any case, he or she hasn't found it yet, so his or her move is still in doubt. In the second example, the indicative conveys certainty: The speaker is going to move to a specific, already-selected apartment.

Práctica Dé la forma correcta —presente de indicativo o de subjuntivo— de los infinitivos entre paréntesis.

1. ¿Ha conocido Ud. a alguien que (buscar) un cambio en su carrera?
2. Hay algunos hombres que (considerarse) feministas, pero creo que no hay ninguna mujer que (considerarse) machista.
3. ¿Has oído hablar de algún puesto que (pagar) bien y (ofrecer) un mes de vacaciones al año?
4. Sí, ya tengo un puesto que me (pagar) bien y me (dar) *dos* meses de vacaciones al año.
5. ¿Ha conocido Ud. a esa mujer que (estar) en la esquina?
6. Muchos queremos una sociedad en la cual (existir) la igualdad entre los sexos.
7. Hoy en día no hay tantas mujeres como antes que (preferir) ser solamente ama de casa.
8. Todo el mundo debe dedicarse a buscar una medicina que (curar) el cáncer; es una enfermedad que ya (haber) durado demasiado (*lasted too long*).
9. …
10. …
11. …

Intercambios

A Complete las siguientes oraciones con la forma correcta del subjuntivo del verbo entre paréntesis. Luego, póngalas en el orden que mejor represente la importancia que cada una tiene para Ud. Finalmente, añada dos o tres características más que también sean importantes para Ud.

Quiero vivir en una sociedad que…

_____ no (permitir) ningún tipo de discriminación.
_____ (dar) trabajo a todos los que quieren trabajar.
_____ (ofrecer) seguridad económica a los que no pueden trabajar.
_____ (estar) libre del crimen y de la violencia.
_____ (haber) eliminado la pobreza.
_____ (proteger) la libertad individual de todos sus miembros.

B ¡Necesito compañero! Háganse y contesten preguntas para averiguar la siguiente información. Tengan cuidado con el uso del subjuntivo o del indicativo, y elaboren cada respuesta con más información. Luego, compartan las respuestas más interesantes con el resto de la clase.

¿Conoces a alguien que...

1. (haber) sacado A en todas sus clases el semestre pasado?
2. nunca (ponerse) furioso/a?
3. (saber) hablar más de dos lenguas?
4. (haber) dejado de fumar?
5. (haber) sufrido discriminación en el trabajo?
6. (estudiar) español todas las noches?
7. (ir) a cambiar la historia del mundo (un poquito)?
8. (tener) talento artístico?
9. nunca les (haber) pedido ayuda económica a sus padres?
10. (haber) visitado la Argentina?

C Termine las siguientes oraciones con cláusulas adjetivales que describan detalladamente sus preferencias. Utilice por lo menos dos verbos en cada caso. Luego, contraste sus opiniones con las de sus compañeros de clase.

1. Prefiero los automóviles que...
   a. no (gastar) mucha gasolina.
   b. (ser) seguros (rápidos, económicos, modernos, deportivos, ¿ ?).
   c. (haber) sido fabricados en este país (en Europa, en Japón, ¿ ?).
   d. ¿ ?
2. Voy a elegir una carrera que...
   a. (estar) relacionada con las ciencias (las humanidades, los deportes, el arte, ¿ ?).
   b. (ofrecerme) la oportunidad de viajar (ayudar a otras personas, inventar cosas, ¿ ?).
   c. (hacerme) rico/a.
   d. ¿ ?
3. Busco profesores que...
   a. siempre (dar) buenas notas.
   b. (no) (ser) interesantes (aburridos, exigentes, ¿ ?).
   c. (promover) la participación de los estudiantes.
   d. ¿ ?

D Describa las situaciones que se presentan en los siguientes dibujos. En su descripción, identifique a los individuos, explique lo que necesitan o lo que buscan e indique por qué.

1.　　　　　2.　　　　　3.　　　　　4.

1. hacer una caminata (*to go for a hike*) / haber perdido el camino / buscar abrigo (*shelter*) / poder descansar / el perro, traerles alcohol / el mapa, indicarles la ruta
2. el motor, haberse descompuesto (*broken down*) / la grúa (*tow truck*), llevar el coche / el garaje, estar cerca / el mecánico, saber reparar coches importados
3. una pareja profesional, demasiado trabajo / la criada, llevarse bien con los niños / venir a la casa / ayudar con los quehaceres domésticos / ser responsable / no pedir mucho dinero
4. la tienda de juguetes / buscar juguetes / no reforzar estereotipos / no enseñar la violencia / estimular la creatividad / servir para niños y niñas

ENLACE

¡OJO!

	EXAMPLES	NOTES
tener éxito **lograr** **suceder**	Viqui siempre **tiene éxito** en las competiciones. *Viqui is always successful in competitions.*	**Tener éxito** means *to be successful* (*in a particular field or activity*); it emphasizes the condition of being successful.
	Julio nunca **logra** bajar de peso. *Julio never manages to lose (never succeeds in losing) weight.* Los maestros esperan **lograr** un aumento de sueldo. *The teachers hope to obtain a salary increase.*	**Lograr** means *to succeed* (*in doing something*) or *to obtain or achieve a goal*; it emphasizes the action of achieving that goal. It can also mean *to manage to* (*do something*).
	No saben qué va a **suceder**. *They don't know what is going to happen.*	**Suceder** means *to occur, happen* or *to follow in succession.*

	EXAMPLES	NOTES
tener éxito **lograr** **suceder** (**continued**)	Chrétien **sucedió** a Campbell como primer ministro de Canadá. *Chrétien succeeded Campbell as prime minister of Canada.*	
asistir a **atender** **ayudar**	Pablo **asistió a** la reunión. *Pablo attended the meeting.* El jefe va a **atender** a los clientes. *The boss is going to take care of the clients.* Nos **ayudaron** mucho. *They assisted (helped) us a great deal.*	**Asistir** is a false cognate. Its primary meaning is *to attend* (*a function*) or *to be present* (*at a class, a meeting, a play, etc.*). **Asistir** is always followed by the preposition **a**. *To attend* meaning *to take into account, to take care of*, or *to wait on* is expressed with **atender**. *To assist* is expressed with **ayudar**.
ponerse **volverse** **llegar a ser** **hacerse**	**Se** van a **poner** furiosos. *They're going to get (become) angry.* ¿Por qué **te has puesto** colorado? *Why have you turned red?* **Se volvió** loca. *She went (became) crazy.* **Se está volviendo** sordo. *He is going deaf.* Con el tiempo, Elvis Presley **llegó a ser** un símbolo nacional en los Estados Unidos. *With (the passing of) time, Elvis Presley became a national symbol in the United States.* **Se hizo** médica después de muchos sacrificios. *She became a doctor after much sacrifice.* La situación **se hizo** (**se puso**) difícil. *The situation became difficult.* Nuestra relación **se ha vuelto** (**se ha hecho**) un problema constante. *Our relationship has become a constant problem.*	English *to become* has several equivalents in Spanish. Both **ponerse** and **volverse** indicate a change in physical or emotional state. **Ponerse** can be followed only by an adjective. **Volverse** signals a dramatic, often irreversible, change. **Llegar a ser** and **hacerse** are used when *to become* conveys the meaning of *to get to be*—that is, a gradual change over a period of time. They can be followed by either nouns or adjectives. **Hacerse** usually implies a conscious effort on the part of the subject, whereas **llegar a ser** may describe an effortless change. **Hacerse** and **volverse** can also express *to become* with reference to general situations. **Ponerse** can also be used in this manner, but again it can be followed only by adjectives.

A Volviendo al dibujo Elija la palabra que mejor complete las oraciones a continuación. ¡Atención! También hay palabras de los capítulos anteriores.

Luis, Julia y José han salido a jugar al parque. Mientras juegan, sueñan (con/de/en)[1] el futuro. Los tres tienen aspiraciones muy altas. Julia piensa (asistir/atender)[2] a la universidad y (hacerse/ponerse)[3] jueza. Luis, que siempre ha (sucedido / tenido éxito)[4] en los deportes, quiere (llegar a ser / ponerse)[5] un famoso jugador de fútbol americano. En cuanto a José, a quien le (cuida/importa)[6] mucho el dinero, su mayor aspiración es (hacerse/ponerse)[7] rico. El piensa (moverse/mudarse)[8] a una gran ciudad y (funcionar/trabajar)[9] en una empresa multinacional. Aunque tienen intereses distintos, los tres han sido amigos (cercanos/íntimos)[10] por varios años, y se (asisten/ayudan)[11] mutuamente. ¡Ojalá (logren/sucedan)[12] sus metas!

Entre juegos y sueños, (el tiempo / la vez)[13] ha pasado y deben (devolver/regresar)[14] a casa. ¡Qué tarde es! ¡Sus padres se van a (poner/volver)[15] furiosos!

B Entre todos

- ¿Cuáles son sus aspiraciones? ¿llegar a ganar mucho dinero? ¿ejercer una profesión? ¿tener éxito en el arte, los deportes, los negocios?

- ¿Qué pasos debe Ud. seguir para lograr sus metas? ¿Piensa asistir a una escuela profesional o de posgrado? ¿Qué cualidades o circunstancias pueden ayudarlo/la? ¿Es posible que la circunstancia de ser hombre o mujer lo/la ayude? ¿o será (*will be*) un obstáculo?

- ¿Qué metas ha logrado Ud. ya? ¿Qué actitudes o circunstancias lo/la han ayudado a lograrlas? ¿Es posible que el sexo a que pertenece haya tenido alguna influencia en sus aspiraciones y logros (*achievements*)? Explique.

Repaso

A Lea el siguiente párrafo y dé la forma correcta de los verbos entre paréntesis, usando el imperfecto o el pretérito.

La historia de un ex novio (Parte 2)*

I looked up (**levantar la cabeza**)[1] and saw (**ver**)[2] Hector running toward me. His face was (**estar**)[3] red and angry, but I wasn't thinking about that

---

*The first part of this story is in **Capítulo 3,** page 100.

(**pensar en eso**).[4] I knew (**saber**)[5] that I could (**poder**)[6] outrun him. "Take that, you rat!" I yelled (**gritar**),[7] and took off (**salir corriendo**)[8] down the street in the opposite direction. "I guess I showed him!" I was thinking (**pensar**)[9] when I arrived home (**llegar a casa**).[10] When I opened (**abrir**)[11] the door, my mother was coming out (**salir**)[12] of the kitchen. "Where have you been?" she asked me (**preguntarme**).[13] "Oh, down by Jane's house," I answered (**responder**)[14] casually. "She's the new girl at school." My mother smiled (**sonreír**)[15] and then explained (**explicar**)[16] that Jane's family was coming (**venir**)[17] to our house for dinner that evening and that she was happy (**gustarle**)[18] that Jane and I were already friends. I tried (**querer**)[19] to think of an excuse to get out of dinner: I had (**tener**)[20] an exam, I said (**decir**),[21] and needed (**necesitar**)[22] to study. But my mother already knew (**conocer**)[23] that excuse, so it couldn't (**poder**)[24] convince her. Finally, I told her (**decirle**)[25] that Jane and I were (**ser**)[26] not exactly the best of friends. "What were you doing (**hacer**)[27] down by her house this afternoon, then?" she wanted (**querer**)[28] to know. "We were agreeing (**ponernos de acuerdo**)[29] to be enemies." My mother looked at me (**mirarme**)[30] strangely. "Perhaps this evening could be the turning point, then," she suggested (**sugerir**),[31] and returned (**volver**)[32] to the kitchen. "But, Mom . . . !" I sputtered (**balbucear**).[33] It was no use (**no haber remedio**).[34] I would have to go through with it. I sat down (**sentarme**)[35] to figure out my strategy for the evening . . .

(*Continúa en el* Cuaderno de práctica, *Capítulo 6.*)

 B Guiones Trabajando en grupos de tres o cuatro personas, narren en el tiempo presente lo que pasa en la serie de dibujos en la página siguiente. ¡Recuerden usar las estrategias para la comunicación! En su narración, incluyan información sobre lo siguiente.

LA ACCION: ¿Qué pasa? ¿Qué quiere el uno que el otro haga? ¿Por qué? ¿Qué le ha pasado?

EL DILEMA: ¿Qué descubre el hombre? ¿Cómo se lo explica a la mujer? ¿Cuál es la reacción de ella? ¿Duda que... ? ¿Se pone furiosa que... ?

SUS OPINIONES: Expresen sus opiniones sobre lo que ocurre en cada escena. Por ejemplo, ¿creen Uds. que la mujer ha hecho bien el trabajo? ¿Qué opinan del hecho de que el hombre no ha tenido dinero para pagarle? ¿Es natural que la mujer se haya puesto furiosa?

LA RESOLUCION: Inventen el final del cuento: ¿Qué va a pasar luego? ¿Le va a pedir la mujer al hombre que haga algo? ¿Qué le va a pedir el hombre a la mujer?

1.

2.

3.

4.

Vocabulario útil: el camión (*truck*), una llanta (que está) desinflada (*flat tire*), la mecánica (*mechanic*)

Alfareras (*Potters*) de la provincia del Cañar, Ecuador

En un pueblecito al suroeste del Ecuador, las mujeres se han hecho cargo (*have taken charge*) de las necesidades económicas del municipio. La mayoría de los hombres ha emigrado en busca de trabajo, y son las mujeres quienes labran (*plow*) el campo y sostienen a sus familias trabajando el barro (*clay*) con una antigua técnica incaica* para hacer ollas, tinajas (*big jars*) y cántaros (*jugs*).

Antes de ver

■ ¿Qué sabe Ud. del arte y la artesanía (*handicrafts*) del mundo hispano? ¿Piensa que la creación de la artesanía es una actividad predominantemente masculina o femenina?

■ Ahora lea con cuidado la actividad en **Vamos a ver** antes de ver el vídeo por primera vez.

Vamos a ver

Las siguientes oraciones describen en parte la técnica de las alfareras del Cañar. Basándose en el segmento de vídeo, indique la opción que mejor completa cada oración.

Alfarera en el Cañar, Ecuador

1. Para dar forma a las piezas, _____.
   a. se utiliza un torno (*pottery wheel*) mecánico
   b. la alfarera gira alrededor de la pieza

---

*__Incaico/a__ es el adjetivo que describe lo propio de la cultura de los incas, uno de los pueblos que vivían en los Andes desde antes de la llegada de los españoles a Sudamérica. Los incas son famosos por su arquitectura, de cuyo (*whose*) esplendor hay célebres (*famous*) vestigios (*remains*) en la región del Cuzco, en el Perú.

2. La actividad de formar las piezas es _____.
   a. individual
   b. colectiva
3. La boca de la pieza se forma con _____.
   a. un pedazo de cuero mojado (*wet leather*)
   b. dos palustres (*trowels*) de madera
4. La pieza se pule (*is polished*) con _____.
   a. dos martillos de arcilla cocida (*fired clay*)
   b. un palustre metálico
5. La pieza se pinta con _____.
   a. el extracto de cierta planta de la región
   b. arcilla roja diluida en agua
6. Las piezas se queman (*are fired*) en _____.
   a. un horno cerrado
   b. una hoguera (*bonfire*) abierta
7. La actividad de quemar las piezas es _____.
   a. individual
   b. colectiva

Después de ver

■ En general, ¿creen Uds. que la alfarería es una actividad típica de los hombres, de las mujeres o de ambos sexos? Expliquen.

■ Como la alfarería, hay muchas otras actividades que forman una parte importante de la tradición cultural de distintos pueblos. En la cultura occidental (*western*), ¿cuáles de las siguientes actividades tradicionalmente han sido consideradas propias de las mujeres? ¿de los hombres? ¿de ambos sexos? (Añadan otras actividades si les parece necesario.) Expliquen en cada caso por qué esa actividad se ha reservado o no se ha reservado exclusivamente para uno de los sexos.

☐ la preparación de alimentos
☐ la fabricación de telas y vestidos
☐ la fabricación de muebles (*furniture*)
☐ la construcción de casas y edificios
☐ la recolección de frutos y cosechas (*crops*)
☐ la herrería (*blacksmithing*)

☐ la cacería (*hunting*)
☐ labrar la tierra
☐ contar historias
☐ crear obras de arte
☐ cuidar los animales domésticos
☐ criar a los hijos
☐ ¿ ?

■ Busque información sobre la artesanía tradicional de una región de algún país hispanohablante. Por ejemplo, las piezas de cobre de Michoacán, México, o la cerámica de Talavera, España. ¿Las hacen las mujeres o los hombres? Comparta su información con sus compañeros de clase.

CAPITULO

El mundo de los negocios

Lesson Objectives

Lengua

- Review of the preterite (26)
- Review of the uses of the subjunctive (27)
- The past subjunctive: Concept; forms (28)
- Use of subjunctive and indicative in adverbial clauses (29)

Cultura

- *Los Estados Unidos en Latinoamérica: Una perspectiva histórica*

 Vídeo: El Internet, herramienta útil

Bolsa de Madrid, España

DESCRIBIR Y COMENTAR

 The *¡Avance!* CD-ROM contains interactive activities to practice the material presented in this chapter.

■ En el dibujo se ven las actividades diarias del Banco en Quiebra, S.A. ¿Quién es la gerente? ¿Con quién habla? ¿Cree Ud. que es una buena gerente o no? ¿Por qué? ¿Qué indica la gráfica que se ve en su despacho?

■ ¿Quién es la cajera? ¿Qué hace? ¿Y qué hace el Sr. Euro*? ¿Qué quieren los Sres. Guaraní? ¿Progresa rápidamente su transacción bancaria? ¿Por qué sí o por qué no? ¿Por qué no ayudan al Sr. Euro el Sr. Bolívar y la Sra. Sol? ¿Qué hacen ellos? ¿Es normal esto en un banco u oficina?

■ ¿Por qué hacen cola los otros individuos? ¿Qué transacciones bancarias quieren hacer? ¿Cuál(es) de ellos piensa(n) retirar dinero de su cuenta? ¿pedir un préstamo? ¿cobrar un cheque? ¿Qué es posible que haga el niño con su dinero? ¿Y qué es probable que vaya a hacer cada cliente después de completar su transacción bancaria? ¿Están todos satisfechos con el servicio? Explique.

---

*The names of the employees and customers are currency names in the following countries: Spain (**euro**), Mexico (**peso**), Paraguay (**guaraní**), Peru (**sol**), Honduras (**lempira**), Venezuela (**bolívar**), and Costa Rica (**colón**).

VOCABULARIO
para conversar

contratar to hire; to contract
despedir (i, i) to fire
entrevistar to interview
estar a la venta to be on/for sale
hacer cola to be / to wait in line
hacer horas extraordinarias to work overtime
tomar vacaciones to take a vacation
renunciar (a) to quit (*a job*)
solicitar to apply (*for a job*)

las acciones stock; shares of stock
el/la accionista shareholder
el almacén department store
la bolsa stock market
el cajero / la cajera teller
el cajero automático ATM
la compañía company
el contrato contract
el desempleado / la desempleada unemployed
  person
el desempleo unemployment
el despacho office (*specific room*)
el empleado / la empleada worker, employee
el empleo work, employment
la empresa corporation
la entrevista interview
las ganancias earnings, profits
la gerencia management
el/la gerente manager
el hombre / la mujer de negocios businessman/
  businesswoman
el mercado market
la oficina office (*general term*)
las pérdidas losses

el secretario / la secretaria secretary
el sindicato labor union
el socio / la socia partner, associate; member
la solicitud application form
la tienda store
la venta sale

Las transacciones monetarias/bancarias

ahorrar to save
cargar to charge (*to one's account*)
cobrar to charge (*someone for something*)
  cobrar un cheque to cash a check
gastar to spend
ingresar to deposit (*funds*)
invertir (i, i) to invest
pagar a plazos to pay in installments
pagar en efectivo to pay in cash
pedir (i, i) prestado to borrow
pedir (i, i) un préstamo to request / to take
  out a loan
prestar to lend
retirar to withdraw (*funds*)

la cuenta account; bill
  la cuenta corriente checking account
  la cuenta de ahorros savings account
las deudas debts
los gastos expenses
las inversiones investments
el préstamo loan
la tarjeta de cajero ATM card
la tarjeta de crédito credit card

A Complete las siguientes oraciones con la palabra apropiada de la lista del vocabulario.

1. Un(a) accionista es una persona que _____ dinero en una empresa.
2. El objetivo de un(a) _____ es conseguir mejores condiciones de trabajo para los empleados.
3. Las _____ representan el dinero que puede recibir un(a) accionista como resultado de sus inversiones en la bolsa; lo contrario de esto son las _____.
4. Durante la Gran Depresión de los años treinta, la tasa (*rate*) del _____ era muy alta porque muchos individuos no podían encontrar trabajo.

5. Para conseguir un empleo, hay que llenar una _____ con mucho cuidado.
6. Antes de empezar a crear un nuevo producto, una compañía investiga el _____ para ver si tal producto será (*will be*) bien recibido o no.
7. Muchas personas piden un _____ para comprar un coche nuevo.

B ¿Cuándo se hace cada una de las siguientes acciones?

1. hacer cola
2. utilizar una tarjeta de crédito
3. utilizar una tarjeta de cajero
4. renunciar al trabajo
5. pedir algo prestado
6. cobrar un cheque
7. pagar en efectivo
8. retirar fondos

C ¿Qué palabra no pertenece al grupo? Explique por qué.

1. la gerencia, el empleado / la empleada, el secretario / la secretaria, el sindicato
2. gastar, cobrar, prestar, comprar
3. la entrevista, la solicitud, la bolsa, el contrato
4. ahorrar, tomar vacaciones, las ganancias, las inversiones

D Explique la diferencia entre cada par de expresiones.

1. pagar en efectivo / pagar a plazos
2. pedir prestado / tomar
3. la empresa / la oficina
4. la cuenta de ahorros / la cuenta corriente
5. la tienda / el almacén
6. retirar fondos / ingresar fondos

E Cuando Ud. tiene que pagar algo, ¿cómo lo hace normalmente? ¿Paga en efectivo o prefiere pagar con cheque? ¿Tiene una tarjeta de cajero? ¿Le gusta utilizarla o prefiere entrar al banco? ¿Por qué? Imagínese que su banco piensa eliminar el servicio de cajeros automáticos. ¿Qué le parece la idea: es buena o mala? Si lo elimina, ¿para qué grupo(s) de clientes puede ser problemático? Explique.

F Según las impresiones que Ud. tiene del Banco en Quiebra, S.A., y sus empleados, comente las siguientes afirmaciones usando las expresiones a continuación. Cuidado con el contraste entre el indicativo y el subjuntivo, igual que con el contraste entre el presente de subjuntivo y el presente perfecto de subjuntivo.

Dudo que...   Es (im)posible que...   (No) Creo que...

1. La gerente recibe un salario muy alto.
2. El Sr. y la Sra. Guaraní han decidido tener otro hijo.
3. El Banco en Quiebra, S.A., ha ganado mucho dinero todos los años.
4. El banco despide al Sr. Bolívar y a la Sra. Sol por conflicto de intereses.
5. Lempira busca trabajo en el banco.
6. El anciano y el niño han venido a robar el banco.
7. El Sr. Euro hace horas extraordinarias todos los días.
8. El Sr. Bolívar tiene seis semanas de vacaciones cada año.

26 REVIEW OF THE PRETERITE

The third-person plural forms of the preterite provide the basis for the forms of the past subjunctive, which you will study later in this chapter. It will therefore be easier to learn the forms of the past subjunctive if you first review the preterite forms.

Remember that there are four main groups of preterite forms: (1) verbs that are regular in the preterite; (2) **-ir** stem-changing verbs; (3) verbs with irregular preterite stems and endings; and (4) **dar, ir,** and **ser.** Irregularities in the third-person plural of the preterite occur in all of these groups except group 1.*

Práctica Dé las formas indicadas del pretérito. ¿Recuerda Ud. cómo se escribe cada forma?

1. despedir: el gerente, tú
2. vender: yo, Ud.
3. pagar: Uds., yo
4. morir: la mujer de negocios, los accionistas
5. hacer: tú, el secretario
6. irse: el cajero, los socios
7. invertir: los sindicatos, tú
8. empezar: yo, la entrevista
9. dar: tú, Uds.
10. venir: nosotros, los desempleados

Intercambios

A El siguiente recorte de un periódico anuncia el éxito de un joven político venezolano. Léalo con cuidado, indicando para cada espacio en blanco la forma correcta del pretérito del verbo apropiado de la lista. Utilice todos los verbos, y no use ninguno más de una vez.

asumir (tomar)   proclamar
celebrar   resultar
participar

■ ¿Cuántos años tiene el nuevo alcalde (*mayor*) de San Antonio de los Altos? En su opinión, ¿es uno demasiado joven a esa edad para ser un buen alcalde? ¿un buen gobernador? ¿un buen presidente? Explique. ¿Cree Ud. que hay una edad límite para este tipo de puesto? Explique.

> **Juramentan al alcalde más joven**
>
> **CARACAS** - Venezuela _____ al alcalde más joven de América Latina, Juan Fernández Morales, de 25 años, quien _____ la víspera el cargo en el municipio Los Salias, de San Antonio de los Altos, se informó ayer.
> Fernández Morales _____ simultáneamente el jueves, la toma de posesión de la alcaldía Los Salias y su cumpleaños número 25, tras superar por 800 votos a su contendor más importante, dijeron sus allegados.
> El joven _____ electo cuando _____ como independiente por el Movimiento Proyecto Calidad de Vida, que permanecería en el poder por cuanto el alcalde saliente, Andrés López, también pertenece a ese grupo.

---

*For a more detailed explanation of these verb forms, see grammar section 12. Further practice with them can also be found in the *Cuaderno de práctica* for this chapter.

■ ¿A Ud. le gustaría (*would you like*) ser alcalde de un pueblo antes de llegar a los 30 años? ¿Por qué sí o por qué no? ¿Qué partido político representaría (*would you represent*)?

B ¡Necesito compañero! Trabajando en parejas, describan lo que pasó la última vez que cada uno de Uds. hizo las actividades a continuación. Para ayudarse a recordar las experiencias, utilicen este esquema como guía.

tomar vacaciones
gastar mucho dinero
comer algo realmente delicioso

usar una tarjeta de crédito
solicitar un trabajo
hacer algo increíble

ESTRATEGIAS PARA LA COMUNICACION

Luego... y después... *How to narrate events*

The difference between a list of isolated events and a story can be seen in the manner in which the events are connected within the story. Isolated events can be told in random order; a story, however, has a chronology (sequence). When a sequence of events is narrated, the parts are linked together with words or expressions that define the chronology. Each event occurs in a given order in the sequence. For example:

> *Last month* I took out a loan at the bank because I wanted to continue my education and I needed more money. *Later,* I went to the university to request information about admission. I asked for the forms *right away. Finally,* I stopped by the Spanish department to verify the most recent details about their program.

The italicized words link the events, outlining the sequence for the listener. Here are some frequently used words for recounting events in Spanish.

al día anterior (*on*) *the previous day*
al día siguiente (*on*) *the next day*
al final *at the end*
al mismo tiempo *at the same time*
al principio *at first*
anterior *the previous* (*year/month*)

anteriormente *before, earlier*
antes (de eso) *before* (*that*)
de pronto *suddenly*
de repente *suddenly*
después (de eso) *after* (*that*)
en seguida *immediately* (*after*)

entonces *then, at that same moment*
finalmente *finally*
luego *then, next, later*
mientras *while*
pasado *last (year/month)*

por fin *finally*
por último *last (in a list)*
posteriormente *after, later*
primero *first (in a list)*

El mes pasado, fui al banco y pedí un préstamo porque quería continuar mis estudios y necesitaba más dinero. **Luego,** fui a la universidad para pedir información sobre los requisitos de entrada. **En seguida,** solicité los formularios. **Por último,** pasé por el departamento de español para averiguar los últimos detalles de su programa.

Remember that in narrating events, the preterite and imperfect are used according to context (see grammar section 14).

27 REVIEW OF THE USES OF THE SUBJUNCTIVE

Remember that the functions of tense and mood are different. *Tense* indicates when an event takes place (present, past, or future); *mood* designates a particular way of perceiving an event (indicative or subjunctive). In general, the indicative mood signals that the speaker perceives an event as fact or objective reality, whereas the subjunctive mood describes the unknown (what is beyond the speaker's knowledge or experience). Remember also that two conditions must be met for the subjunctive to be used: sentence structure (the sentence must contain a subordinate clause) and meaning.*

Práctica Dé la forma correcta de los verbos en letra cursiva, según el contexto. Luego, explique por qué se ha usado el indicativo o el subjuntivo en cada caso.

1. Me sorprende que Emilia *haber* comprado acciones de la compañía «Chocolates Rico-Rico».
2. No estoy seguro/a que José *recordar* el nombre del negocio.
3. Es verdad que se *exportar* muchos productos al extranjero.
4. Busco el restaurante en el que Juan y yo *comer* el sábado pasado.
5. Los socios quieren *comer* allí también.
6. El señor pide que nosotros le *ayudar* con las inversiones.
7. Debemos buscar un puesto que *ofrecer* un sueldo mejor.
8. Necesitamos que el banco nos *prestar* dinero para empezar nuestro propio negocio.

---

*For further information on the concept and uses of the subjunctive, see grammar sections 17, 22, 24, and 25. Additional practice with the subjunctive can be found in the *Cuaderno de práctica* for this chapter.

¡Necesito compañero! Trabajando en parejas, háganse y contesten preguntas para averiguar la importancia que las cosas indicadas a continuación tienen para Uds. Usen frases como **No es (nada) importante** y **Es (muy) importante** para valorar cada cosa. Recuerden utilizar las estrategias para la comunicación para obtener más detalles sobre los motivos de las opiniones de su compañero/a, pero no dejen que la conversación se convierta en interrogatorio. Luego, compartan lo que han aprendido con el resto de la clase. ¿Cuáles de estas cosas les importan más a sus compañeros? ¿Cuáles no les importan nada?

> MODELO: ganar mucho dinero →
> No es importante que él/ella gane mucho dinero. No le interesan las cosas materiales.

1. ganar mucho dinero
2. trabajar en una compañía prestigiosa
3. vivir en una ciudad grande
4. ser respetado/a por los colegas
5. invertir en la Bolsa
6. ser famoso/a
7. ayudar a resolver un problema que afecta a la humanidad
8. llegar al trabajo en avión propio
9. tener un coche de lujo
10. poder jubilarse a los 40 años

LOS ESTADOS UNIDOS EN LATINOAMERICA: UNA PERSPECTIVA HISTORICA

APROXIMACIONES AL TEXTO

Understanding the Function of a Text: Tone

An important preparatory skill for reading comprehension is to grasp the function or purpose of the text. Informing, convincing, entertaining, and criticizing are all functions a text may have. Understanding the author's purpose for communicating helps prepare you to comprehend new information.

Palabras y conceptos

culpar to blame
fortalecer to strengthen
intervenir (*like* **venir**) to intervene
invertir (ie, i) to invest
odiar to hate
proporcionar to give, yield
proteger to protect
respaldar to back, support

el aliado ally
el bien (*philosophical*) good
los bienes (*material*) goods
la culpa blame, guilt
el derrumbamiento toppling, tearing down
la deuda (externa) (foreign) debt
el dictador dictator
la dictadura dictatorship
la disponibilidad availability
la exportación export(s)
los impuestos taxes

la inversión investment
el lema slogan
el libre comercio free trade
la libre empresa free enterprise
las materias primas raw materials
la medida measure, means
la meta goal
la política (exterior) (foreign) policy
el préstamo loan
el presupuesto budget
el respaldo backing
la subvención grant (*of money*)

(des)agradecido/a (un)grateful
culpable guilty
derechista rightist, right-wing
izquierdista leftist, left-wing

al alcance (de la mano) within (arm's) reach

Los Estados Unidos en Latinoamérica: Una perspectiva histórica

Las relaciones entre los Estados Unidos y los países latinoamericanos tienen una larga historia, muchas veces violenta y paradójica. Por un lado, en toda Latinoamérica existe una enorme admiración por el grado de avance económico y social que han logrado los Estados Unidos. Casi todos los latinoamericanos es-
5 tán de acuerdo en que la lucha por la independencia estadounidense fue un modelo que ellos quisieron imitar al separarse de su pasado colonial, e incluso en los sectores más izquierdistas se admira a hombres como Abraham Lincoln. Por otro lado, los Estados Unidos actualmente inspiran un recelo y un resentimiento—hasta un odio— entre muchos latinoamericanos que ni programas am-
10 biciosos, como la Alianza para el Progreso, ni una creciente cantidad de ayuda económica y militar han conseguido cambiar.

Esta crítica y ataque a los Estados Unidos —que últimamente se ve no sólo en Latinoamérica sino en muchas otras partes del mundo— es una actitud que a veces sorprende al estadounidense medio y lo deja perplejo, cuando no irri-
15 tado. «¿Por qué nos odian, si todo lo hemos hecho por su bien? Son unos desagradecidos.» «¿Para qué mandarles nuestros dólares si después nos llaman imperialistas y nos gritan lemas antiyanquis?» Que se hagan tales preguntas muestra la frustración que a menudo caracteriza las relaciones entre los Estados Unidos y Latinoamérica, especialmente en los últimos años.

20 Para comprender la imagen bastante negativa que muchos latinoamericanos tienen de los Estados Unidos, es preciso examinar las relaciones interamericanas dentro de una perspectiva histórica. En su mayor parte, al relacionarse con

los países latinoamericanos, los Estados Unidos han sido motivados por el doble deseo de desarrollar sus intereses económicos y asegurar su seguridad
25   nacional estableciendo su control político en el hemisferio. Desafortunadamente,
muchas acciones de los Estados Unidos han tenido como resultado una serie de
experiencias dañinas[1] y humillantes para los países latinoamericanos.

La Doctrina Monroe

Desde principios del siglo XIX, cuando las colonias latinoamericanas empezaron a independizarse de Europa, los Estados Unidos ha considerado sus
30   relaciones con los países del sur como algo muy especial. En 1823, después de
reconocer la independencia de las nuevas naciones latinoamericanas, y en parte
para evitar cualquier esfuerzo por parte de España o de sus aliados para recon-
quistarlas, el presidente estadounidense James Monroe pronunció los principios
de lo que más tarde se llamaría[2] «la Doctrina Monroe».* Este documento, que
35   desde entonces ha influido profundamente en la política exterior de los Estados
Unidos, anunciaba el fin de la colonización europea en el Nuevo Mundo y esta-
blecía una política de no intervención de los gobiernos de los países europeos
en los países americanos. Al mismo tiempo, inauguraba el propio intervencionismo estadounidense.

La época de la intervención: Roosevelt, Taft y Wilson

40   El estadounidense que más se asocia con la expansión de los Estados Unidos a
costa de Latinoamérica es el presidente Theodore Roosevelt. Bajo Roosevelt, el
gobierno de los Estados Unidos empezó a considerar que tenía derecho absoluto a controlar la región del Caribe y Centroamérica, por medio de inversiones
económicas o presiones políticas o militares. En 1904 Roosevelt expuso su pro-
45   pia versión de la Doctrina Monroe, en la cual declaró que era el «deber» de los
Estados Unidos intervenir en los países latinoamericanos (a los cuales se refe-
ría con frecuencia como *wretched republics*») para asegurar las inversiones e intereses económicos de «las naciones civilizadas». Esta política se conoció como
«el Corolario Roosevelt» a la Doctrina Monroe y marcó el comienzo de un pe-
50   ríodo de frecuentes y violentas intervenciones que se ha llamado la Epoca del
Palo Grande.[3]

Después de Roosevelt, los presidentes William Howard Taft y Woodrow
Wilson continuaron la política de intervención. Taft se interesó mucho en la expansión de los intereses económicos de los Estados Unidos. Su interpretación
55   del «Corolario Roosevelt», que vio la conversión de la economía centroamericana en un verdadero monopolio de unas cuantas[4] empresas estadounidenses,
llegó a denominarse «La Diplomacia del Dólar». A diferencia de Roosevelt,
quien se interesó en el poder, y de Taft, quien se preocupó de la promoción comercial, Woodrow Wilson llegó a la presidencia con opiniones idealistas sobre
60   cómo debían de ser los gobiernos de los países latinoamericanos. Aunque quería que todos fueran libres y democráticos, en realidad este ideal muy pocas veces guió su política exterior, ya que intervino violentamente en Nicaragua (1912),
México (1914, 1918), la República Dominicana (1916) y Cuba (1917).

[1]*harmful*   [2]*se… would be called*   [3]*Palo… Big Stick*   [4]*unas… a few*

---

*El mensaje de la Doctrina Monroe fue dirigido también a Rusia, que en aquel entonces (*back then*) tenía la ambición de explorar el territorio que ahora forma parte de Alaska.

ALGUNAS INTERVENCIONES MILITARES DE EE UU EN CENTROAMERICA

NICARAGUA	PANAMA	HONDURAS	CUBA	R. DOMINICANA
1850, 1852, 1854,	1856, 1865, 1903,	1903, 1907, 1911,	1898, 1906, 1912,	1903, 1904, 1914,
1857, 1894, 1896,	1904, 1912, 1914,	1912, 1919, 1924,	1917, 1922, 1933,	1916, 1924, 1955
1898, 1899, 1910,	1918, 1920, 1921,	1925	1961	**HAITI**
1912, 1925, 1926,	1925, 1945, 1989	**GRANADA**	**GUATEMALA**	1888, 1891, 1914,
1933, 1982		1983	1920, 1954	1915, 1934

Algunos estadounidenses reconocen ahora que el período entre 1895 y 1933
fue uno de los más vergonzosos[5] de la historia diplomática de los Estados Unidos.
La política intervencionista de Roosevelt, Taft y Wilson (y, con menos energía,
la de Harding, Coolidge y Hoover) engendró, como se puede comprender, una
imagen muy negativa de los Estados Unidos en la mente de muchos latinoamericanos y una profunda desconfianza en cuanto a los motivos de los líderes de
los Estados Unidos. Para el año 1933 la «protección» estadounidense de
Latinoamérica les había proporcionado a los Estados Unidos una base naval
permanente en Cuba y el control completo de su política interior, la posesión de
Puerto Rico, derechos permanentes a un canal a través de Panamá y derechos a
construir otro canal en Nicaragua. Se había usado la fuerza militar en siete de
los países de la región y en cuatro de éstos se había sancionado una larga
ocupación militar. En fin, para finales de las tres primeras décadas del siglo XX,
los Estados Unidos había conseguido la dominación de gran parte de la economía sudamericana y el control casi total de la centroamericana. Al mismo tiempo
que estas acciones protegían los intereses económicos de los Estados Unidos,
establecieron un patrón de dependencia política en el Caribe y Centroamérica
cuyos impactos han tenido aun peores consecuencias para las relaciones interamericanas. Los países de la región empezaron a mirar cada vez más hacia
Washington para la solución de sus problemas interiores. Esta dependencia colocó a los Estados Unidos en el centro de la estructura del poder en Centroamérica. Mantener allí la estabilidad de gobiernos conservadores y hasta autorita-
rios sirvió a los intereses comerciales de los Estados Unidos en aquel entonces,
pero ha sido una fuente de enormes problemas en el pasado y en la época actual.

[5]*shameful*

Fundado por el presidente estadounidense John F. Kennedy, el Cuerpo de Paz manda voluntarios a todas partes del mundo, donde ayudan a implementar programas educativos, sociales y comerciales.

La Política de Buena Voluntad

En 1933 el presidente Franklin D. Roosevelt, primo de Theodore, anunció su Política de Buena Voluntad y sus intenciones de mejorar las relaciones entre los
90 continentes americanos. Se repudió la intervención directa en los asuntos interiores de otros países. Aunque Roosevelt sugirió y apoyó fuertes inversiones económicas en Latinoamérica, declaró que la Diplomacia del Dólar ya no imperaba. Sus acciones generalmente confirmaron sus promesas: No hubo ninguna represalia cuando el gobierno de Lázaro Cárdenas nacionalizó las compañías petro-
95 leras de México en 1938.

Roosevelt buscaba establecer un nuevo espíritu de cooperación y solidaridad entre las naciones del hemisferio. Aunque la expansión económica de los Estados Unidos en Latinoamérica aumentó, los esfuerzos de Roosevelt sí lograron disminuir la sospecha y desconfianza que se había creado durante los años ante-
100 riores. El estallar de la Segunda Guerra Mundial estimuló la cooperación entre los Estados Unidos y Latinoamérica. Sin embargo, después de la guerra la expansión del comunismo y el desarrollo de un fuerte nacionalismo latinoamericano provocaron nuevas tensiones.

Comprensión

A Cambie los verbos entre paréntesis en las siguientes oraciones por el pretérito de indicativo o el imperfecto de subjuntivo según el contexto. Luego diga si son ciertas (**C**) o falsas (**F**) según la lectura y corrija las oraciones falsas.

1. _____ La Doctrina Monroe prohibió que ninguna nación europea (intervenir) en los gobiernos americanos.
2. _____ Antes de 1930, los Estados Unidos (seguir) una verdadera política de no intervención en los países centroamericanos.
3. _____ Theodore Roosevelt (hacer) mucho para que se (limitar) la expansión de los Estados Unidos en la América Latina.
4. _____ El «Corolario Roosevelt» a la Doctrina Monroe (defender) la integridad territorial de los países centroamericanos.
5. _____ Franklin Roosevelt quería que (haber) más cooperación y solidaridad entre los países del hemisferio.

B ¡Necesito compañero! Trabajando en parejas, completen el siguiente cuadro con información que aprendieron en la lectura. Después, comparen sus repuestas con las de algunas otras parejas. ¿Están todos de acuerdo o hay diferencia de opiniones? Expliquen.

PRESIDENTE	PROGRAMA	META(S)	RESULTADO(S)
	la «Diplomacia del Dólar»		
		la no intervencíon europea en América	
Theodore Roosevelt			
			Se mejoraron las relaciones de los Estados Unidos con Latinoamérica.

28 THE PAST SUBJUNCTIVE: CONCEPT; FORMS

A. Concept

To use the past subjunctive (**el imperfecto de subjuntivo**) correctly, you do not have to learn any additional subjunctive cues but only the past subjunctive forms. Almost all the cues that signal the use of the subjunctive mood are applicable to both the present subjunctive and the past subjunctive. (You will learn when to use the present subjunctive versus the past subjunctive later in this section.)

An alternative set of past subjunctive forms is spelled with **-se** instead of **-ra.**

hablar: hablase, hablases, hablásemos…
comer: comiese, comieses, comiésemos…
vivir: viviese, vivieses, viviésemos…

These forms are less commonly used than the **-ra** forms, although usage varies among countries and among individuals within countries. Only the **-ra** forms will be used in *¡Avance!,* but you will see the **-se** forms frequently in literature and other texts.

B. Forms of the past subjunctive

Without exception, the past subjunctive stem is the third-person plural form of the preterite minus **-on: hablarón → hablar-; comierón → comier-; vivierón → vivier-.** The past subjunctive endings for all verbs are **-a, -as, -a, -amos, -ais, -an.** Note the accent mark on all **nosotros/as** forms.

PAST SUBJUNCTIVE FORMS					
REGULAR -ar		**REGULAR -er**		**REGULAR -ir**	
hablara	habláramos	comiera	comiéramos	viviera	viviéramos
hablaras	hablarais	comieras	comierais	vivieras	vivierais
hablara	hablaran	comiera	comieran	viviera	vivieran

Any stem change or irregularity found in the third-person plural of the preterite will be found in all persons of the past subjunctive of those verbs.

	THIRD-PERSON PLURAL PRETERITE FORMS		PAST SUBJUNCTIVE
Regular	comenzaron	→	comenzara, comenzaras, comenzáramos…
	entendieron	→	entendiera, entendieras, entendiéramos…
Stem-Changing	prefirieron	→	prefiriera, prefirieras, prefiriéramos…
	sirvieron	→	sirviera, sirvieras, sirviéramos…
	murieron	→	muriera, murieras, muriéramos…
Irregular	**tuv**ieron	→	**tuv**iera, **tuv**ieras, **tuv**iéramos…
	pudieron	→	**pud**iera, **pud**ieras **pud**iéramos…
	dieron	→	**di**era, **di**eras, **di**éramos…
	fueron	→	**fue**ra, **fue**ras, **fué**ramos…

C. Sequence of tenses: Present subjunctive versus past subjunctive

In Spanish, the tense—present or past—of the main-clause verb determines the subjunctive tense used in the subordinate clause.

■ When the main-clause verb is in the present or present perfect, or is a command, a present subjunctive* form is generally used in the subordinate clause.

■ When the main-clause verb is in the preterite or imperfect, a past subjunctive form is used in the subordinate clause.[†]

Here is a summary of the correspondences for the verb forms you have studied thus far.[‡]

MAIN CLAUSE	SUBORDINATE CLAUSE
PRESENT	**PRESENT SUBJUNCTIVE**
El gerente dice... *The manager says . . .*	...que Ud. asista. *. . . for you to attend.*
PRESENT PERFECT	**PRESENT SUBJUNCTIVE**
El gerente ha dicho... *The manager has said . . .*	...que Ud. asista. *. . . for you to attend.*
COMMAND	**PRESENT SUBJUNCTIVE**
Gerente: Dígale... *Manager: Tell him . . .*	...que asista. *. . . to attend.*
PRETERITE	**PAST SUBJUNCTIVE**
El gerente dijo... *The manager said . . .*	...que Ud. asistiera. *. . . for you to attend.*
IMPERFECT	**PAST SUBJUNCTIVE**
El gerente decía... *The manager (often) said . . .*	...que Ud. asistiera. *. . . for you to attend.*

*Forms of the present subjunctive include the simple present and the present perfect: **hable, haya hablado; coma, haya comido.**
[†]Forms of the past subjunctive include the simple past and the pluperfect: **hablara, hubiera hablado; comiera, hubiera comido.** You will study the forms of the pluperfect subjunctive in grammar section 42.
[‡]The use of the pluperfect, the future, and the conditional with the subjunctive is practiced in grammar section 43.

Práctica Dé oraciones nuevas según las indicaciones para describir cómo era el mundo de los negocios en otros tiempos.

1. —¿Trabajaban Uds. muchas horas entonces?
   —Sí, era necesario que *trabajáramos muchas horas.* (empezar a trabajar temprano, ser siempre puntuales, hacer mucho trabajo manual, venir a trabajar seis o siete días a la semana)
2. —¿Tenían los obreros otras dificultades también?
   —Sí, los jefes no permitían que *tomaran vacaciones con sueldo.* (recibir atención médica gratis, tener breves descansos durante el día, llegar tarde de vez en cuando, volver al trabajo después de una larga enfermedad)
3. —¿Tenían Uds. algunos beneficios?
   —No, no teníamos muchos. Por ejemplo, no había ninguna compañía que *pagara dinero extra por hacer horas extraordinarias.* (pedir sólo 40 horas a la semana, ofrecer un seguro médico, dar un descanso pagado por la maternidad, siempre mantener buenas condiciones de trabajo, seguir pagando a los empleados después de la jubilación, permitir alguna participación en la gerencia)

Intercambios   28

A Ignacio, un estudiante universitario, está para graduarse en economía y español. Hace unos días, mientras se preparaba para una entrevista con la AT&T, todos sus amigos, profesores y parientes le daban consejos. Empareje cada persona con la sugerencia que le ofreció a Ignacio.

MODELO: no estar nervioso →
Su mejor amigo le dijo que no estuviera nervioso.

Personas: madre, profesora de economía, novia, mejor amigo, profesor de español, abuelo

Sugerencias:

peinarse de manera conservadora
demostrar sus capacidades bilingües
tener confianza en su preparación
   académica
hacer preguntas inteligentes
hablar despacio y con seguridad
pedir un sueldo en concreto

ponerse un traje de tres piezas
expresar interés en obtener un
   trabajo en el extranjero
no masticar chicle
aprender el nombre del entrevistador / de la entrevistadora

B Complete las siguientes oraciones de una forma lógica. Cuidado con los contrastes entre el subjuntivo y el indicativo y entre el presente y el pasado.

1. En el pasado, era necesario que las mujeres trabajadoras _____. Ahora es posible que (ellas) _____.
2. En el pasado, casi no había ningún ejecutivo en el mundo de los negocios que _____. Hoy en día, hay muchos ejecutivos que _____.

3. Hoy en día, muchas empresas permiten que sus empleados _____. En el pasado, las empresas no querían que (ellos) _____.

4. En el pasado, muchos jóvenes creían que una carrera en el mundo de los negocios _____. Hoy en día, muchos jóvenes piensan que _____.

5. En el pasado, los jefes querían que sus secretarias _____. Hoy las secretarias piden que sus jefes _____.

C Pensando en las ocupaciones de las siguientes personas, ¿qué es seguro que han hecho recientemente? ¿Qué es sólo probable que hayan hecho? Dé el nombre de una persona determinada en cada categoría.

MODELO: un(a) artista de la televisión, del cine o del teatro →
Sé (Estoy seguro/a [de]) que Jay Leno ha presentado su programa de televisión; es probable que también haya hecho chistes sobre varios políticos.

1. un(a) artista de la televisión, del cine o del teatro
2. una persona muy rica
3. un político / una mujer político importante
4. un estudiante típico / una estudiante típica de esta universidad
5. una persona muy conocida de esta universidad
6. un deportista famoso / una deportista famosa
7. un pariente de Ud.

D Con el tiempo, nuestras actitudes cambian —no sólo con respecto a los negocios sino también hacia muchas otras cosas. Complete las siguientes oraciones para indicar si han cambiado sus actitudes. Cuidado con el uso del presente y del imperfecto de subjuntivo.

1. Cuando era niño/a, me parecía muy importante que _____. Ahora me parece más importante que _____.
2. De niño/a, dudaba que mis padres _____. Ahora (dudo / estoy seguro/a) que ellos _____.
3. Creo que en el pasado mis padres dudaban que yo _____. Ahora (dudan/saben) que yo _____.
4. En el pasado pensaba que la educación _____. Ahora (creo / no creo) que _____.
5. Antes, las compañías buscaban empleados que _____. (Pero/Todavía) hoy buscan empleados que _____.
6. Hace unos años, yo no creía que el matrimonio _____. (Pero/Todavía) hoy me parece (que) _____.

E Entre todos El dibujo cómico de la página siguiente, que salió en una revista española, se burla de (*pokes fun at*) los anuncios y los métodos que utilizan las empresas para «vender» sus productos.

▪ ¿Cuáles son algunas de las técnicas de que se burla? ¿Pueden Uds. identificar por lo menos dos?

▪ En este país, ¿qué fama tienen los militares como hombres de negocios? ¿Son buenos para encontrar gangas (*bargains*)? ¿Cómo lo sabe Ud.?

F **¡Necesito compañero!** Trabajando en parejas, investiguen sus experiencias personales con respecto a cuestiones de trabajo. Pueden utilizar las siguientes preguntas y agregar otras si quieren.

1. ¿Qué clase de trabajo buscabas cuando eras más joven? ¿Querías un trabajo de tiempo completo (*full-time*) o de tiempo parcial? ¿Por qué?
2. ¿Querías un trabajo de tipo intelectual o manual? ¿Preferías trabajar a solas o en equipo? ¿Por qué?
3. ¿Trabajabas por gusto o por necesidad? ¿Era indispensable que ganaras mucho dinero? ¿que recibieras algún entrenamiento especial?
4. ¿Qué opinaban tus padres con respecto a tu trabajo? ¿Creían que era bueno que trabajaras o se oponían? ¿Por qué?
5. ¿Cómo terminaban tus padres esta oración: «Queremos que tú trabajes como _____ porque así vas a _____.»?

   ■ ganar mucho dinero

   ■ obtener experiencia muy valiosa en el mundo de los negocios

   ■ aprender a ser más independiente

   ■ pasar menos tiempo mirando la televisión

   ■ ¿ ?

Compartan con las otras parejas algo de lo que Uds. aprendieron. ¿Tuvieron todos Uds. algunas experiencias similares con respecto al trabajo?

29 USE OF SUBJUNCTIVE AND INDICATIVE IN ADVERBIAL CLAUSES

An adverb is a word that indicates the manner, time, place, extent, purpose, or condition of a verbal action. It usually answers the questions *how? when? where?* or *why?*

Vamos al cine **después.**	*Let's go to the movies* (when?) *afterward.*

A clause that describes a verbal action is called an adverbial clause. It is joined to the main clause by an adverbial conjunction.

Vamos al cine **después de que ellos cenen.**	*Let's go to the movies* (when?) *after they have dinner.*

In the preceding sentence, **después de que ellos cenen** is the adverbial clause; **después de que** is the adverbial conjunction. Adverbial clauses are subordinate (dependent) to the main clause. As you know, there must be a subordinate clause in order for the subjunctive to be used.

A. Adverbial clauses: Time

These are some of the most common adverbial conjunctions of time:

cuando *when*	mientras (que) *while, as long as*
después (de) que *after*	
en cuanto *as soon as*	tan pronto como *as soon as*
hasta que *until*	

Future, anticipated outcomes versus present, habitual actions

■ When the actions of the main and subordinate clauses have not yet occurred (that is, they represent a future action and an anticipated outcome), the subordinate clause introduced by these adverbial conjunctions uses the subjunctive.

■ When the action of the subordinate clause is habitual, the indicative is used. Compare the sentences in the following chart.

FUTURE, ANTICIPATED: SUBJUNCTIVE	PRESENT, HABITUAL: INDICATIVE
Te van a dar más crédito **después de que pagues** el balance de la cuenta. *They will give you more credit after you pay off the balance of the account.* (anticipated action—you haven't yet paid off the balance)	Siempre te dan más crédito **después de que pagas** el balance de la cuenta. *They always give you more credit after you pay off the balance of the account.* (habitual action—they always do this)
Piensan cobrar el cheque **tan pronto como** se lo **demos.** *They're planning to cash the check as soon as we give it to them.* (anticipated outcome—we haven't given them the check yet)	Todas las semanas, cobran el cheque **tan pronto como** se lo **damos.** *Every week, they cash the check as soon as we give it to them.* (habitual action—they do this every week)
Compraré acciones **cuando bajen** de precio. *I will buy stocks when the prices go down.* (anticipated outcome—the price hasn't gone down yet)	Siempre compro acciones **cuando bajan** de precio. *I always buy stocks when the prices go down.* (habitual action—I always do this)
Haga cola **hasta que llegue** el cajero. *Wait in line until the teller arrives.* (anticipated outcome—the teller hasn't arrived yet)	Cada mañana, los clientes hacen cola **hasta que llega** el cajero. *Every morning, the clients wait in line until the teller arrives.* (habitual action—they do this every morning)

You have learned that a subordinate clause is present if a sentence contains two different subjects. However in a sentence with no change of subject, you should use the prepositions **antes de, después de,** and **hasta** followed by an infinitive rather than the conjunctions **antes (de) que, después (de) que,** and **hasta que** followed by a conjugated verb in the subjunctive.

Voy a sacar dinero **después de que pida** el préstamo. (*possible*)
Voy a sacar dinero **después de pedir** el préstamo. (*preferred*)
I'm going to withdraw money
{ *after I request* }
{ *after requesting* } *the loan.*

Decidió ahorrar **hasta que se hiciera** millonario. (*possible*)
Decidió ahorrar **hasta hacerse** millonario. (*preferred*)
He decided to save
{ *until he became* }
{ *until becoming* }
a millionaire.

Past, anticipated/unknown outcomes versus past, known outcomes and past, habitual actions

- The past subjunctive is used when the action of the subordinate clause is viewed as an *anticipated* outcome *from the point of view of the subject in the main clause,* or as an *unknown* outcome *from the point of view of the speaker.*

- The indicative (preterite or imperfect) is used when the action of the subordinate clause represents a *known outcome from the point of view of the speaker* that took place subsequent to the action in the main clause.

- Additionally, the indicative (imperfect) is used when the action of the subordinate clause refers to an action that occurred several times in the past as a matter of habit. Compare the sentences in the following chart.

PAST, ANTICIPATED/UNKNOWN: SUBJUNCTIVE	PAST, KNOWN OR PAST, HABITUAL: INDICATIVE
La compañía planeaba seguir invirtiendo en la Bolsa **hasta que obtuviera** beneficios. *The company was planning to keep on investing in the stock market until it earned dividends.* (unknown outcome from the point of view of the speaker)	La compañía siguió invirtiendo en la Bolsa **hasta que obtuvo** beneficios. *The company kept on investing in the stock market until it earned dividends.* (known outcome from the point of view of the speaker)
Iban a hacer un viaje alrededor del mundo **después de que** ella **terminara** el proyecto, pero nunca lo terminó y nunca hicieron el viaje. *They were going to take a trip around the world after she finished the project, but she never finished it and they never took the trip.* (anticipated outcome from the point of view of the subject in the main clause)	Siempre hacíamos un viaje alrededor del mundo **después de que** ella **terminaba** un proyecto. *We always took a trip around the world after she finished a project.* (habitual action)

- The adverbial conjunction **antes de que** is always followed by the subjunctive because, by definition, it introduces an anticipated outcome.

Siempre cambia un cheque **antes de que vayan** de compras.	*He always cashes a check **before they go** shopping.*
Cambió un cheque **antes de que fueran** de compras.	*He cashed a check **before they went** shopping.*

Práctica Complete las siguientes oraciones con la forma apropiada del subjuntivo o indicativo del verbo entre paréntesis, según el contexto.

1. Voy a ingresar el cheque tan pronto como (nosotros: llegar) al banco.

2. Cuando se (impersonal: escribir) un cheque, siempre se debe apuntar su valor inmediatamente.

3. Después de que nos autorizaron el préstamo, por fin (nosotros: poder) comprar nuestra casa de ensueños (*dream house*).

4. Necesito retirar efectivo de un cajero automático antes de que (nosotras: salir).

5. Recuerdo que mi mamá ya no hablaba de las deudas después de que mi papá (ganar) la lotería.

6. Obviamente vas a seguir gastando hasta que te (ellos: cortar) las tarjetas de crédito.

7. Ayer, yo te iba a llamar tan pronto como Verónica (llamarme), pero nunca (ella: llamarme).

B. Adverbial clauses: Manner and place

■ The subjunctive is used with the following conjunctions to express speculation about an action or situation that is unknown to the speaker. The indicative is used to express what is actually known or has been experienced by the speaker.

aunque *although, even if*	de modo que *in such a way that*
como *as, how*	donde *where*
de manera que *in such a way that*	

UNKNOWN SITUATION: SUBJUNCTIVE	KNOWN SITUATION: INDICATIVE
Lo voy a hacer **aunque sea** difícil. *I'm going to do it even if it's difficult.* (The speaker doesn't know if it will be difficult or not.)	Lo voy a hacer **aunque es** difícil. *I'm going to do it although it is difficult.* (The speaker already knows that it will be difficult from prior experience.)
Habló **de modo que le entendieran.** *She spoke in such a way that they might understand her.* (It is not known whether or not she was understood.)	Habló **de modo que le entendieron.** *She spoke in such a way that they understood her.* (She was understood.)

■ The adverbial conjunctions **ahora que, puesto que,** and **ya que** are always followed by the indicative since they convey the speaker's perception of reality as being already completed or inevitable.

Ya que vas a visitar, dime lo que quieres comer.

Since you're going to visit, tell me what you would like to eat.

Ahora que estás en ventas, vas a viajar mucho.

Now that you're in sales, you're going to travel a lot.

Práctica Exprese las siguientes oraciones en inglés. En cada caso explique el uso del subjuntivo o del indicativo en los verbos en letra cursiva.

1. Aunque no *tenga* necesidad, creo que *voy* a trabajar. Aunque muchas personas no *están* de acuerdo conmigo, para mí el trabajo *es* interesante y hasta (*even*) divertido.

2. En muchas escuelas secundarias *se enseñan* ahora las clases académicas de manera que los estudiantes *ven* la aplicación que *tiene* la materia en la vida práctica. Saben que, aunque un estudiante *se haya graduado* de la escuela secundaria, esto no significa que *tenga* suficientes conocimientos para funcionar en la sociedad moderna puesto que el mundo *es* cada vez más complicado.

3. A mi parecer (*In my opinion*), es necesario que la universidad *sea* más responsable con respecto al futuro de sus estudiantes. Aunque no lo *quieran* admitir, el futuro *está* en los negocios. Los estudiantes *pagan* mucho para prepararse de modo que *encuentren* buenos empleos después de recibir su título. Por consiguiente, no es bueno que la universidad *obligue* a los estudiantes a tomar clases que no *tengan* nada que ver con sus intereses profesionales. Debe permitir que los estudiantes *diseñen* su programa de estudios de manera que los *preparen* para el futuro.

Intercambios   **29**

A Complete las siguientes oraciones de una forma lógica. Cambie el verbo entre paréntesis al indicativo o al subjuntivo según el contexto. Cuidado con la secuencia de tiempos.

REALIDADES   ANTICIPACIONES

Con respecto al trabajo:

1. Cuando yo (ser) estudiante de secundaria, _____.

    Cuando yo (no ser) estudiante universitario/a, _____.

2. Después de que mis amigos/as (graduarse) de la escuela secundaria, _____.

    Después de que mis amigos/amigas (graduarse) de la universidad, _____.

3. De joven, en cuanto yo (ganar) algún dinero, yo _____.

    En el futuro, en cuanto yo (ganar) algún dinero, yo _____.

Con respecto a los privilegios y responsabilidades:

4. Cuando yo (tener) nueve años, mis padres _____.

    Cuando mis hijos/nietos (tener) nueve años, yo _____.

5. Tan pronto como yo (llegar) a casa después de la escuela, yo _____.

    Tan pronto como mis hijos/nietos (llegar) a casa después de la escuela, ellos _____.

6. Cuando yo (sacar) notas muy malas, yo / mis padres _____.

    Cuando mis hijos/nietos (sacar) notas muy malas, ellos/yo _____.

B ¡Necesito compañero! En muchos aspectos de la vida se nos imponen ciertas condiciones para hacer o tener ciertas cosas. A continuación hay algunas «condiciones» que se oyen con alguna frecuencia. ¿A Ud. le suenan (*ring a bell*) algunas? Trabajando en parejas, completen las oraciones de una manera lógica. Agreguen una condición más a cada lista para que sus compañeros de clase las completen.

Un padre le dice a su hijo/a:

1. No vas a poder manejar el auto hasta que _____.
2. Puedes mirar la televisión tan pronto como _____.
3. Puedes salir con chicos/as cuando _____.
4. No puedes comer el postre hasta que _____.
5. ¿ ?

Una profesora le dice a su estudiante:

1. No va a sacar buenas notas mientras que _____.
2. Puede sacar libros de la biblioteca en cuanto _____.
3. Va a ser entre los primeros en escoger sus clases cuando _____.
4. Levante la mano tan pronto como _____.
5. ¿ ?

Un/Una gerente le dice a su empleado/a:

1. No va a tener éxito hasta que _____.
2. Va a recibir un mes de vacaciones después de que _____.
3. Le vamos a dar un reloj de oro cuando _____.
4. Le vamos a dar un mejor puesto antes de que _____.
5. ¿ ?

C Describa los dibujos a la derecha de varias maneras, incorporando las siguientes palabras en su descripción. ¿Quiénes son estas personas? ¿Cómo son? ¿Qué hacen?

ahora que	hasta que
aunque	mientras (que)
cuando	tan pronto como
de manera que	ya que
donde	

1. el avión, correr, despegar, el hombre de negocios, llegar, el piloto
2. llevar, poder comprar cosas, reconocerlo, ser famoso, la tarjeta de crédito, viajar
3. colocar, hablar por teléfono, el mensajero, el paquete, pesado

1.

2.

3.

D Guiones Los siguientes dibujos cuentan una historia. Trabajando en pequeños grupos, narren la historia en el pasado. Incorporen el vocabulario indicado de la página siguiente y agreguen por lo menos dos o tres detalles más (otras acciones o explicaciones) cuando hablen de lo que ocurrió en cada dibujo. Cuidado con el contraste entre el infinitivo, el indicativo y el subjuntivo. No se olviden de usar los complementos pronominales y las estrategias para la comunicación siempre que puedan.

1. el paciente, ir / tan pronto como llegar / explicar
2. antes de examinar / el médico, pedir / quitarse la ropa
3. en cuanto quitarse la camiseta / observar / agujero (*hole*)
4. examinar y tocar / mientras que / desvestirse
5. antes de examinar / abrir el gabinete
6. sacar / mostrar / ofrecer / ya que

Entre todos

■ ¿Qué tipo de negocio es el anterior? ¿Qué piensa Ud. de eso?

■ ¿Quién en la clase ha tenido alguna experiencia parecida, una ocasión en que al ir a un lugar en busca de algún servicio se encontró con que le ofrecían o le querían vender algo que no esperaba? Cuénteselo a la clase.

■ ¿Qué piensa Ud. que hizo el paciente? Termine la historia.

E ¡Necesito compañero! Trabajando en parejas, escriban anuncios para cinco productos, usando el modelo a continuación. Traten de usar cinco adjetivos y cinco verbos diferentes. Luego, compartan sus anuncios con la clase y voten por el mejor anuncio.

MODELO: ¡Compre _____! Su _____ va estar más _____ cuando / después de que / tan pronto como (Ud.) _____.
→ ¡Compre *pan Bimbo!* Su *sándwich* va a estar más *delicioso cuando lo prepare con pan Bimbo.*

1. ... 2. ... 3. ... 4. ... 5. ...

¡OJO!

	EXAMPLES	NOTES
ya que como puesto que porque por	**Ya que** es muy rico, no tiene que trabajar. *Because (Since) he is very rich, he doesn't have to work.* **Como** (**Puesto que**) era muy niña, siempre hacía muchas pequeñas travesuras. *Since (Because) she was very young, she was always playing little pranks.* Lo hicieron **porque** no había remedio. *They did it because there was no alternative.* Todos la admiraban **por** su bondad. *Everyone admired her for (because of) her kindness.*	The idea of *because* (*since*) is expressed in a number of ways in Spanish. Preceding a conjugated verb, **ya que, como, puesto que,** or **porque** can be used. Of these four expressions, only **porque** *cannot* be used to begin a sentence. Conversely, **como** (meaning *because*) must be placed at the beginning of a sentence. When preceding a noun, always use **por.** This use corresponds to English *because of.*

	EXAMPLES	NOTES
cuestión **pregunta**	Es una **cuestión** de gran importancia. *It's a question (matter) of great importance.*	*Question* in the sense of *matter, subject,* or *topic of discussion* is expressed in Spanish by **cuestión**.
	Ese niño hace muchas **preguntas** difíciles. *That child asks a lot of difficult questions.*	The word **pregunta** refers to a *question* or *interrogation*.
	La joven **hizo** muchas **preguntas** (**preguntó** mucho) sobre su abuela. *The girl asked a lot of questions about her grandmother.*	*To ask a question* is expressed in two ways in Spanish: **hacer una pregunta** and **preguntar**.
fecha **cita**	¿Cuál es la **fecha** de hoy? *What is today's date?*	*Date* has several equivalents in Spanish. A *calendar date* is expressed with **fecha**.
	¿Con quién tienes **cita**? *With whom do you have a date (appointment)?*	An *appointment* or *social arrangement* is expressed with **cita**.
	El me acompañó a la fiesta. *He was my date for (accompanied me to) the party.*	Unlike the English word *date*, **cita** can never mean *a person*.
	Quiero presentarlo a mi amiga Victoria. *I'd like to introduce you to my date, Victoria.*	
los/las dos **ambos/as** **tanto... como...**	Tengo dos hijas y voy al partido con **las dos** (**ambas**). *I have two daughters, and I'm going to the game with both of them.*	English *both* is expressed in Spanish with **los/las dos** and **ambos/as,** which agree in gender with the nouns to which they refer.
	Ambos (**Los dos**) socios quieren comprar las acciones. *Both partners want to buy the shares.*	
	Tanto los perros **como** los gatos son carnívoros. *Both dogs and cats are carnivorous.*	The English expression *both . . . and . . .* is expressed in Spanish with **tanto... como...** . This construction is invariable.

A Volviendo al dibujo Elija la palabra que mejor completa cada oración. ¡Cuidado! También va a encontrar palabras de los capítulos anteriores.

1. El Sr. y la Sra. Guaraní habían hecho (*had made*) una (cita/fecha) con un empleado del Banco en Quiebra, S.A. Ellos tenían un negocio en su propia casa y, como el negocio crecía, necesitaban (moverse/mudarse) a otra casa más grande. Tenían (un cuento / una cuenta) en el banco, y ahora iban a pedir un préstamo. Por eso, querían hacerle algunas (cuestiones/preguntas) al Sr. Euro. La expansión de su negocio dependía (al / del / en el) dinero que pudieran obtener, y por eso (buscaban/miraban) la oportunidad de hacer una buena transacción. Sin embargo, llevaron al banco a su hijita Lempira, que era una niña insoportable y nunca (pagaba/prestaba) atención a lo que le decían sus padres. Ella no comprendía que no era (hora/tiempo/vez) de jugar sino de (buscar/mirar) dinero. Lo (buscaba/miraba) todo y tocaba lo que estaba (cerca/cercano) y también lo que estaba lejos. No (cuidaba / le importaba) nada el caos que causaba con sus travesuras.

2. La Srta. Colón, que trabaja en el Banco en Quiebra, S.A., no (se siente / siente) muy segura en su trabajo. Es natural, (por/porque) hace muy poco tiempo que empezó a (funcionar/trabajar) en este banco. ¡Claro que es sólo una (cuestión/pregunta) de tiempo antes de que tenga confianza en sus habilidades! Ella (hace mucho caso / presta mucha atención) a las operaciones del banco. No (apoya/mantiene/soporta) el chisme (*gossip*) ni la holgazanería (*laziness*); es amable con todos, pero es firme. (Por/Porque) su paciencia y buen humor, los otros empleados la respetan mucho. (Mira/Parece) que ella va a (suceder / tener éxito) en esta empresa.

- Ya que Ud. está en la universidad, ¿qué aspectos de la escuela secundaria cree que lo/la prepararon mejor para la universidad? ¿Cómo completaría (*would you complete*) la siguiente oración? «Cuando llegó el momento de elegir una universidad, era cuestión de _____ (dinero/lugar/prestigio/tamaño/¿ ?).» ¿Por qué cree que esta universidad lo/la aceptó?

- ¿Tiene Ud. obsesión con la hora? ¿Está siempre pendiente de la hora y la fecha? ¿Tiene un reloj que indique tanto la fecha como el día? ¿que le indique cuando tiene una cita? Cuando tiene cita, ¿llega siempre antes de la hora o a tiempo? ¿Le fastidia que alguien llegue tarde? Cuando tiene cita con su novio/a o mejor amigo/a, ¿tienden ambos a llegar a tiempo?

Repaso

A Complete la siguiente historia, dando la forma correcta de cada verbo. Cuando se dan varias palabras entre paréntesis, escoja la palabra apropiada. ¡Cuidado! La historia empieza en el tiempo presente, pero luego cambia al pasado.

El mercantilismo

Aunque hay muchas diferencias entre el sistema político económico norteamericano y el de los países de Hispanoamérica, es interesante notar que en los dos continentes hay varias coincidencias históricas. Se ha dicho que los exploradores ingleses (venir)[1] al Nuevo Mundo para colonizarlo y desarrollarlo (*develop it*) mientras que los españoles (llegar)[2] con la intención de conquistarlo y explotarlo. Hay que admitir que eso (ser/estar)[3] verdad, pero sólo hasta cierto punto.

En ambos casos, la llegada de los europeos (significar)[4] el establecimiento de un sistema económico muy beneficioso para Inglaterra y España, pero desastroso para sus colonias. Este sistema (llamarse)[5] el «mercantilismo». Se creía que la economía de una colonia (deber)[6] complementar la de la madre patria. Según el mercantilismo, la colonia (dar)[7] los productos que la madre patria (necesitar)[8] y a su vez (*in turn*) (recibir)[9] productos fabricados por su patrón. Pero no (ser/estar/haber)[10] libre comercio, ni mucho menos. Las naciones europeas —Inglaterra y España en este caso— querían que sus colonias (ser/estar/tener)[11] éxito económico sólo si esto servía a sus propios intereses. (Ser/Estar)[12] bueno que las colonias (producir)[13] materias primas y especialmente aquellos productos agrícolas que no (cultivarse)[14] en Europa, pero al mismo tiempo no se permitía el cultivo de ningún producto que (poder)[15] ser competitivo. Los comerciantes americanos, tanto los del norte como los del sur, (odiar)[16] las restricciones que (imponerles)[17] Inglaterra y España. Estas normas, además del deseo de lograr la libertad de expresión, luego (convertirse)[18] en una de las principales causas de las guerras por la independencia.

B Complete las siguientes oraciones de una forma lógica. ¡Atención! A veces hay que usar el imperfecto de subjuntivo. Luego, compare sus oraciones con las de los otros miembros de la clase. ¿Cuántas experiencias o creencias tiene Ud. en común con ellos?

1. Como niño/a, no podía creer que los bancos (no) _____.
2. Como adolescente, creía que como adulto/a querría (*I would want*) trabajar en una compañía que _____.
3. Cuando llegué a la universidad por primera vez, creía que _____.
4. Al terminar mi primer semestre (trimestre) aquí, estaba contento/a de (que) _____.
5. Cuando solicité una tarjeta de crédito, (no) sabía que _____.
6. Ayer me puse furioso/a porque _____.

El Internet, herramienta (*tool*) útil

Muchos estarían de acuerdo (*would agree*) con la idea de que el Internet ha sido uno de los avances más útiles en el mundo de los negocios. Millones de personas alrededor del mundo recurren a (*resort to*) él a diario para hacer transacciones bancarias, comerciar (*trade*) en la Bolsa, vender y comprar productos y servicios, buscar información, bajar (*download*) programas y comunicarse con el resto del mundo.

Antes de ver

■ ¿Usa Ud. el Internet? ¿Con qué frecuencia y para qué lo usa? Si lo usa en su trabajo, explique cómo lo usa allí.

■ Pensando en sus respuestas a las preguntas anteriores, explique cómo hacía Ud., o cómo hacía la gente en general, las mismas actividades antes de que existiera (*existed*) el Internet.

■ ¿Qué sabe Ud., o cuál es su impresión, del uso del Internet en el mundo hispano? ¿Cree Ud. que es tan popular en España e Hispanoamérica como lo es en este país? Explique.

■ Ahora lea con cuidado la actividad en **Vamos a ver** antes de ver el vídeo por primera vez.

Jean Pierre Noher, actor y músico argentino.

Vamos a ver

Determine si las siguientes afirmaciones son ciertas (**C**) o falsas (**F**), según lo que Ud. aprende en el vídeo. Corrija las oraciones falsas.

		C	F
1.	Según el narrador, Jean Pierre Noher* utiliza el Internet dos o tres veces por semana.	☐	☐
2.	Noher trabaja en un despacho como los que se encuentran en las grandes empresas de este país.	☐	☐
3.	Al principio, la compu (computadora) le dio a Noher la oportunidad de bajar canciones digitalizadas del Internet para aumentar su colección personal de música.	☐	☐
4.	Luego, el Internet le ayudó a Noher durante sus investigaciones sobre la vida y literatura de Jorge Luis Borges.	☐	☐
5.	Actualmente, Noher está buscando una grabadora de CD en el Internet para comprarla.	☐	☐
6.	Noher usa la tecnología para musicalizar (*add music to*) situaciones de emoción, esperanza, suspenso, etcétera.	☐	☐
7.	Parece que este segmento de vídeo se presentó un poco antes de la salida de la película *Un amor de Borges*.	☐	☐

Después de ver

■ ¿Qué impresión sobre el uso general de la tecnología en el mundo hispano le da a Ud. el vídeo? ¿Tiene Ud. la misma impresión que tenía antes de ver el vídeo? Explique.

■ Trabajando en grupos, hagan una lista de las maneras en que el Internet ha ayudado, está ayudando o va a ayudar en el futuro al mundo de los negocios en este país, en Hispanoamérica y en el mundo entero. Luego, presenten sus ideas a la clase.

■ Busque información sobre cómo el Internet influye en los negocios en el mundo hispano. Esto puede incluir anuncios para aparatos para la oficina, artículos de revistas electrónicas o cualquier cosa que represente la influencia del Internet en los negocios de hoy. Comparta su información con sus compañeros de clase.

---

*Jean Pierre Noher ha ganado múltiples premios como mejor actor por su interpretación de Jorge Luis Borges en la película *Un amor de Borges*, escrita y dirigida por Javier Torre.

CAPITULO 8

Creencias e ideologías

Lesson Objectives

Lengua

- The subjunctive in adverbial clauses: Interdependence (30)
- **Por** and **para** (31)
- The process **se** (32)
- Review of the subjunctive: An overview (33)

Literatura

- *Espuma y nada más* Hernando Téllez

 Vídeo: El Señor de los Milagros en el Perú y el carnaval de Oruro, Bolivia

Semana Santa en Zunil, Guatemala

The *¡Avance!* CD-ROM contains interactive activities to practice the material presented in this chapter.

■ ¿Puede Ud. identificar a los participantes en los siguientes acontecimientos (*happenings*) históricos en que la religión ha desempeñado un papel importante? Identifíquelos en el dibujo de arriba.

ACONTECIMIENTO	PARTICIPANTES
1. _____ la creación de la Iglesia anglicana	a. los serbios, los croatas y los musulmanes
2. _____ las Cruzadas	b. los árabes y los israelitas
3. _____ el conflicto en la antigua Yugoslavia	c. los soldados y los frailes españoles
4. _____ el descubrimiento y la colonización del Nuevo Mundo	d. Enrique VIII y sus seis esposas
5. _____ el conflicto en el Oriente Medio	e. los musulmanes y los cristianos

■ ¿Puede Ud. identificar las religiones que motivaron los conflictos?

VOCABULARIO
para conversar

animar to encourage; to enliven
cambiar de opinión to change one's mind
competir (i, i) to compete
comprometerse to make a commitment
convertir(se) (ie, i) to convert
cooperar to cooperate
dedicarse a to dedicate oneself to
defender (ie) to defend
fomentar to promote, stir up
motivar to provide a reason for; to motivate
negociar to negotiate
predicar to preach
  predicar con el ejemplo to practice what one
    preaches
rezar to pray

la bendición blessing
el clero clergy
la competencia competition
la conversión conversion
la creencia belief
la cruzada crusade
el cura priest
el ejército army
el evangelizador / la evangelizadora evangelist
la fe faith
la iglesia church (*building*)
la Iglesia Church (*organization*)
la mezquita mosque
el/la militar career military person
el misionero / la misionera missionary
la monja nun
el monje monk

la oración prayer
el pastor / la pastora pastor
el propósito purpose; end, goal
el rabino / la rabina rabbi
el sacerdote priest
la sinagoga synagogue
el templo temple
el valor value

comprometido/a committed

Creencias y creyentes*

el agnóstico / la agnóstica agnostic
el/la altruista altruist
el anglicano / la anglicana Anglican
el ateo / la atea atheist
el/la budista Buddhist
el católico / la católica Catholic
el conservador / la conservadora conservative
el/la (no) creyente (non)believer
el/la derechista rightist (*a member of the
    political right*)
el/la egoísta egotist, selfish person
el/la hipócrita hypocrite
el/la izquierdista leftist (*a member of the
    political left*)
el judío / la judía Jew
el/la liberal liberal
el/la materialista materialist
el musulmán / la musulmana Moslem
el pagano / la pagana pagan
el/la protestante Protestant

A Examine la lista del vocabulario y luego organice todas las palabras que
pueda según las categorías indicadas a continuación. ¿Qué otras palabras
o expresiones sabe Ud. que también se podrían colocar (*could be placed*)
en alguna de estas categorías?

```
  los practicantes                          las acciones de los
                          LA RELIGION            practicantes

  los no practicantes                           los lugares
```

*The adjective and noun forms of all the words in this section are identical.

B Escoja la palabra de la lista a la derecha que mejor corresponda a cada definición a la izquierda. Luego, dé una definición en español de las palabras que quedan sin definir.

1. _____ incitar, motivar, instigar (una rebelión)
2. _____ las expediciones a la Tierra Santa contra los infieles durante la Edad Media
3. _____ una persona que no es católica ni judía ni musulmana pero que sí es creyente
4. _____ una persona que dice una cosa pero hace lo contrario

a. competir
b. convertir
c. las Cruzadas
d. fomentar
e. el/la hipócrita
f. el/la liberal
g. el misionero / la misionera
h. el/la protestante
i. el valor

C ¿Qué palabra no pertenece al grupo? Explique por qué.

1. sincero/a, generoso/a, egoísta, altruista
2. los conservadores, los derechistas, los materialistas, los izquierdistas
3. dedicarse, cambiar de opinión, comprometerse, cooperar
4. rezar, la oración, negociar, la fe
5. los militares, la conversión, los soldados, el ejército

D Las creencias religiosas pueden inspirar y hasta impulsar a los seres humanos a entrar en acción, de eso no hay duda. Pero hay otras creencias y principios que también motivan a muchos a la acción. Por ejemplo, ¿qué convicciones éticas o políticas asocia Ud. con los siguientes eventos?

1. el discurso «I Have a Dream» del Dr. Martin Luther King, Jr.
2. las restricciones sobre la tala de árboles (*logging*) en los bosques de los Estados Unidos
3. las restricciones sobre el fumar en lugares públicos

En el cuadro *La familia presidencial,* pintado por el colombiano Fernando Botero, el pintor agrupa en una sola «familia» a todos los que tradicionalmente comparten el poder en Hispanoamérica. ¿Quiénes son los miembros de esta «familia»? ¿Comparten todos el poder igualmente o son algunos más poderosos que otros? ¿Cómo sería (*would be*) el retrato de «la familia presidencial» en los Estados Unidos? ¿Qué grupos se incluirían (*would be included*)?

4. las manifestaciones (a veces violentas) contra ciertas clínicas para mujeres

5. la creación de milicias y otros grupos paramilitares en varios lugares del mundo

6. el trabajo realizado por organizaciones como la United Way y la Cruz Roja

7. las grandes huelgas (*strikes*) laborales de los años treinta en los Estados Unidos que culminaron con la creación de la United Auto Workers

E En su opinión, ¿cuál es más importante en la cultura norteamericana, la cooperación o la competencia? Cuando Ud. era muy joven, ¿qué tipo de actividades fomentaban más sus padres, aquéllas en que Ud. podía ganar premios (*awards, prizes*) o aquéllas en que debía ayudar a otras personas de alguna manera? ¿Era necesario que Ud. compartiera sus cosas o su cuarto con otra persona? Explique. ¿Cree que esto es una experiencia positiva para un niño / una niña? Explique.

LENGUA I

30 THE SUBJUNCTIVE IN ADVERBIAL CLAUSES: INTERDEPENDENCE

In **Capítulo 7** you learned to use the subjunctive with adverbial conjunctions that express what is unknown to the speaker. The adverbial conjunctions in this section indicate that the actions in the main clause and subordinate clause are interdependent in special ways: When events take place simultaneously, one event will not take place unless the other does too, or one event happens so that another will happen.

Mi propósito era hablarle **para que cambiara** de opinión.	*My purpose was to talk to him **so that he might change** his mind.*
Ud. no puede ganar la elección **a menos que tenga** el apoyo del pueblo.	*You cannot win the election **unless you have** the support of the people.*

Here are the most common adverbial conjunctions of interdependence.

a condición (de) que *provided that*	en caso (de) que *in case*
a fin de que *so that*	para que *so that, in order that*
a menos que *unless*	sin que *without*
con tal (de) que *provided that*	

Unlike the adverbial conjunctions in **Capítulo 7,** which take either the indicative or the subjunctive according to whether they refer to something known or unknown, habitual or anticipated, *adverbial conjunctions of interdependence are always followed by the subjunctive when there is a change of subject.* When there is no change of subject, the **que** is dropped and replaced by the infinitive depending on which adverbial conjunction is being used.

■ With **para que** and **sin que,** the **que** is always dropped.

No puedo salir **sin despedirme** de mis padres.	*I can't leave **without saying good-bye** to my parents.*

■ With **a condición (de) que, a fin de que, con tal (de) que,** and **en caso (de) que,** it is possible, though not necessary, to drop the **que.**

Voy a ir a la reunión **con tal de que tenga** tiempo.
Voy a ir a la reunión **con tal de tener** tiempo.
*I'm going to go to the meeting **provided I have** time.*

■ However with the conjunction **a menos que,** the subjunctive is always used even when there is no change of subject.

No vamos a resolver nada **a menos que cooperemos.**	*We're not going to solve anything **unless we cooperate.***

Práctica Aquí continúa la historia de Cristóbal Colón. Junte las oraciones con las frases entre paréntesis, usando una de las conjunciones de la lista anterior. Use el subjuntivo o el infinitivo como sea necesario.

1. Colón compró más de una carabela (*caravel: an ocean-going ship*). (una perderse en alta mar [*at sea*])
2. Colón partió inmediatamente. (la reina no cambiar de opinión)
3. Colón y los marineros (*sailors*) que lo acompañaban llevaban muchas provisiones. (ellos poder soportar un largo viaje)
4. Colón les prometió muchas riquezas a los marineros. (ellos descubrir la ruta)
5. Colón tenía muchas dudas sobre el viaje. (los marineros saberlo)

Intercambios (30)

(A) A continuación hay algunas oraciones sobre los Zúñiga, una familia de inmigrantes. Usando palabras o frases de la lista siguiente, junte las oraciones con las frases entre paréntesis. Use el subjuntivo, el indicativo o el infinitivo como sea necesario.

a condición de (que)	aunque	hasta (que)
a fin de (que)	cuando	para (que)
a menos que	de modo que	sin (que)
antes de (que)	en cuanto	

1. Los señores Zúñiga llegaron a Nueva York en 1995. (ser muy difícil dejar su patria)
2. Trabajaron mucho. (comer sus hijos)

3. Nunca se compraron ropa nueva. (ser una necesidad absoluta)
4. Enseñaron a sus hijos mucho sobre la cultura de su patria de origen. (entender y apreciar los valores de esa cultura)
5. Lo compraron todo de segunda mano. (ahorrar dinero)
6. Trataron de mantener la unidad familiar. (esto ser parte de su tradición cultural)
7. Los padres insistieron en que sus hijos se aplicaran a sus estudios. (graduarse de la escuela secundaria)
8. Los padres querían que sus hijos asistieran a la universidad. (tener buenas oportunidades de empleo)
9. Los hijos nunca se olvidaron de sus raíces. (estar lejos de sus padres)

¿Qué puede Ud. deducir sobre los valores de la familia Zúñiga según las experiencias que tuvieron y las decisiones que tomaron? ¿Conoce Ud. a algunas familias de inmigrantes? ¿Qué sabe Ud. de las experiencias de ellos? ¿Fueron similares a las de la familia Zúñiga o fueron diferentes? ¿Tuvieron las mismas experiencias los antepasados de Ud.? Explique.

B ¡Necesito compañero! En la columna a la izquierda, hay palabras que reflejan algunos valores y creencias; en la columna a la derecha, hay algunos individuos. Trabajando en parejas, indiquen con quién(es) se asocia cada palabra y por qué.

1. _____ animar
2. _____ la competencia
3. _____ convertir
4. _____ la cooperación
5. _____ predicar
6. _____ negociar

a. un jugador / una jugadora de baloncesto
b. un evangelizador / una evangelizadora
c. un político / una mujer político

Ahora, completen las oraciones a continuación de la manera en que Uds. creen que lo harían (*would do*) los individuos indicados. Luego, inventen una oración más para cada individuo, usando las conjunciones adverbiales **a menos que, a fin de (que), a condición de (que), cuando, en caso de (que), para (que), por** o **sin (que).**

Un jugador / Una jugadora de baloncesto

1. No aceptaré (*I won't accept*) su oferta para jugar en el equipo de su universidad a menos que _____.
2. Pienso estudiar aquí sólo hasta que _____.
3. Me gustaría (*I would like*) tener un maestro particular (*tutor*) en caso de que _____.
4. ¿ ?

Un evangelizador / Una evangelizadora

5. Le pido a la gente (mi público) que me mande dinero para que _____.
6. Es importante usar la televisión como medio de comunicación para que

_____.

7. La comercialización de las fiestas religiosas no debe continuar ya que

_____.

8. ¿ ?

Un político / Una mujer político

9. Para tener éxito en el mundo de la política, es tan importante tener atractivo físico como ser inteligente ya que _____.
10. Yo nunca miento a menos que _____.
11. Hoy nadie puede ganar una campaña política sin que _____.
12. ¿ ?

Compartan sus nuevas oraciones con los otros de la clase para ver si sus compañeros las completaron de la misma manera que Uds. ¿Cuál(es) de los valores de la actividad anterior revela cada oración? ¿Están de acuerdo las nuevas oraciones con el análisis que Uds. acaban de hacer, o revelan otros valores? Expliquen.

C Describa los siguientes dibujos de varias maneras, incorporando algunas de estas palabras en cada descripción.

a fin de que	en caso de que	sin que
ahora que	para que	ya que
a menos que	puesto que	

1. cortar, estar sentado, ser bonito, ver mejor
2. beber, despertarse, salir, servir

1.   2.

3. casarse, estar enamorados, saberlo nadie, tener 21 años
4. aceptar, gritar, predicar, no escuchar

3.   4.

D **¡Necesito compañero!** Todo lo que se hace tiene un propósito. Por ejemplo, se imprime un trabajo (en vez de escribirlo a mano) para que se pueda leer con facilidad o para que los lectores tengan una buena impresión. ¿Con qué propósito hacen las siguientes personas estas acciones?

MODELO: un marinero: tatuarse →
Un marinero se tatúa para que las mujeres crean que es muy macho.

1. unos jóvenes: entrar en el ejército
2. unos estudiantes: estudiar español
3. los padres: bautizar a su hijo/a
4. un hombre / una mujer de negocios: llevar un traje de tres piezas
5. unos estudiantes: inscribirse en una *fraternity* o *sorority*
6. unos ciudadanos: negarse a votar
7. una mujer divorciada: asistir a la universidad
8. un hombre: fumar una pipa
9. un(a) estudiante: escribirles cartas a sus padres
10. un(a) joven: escribirle poemas a la persona a quien ama

Compartan sus respuestas con los otros de la clase. ¿Hay mucha diferencia de opiniones? ¿Tienen Uds. otros ejemplos que podrían incluirse (*could be included*) en esta lista?

 E ¡Necesito compañero! Muchas veces hacemos algunas cosas *con tal de que* existan determinadas circunstancias. ¿Qué circunstancias tendrían (*would have*) que existir para que Uds. hicieran ciertas cosas diferentes o contrarias a lo que siempre hacen? Trabajando en parejas, háganse y contesten las siguientes preguntas para averiguarlo.

MODELO: ¿Con tal de qué aceptarías (*would you accept*)* a un inquilino o inquilina (*tenant, boarder*) en tu casa?
Lo normal: →
Normalmente no acepto a inquilinos en mi casa.

Circunstancias necesarias para hacer algo diferente: →
Pero lo haría (*I would do it*) con tal de que no fumara y me pagara muy bien.

1. ¿Con tal de qué saldrías con una persona desconocida?
2. ¿Con tal de qué participarías en un experimento psicológico?
3. ¿Con tal de qué comprarías un coche de segunda mano?
4. ¿Con tal de qué le prestarías dinero a una persona desconocida?
5. ¿Con tal de qué permitirías que alguien manejara tu coche?
6. ¿Con tal de qué comerías algo sin saber lo que es o lo que contiene?

¿Qué revelan los resultados de su entrevista? Por lo general, ¿actúan Uds. con precaución o les gusta tomar riesgos? ¿Qué tipo de motivación (económica, psicológica, ¿ ?) necesitan para cambiar su manera de pensar? Compartan sus resultados con las demás parejas de la clase. ¿Hay diferencias entre la manera de pensar de los hombres y la de las mujeres?

31 *POR* AND *PARA*

Prepositions establish relationships between the noun that follows them and other elements in the sentence.

The book is **on** the table.   This is **for** you.

---

*One use of the conditional is to indicate things that people *would* do. With few exceptions, the following endings are added to the infinitive to form the conditional: **-ía, -ías, -ía, -íamos, -íais, -ían.** See grammer point 38 for a list of verbs that are irregular in the conditional.

aceptaría	aceptaría	aceptaríais
aceptarías	aceptaríamos	aceptarían

Although most prepositions have a specific meaning, their use is not always consistent with that meaning. For example, in English we arbitrarily say *to ride* **on** a bus and *to ride* **in** a car, even though the relationship between the two vehicles and a passenger is the same.

A single preposition can have many different and seemingly unrelated meanings. Think about the many different uses of the preposition *on* in the following phrases: to turn *on* the lights, to be *on* the right, to be *on* fire, to be *on* time (which is quite different from *to be in time*), to put *on* the dog's collar, to be or get high *on* something, and so *on*.

The use of prepositions in Spanish can be equally arbitrary. Although each preposition has a basic meaning, the choice of the correct preposition for some situations depends on usage, and many Spanish prepositions have a number of English equivalents.

Two Spanish prepositions that have several different English equivalents are **por** and **para.** The choice between them can radically affect the meaning of a sentence.

A. *Por versus para:* Cause and effect

Por expresses the motive for an action or the agent performing the action. **Para** expresses the goal of an action or the recipient of the action. **Por** points back toward the cause (←); **para** points forward toward the effect (→).

POR (←)	PARA (→)
Lo mataron **por** odio.	Estudia **para** ingeniera.
*They killed him **out of** (**motivated by**) hate.*	*She is studying (**in order**) **to become** an engineer.*
Lo hago **por** mi hermano.	Lo hizo **para** sobrevivir.
*I'm doing it **for** (**on behalf of, on account of**) my brother.*	*He did it (**in order**) **to** survive.*
El libro fue escrito **por** Jaime.	El libro es **para** Ud.
*The book was written **by** Jaime.*	*The book is **for** you.*
Mandaron **por** el médico.	Son juegos **para** niños.
*They sent **for** the doctor (motive of the call).*	*They are games **for** (to be used by) children.*
Fue a la tienda **por** café.	Es una taza **para** café.
*He went to the store **for** coffee (motive of the errand).*	*It's a coffee cup (a cup intended to be used **for** coffee).*

B. *Por versus para:* Movement through versus movement toward

To express movement in space and time, **para** retains its basic meaning of movement toward an objective (→|). **Por** takes on a different meaning, of duration or movement through space or time with no destination specified (↦).

POR (↦)	PARA (→|)
Pablo **va por** el pueblo.	Pablo **va para** el pueblo.
*Pablo **goes through** the town.*	*Pablo **heads toward** the town.*
Estaremos en clase **por** la mañana.	Termínenlo **para** mañana.
*We will be in class **during** (**in**) the morning.*	*Finish it **by** (**for**) tomorrow.*

A PROPOSITO

Note the use of **para** before infinitives to mean *in order to.* This meaning, often understood from context in English, must always be expressed in Spanish.

Estamos aquí para estudiar. *We're here (in order) to study.*

A PROPOSITO

Many native speakers of Spanish use no preposition at all to express duration of time.

Ana estará en México tres días.

Other native speakers, mainly from Spain, use **durante** instead of **por** to express duration of time.

Ana estará en México durante tres días.

Ana estará en México **por** tres días.
*Ana will be in Mexico **for** (a period of) three days.*

Ana estará en México **para** el tres de junio.
*Ana will be in Mexico **by** the third of June.*

C. *Por* versus *para:* Other uses

■ **Por** and **para** also have uses that do not fit into the preceding categories.

Por expresses *in exchange for* or *per* in units of measurement, as well as the means by which an action is performed.

Te doy cinco dólares **por** el libro.
*I'll give you five dollars (in exchange) **for** the book.*

El camión sólo corre 20 kilómetros **por** hora.
*The truck only goes 20 kilometers **per** hour.*

Lo mandaron **por** avión/barco.
*They sent it **by** plane/boat.*

■ **Para** expresses *in comparison with* and also *in the opinion of.*

Para (ser) perro, es muy listo.
For a dog, he's sure smart.

Para mí, la fe tiene mucha importancia.
*For me (**In my view**), faith is very important.*

Práctica Exprese las siguientes oraciones en inglés. Luego, explique el uso de **por** o **para** en cada caso.

1. Anoche tuvimos que guardar la comida para el cura.
2. Permanecieron allí por las negociaciones.
3. Debido a (*Due to*) la lluvia, los militares no salieron para las montañas.
4. Hicimos un giro (*tour*) por la catedral.
5. Las noticias corrieron por todo el partido liberal.
6. Para ser tan egoísta, muestra mucho interés en los demás.
7. Lo llamaron por teléfono.
8. Julio pagó $20,00 por la radio.
9. La conversión de su hijo fue muy importante para la madre.
10. Fueron a la tienda por helado.

A PROPOSITO

Remember that the prepositions that follow some English verbs are incorporated into the meaning of the Spanish verb.

buscar *to look for*
esperar *to wait for*
pagar *to pay for*
pedir *to ask for*

English *to ask about someone,* however, is expressed with a preposition:
preguntar por.

Preguntaron por ti en la reunión.
They asked about you at the meeting.

Intercambios ③①

A Cambie las palabras en letra cursiva por **para** o **por.**

1. *A causa de* la guerra, se perdieron todas las cosechas (*harvests*).
2. No podían respirar *a causa de* la contaminación.
3. El volcán estuvo en erupción *durante* un mes.
4. Corrieron *a lo largo de* la sinagoga.
5. Nos dio un regalo *a cambio de* nuestra ayuda.
6. Salieron *con destino a* (*destination*) la ciudad.
7. Tengo que acabar el sermón *antes de* las 6:30.
8. Estudia *a fin de* ser sacerdote.
9. Querían que la monja fuera *en busca del* cura.
10. Fueron a El Salvador *a fin de* trabajar como misioneros.

11. Le dieron un premio *debido a* sus sacrificios.
12. Me gusta mucho trabajar *durante* la mañana, cuando todo el mundo duerme todavía.

B Dé la palabra española que corresponda mejor a la palabra en letra cursiva. ¡Atención! A veces puede ser que la palabra no se exprese con preposición (examine el verbo con cuidado). Luego, comente si Ud. está de acuerdo o no con la idea expresada en cada oración.

1. The Moslems were in Spain *for* seven centuries.
2. *For* Christians, the cross is a symbol of love and salvation.
3. If students ask their professors *for* an extension on a paper, the professors will usually agree.
4. *For* a Spanish book, this text is incredibly interesting.
5. People say that horoscopes are only read *by* those who are superstitious.
6. *To* get votes, politicians always look *for* nice things to say about their opponents.
7. People who look *through* others' windows are nosy.
8. When parents tell a child to clean his or her room *by* the end of the day, they are only joking.
9. People will work harder *because of* fear than *because of* love.
10. Women have done more *for* this country than men.

C Lea el siguiente texto y luego complételo con **por** o **para** según el contexto. Después, comente las preguntas que siguen.

«Los hispanos se dan la mano»

En 1985 ocurrió un evento que conmovió a todos. Un grupo de músicos norteamericanos decidió grabar un concierto _____[1] reunir (*to raise*) fondos _____[2] las personas que morían de hambre en Africa. Participaron más de cuarenta músicos que trabajaron _____[3] una noche entera _____[4] grabar la canción «Somos el mundo», que fue escrita _____[5] Michael Jackson y Lionel Richie. El concierto tuvo un éxito tremendo y luego fue imitado _____[6] otros grupos de músicos. Como resultado de ése y otros eventos, el 13 de septiembre de 1992 se transmitió _____[7] Univisión un telemaratón nacional llamado «Los hispanos se dan la mano», _____[8] ayudar a las personas afectadas _____[9] el huracán Andrés, que pasó _____[10] la Florida causando muchos daños. Ese programa fue animado _____[11] Don Francisco, del programa *Sábado Gigante*. Movidos _____[12] la compasión y el deseo de ayudar a tantos desafortunados, muchos artistas hispanos participaron en este evento, entre ellos, Gloria Estefan, Jon Secada, Paul Rodríguez, Luis Enrique y Julio Iglesias. El éxito obtenido fue motivo de gran satisfacción _____[13] todos los que colaboraron.

■ ¿Recuerda Ud. los eventos descritos en el párrafo? ¿Sabe de otros eventos recientes parecidos? ¿Por quiénes fueron organizados? ¿Con qué propósito se celebraron? ¿Para quiénes eran los donativos que se reunieron?

■ Piense en otro tipo de actividad que se puede hacer para ayudar en casos de necesidad. Trabaje con un compañero / una compañera de clase para averiguar qué necesidad urgente hay en su comunidad y pensar en lo que Uds. pueden hacer para ayudar a esa causa.

ESTRATEGIAS PARA ~~LA COMUNICACION~~

No pude porque... *Offering explanations*

In the course of a conversation you are often asked to explain the reasons for an action or a decision. Explanations of this kind are generally stated as cause-effect relationships. For example, you might tell someone that you didn't vote for a particular candidate due to his or her stand on a certain issue. *Due to* introduces the cause or reason for a decision.

No voté por ella **a causa de** su posición con respecto al medio ambiente.	*I didn't vote for her due to (because of) her position on the environment.*

You might tell the person that the candidate has a particular point of view and therefore you didn't vote for him or her. *Therefore* introduces the consequences of a certain action or circumstance.

La candidata tiene opiniones raras respecto al medio ambiente y **por eso** no voté por ella.	*The candidate has strange opinions on the environment and therefore (for that reason) I didn't vote for her.*

A causa de and **por eso** are useful connectors for offering explanations in Spanish. Here are some additional ones.

por esta razón	*for this reason*	debido a	*due to*
como resultado de	*as a result of*	porque	*because*
por lo tanto	} *consequently*	ya que	*since; now that*
por consiguiente		puesto que	*since*

LITERATURA ESPUMA Y NADA MAS

APROXIMACIONES AL TEXTO

La crítica cultural

You have already seen how certain texts use defamiliarization to challenge preconceived ideas and propose new perspectives on how phenomena are perceived (**Capítulo 4**). Also, in **Capítulo 6,** you learned how perceptions may vary according to the gender of the person reading the text. In fact, the interpretation of a phenomenon will vary according to an individual's interests, social position, beliefs, and ideologies. These ideologies are often contradictory, not only among different groups in a society (such as liberals versus conservatives), but also within a given individual. For example, although Marxism and religious faith are generally antithetical ("Religion is the opium of the people," according to Karl Marx), there are many Marxists in Latin America who are also deeply Catholic.

Cultural criticism studies how literary texts and other works of art represent these ideological conflicts. Its basic assumption is that every culture is characterized by ideological contradictions and inconsistencies. Such inconsistencies often produce conflicting impulses within an individual. In the essays of the renowned Colombian author Hernando Téllez, for example, the author analyzes the social and psychological conflicts of his countrymen. In the capital city of Bogota, the wave of violence and destruction was so great during the 1950s that martial law was imposed.*

This period of struggle and violence, aptly called «La Violencia» by the Colombian people, has had a devastating effect on the social and political atmosphere, which is reflected in Téllez's writings. In sum, the intertextual references to the contradictions in a given set of values or beliefs serve to illustrate how the dominant ideology seeks to eliminate inconsistencies, and how the individual who disagrees is forced to view his own beliefs with a fresh perspective.

Palabras y conceptos

afeitar(se) to shave	**el coraje** mettle, fierceness
anudar to tie	**la espuma** foam, lather
batir to whip, whisk	**la funda** holster
castigar to punish	**el fusilamiento** shooting, execution
colgar (ue) to hang	(by a firing squad)
comprobar (ue) to find out, prove	**el golpe** strike
darse cuenta (de) to realize	**la hoja** blade (of a knife, razor)
degollar to slit, cut the throat of	**el kepis** military cap
enjabonar to soap, lather	**la navaja** razor
ensayar to try out, practice	**el partidario** supporter
mancharse (de) to stain	**el puesto** position, place
pulir to polish	**el/la revolucionario/a** revolutionary
sudar to sweat	**el/la vengador(a)** avenger
traicionar to betray	**el verdugo** executioner, hangman
el asesino assassin, murderer	**aturdido/a** upset
la bala bullet	**clandestino/a** clandestine, hidden
la badana leather strap	**pulido/a** polished
el/la barbero/a barber	**tibio/a** lukewarm
la barbilla chin	
la brocha brush (for shaving)	**¡zas!** whack! wham! bang!

---

*The assassination of José Eliecer Gaitán, a popular leader of the liberal party, **el Partido Liberal,** on April 9, 1948, resulted in a wave of violence and destruction known as «**el bogotazo**». The violence continued for several years, resulting in a military coup that took control of the government in 1957. Since 1958 the country has held regular presidential elections, with the **Partido Liberal** maintaining a wide margin of victories since 1974.

Espuma y nada más

Colombia

Sobre el autor *Hernando Téllez (1908–1966), distinguido periodista, ensayista y cuentista colombiano, fue uno de los más notables intelectuales del siglo XX. Nacido en Bogotá, inició su carrera literaria a temprana edad, colaborando en la revista* Universidad, *un interés que cultivó con gran fervor durante el resto de su vida, destacándose como crítico literario. También participó en la política y la diplomacia de su país, temas que se reflejan en su única obra narrativa,* Cenizas para el viento y otras historias, *una colección de cuentos que se publicó en 1950. Su mensaje literario es pesimista. Para él, lo más importante es el éxito del individuo en cualquier momento de su vida. Sobre todo, su gran sentido social de la justicia penetra sus estudios del ser humano. En el cuento a continuación, «Espuma y nada más», Téllez desarrolla el tema del coraje del hombre que se enfrenta consigo mismo y logra vencerse, a pesar de sus emociones. Se manifiesta un doble nivel de conflicto, el social y el psicológico, entre el narrador y el protagonista. Los dos personajes se encuentran en un momento intenso de crisis que se resuelve con un fin sorprendente e irónico.*

No saludó al entrar. Yo estaba repasando sobre una badana la mejor de mis navajas. Y cuando lo reconocí me puse a temblar. Pero él no se dio cuenta. Para disimular continué repasando la hoja. La probé luego sobre la yema del dedo gordo[1] y volví a mirarla contra la luz. En ese instante se quitaba el cinturón ribeteado de balas de donde pendía la funda de la pistola.[2] Lo colgó de uno de
5   los clavos del ropero[3] y encima colocó el kepis. Volvió completamente el cuerpo para hablarme y, deshaciendo el nudo[4] de la corbata, me dijo: «Hace un calor de todos los demonios. Aféiteme.» Y se sentó en la silla. Le calculé cuatro días de barba. Los cuatro días de la última excursión en busca de los nuestros.[5] El rostro aparecía quemado, curtido[6] por el sol. Me puse a preparar minuciosamente
10   el jabón. Corté unas rebanadas de la pasta,[7] dejándolas caer en el recipiente,[8] mezclé un poco de agua tibia y con la brocha empecé a revolver. Pronto subió la espuma. «Los muchachos de la tropa deben tener tanta barba como yo.» Seguí batiendo la espuma. «Pero nos fue bien, ¿sabe? Pescamos a los principales. Unos

[1]yema… *fleshy part of the fingertip of the thumb*   [2]pendía… *was hanging from the holster*
[3]clavos… *hooks of the clothesrack*   [4]knot   [5]los… *our people (the revolutionaries)*   [6]tanned
(*like leather*)   [7]rebanadas… *slices of the paste, soap*   [8]container

15 vienen muertos y otros todavía viven. Pero pronto estarán todos muertos.»
«¿Cuántos cogieron?», pregunté. «Catorce. Tuvimos que internarnos[9] bastante
para dar con[10] ellos. Pero ya la están pagando. Y no se salvará ni uno, ni uno.»
Se echó para atrás en la silla al verme con la brocha en la mano, rebosante de
espuma.[11] Faltaba ponerle la sábana.[12] Ciertamente yo estaba aturdido. Extraje
20 del cajón una sábana y la anudé al cuello de mi cliente. El no cesaba de hablar.
Suponía que yo era uno de los partidarios del orden. «El pueblo habrá escar-
mentado[13] con lo del otro día», dijo. «Sí», repuse mientras concluía de hacer el
nudo sobre la oscura nuca, olorosa a sudor.[14] «Estuvo bueno, ¿verdad?» «Muy
bueno», contesté mientras regresaba a la brocha. El hombre cerró los ojos con
25 un gesto de fatiga y esperó así la fresca caricia[15] del jabón. Jamás lo había tenido tan cerca de mí. El día en que ordenó que el pueblo desfilara por el patio
de la Escuela para ver a los cuatro rebeldes allí colgados, me crucé con él un instante. Pero el espectáculo de los cuerpos mutilados me impedía fijarme[16] en el
rostro del hombre que lo dirigía todo y que ahora iba a tomar en mis manos. No
30 era un rostro desagradable, ciertamente. Y la barba, envejeciéndolo un poco,[17]
no le caía mal.[18] Se llamaba Torres. El capitán Torres. Un hombre con imaginación, porque ¿a quién se le había ocurrido antes colgar a los rebeldes desnudos
y luego ensayar sobre determinados sitios del cuerpo una mutilación a bala?
Empecé a extender la primera capa[19] de jabón. El seguía con los ojos cerrados.
35 «De buena gana me iría a dormir un poco», dijo, «pero esta tarde hay mucho
que hacer». Retiré la brocha y pregunté con aire falsamente desinteresado:
«¿Fusilamiento?» «Algo por el estilo, pero más lento», respondió. «¿Todos?»
«No. Unos cuantos apenas.» Reanudé[20] de nuevo la tarea de enjabonarle la barba.
Otra vez me temblaban las manos. El hombre no podía darse cuenta de ello y
40 ésa era mi ventaja. Pero yo hubiera querido que él no viniera. Probablemente
muchos de los nuestros lo habrían visto entrar. Y el enemigo en la casa impone
condiciones. Yo tendría que afeitar esa barba como cualquiera otra, con cuidado,

[9]*to go deep into (an area)* [10]dar… *to find, come across* [11]rebosante… *dripping with lather*
[12]*sheet* [13]*learned a lesson* [14]olorosa… *smelling like sweat* [15]fresca… *cool caress, touch*
[16]me… *prevented me from noticing* [17]envejeciéndolo… *making him appear a little old* [18]no…
was not unattractive [19]la… *first layer* [20]*I went back to*

con esmero,[21] como la de un buen parroquiano, cuidando de que[22] ni por un sólo poro fuese a brotar una gota[23] de sangre. Cuidando de que la piel quedara limpia, templada,[24] pulida, y de que al pasar el dorso[25] de mi mano por ella, sintiera la superficie[26] sin un pelo. Sí. Yo era un revolucionario clandestino, pero era también un barbero de conciencia, orgulloso de la pulcritud[27] en su oficio. Y esa barba de cuatro días se prestaba para una buena faena.[28]

Tomé la navaja, levanté en ángulo oblicuo las dos cachas,[29] dejé libre la hoja y empecé la tarea, de una de las patillas[30] hacia abajo. La hoja respondía a la perfección. El pelo se presentaba indócil[31] y duro, no muy crecido, pero compacto. La piel iba apareciendo poco a poco. Sonaba la hoja con su ruido característico, y sobre ella crecían los grumos[32] de jabón mezclados con trocitos de[33] pelo. Hice una pausa para limpiarla, tomé la badana de nuevo y me puse a asentar[34] el acero, porque yo soy un barbero que hace bien sus cosas. El hombre que había mantenido los ojos cerrados, los abrió, sacó una de las manos por encima de la sabana, se palpó[35] la zona del rostro que empezaba a quedar libre de jabón, y me dijo: «Venga Ud. a las seis, esta tarde, a la Escuela.» «¿Lo mismo del otro día?» le pregunté horrorizado. «Puede que resulte mejor», respondió. «¿Qué piensa Ud. hacer?» «No sé todavía. Pero nos divertiremos.» Otra vez se echó hacia atrás y cerró los ojos. Yo me acerqué con la navaja en alto.[36] «¿Piensa castigarlos a todos?», aventuré tímidamente. «A todos.» El jabón se secaba sobre la cara. Debía apresurarme. Por el espejo, miré hacia la calle. Lo mismo de siempre: la tienda de víveres[37] y en ella dos o tres compradores. Luego miré el reloj: las dos y veinte de la tarde. La navaja seguía descendiendo. Ahora de la otra patilla hacia abajo. Una barba azul, cerrada.[38] Debía dejársela crecer como algunos poetas o como algunos sacerdotes.[39] Le quedaría bien. Muchos no lo reconocerían. Y mejor para él, pensé, mientras trataba de pulir suavemente todo el sector del cuello. Porque allí sí que debía manejar con habilidad la hoja, pues el pelo, aunque en agraz,[40] se enredaba en pequeños remolinos.[41] Una barba crespa.[42] Los poros podían abrirse, diminutos, y soltar su perla de sangre. Un buen barbero como yo finca[43] su orgullo en que eso no ocurra a ningún cliente. Y éste era un cliente de calidad. ¿A cuántos de los nuestros había ordenado matar? ¿A cuántos de los nuestros había ordenado que los mutilaran?… Mejor no pensarlo. Torres no sabía que yo era su enemigo. No lo sabía él ni lo sabían los demás. Se trataba de un secreto entre muy pocos precisamente para que yo pudiese informar a los revolucionarios de lo que Torres estaba haciendo en el pueblo y de lo que proyectaba[44] hacer cada vez que emprendía[45] una excursión para cazar revolucionarios. Iba a ser, pues, muy difícil explicar que yo lo tuve entre mis manos y lo dejé ir tranquilamente, vivo y afeitado.

La barba le había desaparecido casi completamente. Parecía más joven, con menos años de los que llevaba a cuestas cuando entró.[46] Yo supongo que eso ocurre siempre con los hombres que entran y salen de las peluquerías. Bajo el golpe de mi navaja Torres rejuvenecía, sí, porque yo soy un buen barbero, el mejor de este pueblo, lo digo sin vanidad. Un poco más de jabón, aquí, bajo la barbilla, sobre la manzana,[47] sobre esta gran vena. ¡Qué calor! Torres debe estar sudando como yo. Pero él no tiene miedo. Es un hombre sereno que ni siquiera

---

[21]con… *painstakingly*   [22]cuidando… *being careful*   [23]fuese… *bring forth a single drop*   [24]*soft*
[25]*back*   [26]*surface*   [27]*neatness, perfection*   [28]se… *was suitable for doing a good job*   [29]*handles*
[30]*sideburns*   [31]*unruly*   [32]*blobs*   [33]trocitos… *bits of*   [34]*to sharpen*   [35]se… *touched, felt*
[36]en… *held high*   [37]*foodstuffs*   [38]barba… *thick, dark beard*   [39]*priests*   [40]en… *quite short*
[41]se… *was tangled in little swirls*   [42]*unruly, unmanageable*   [43]*rests, bases*   [44]*he was planning*
[45]*he undertook*   [46]con… *looking younger than he seemed to be*   [47]*Adam's apple*

piensa en lo que ha de hacer esta tarde con los prisioneros. En cambio yo, con esta navaja entre las manos, puliendo y puliendo esta piel, evitando que brote sangre de estos poros, cuidando todo golpe, no puedo pensar serenamente. Maldita[48] la hora en que vino, porque yo soy un revolucionario pero no soy un asesino. Y tan fácil como resultaría matarlo. Y lo merece. ¿Lo merece? No, ¡qué diablos! Nadie merece que los demás hagan el sacrificio de convertirse en asesinos. ¿Qué se gana con ellos? Pues nada. Vienen otros y otros y los primeros matan a los segundos y éstos a los terceros y siguen y siguen hasta que todo es un mar de sangre. Yo podría cortar ese cuello, así, ¡zas! ¡Zas! No le daría tiempo de quejarse y como tiene los ojos cerrados no vería ni el brillo[49] de la navaja ni el brillo de mis ojos. Pero estoy temblando como un verdadero asesino. De ese cuello brotaría un chorro[50] de sangre sobre la sábana, sobre la silla, sobre mis manos, sobre el suelo. Tendría que cerrar la puerta. Y la sangre seguiría corriendo por el piso, tibia, imborrable,[51] incontenible,[52] hasta la calle, como un pequeño arroyo escarlata. Estoy seguro de que un golpe fuerte, una honda incisión,[53] le evitaría todo dolor. No sufriría. ¿Y qué hacer con el cuerpo? ¿Dónde ocultarlo? Yo tendría que huir, dejar estas cosas, refugiarme lejos, bien lejos. Pero me perseguirían hasta dar conmigo. «El asesino del capitán Torres. Lo degolló mientras le afeitaba la barba. Una cobardía.» Y por otro lado: «El vengador de los nuestros. Un hombre para recordar (aquí mi nombre). Era el barbero del pueblo. Nadie sabía que él defendía nuestra causa… » ¿Y qué? ¿Asesino o héroe? Del

[48]*Curse, Damned be*   [49]*gleam, shine*   [50]*gush, stream*   [51]*indelible*   [52]*unstoppable*   [53]*honda… deep cut, wound*

filo de esta navaja depende mi destino. Puedo inclinar un poco más la hoja, y hundirla.[54] La piel cederá como la seda, como el caucho,[55] como la badana. No hay nada más tierno que la piel del hombre y la sangre siempre esta ahí, lista a brotar. Una navaja como ésta no traiciona. Es la mejor de mis navajas. Pero yo no quiero ser un asesino, no señor. Ud. vino para que yo lo afeitara. Y yo cumplo honradamente con mi trabajo… No quiero mancharme de sangre. De espuma y nada más. Ud. es un verdugo y yo no soy más que un barbero. Y cada cual en su puesto. Eso es. Cada cual en su puesto.

La barba había quedado limpia, pulida y templada. El hombre se incorporó para mirarse en el espejo. Se pasó las manos por la piel y la sintió fresca y nuevecita.

«Gracias», dijo. Se dirigió al ropero en busca del cinturón, de la pistola y del kepis. Yo debí estar muy pálido y sentía la camisa empapada.[56] Torres concluyó de ajustar la hebilla,[57] rectificó la posición de la pistola en la funda y, luego de alisarse[58] maquinalmente los cabellos, se puso el kepis. Del bolsillo del pantalón extrajo unas monedas para pagarme el importe[59] del servicio. Y empezó a caminar hacia la puerta. En el umbral[60] se detuvo un segundo y volviéndose me dijo:

«Me habían dicho que Ud. me mataría. Vine para comprobarlo. Pero matar no es fácil. Yo sé por qué se lo digo.»[61] Y siguió calle abajo.

[54]*sink it in*   [55]*rubber*   [56]*soaked, drenched*   [57]*belt buckle*   [58]*smooth*   [59]*cost*   [60]*threshold, doorway*   [61]por… *what I'm talking about*

Comprensión

A Complete estas oraciones según la información de la lectura.

1. El personaje que entra en la barbería para ser afeitado es _____.
   a. un revolucionario clandestino
   b. el capitán Torres
   c. uno de los partidarios del orden
2. Cuando el barbero lo reconoció _____.
   a. se puso nervioso
   b. dejó de trabajar
   c. el capitán lo saludó cordialmente
3. A lo largo de la conversación, se revela que el capitán Torres acaba de _____.
   a. coger a unos catorce revolucionarios
   b. matar a algunos de los revolucionarios cogidos, pero no a todos
   c. ambos (a y b)
4. Mientras afeita al capitán el barbero, no se olvida de la imagen horrorosa de _____.
   a. un hombre degollado enfrente de la plaza
   b. los cuatro cadáveres colgados en el patio de la Escuela
   c. un chorro de sangre en su mano

5. Aunque el narrador le confiesa al lector que está contemplando la idea de un crimen, no lo hace y _____.
   a. decide juntarse a las tropas del capitán
   b. se lo confiesa todo al capitán
   c. cumple su trabajo honradamente

6. En las últimas líneas del cuento, el lector se entera de que el capitán Torres también ha vivido una experiencia intensa, porque los suyos le habían dicho que _____.
   a. los revolucionarios se habían escapado
   b. el pueblo trataría de perseguirlo
   c. el barbero lo mataría

B El conflicto de este cuento se dramatiza por medio de dos personajes que se encuentran en un momento de crisis. ¿Cuál es el conflicto? Busque las líneas en el cuento que refieren a la exposición, la complicación y la resolución del conflicto.

C Vuelva a leer el último párrafo del cuento cuando el capitán Torres revela que los demás le habían dicho que el barbero lo mataría. ¿Qué características de su personalidad y su actitud hacia la vida se revelan por medio de estas líneas? ¿Cuál es la ironía de la situación?

Interpretación

A El narrador describe al capitán Torres físicamente, y se refiere a su carácter por medio de sus comentarios. Sin embargo, el lector sabe muy poco acerca de su actitud hacia el mundo en que él vive hasta el final del cuento. Reflexione sobre el personaje del capitán y conteste las preguntas a continuación.

■ ¿Qué imagen mental tenía Ud. del capitán al principio? ¿Y después de leer el cuento? ¿Qué mensajes o ideas transmiten sus acciones y comentarios? ¿Tiene una visión optimista o pesimista del mundo? ¿Es un personaje estático o dinámico, en su opinión? Explique.

■ Ahora, imagínese que Ud. es miembro de la tropa del capitán. ¿Qué clase de líder es él? ¿Lo respeta Ud.? ¿Cómo se lleva el capitán con los demás del pueblo? ¿Cómo reacciona Ud. ante sus órdenes?

■ ¿Qué características cree Ud. que se destacarían (*would stand out*) en un retrato oficial del capitán Torres? Explique.

 B ¡Necesito compañero! Contesten las siguientes preguntas con información del cuento.

1. ¿Quién narra el cuento? ¿Cuál es su posición u oficio en el pueblo? ¿Cómo es su personalidad? ¿Qué piensa Ud. del narrador? ¿Le cae bien o mal? ¿Inspira confianza o no? ¿Cuáles son algunos de los adjetivos que lo describen? Explique.

2. ¿Cómo es el capitán? ¿Qué puede simbolizar su nombre? ¿Qué se sabe acerca de su historia como militar? Haga una lista de los atributos del capitán. ¿Predomina lo negativo o lo positivo?

3. ¿Por qué temblaba y se encontraba aturdido el barbero cuando vio entrar al capitán Torres? ¿Y mientras lo afeita?

4. ¿De qué hablaban el narrador y el capitán? ¿Cuál es el tono de su conversación?

5. Comente el dilema del narrador. ¿Cómo disimulaba su problema?

6. Evalúe la decisión del narrador de actuar honradamente y no matar al capitán. ¿Qué pensamientos conflictivos había tenido el narrador antes de tomar esta decisión? Busque las líneas del texto para confirmarlo.

7. ¿Cuál es el tema del cuento? ¿Qué tiene que ver el título con la idea principal? ¿Tiene el título un sentido metafórico? ¿Qué otros títulos o subtítulos podría Ud. sugerir para el cuento?

Aplicación

A A lo largo de su carrera literaria, el escritor colombiano Hernando Téllez participó en la política y la diplomacia de su país natal. Este cuento profundiza el tema del coraje ante «el bogotazo», un episodio en que surgió una gran oleada de violencia y destrucción que resultó en la imposición de la ley marcial en la capital. ¿Cómo se manifiestan las ideas del escritor hacia los conflictos sociales y políticos? ¿Cómo expresa su desprecio hacia la violencia que impregnaba la realidad colombiana en las décadas de los 1940 y 1950?

B ¡Necesito compañero! Hagan una entrevista. Uno de Uds. debe hacer el papel de un/una periodista que trabaja para una revista clandestina y el otro / la otra debe hacer el papel del capitán Torres. El/La periodista debe hacer preguntas sobre las guerras fratricidas en el pueblo imaginario del cuento «Espuma y nada más».

■ Preguntas sobre el conflicto entre el gobierno / el militar actual y los revolucionarios:

¿Cuáles son los valores y motivos que representan los dos grupos? ¿Qué eventos han llevado al momento de crisis? ¿Por qué ha estallado la última ola de violencia? ¿Qué piensa hacer el capitán para resolver el conflicto? ¿Qué solución o compromiso existe para acabar con las guerras fratricidas?

■ Después de la entrevista, trabajen juntos para escribir un breve artículo de prensa, detallando los comentarios del capitán Torres. Compártanlo con los demás. ¿En qué aspectos se asemejan las entrevistas y en qué difieren?

C Al principio de la lectura, el silencio sirve para crear un ambiente psicológico de conflicto que genera una tensión dramática entre los dos personajes. Luego se rompe el silencio con los comentarios del capitán acerca de la violencia. Según el narrador: «El no cesaba de hablar.»

■ Primero, piense en lo que asocia Ud. con el silencio. ¿Cree Ud. que el silencio puede representar la represión militar? ¿Podría ser también un elemento que crea un ambiente hostil y violento que silencia a la oposición? ¿Es posible que el silencio también pueda representar ciertas experiencias que se niegan? Explique.

■ ¿Qué asocia Ud. con un desconocido / una desconocida que rompe el silencio y no deja de hablar? ¿Cree Ud. que esta acción demuestra interés por entablar una conversación o sólo es una reacción nerviosa? ¿Cómo reacciona Ud. en situaciones difíciles o tensas? ¿Habla mucho o no dice nada? ¿Trata de romper el silencio o de guardarlo?

■ ¿Qué otras interpretaciones podría Ud. dar a una situación en que el silencio forma gran parte del ambiente? Explore algunas posibilidades en su cuaderno de apuntes.

LENGUA II

32 THE PROCESS *SE*

You have already learned many of the different meanings of the pronoun **se:** to express the impersonal agents "one," "you," or "people"; to express passive constructions; and to signal both reflexive (*self*) and reciprocal (*each other*) actions, in which the agents and the objects of the action involve the same persons.

IMPERSONAL:	**Se vive** muy bien aquí.	***People live*** *very well here.*
PASSIVE:	**Se malgastaron** millones de dólares en la campaña.	*Millions of dollars* ***were wasted*** *in the campaign.*
REFLEXIVE:	La monja **se miró** en el espejo.	*The nun* ***looked at herself*** *in the mirror.*
RECIPROCAL:	Las monjas **se miraron** con sorpresa.	*The nuns* ***looked at each other*** *in surprise.*

In the **¡Ojo!** section of **Capítulo 6,** you learned how **se** can be used with certain verbs to express the idea of *get* or *become.*

El niño **se puso** furioso.	*The child* ***got*** (***became***) *angry.*
Se hizo rica trabajando día y noche.	***She got*** (***became***) *rich by working day and night.*

This use of reflexive pronouns to signal inner feelings or processes, especially changes in physical, emotional, or mental states or changes in position (location), is very frequent in Spanish. It occurs with many verbs, several of which are already familiar to you.

Enrique **se convirtió** al judaísmo el año pasado.	*Enrique* ***converted*** *to Judaism last year.*
Al principio Carolina no **se llevó** bien con Alberto, pero luego **se enamoró** de él y **se casaron** un año después.	*At first Carolina did not* ***get along*** *well with Alberto, but later* ***she fell in love*** *with him and* ***they got married*** *a year later.*

These processes are sometimes expressed in English with *become, get,* or an *-en* suffix: *to become bright, to get bright, to brighten.* Often, however, as in the above examples about Enrique and Carolina, English has no special way to indicate a process. In the phrases *the water freezes* and *the snow melts,* it is clear from the context that the water and the snow are not performing actions but rather are undergoing a process, in this case a change in physical state. In English, processes can often be understood from the context; in Spanish, a process is always signaled by a reflexive pronoun.

El niño **se enfermó.**	*The child **got sick.***
Todos **nos levantamos** cuando entró y luego **nos sentamos** todos a la vez.	*We all **stood up** when he entered, and then **we** all **sat down** at the same time.*
Me asusté al recibir las noticias.	*I **became (got)** frightened (scared) upon receiving the news.*

The following verbs are frequently used to signal processes.*

PHYSICAL CHANGE

acostarse (ue)   *to lie down; to go to to bed*
calentarse (ie)   *to get warm, warm up*
despertarse (ie)   *to wake up, awaken*
dormirse (ue, u)   *to fall asleep*
enfermarse   *to get sick*

enfriarse   *to get cold, cool down*
levantarse   *to rise, get up*
mojarse   *to get wet*
secarse   *to become dry, dry out*
sentarse (ie)   *to sit down*

EMOTIONAL OR MENTAL CHANGE

alegrarse (de)   *to get happy (about)*
asustarse (de)   *to become frightened (of)*
casarse (con)   *to get married (to)*
comprometerse (a)   *to make a commitment (to)*
divertirse (ie, i)   *to enjoy oneself, have a good time*
divorciarse (de)   *to get divorced (from)*
enamorarse (de)   *to fall in love (with)*

enfadarse (con)   *to get angry (with)*
enojarse (con)   *to get angry (with)*
oponerse (a)   *to be opposed (to)*
preocuparse (de/por)   *to worry (about)*
quejarse (de)   *to complain (about)*

Práctica Complete las siguientes oraciones, usando los verbos indicados y un complemento apropiado, según el contexto. Tenga cuidado con el uso del subjuntivo y del indicativo.

1. En esta clase no hay nadie que _____. (preocuparse por, oponerse a, asustarse de)
2. En mi iglesia (templo, mezquita, sinagoga, familia), hay algunas personas que _____. (enojarse con, alegrarse de, comprometerse a)

---

*Most of these verbs can also be used without the reflexive pronouns. They then have a nonprocess meaning. For example, **acostar** means *to put someone to bed,* **despertar** means *to wake someone up,* **dormir** means *to sleep,* **levantar** means *to raise* or *to lift something,* and **sentar** means *to seat someone.*

A PROPOSITO

Because both reflexive and process constructions use the same set of pronouns, the two structures look very similar. In addition, many verbs can be used with both meanings.

REFLEXIVE

El niño **se secó** después del baño.
The child dried himself off after his bath.

PROCESS

El café **se seca** al sol por varias semanas.
The coffee dries (out) in the sun for several weeks.

Actually, the process use of **se** is much more common than the reflexive use. You may find that being aware of this meaning helps you interpret many constructions when context makes the reflexive meaning unlikely.

3. Todos mis amigos _____. (preocuparse de, alegrarse de, quejarse de)
4. De niño/a, no me gustaba que (*nombre de una persona*) _____. (enojarse con, enamorarse de, quejarse de)

Intercambios

A Organice los verbos reflexivos de las listas anteriores según las categorías indicadas en el siguiente dibujo.

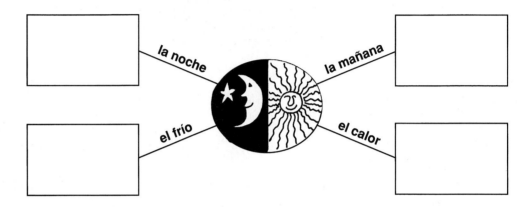

B Vuelva a mirar los verbos de las listas anteriores. ¿Qué verbos asocia Ud. con el dibujo a continuación?

 C ¡Necesito compañero! Trabajando en parejas, usen las siguientes expresiones para hacerse y contestar preguntas. Luego, compartan con la clase lo que han aprendido.

1. a quién / familia / parecerse más
2. gustar / quedarse en casa por la noche / salir
3. hora / levantarse / hoy
4. reaccionar / alguien reírse de ti
5. de qué aspecto / universidad / quejarse más / este semestre
6. con qué postura política / enojarse más
7. en qué situación / divertirse más / este año
8. en qué situación / ponerse nervioso/a
9. qué solución / usar / calmarse

D Entre todos

■ A continuación hay varios grupos de personas. A su parecer, ¿en qué grupos suele haber diferencias de opinión? ¿Son pequeñas o grandes? Explique.

1. personas de distintas generaciones
2. personas de distintas religiones
3. personas de distintos partidos políticos
4. personas de distintas razas
5. las mujeres y los hombres
6. personas de distintos grupos étnicos
7. personas de distintas clases sociales

■ ¿A Ud. le importan las creencias políticas de sus amigos? ¿su religión? ¿su origen étnico? ¿Se divierte con un amigo / una amiga que es muy optimista? ¿altruista? ¿temerario/a (*foolhardy*)? ¿prudente? ¿Le irrita que un compañero / una compañera tienda a ser egoísta o pesimista?

E Guiones   A continuación hay un episodio en la vida de la familia Valdebenito que ocurrió el año pasado. Incluye varias imágenes que pueden expresar conceptos reflexivos, recíprocos o de proceso. Trabajando en grupos de tres o cuatro personas, narren la historia en el pasado, usando los verbos indicados para cada dibujo y añadiendo todos los detalles que Uds. crean necesarios. ¡Cuidado! En cada caso hay que decidir si la forma con **se** es necesaria o no.

■ ¿Quiénes son estas personas y cuál es la relación entre ellas?

■ ¿Cuál era el contexto del episodio? ¿Qué planeaba el protagonista? ¿Cuáles eran sus motivos?

■ ¿Qué pasó?

■ ¿Cómo reaccionaron los miembros de la familia? ¿Por qué?

Vocabulario útil: calvo, el ejército, el peligro, peligroso, el recluta, el sargento, el soldado, el uniforme

1. alistar(se), animar(se), comprometer(se), entusiasmar(se), estrechar(se) (*to shake*) la mano
2. asustar(se), cambiar de opinión, convencer(se), disuadir, luchar, preocupar(se)
3. abrazar(se), despedir(se), quedar(se), sentir(se)
4. afeitar(se), hacer cola, horrorizar(se), mirar(se), reírse de
5. acostar(se), enojar(se), gritar(se), levantar(se), motivar(se), predicar con el ejemplo
6. alegrar(se), sentir(se), vestir(se), volver(se)

1.

2.

3.

4.

5.

6.

33 REVIEW OF THE SUBJUNCTIVE: AN OVERVIEW

Two conditions must be met for the subjunctive to be used.*

1. **Sentence structure:** The sentence must contain at least two clauses, an independent (main) clause and a dependent (subordinate) clause. The subjunctive occurs in the subordinate clause.

Los liberales se alegraron de que **nombráramos** a una mujer.	*The liberals were happy that **we named** (nominated) a woman.*
Los conservadores se pusieron furiosos de que **gastáramos** tanto dinero en el bienestar social.	*The conservatives became furious that **we spent** so much money on social welfare.*

2. **Meaning:** There are three basic types of messages that cue the subjunctive.

   a. **Nonexperience:** when the subordinate clause describes or refers to something that is unknown to the speaker, that is, beyond his or her experience, and is thus not considered real or factual

Prefiero que no **vayas** a Europa.	*I prefer that **you not go** to Europe.*
Dudaban que **fuera** tan egoísta.	*They doubted that **he was** such an egotist (so egotistical).*
El optimista buscaba una solución que les **sirviera** a todos.	*The optimist searched for a solution that would **serve** everyone.*
Van a firmar el contrato tan pronto como **se arreglen** los detalles.	*They're going to sign the contract as soon as the details **are finalized**.*

---

*A third condition is that there must be a change of subject from the main clause to the subordinate clause with most noun and adverb clauses, and all adjective clauses. These rules are discussed in grammar sections 17, 18, 22, 25, 29, and 30.

b. **Subjective reaction:** when the main clause makes a value judgment or expresses a subjective, emotional reaction

Es increíble que ella **sea** tan derechista.

*It's incredible that **she is** so right wing (politically to the right).*

Me sorprendió que **hubiera** tanta gente en la procesión.

*It surprised me that **there were** so many people in the procession.*

c. **Interdependence:** when the main clause describes the conditions under which the event in the subordinate clause will take place

Te entrego el dinero con tal de que me **des** las fotos.

*I will hand the money over to you provided that **you give** me the pictures.*

Los derechistas votaron por ese candidato para que los liberales **no pudieran** controlar el Senado.

*The right-wingers voted for that candidate so that the liberals **couldn't** control the Senate.*

Práctica Dé oraciones nuevas según las palabras entre paréntesis.

1. —¿Les das dinero a ciertas organizaciones?
   —Sí, claro, se lo doy *puesto que* hacen mucho bien. (para que, ahora que, a fin de que, con tal de que, porque)
2. *Es increíble* que haya conflicto en esa parte del mundo. (Es verdad, Me pone triste, No creo, Sabemos, Es posible)
3. —¿Contribuía la gente a causas sociales?
   —Sí, lo hacía *después de que* se lo pidieron. (sin que, ya que, antes de que, cuando, a menos que)

Intercambios

A Los ultraliberales y los ultraconservadores representan puntos de vista extremos. En su opinión, ¿cómo reaccionarían (*would react*) estos individuos a las noticias siguientes? Use una de las frases de la lista a continuación para describir sus reacciones. Luego explique por qué piensa que reaccionarían así.

se preocupan de   se enojan de   se oponen a
se alegran de   se escandalizan de

MODELO: El gobierno legaliza la marihuana. →
Los ultraliberales se alegran de que el gobierno legalice la marihuana ya que no la consideran una droga realmente peligrosa. Los ultraconservadores se oponen a que el gobierno la legalice porque creen que va a contribuir al deterioro de la sociedad.

1. El gobierno les aumenta los impuestos a las grandes corporaciones.
2. El congreso recorta el presupuesto (*budget*) social para poder equilibrar el presupuesto nacional.
3. El gobierno permite el rezar en las escuelas públicas.
4. La Corte Suprema prohíbe el aborto.

¿Tiene Ud. más ideas en común con los ultraliberales o con los ultraconservadores?

B Usando las frases de la actividad anterior, comente cómo reaccionarían un(a) pacifista y un soldado tipo «Rambo» a las siguientes noticias. Luego, explique por qué piensa que reaccionarían así.

1. Los Estados Unidos declaran la guerra a Cuba.
2. El gobierno declara ilegal la venta de toda clase de armas de fuego.
3. Los Estados Unidos y China deciden eliminar por completo las armas nucleares.
4. Una mujer es elegida presidenta de los Estados Unidos.

¿Tiene Ud. más ideas en común con un(a) pacifista o con un soldado tipo «Rambo»?

C ¡Necesito compañero! ¿Cuáles son sus propios valores? Trabajando en parejas, contesten el siguiente cuestionario dando el presente de subjuntivo de los verbos entre paréntesis. Luego, háganse preguntas para averiguar el por qué de sus respuestas. Finalmente, compartan con la clase lo que han aprendido.

1. Si tengo una opinión, no la cambio a menos que _____.
   a. mis padres o varios de mis amigos (pensar) lo contrario
   b. (haber) bastante información en los libros o en los periódicos que me convenza
   c. (convencerme) alguna autoridad religiosa o política respetada
2. Si me decido a cooperar en alguna causa, es probable que _____.
   a. (proteger) a los animales o el medio ambiente
   b. (dedicarme) a los pobres o a los inválidos
   c. (tener) algún propósito político
3. Cuando me comprometo a una causa, normalmente lo hago _____.
   a. después de muchas investigaciones sobre lo que representa la causa y quiénes son sus proponentes (*supporters*)
   b. impulsivamente, siguiendo alguna intuición personal
   c. porque muchos amigos míos trabajan por la misma causa
4. Con respecto a diversas causas, es probable que yo _____.
   a. (donar) dinero
   b. (contribuir) con mi tiempo, como voluntario/a
   c. no (dar) nada; normalmente no contribuyo a ninguna causa
5. Si pudiera (*I could*) descubrir una cura definitiva para solamente uno de los siguientes problemas, me gustaría (*I would like*) inventar una píldora (*pill*) que eliminara _____.
   a. todas las enfermedades b. el hambre c. la violencia
6. Las personas muy comprometidas me _____, porque _____.
   a. inspiran admiración b. ponen nervioso/a c. dan igual

D Improvisaciones Los conservadores, los moderados y los liberales tienen actitudes muy distintas respecto a los siguientes temas. Trabajando con uno o dos compañeros de clase, preparen el discurso político de una persona conservadora, moderada o liberal sobre varios de los temas indicados. Inventen un lema o *sound bite* convincente para su candidato/a también. Al final, algunos estudiantes deben presentar su discurso a la clase, la cual tratará de identificar la afiliación política del candidato / de la candidata. Traten de incluir en su discurso algunas de las expresiones adverbiales de este capítulo, y no se olviden de utilizar las estrategias para la comunicación.

- la educación
- el presupuesto militar
- la participación de las minorías en el gobierno
- el déficit federal
- el aborto
- el seguro médico

- la acción afirmativa
- la asistencia pública
- el control de las armas de fuego
- el crimen y la violencia
- el empleo

¡OJO!

	EXAMPLES	NOTES
dato **hecho**	Los **datos** del estudio indican que el tabaco causa cáncer. *The results of the study indicate that tobacco causes cancer.*	*Fact* has two equivalents in Spanish. Use **dato(s)** when referring to *findings, results,* or *data.*
	El descubrimiento del cobre fue un **hecho** de gran importancia para el país. *The discovery of copper was an event of great importance for the country.*	Use **hecho** to refer to *a proven fact, deed,* or *event.*
	Es un hecho que (De hecho,) se va en junio. *It's a fact that (In fact,) he's leaving in June.* **El hecho es que** no podemos invertir más dinero todavía. *The fact is, we can't invest any more money yet.*	Three expressions that contain the word **hecho** are **el hecho es que...** (*the fact is [that] . . .*), **es un hecho que** (*it's a fact [that]*), and **de hecho** (*in fact*).

	EXAMPLES	NOTES
realizar **darse cuenta (de)**	El estudiante **realizó** su sueño: sacó A en el curso. *The student realized his dream; he got an A in the course.* No **me di cuenta** (**de**) que había una venta. *I didn't realize (that) there was a sale.*	**Realizar** means *to realize* in the sense of *to achieve a goal or an ambition*, that is, *to accomplish something.* **Darse cuenta** (**de**) means *to realize* as in *to be aware* or *to understand.*

A Volviendo al dibujo   El dibujo que aparece en esta página es parte del que Ud. vio en la sección Describir y comentar. Mírelo con atención y luego escoja la palabra que mejor complete cada oración. ¡Cuidado! También hay palabras de los capítulos anteriores.

1. El año 1492 es (una cita / un dato / una fecha) muy importante (a causa de / porque) ese año Cristóbal Colón (realizó / se dio cuenta de) su primer viaje a lo que él creía ser las Indias. El (dato/hecho) es que Colón nunca (realizó / se dio cuenta de) que había descubierto (*had discovered*) todo un nuevo continente. Más tarde, y con los (datos/hechos) que él llevó a los Reyes Católicos, los conquistadores comenzaron a llegar a esas tierras. Al llegar, encontraron indígenas, gente diferente, a la cual intentaron cambiar. Es un (dato/hecho) que trataron de convertirlos al cristianismo y de españolizarlos. Desgraciadamente, los españoles también introdujeron enfermedades nuevas entre los indígenas y, como consecuencia, muchos de éstos (*the latter*) murieron.

2. Es un (dato/hecho) histórico interesante que Enrique VIII quisiera divorciarse de Catalina de Aragón, hija de los Reyes Católicos de España, después de dieciocho años de matrimonio. Enrique y Catalina tenían una hija, Mary, pero Enrique quería un heredero y además se había enamorado (a/con/de) una bella joven de la corte. (Porque / Puesto que) la Iglesia católica no permitía el divorcio, el papa de aquel entonces, Clemente VII, se lo prohibió. Como Enrique VIII (se sentía / sentía) muy poderoso, no le hizo (atención/caso) al papa. Se separó de la Iglesia católica y (llegó a ser / se hizo) jefe de la Iglesia anglicana.

B Entre todos

■ ¿Qué sueños importantes realizó Ud. durante la primera década de su vida? ¿Qué sueños quiere realizar durante la próxima década? ¿Tiene un sueño imposible de realizar? ¿Cuál es? ¿Por qué no lo va a poder realizar?

■ ¿Cuándo se dio Ud. cuenta de que quería hacer estudios universitarios? ¿Cuándo se dio cuenta de que quería estudiar en esta universidad? ¿Cuándo se dieron cuenta sus padres de que Ud. ya era adulto/a? Explique sus respuestas.

Repaso

A Complete el párrafo, dando la forma correcta del verbo y expresando en español las frases en inglés. Cuando se dan dos palabras entre paréntesis, escoja la palabra apropiada.

El mito del Quinto Sol

Todas las religiones, tanto las modernas como las antiguas, tienen una explicación de la creación del mundo. Probablemente no hay nadie de la tradición judeocristiana que no conozca la historia bíblica. Los aztecas tenían una explicación de la creación más complicada. Se llamaba la historia del Quinto Sol.

Según este mito, (*many, many years ago*)[1] no había nada en el mundo. A los dioses no les gustaba que el universo (ser)[2] tan oscuro y por eso un día (reunirse)[3] para resolver el problema. El malévolo dios de la noche (hablar)[4] primero. «Es evidente que nosotros (necesitar)[5] un sol. Y para que Uds. (ver)[6] mi poder y mi fuerza (*strength*), ¡yo lo crearé (*shall create*)!»

De repente, (aparecer)[7] un sol grande y esplendoroso. Pero todavía no había hombres que (habitar)[8] la tierra, sólo gigantes monstruosos. Al cabo (final) de trece siglos, unos jaguares enormes los (devorar)[9] y (destruir)[10] el sol. Por eso los dioses le (poner)[11] a este primer sol el nombre de Sol del Jaguar.

Entonces fue necesario que los dioses (empezar)[12] de nuevo. Como cada dios quería que los otros dioses lo (admirar),[13] uno después de otro trató de crear un sol duradero (*lasting*). Ninguno tuvo suerte. Unos huracanes horribles (devastar)[14] el segundo sol; sólo hubo unos pocos hombres (*of those that*)[15] se habían creado (*had been created*) que (poder)[16] escapar la destrucción. Subieron a los árboles y se convirtieron en monos. Una tercera y una cuarta vez los dioses usaron su magia sin que ninguno (tener)[17] éxito. Durante el tercer sol apareció una misteriosa lluvia de fuego, (*which*)[18] quemó toda la tierra menos a algunos hombres que se convirtieron en pájaros. Después de la creación del cuarto sol, una terrible inundación (*flood*) (cubrir)[19] el mundo. Algunos hombres sobrevivieron al convertirse en peces (*fish*).

Después del cuarto sol los dioses (decidir)[20] reunirse una vez más. (Saber: ellos)[21] que no (ir)[22] a poder crear un sol perfecto a menos que (hacer)[23] un sacrificio especial, un sacrificio divino. Dos dioses se ofrecieron para el sacrificio. Mientras ellos (*were preparing themselves*),[24] los otros dioses construyeron un gran fuego. Al quinto día, los dos dioses (arrojarse [*to throw oneself*])[25] al fuego. Los otros dioses esperaron nerviosos. Pronto (descubrir)[26] su error: por el cielo subían dos discos rojos. ¡Qué horror!

No era posible que (vivir: ellos)[27] con dos soles. El calor sería (*would be*) demasiado intenso. Por eso, uno de los dioses (arrojar)[28] un conejo (*rabbit*) contra uno de los soles, reduciendo así un poco su luz. Este sol se convirtió en la luna. (Hasta hoy los mexicanos no hablan del hombre de la luna [pero/sino][29] del *conejo* de la luna.)

Pero el otro sol todavía (estar)[30] muy débil. «Puedo empezar a cruzar el cielo —les anunció ese sol— con tal de que Uds. (darme)[31] sus corazones».

Todos los dioses (arrojarse)[32] al fuego y el sol (comer)[33] sus corazones. El quinto sol, ahora fuerte y brillante, empezó a caminar lentamente por el cielo, donde lo podemos ver hoy. Los otros soles se pueden ver también en el famoso calendario azteca que hay en el Museo de Antropología de México.

B Exprese Ud. su opinión sobre cada uno de los siguientes temas, usando las conjunciones de la lista.

a condición (de) que	con tal (de) que	sin que
a fin de que	en caso (de) que	
a menos que	para que	

MODELO: los grupos evangélicos →
Creo que los grupos evangélicos deben poder fomentar sus creencias con tal de que respeten las costumbres ya establecidas.

1. la expansión de la Iglesia protestante en Hispanoamérica
2. la oración en las escuelas públicas
3. el sacrificio de animales en ritos religiosos
4. el ateísmo y el agnosticismo
5. el matrimonio de los sacerdotes católicos
6. la Inquisición Española
7. la separación de Estado e Iglesia
8. el fanatismo religioso
9. la santería y el vudú

PASAJE CULTURAL

El Señor de los Milagros en el Perú y el carnaval de Oruro, Bolivia

En Bolivia y el Perú, la gente se reúne en fechas conmemorativas en torno a la Virgen de la Candelaria y al Cristo —o Señor— de los Milagros, respectivamente. Estas celebraciones demuestran claramente el sincretismo de la cultura y religión indígenas e hispanas. Aunque el tipo de celebración es diferente en los dos países, la devoción de toda la gente es notable en ambos eventos. Todos participan por igual, sin importar sus diferencias de edad, clase social o nivel económico.

Antes de ver

- ¿Qué sabe Ud. de las celebraciones religiosas en Hispanoamérica? ¿Qué tipo de eventos espera encontrar en este vídeo?

- ¿Qué imágenes asocia con la palabra «carnaval»? ¿Piensa que la palabra «carnaval» se usa aquí con el mismo significado que tiene la palabra *carnival* en inglés?

- Ahora lea con cuidado la actividad en **Vamos a ver** antes de ver el vídeo por primera vez.

Lima, Perú

Vamos a ver

¿Cuáles de las siguientes afirmaciones se refieren a la celebración de Bolivia (**B**) y cuáles a la del Perú (**P**)? ¿Cuáles se refieren a ambas celebraciones (**A**)?

Oruro, Bolivia

1. _____ La gente se reúne en fechas conmemorativas en torno a las figuras de Santa Rosa de Lima y el Señor de los Milagros.
2. _____ Se celebra en el mes de octubre.
3. _____ Es un carnaval en honor a la Virgen de la Candelaria y al Diablo o Tío, guardián de las minas de plata y estaño (*tin*).
4. _____ La gente se viste de color morado, que simboliza la devoción.
5. _____ Los niños participan en la celebración.
6. _____ Se pueden comprar cirios o velas blancos y morados en las calles.
7. _____ Se celebra en la ciudad de Oruro en el mes de febrero.
8. _____ Participan miles de danzantes en comparsas (*masquerades*) o grupos de devotos.
9. _____ Los participantes danzan por tres kilómetros y medio sin parar.

Después de ver

■ ¿En qué fechas conmemorativas u otras festividades de este país participa toda la gente sin importar su clase social, nivel económico o edad? ¿Son patrióticas, religiosas o carnavalescas estas celebraciones? ¿Qué se conmemora en ellas? ¿Qué actividades se realizan?

■ Trabajando en grupos, inventen una celebración para su comunidad en la que participe todo el mundo. Deben incluir a muchos grupos diferentes de la población. Se debe inventar un nombre para la celebración, explicar el motivo, diseñar cuatro o cinco eventos principales y pensar en maneras de atraer el máximo número de participantes. Compartan sus ideas con sus compañeros de clase.

■ Busque información sobre celebraciones religiosas en algún país hispanohablante. Busque evidencia de sincretismo. Comparta su información con sus compañeros de clase.

CAPITULO 9

Los hispanos en los Estados Unidos

Lesson Objectives

Lengua

- The passive voice (34)
- Resultant state or condition versus passive voice (35)
- "No-fault" **se** constructions (36)
- **A** and **en** (37)

Cultura

- *Los mexicoamericanos*
- *Los puertorriqueños*
- *Los cubanoamericanos*

Vídeo: Néstor Torres, músico puertorriqueño

1. *Chicago, Estados Unidos*
2. *Miami, Estados Unidos*
3. *Nueva York, Estados Unidos*

DESCRIBIR Y COMENTAR

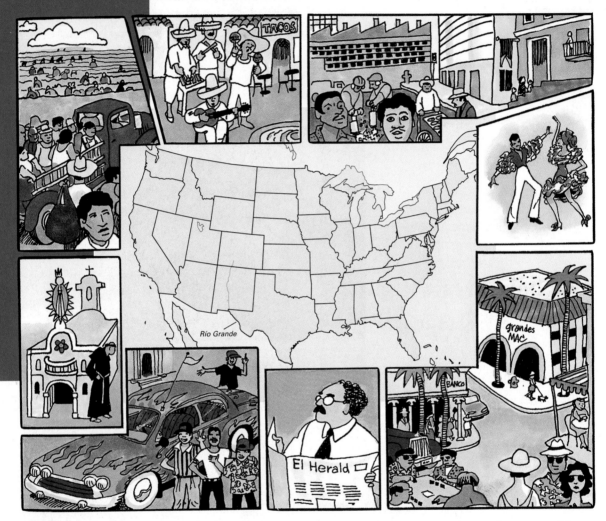

Río Grande

El Herald

grandes MAC

BANCO

The *¡Avance!* CD-ROM contains interactive activities to practice the material presented in this chapter.

■ ¿Cuál es su reacción a la forma en que se representan los grupos hispanos en estos dibujos? ¿Piensa Ud. que representan estereotipos o la realidad? ¿Por qué cree que existen y se mantienen estos estereotipos?

■ ¿Qué sabe Ud. ya de la población hispana en los Estados Unidos? Conteste las siguientes preguntas para averiguarlo. (Encontrará las respuestas correctas en este capítulo.) ¿En qué zona(s) hay mayor concentración de chicanos? ¿de puertorriqueños? ¿de cubanos? ¿Cuáles son los aportes artísticos, económicos y culturales de los miembros de cada grupo a la región en que viven? En general, ¿qué costumbres hispanas (comida, música, expresiones idiomáticas, fiestas, etcétera) se han incorporado a la cultura norteamericana? ¿Qué ejemplos específicos puede Ud. dar?

VOCABULARIO
para conversar

acoger to welcome
acostumbrarse (a) to become accustomed (to)
adaptarse (a) to adapt (to)
aportar to bring, contribute
asimilarse to become assimilated
emigrar to emigrate
establecerse to get settled, established
inmigrar to immigrate

el anglosajón / la anglosajona Anglo-Saxon
el aporte contribution
el/la canadiense Canadian
el chicano / la chicana Chicano, Mexican-
   American*
la ciudadanía citizenship
el ciudadano / la ciudadana citizen
el crisol melting pot
la emigración emigration
el/la emigrante emigrant
el/la estadounidense American (*from the
   United States*)
el exiliado / la exiliada exile
la herencia heritage
el hispano / la hispana Hispanic, Hispanic
   American*
la identidad identity
la inmigración immigration
el/la inmigrante immigrant
el latino / la latina Latino, Latin American*
la mayoría majority
la minoría minority
el orgullo pride
el refugiado / la refugiada refugee

acogedor(a) welcoming
bilingüe bilingual
mayoritario/a majority
minoritario/a minority
orgulloso/a proud

Las nacionalidades hispanas

el argentino / la argentina Argentine, Argentinian
el boliviano / la boliviana Bolivian
el chileno / la chilena Chilean
el colombiano / la colombiana Colombian
el/la costarricense Costa Rican
el cubano / la cubana Cuban
el dominicano / la dominicana Dominican (*from
   the Dominican Republic*)
el ecuatoriano / la ecuatoriana Ecuadoran,
   Ecuadorian
el español / la española Spaniard
el guatemalteco / la guatemalteca Guatemalan
el hondureño / la hondureña Honduran
el mexicano / la mexicana Mexican
el/la nicaragüense Nicaraguan
el panameño / la panameña Panamanian
el paraguayo / la paraguaya Paraguayan
el peruano / la peruana Peruvian
el puertorriqueño / la puertorriqueña Puerto Rican
el salvadoreño / la salvadoreña Salvadoran
el uruguayo / la uruguaya Uruguayan
el venezolano / la venezolana Venezuelan

---

*Terms used to designate ethnic groups often provoke intense debate and typically change over time. Within the United States, different terms have evolved to refer to individuals who trace their ancestry to Spanish America. U.S. residents of Mexican ancestry were formerly referred to as Mexican-Americans, but during the 1960s and 70s political activists favored the term *Chicano/a,* which is now widely used. Residents of Spanish-American ancestry are classified by the U.S. government as *Hispanic.* More recently, the term *Latino/a* has gained currency. Different speakers use it in different ways: from all-inclusive definitions, designating all individuals who come from Spain and Latin America (including areas where Spanish is not spoken, such as Brazil and Haiti), to very limited usages, referring to American-born or -educated individuals who trace their origins to the Spanish-speaking Caribbean. The definition of *Latino/a* is evolving over time and takes on different nuances according to political, social, and geographic factors.

A Explique la diferencia entre cada par de palabras.

1. anglosajón/norteamericano
2. chicano/latino/hispano
3. la inmigración / la emigración
4. el exiliado / el ciudadano
5. aceptar/acoger
6. adaptarse/establecerse

B Dé ejemplos de las siguientes personas, grupos o conceptos.

1. los inmigrantes
2. el aporte de distintos grupos a los Estados Unidos
3. algunos grupos bilingües
4. la herencia cultural

C Dé una definición en español de las siguientes palabras.

1. bilingüe   2. el exiliado   3. emigrar   4. el crisol   5. el refugiado

D ¡Necesito compañero! Trabajando en parejas, hagan un mapa semántico para cada una de las siguientes palabras y expresiones. Primero pongan la palabra objeto en el centro del mapa, y luego complétenlo escribiendo todas las ideas o palabras que asocien con la palabra objeto en las cuatro categorías indicadas. No es necesario limitarse a las palabras de la lista del vocabulario.

MODELO: bilingüe →

1. emigrar   2. asimilarse   3. el crisol

E ¿Qué grupo étnico vive desde hace siglos en lo que es hoy territorio de los Estados Unidos? ¿Qué grupos tienen una concentración de exiliados políticos? ¿de inmigrantes recién llegados? ¿Por qué cree Ud. que muchos hispanos emigraron a los Estados Unidos y no a otros países?

F Entre todos

■ En la siguiente página, ¿cómo se llama el programa de radio que presenta este anuncio? ¿Dónde y cuándo se transmite? ¿Cuál es su contenido? ¿A quiénes se dirige?

■ En muchos lugares de los Estados Unidos hay gran variedad de revistas, periódicos y programas de radio y de televisión en español. ¿Cómo puede influir esto en la adaptación de las comunidades hispanas? Por ejemplo, ¿puede demorar (*delay*) su adaptación? ¿Contribuye de alguna forma al mantenimiento de la identidad de las comunidades hispanas? ¿a su asimilación a la cultura mayoritaria? Explique.

■ ¿Qué impacto —lingüístico, cultural, político o económico— tienen los medios de comunicación hispanos en los Estados Unidos?

LENGUA I

34 THE PASSIVE VOICE

In both English and Spanish, actions that have objects can be expressed either actively or passively. In the active voice (**la voz activa**), the agent, or doer, of the action is the subject of the sentence, and the receiver of the action is the direct object. In the passive voice (**la voz pasiva**), the functions are reversed: the receiver of the action is the subject, and the agent, or doer, is expressed with a prepositional phrase (*by* + agent).

Spanish has two ways of expressing the passive idea: the passive with **ser** and the passive **se.**

ACTIVE VOICE (La voz activa)	PASSIVE VOICE (La voz pasiva)
subject/agent + **verb** + object/recipient	subject/recipient + *to be* (**ser**) + past participle + agent
Laura **pintó** la casa. *Laura **painted** the house.*	La casa **fue** pintada por Laura. *The house **was** painted by Laura.*
El gobierno **ha ayudado** a los inmigrantes. *The government **has helped** the immigrants.*	Los exiliados **han sido** ayudados por el gobierno. *The exiles **have been** helped by the government.*
Los inmigrantes **van a solicitar** la ciudadanía. *The immigrants **are going to request** citizenship.*	La ciudadanía **va a ser** solicitada por los inmigrantes. *Citizenship **is going to be** requested by the immigrants.*

A. The passive with *ser*

The passive construction with **ser** is very similar to the English passive: a form of the verb *to be* (**ser**), plus the past participle and the agent introduced with *by* (**por**). The past participle functions as an adjective, agreeing in gender and number with the subject.

	SINGULAR	PLURAL
MASCULINE	**El** lib**ro** fue escrit**o** por Elena. *The book was written by Elena.*	**Los** libr**os** fueron escrit**os** por Elena. *The books were written by Elena.*
FEMININE	**La** fiest**a** siempre ha sido planead**a** por Carlos. *The party has always been planned by Carlos.*	**Las** fiest**as** siempre han sido planead**as** por Carlos. *The parties have always been planned by Carlos.*

Práctica Conjugue el verbo **ser** en un tiempo verbal lógico según el contexto, y utilice la forma correcta del participio pasado del verbo entre paréntesis para formar oraciones con la voz pasiva con **ser** como en el modelo. Es posible que en algunos casos haya más de una forma correcta del verbo **ser.**

MODELOS: Los países sudamericanos _____ (colonizar) principalmente por los españoles →
Los países sudamericanos fueron colonizados principalmente por los españoles.

La herencia hispana que hay en este país _____ (aportar) por inmigrantes de varios países de habla española. →
La herencia hispana que hay en este país ha sido aportada por inmigrantes de varios países de habla española.

1. El crisol que son los Estados Unidos _____ (crear) por la variedad de razas que inmigraron a este país.
2. A algunas personas les gustaría que el español _____ (adaptar) como una lengua oficial de este país.
3. No es justo (*fair, just*) que las costumbres de algunos inmigrantes _____ (perder) cuando éstos llegan a un nuevo país.
4. Algunos creen que esas costumbres deben _____ (aceptar) y _____ (mantener) por la nueva cultura.
5. Nombre algunos de los grupos hispanos que _____ (admitir) en este país.

B. The passive *se*

Spanish has another way of expressing the passive idea: the passive **se.** Note the following comparison.

PASSIVE WITH **SER**	Las casas **fueron construidas** por los inmigrantes. *The houses **were built** by the immigrants.*
PASSIVE **SE**	**Se construyeron** las casas en 1993. *The houses **were built** in 1993.*

As you learned in grammar section 6, the passive **se** construction always has three parts.

---

se + third-person verb + receiver (object) of the action

Se reciben miles de peticiones cada año.

Se aprueba sólo un pequeño **porcentaje** de ellas.

Se rechazaron los **aportes** de ese grupo.

Thousands of petitions *are received* every year.

Only a small **percentage** of them *is approved.*

The **contributions** *of that group* *were rejected.*

The passive **se** verb agrees in number with the recipient of the action (**miles, porcentaje, aportes**).

Práctica   En el siguiente texto hay ejemplos de los diversos usos de **se** y también de las dos formas pasivas en español. ¿Cuántos de estos ejemplos puede encontrar Ud.?

Los resultados del censo de 1990 en los Estados Unidos han sido aprobados por la Corte Suprema, a pesar de[a] que ésta admitió que el conteo de las minorías es inferior a los números reales. Muchos miembros de los grupos minoritarios no figuran en el censo porque esta población es sumamente móvil, cambiando de casa con frecuencia o viviendo en la calle y en otros lugares públicos. También hay que reconocer la desconfianza aguda[b] que existe entre la población afro-americana, la de habla española y la de otros grupos de inmigración reciente ante el gobierno y sus representantes. Por lo tanto, muchas veces los miembros de estos grupos no devuelven los papeles del censo por miedo o por recelo.[c]

El gobierno afirma, sin embargo, que se hizo un esfuerzo extraordinario para que las minorías fueran incluidas en el censo, y por esa razón se ha decidido que las cifras[d] no sean modificadas por la Secretaría de Comercio. En ciudades como Nueva York, Chicago y Los Angeles, se afirma que las minorías han sido perjudicadas por este bajo conteo, pues su representación política y apoyo financiero se reducirán.

Las cifras del censo se usan para establecer los distritos electorales y para distribuir la ayuda financiera del gobierno federal. Si se cambian las cifras del censo, Wisconsin perderá un puesto en la Cámara de Representantes, y California ganará uno nuevo.

Tom Cochran, director ejecutivo de la Confederación de Alcaldes de los Estados Unidos, afirmó que «es inexcusable e injusto que se haya excluido a más de cinco millones de ciudadanos norteamericanos de las cifras del censo».

[a]*a… despite*   [b]*acute; extreme*   [c]*distrust*   [d]*figures*

C. The passive with *ser* versus the passive *se*

These two constructions differ in meaning as well as in form.

■ Whenever the passive with **ser** is used, the agent of the action is either stated in the sentence or is very strongly implied. When mentioned, the agent is introduced by the preposition **por.**

AGENT MENTIONED	Los países hispanoamericanos **fueron colonizados** por los españoles en el siglo XVI. *The countries of Spanish America **were colonized** by the Spanish in the 16th century.*
AGENT IMPLIED BY PREVIOUS CONTEXT	Los españoles llegaron al Nuevo Mundo a finales del siglo XV. Los países hispanoamericanos **fueron colonizados** en el siglo XVI. *The Spanish arrived in the New World at the end of the 15th century. The countries of Spanish America **were colonized** in the 16th century.*

■ In general, when the agent is known, Spanish will use an active construction instead of the passive with **ser.**

ENGLISH PASSIVE	SPANISH ALTERNATIVES
*The laws **were passed by Congress.***	active (*common*) **El Congreso aprobó** las leyes. passive with **ser** (*infrequent*) Las leyes **fueron aprobadas por el Congreso.**

The passive with **ser** is used relatively infrequently in speech and is only slightly more common in writing, where writers may use it to vary their style.

■ When the agent of the action is unknown or unimportant to the message, the idea should be expressed by using a passive **se** construction. In a passive **se** sentence, the speaker simply wants to communicate that an action is, was, or will be done to someone or something. This construction is used regularly in both written and spoken Spanish.

ENGLISH PASSIVE	SPANISH ALTERNATIVE
***Money was sent** to the exiles.* (Who sent the money is not known or is unimportant.)	passive **se** **Se mandó dinero** a los exiliados.
*Many **machines were bought.*** (Who bought them is not known or is unimportant.)	passive **se** **Se compraron** muchas **máquinas.**

Práctica Imagínese que Ud. se ha decidido a emigrar a otro país. ¿Adónde quiere ir? Conteste según el modelo. ¡Cuidado! Como no es un país determinado, tiene que usar el subjuntivo.

MODELO: ayudar al individuo a asimilarse →
Quiero ir a un país donde se ayude al individuo a asimilarse.

1. cometer menos crimenes
2. ofrecer mejores sueldos
3. tener más libertad de expresión
4. ofrecer muchas oportunidades para instruirse
5. disfrutar de (*to enjoy*) un mejor nivel de vida
6. poder vivir cerca de la naturaleza
7. no pagar tantos impuestos
8. proteger los derechos humanos
9. no necesitar prestar servicio militar
10. hablar español

Intercambios

A Dé información sobre los siguientes hechos históricos, usando oraciones pasivas.

MODELO: América / descubrir → América fue descubierta en 1492.

1. Abraham Lincoln / asesinar
2. la bombilla eléctrica y el fonógrafo / inventar
3. la ciudad de Hiroshima / bombardear
4. este país / fundar
5. las civilizaciones indígenas de Sudamérica / someter (*to subdue*)
6. miles de inmigrantes / ¿ ?

B Imagínese que la Asociación de Estudiantes Latinos de esta universidad está preparando una lista de peticiones para el rector (*president*). Exprese sus demandas, utilizando los verbos entre paréntesis para formar oraciones con el **se pasivo.** ¡Cuidado! Observe que es necesario usar el subjuntivo.

MODELO: patrocinar (*sponsor*) programas destinados a la difusión de la cultura hispana (pedir) →
Pedimos que se patrocinen programas destinados a la difusión de la cultura hispana.

1. crear un programa de estudios hispanoamericanos (solicitar)
2. aumentar el número de profesores hispanos en toda la universidad (desear)
3. admitir más estudiantes hispanos (proponer)
4. exigir (*demand*) el estudio de una lengua extranjera como requisito para graduarse (recomendar)
5. ofrecerles más ayuda económica a los estudiantes hispanos (insistir en)
6. promover (*promote*) programas de intercambio estudiantil en España e Hispanoamérica (necesitar)

¿Cuáles de estas demandas anteriores piensa Ud. que se pueden aplicar a su universidad? Explique.

Aquí hay algunas palabras en español que tienen su origen en inglés y que son utilizadas por algunos de los hispanos que viven en los Estados Unidos. Dé la palabra en inglés que ha servido de base para cada una.

1. el tiquete   3. parquear
2. la grocería 4. la factoría

De la misma manera, muchas palabras en inglés tienen su origen en español. ¿Puede Ud. decir la palabra en español que dio origen a estas palabras en inglés?

1. savvy   3. barbecue
2. alligator 4. cockroach

C Exprese su opinión sobre los siguientes temas, utilizando una de las formas de la voz pasiva siempre que sea (*whenever it may be*) posible.

MODELOS: promover la educación bilingüe →
Creo que es necesario que se promueva la educación bilingüe para facilitar la asimilación de los inmigrantes y al mismo tiempo permitirles conservar su propia identidad cultural.

muchas noticias / distorsionar / los medios de comunicación →
Es una lástima que muchas noticias sean distorsionadas por los medios de comunicación. Creo que toda información debe ser presentada desde diversos puntos de vista.

1. declarar el inglés como única lengua oficial de este país
2. apreciar el aporte hispano a la cultura de este país
3. los inmigrantes ilegales / deportar / el gobierno
4. proteger a los exiliados políticos
5. el orgullo patriótico / conservar / los emigrantes

D Mire los siguientes anuncios.

■ ¿Qué se vende en estos anuncios? ¿En cuál de ellos se adapta la comida hispana al estilo de vida estadounidense? Explique.

■ ¿En qué anuncio se introduce la comida estadounidense al público hispano?

■ Exprese sus impresiones sobre estos intercambios culinarios (los motivos, las consecuencias, etcétera). ¿Qué otras adaptaciones e influencias similares puede Ud. mencionar?

E ¡Necesito compañero! Es cierto que todo país tiene que limitar la entrada de inmigrantes, pero no hay ningún acuerdo respecto al criterio para hacerlo. Trabajando en parejas, decidan cuáles de los siguientes factores son los más importantes a la hora de aceptar o rechazar a quienes solicitan una visa de residente.

1. la afiliación política
2. la preparación profesional
3. la edad
4. la salud
5. la raza
6. los antecedentes penales (*criminal*)
7. el país de origen
8. el nivel de educación
9. el tener parientes radicados (*established*) en este país
10. la evidencia de ser víctima de persecución política o personal en su país de origen
11. las inclinaciones personales (la orientación sexual, el uso de drogas, etcétera)
12. la religión
13. el tener una habilidad especial
14. la posición social

Comparen sus decisiones con las de los demás miembros de la clase. ¿Hay factores que la mayoría indicó que eran más importantes? ¿menos importantes? ¿Se puede formular una política que sea aceptable para todos?

F ¿Cuáles son los «usos y abusos» de los términos «hispano» y «latino»? En grupos de tres o cuatro personas, comenten los siguientes puntos, utilizando

la voz pasiva siempre que sea posible. Luego, compartan sus conclusiones con el resto de la clase.

1. ¿Qué estereotipos se asocian con el término «hispano»? Expresen sus opiniones sobre cada uno de los siguientes aspectos.

Vocabulario útil: se cree, se considera, se piensa, son calificados de (adjetivo)

- el trabajo
- la vida social
- la familia
- la delincuencia
- la raza
- la educación

2. ¿Qué se entiende por «hispano»? ¿Representa un grupo lingüístico? ¿un grupo cultural? Para ser hispano/a, ¿es necesario ser hispanohablante? ¿ser católico/a? ¿haber nacido en un país de habla española? ¿ser descendiente de hispanohablantes? ¿conocer las tradiciones, costumbres, comidas y bailes típicos de los países de habla española? ¿Se trata de un grupo homogéneo o heterogéneo? Expliquen.

 G ¡Necesito compañero! Imagínense que Uds. deciden inscribirse en el Cuerpo de Paz pero sólo pueden escoger entre los siguientes lugares. ¿A cuál les va a ser más difícil adaptarse? ¿Por qué? Por fin, ¿cuál de los lugares disponibles eligen? ¿Por qué?

1. un país poco desarrollado donde no existen las comodidades —electricidad, teléfono, agua corriente— a que Uds. están acostumbrados
2. un país con un clima radicalmente diferente al de aquí
3. un país en el que los hombres y las mujeres no tienen las mismas oportunidades de trabajo
4. un país en el que hay poca libertad de expresión
5. un país en el que se habla una lengua que Uds. no saben
6. un país en el que no hay tolerancia para quien no practica la religión oficial (y Uds. *no* la practican)

35 RESULTANT STATE OR CONDITION VERSUS PASSIVE VOICE

In **Capítulo 1** you learned about using **estar** with a past participle to express a state or condition resulting from some prior action.

Los niños rompieron la ventana jugando al béisbol; todavía **estaba rota** cuando yo fui de visita dos días después.	*The children broke the window playing baseball; it **was** still **broken** when I visited two days later.*

In Spanish, the contrast between an action and a state or condition is always marked by the choice between **ser** and **estar.**

ACTION: ser	CONDITION: estar
La ventana **fue rota** por el ladrón. *The window **was broken** by the thief.*	No pude abrir la ventana porque **estaba rota.** *I couldn't open the window, because it **was broken.***
Las tiendas **fueron cerradas** por la policía para impedir el saqueo. *The stores **were closed** by the police to prevent looting.*	Ya para las siete, todas las tiendas **estaban cerradas.** *By seven o'clock, all the stores **were closed.***

A PROPOSITO

Ser plus the past participle indicates a passive action. Since passive actions usually focus on the completion of the event, **ser** in the past is conjugated in the preterite (**fue, fueron**).

Estar plus the past participle expresses the condition that results from an action. Since description of a condition generally focuses on the middle aspect, **estar** in the past is conjugated in the imperfect (**estaba, estaban**).

Note that with both **ser** and **estar,** the past participle functions as an adjective in these constructions and must agree in gender and number with the noun modified.

Práctica Indique las oraciones que correspondan mejor a cada dibujo.

a. La leña (*firewood*) fue hacinada (*stacked*).
b. La cena está preparada.
c. La cena fue preparada.
d. La leña está cortada.
e. La leña está hacinada.
f. La mesa fue puesta (*set*).

1.   2.   3.   4.

Intercambios

35

A Escoja el verbo correcto según el contexto.

1. Los cubanos que llegaron a los Estados Unidos en la segunda oleada (*wave*) no (estaban/fueron) tan bien recibidos como los de la primera oleada.
2. Al principio, los inmigrantes pueden experimentar choques culturales ya que (están/son) acostumbrados a otro ritmo de vida.
3. En el pasado, grandes cantidades de inmigrantes (estaban/fueron) traídos a este país en barco e incluso pasaron semanas en el viaje.
4. No necesitábamos ayudarlos porque cuando los conocimos, ellos ya (estaban/fueron) bien establecidos.
5. Los papeles de ciudadanía que les dieron a los inmigrantes (estaban/fueron) escritos en inglés.
6. ¿Cuándo (estuvieron/fueron) trasladados (*transferred*) los refugiados al otro campamento?

B ¡Necesito compañero! Es muy probable que la mayoría de los miembros de la clase tenga parientes, amigos o conocidos inmigrantes. ¿Por qué motivos emigraron esas personas? ¿Cómo era su vida al llegar a este país? Trabajando en parejas, preparen un cuestionario usando las siguientes frases para formar sus preguntas. (¡Atención! Es necesario escoger entre **ser** y **estar.** Tengan cuidado también con los tiempos verbales.)

> MODELO: tener / parientes (amigos, conocidos) / originarios de otro país →
> ¿Tienes parientes (amigos, conocidos) que sean originarios de otro país?

1. en qué país / establecidos antes de emigrar
2. cuándo / admitidos como residentes en este país
3. cuáles / los motivos por los cuales emigraron
4. cómo / tratados por los habitantes de este país al principio
5. tener ellos / parientes que ya / radicados en este país
6. cómo / acogidos por otros de su misma cultura
7. qué tradiciones de su patria / mantenidas por ellos hasta hoy
8. hoy ellos ya / nacionalizados (*naturalized*) en este país

Luego, cada uno de Uds. debe utilizar el cuestionario para entrevistar a otro compañero / otra compañera de clase acerca de las experiencias que han vivido sus parientes, amigos o conocidos como inmigrantes. Después de hacer las entrevistas, compartan con la clase lo que han aprendido. ¿Hay muchos que han tenido experiencias similares?

ESTRATEGIAS PARA LA COMUNICACION

Gracias, pero no... *How to decline invitations*

It's often difficult to say "no" politely in one's own language. How can you refuse an invitation or get out of a difficult situation in Spanish without being rude or insulting? Just as in English, you need to be firm but polite. It is helpful if you follow up a refusal with a concrete reason for declining and with specific expressions of sincerity. Following is a list of useful expressions.

¡Cuánto me gustaría, pero de veras… !	*How I would like to, but really . . . !*
Lamento (Siento) mucho no poder… , pero…	*I am really sorry (I regret very much) not to be able to . . . , but . . .*
Lo siento, pero ya tengo un compromiso / tengo un compromiso anterior.	*I'm sorry, but I already have an engagement / I have a previous engagement.*
Ud. es muy amable, pero…	*You are very kind, but . . .*
Me encantaría… , pero…	*I would love to . . . , but . . .*
No, gracias.	*No, thank you.*
Quizás otro día.	*Maybe another day.*
No, no tengo la costumbre de…	*No, I don't usually (am not in the habit of) . . .*

CULTURA I LOS MEXICANOAMERICANOS

APROXIMACIONES AL TEXTO

More About Text Structure: Developing and Organizing an Idea (Part 1)

Many texts are built around a main idea that is developed through examples and supporting ideas. For example, an essay on the contributions of immigrant groups to U.S. culture might include information about food, holidays, and language.

The writer might organize the supporting ideas in a number of ways, including comparison/contrast, cause/effect, and division/classification. Being able to recognize the particular structure of a text's argument helps the reader establish expectations about the types of information in the text. It also provides a basis for evaluating the text: Did the author "follow through" appropriately? Did the author accomplish what he or she set out to do?

Comparison/contrast. An effective technique for describing an object, action, or idea is comparison/contrast: pointing out the similarities and differences between the object and something else with which the reader may be familiar. An essay based on comparison/contrast of two objects (two groups of people, for example) can be developed in two ways.

1. First present the information about group 1 with respect to particular points (food, religion, dress, and so on), followed by all the information about group 2.
2. Compare/contrast the groups with respect to each point before continuing on to the next point.

Here is a schematic representation of these two methods.

METHOD ONE	
group 1	group 2
food religion dress	food religion dress

METHOD TWO		
food	religion	dress
group 1 group 2	group 1 group 2	group 1 group 2

Cause/effect. This method of development is particularly appropriate for exploring the reasons why something is the way it is. Why is the Spanish spoken in the New World different from that spoken in Spain? Why are intellectuals more active politically in the Hispanic world than is customary in the United

States? It may examine both immediate and underlying causes of a particular situation. For example, the assassination of Archduke Ferdinand was the immediate cause of World War I, but there were also many underlying social and economic causes. Cause/effect development may also explore the direct and/or long-term consequences of an action.

Division/classification. Division/classification is another method of organizing a text. Division involves separating a concept into its component parts. Classification is the reverse process: It sorts individual items into larger categories. For example, to describe a car using the technique of division, you would examine each of its parts. On the other hand, when using the technique of classification, you might categorize them as Fords, Toyotas, and Volkswagens.

Palabras y conceptos

acoger to welcome, receive
empeñarse (en) to insist on, be determined to
hacer caso to pay attention

la acogida welcome, reception
la aculturación acculturation (*adapting to a different culture*)
el adiestramiento job training
la alienación alienation
la asimilación assimilation (*taking on the characteristics of a different culture*)
el becario person who receives a scholarship

la concienciación raising of consciousness
el crisol crucible; melting pot
la desventaja disadvantage
el empeño insistence, determination
el ferrocarril railroad
la formación educativa academic preparation or background
la inmigración immigration
la ley law
la oleada wave, surge
la propuesta proposal

acogedor(a) welcoming, warm
controvertido/a controversial

Los mexicanoamericanos

Es muy sabido que, con excepción de la minoría indígena, los Estados Unidos es una nación de inmigrantes. Antes de 1860, sin embargo, los inmigrantes formaban una población bastante homogénea: De los cinco millones que llegaron entre 1820 y 1860, casi el 90 por ciento venía de Inglaterra, Irlanda o Alemania.
5   Después de 1860, en cambio, llegaron en oleadas cada vez más grandes inmigrantes procedentes de culturas con tradiciones muy variadas. En la llamada «Gran Inmigración» de 1880 a 1930, desembarcaron en los Estados Unidos casi treinta millones de personas: italianos, polacos, rusos y muchos otros procedentes de las distintas naciones del centro y del este de Europa.
10   Hoy en día «la nueva oleada» de inmigrantes son los hispanos: especialmente los mexicanos, los puertorriqueños y los cubanos. Como se verá,[1] este grupo tiene características que lo distinguen de otros inmigrantes porque muchos no son en realidad «inmigrantes», y porque algunos grupos hispanos han vivido en los Estados Unidos desde hace mucho tiempo.

[1]va a ver

CONCENTRACION DE LA POBLACION HISPANA EN LOS ESTADOS UNIDOS

Total de hispanos
por estado.

☐ 0–100.000

☐ 100.000–400.000

☐ 400.000–1.000.000

☐ 1.000.000–3.000.000

☐ Más de 3.000.000

Washington 441.509
Oregón 275.314
Idaho 101.690
Montana 18.081
Wyoming 31.669
Nevada 393.970
Utah 201.559
California 10.966.566
Arizona 1.295.617
Nuevo México 765.386
Colorado 735.601
Dakota del Norte 7.786
Dakota del Sur 10.903
Nebraska 94.425
Kansas 188.252
Oklahoma 179.304
Texas 6.669.666
Minnesota 143.382
Iowa 82.473
Misuri 118.592
Arkansas 86.866
Luisiana 107.738
Wisconsin 192.921
Illinois 1.530.262
Michigan 323.877
Indiana 214.536
Ohio 217.123
Kentucky 59.939
Tennessee 123.838
Misisipí 39.569
Alabama 75.830
Georgia 435.227
Florida 2.682.715
Nuevo Hampshire 20.489
Vermont 5.504
Maine 9.360
Massachusetts 428.729
Nueva York 2.867.583
Rhode Island 90.820
Connecticut 320.323
Nueva Jersey 1.117.191
Pensilvania 394.088
Delaware 37.277
Distrito de Columbia 44.953
Virginia 329.540
Maryland 227.916
Virginia Occidental 12.279
Carolina del Norte 378.963
Carolina del Sur 95.076
Alaska 25.852
Hawai 87.699

Los mexicanoamericanos

15   La presencia hispana es más palpable en el suroeste de los Estados Unidos, aunque también va en aumento en muchas otras partes del país. La arqui-
20 tectura del suroeste recuerda los años de la colonización española, y luego mexicana, y la comida tiene un distintivo sabor picante. Los carteles[2] en
25 muchas tiendas anuncian que «se habla español» ya que en Nevada y Colorado, una de

Origen de la población hispana de los Estados Unidos
Porcentaje del total

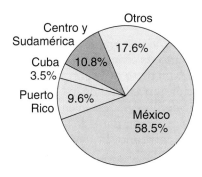

Otros 17.6%
Centro y Sudamérica 10.8%
Cuba 3.5%
Puerto Rico 9.6%
México 58.5%

cada seis personas es hispana; en Arizona, una de cada cuatro personas; en California y Texas, una de cada tres; y en Nuevo México, ¡casi la mitad de la po-
30 blación es de origen hispano! La mayoría de estas personas son mexicanoamericanos, o chicanos,* descendientes de los primeros pobladores de esa región.

     Cuando los colonos ingleses fundaron Jamestown en 1607, los españoles y los mexicanos ya llevaban más de sesenta años en el suroeste. Todo el territorio del suroeste pertenecía a España y luego a México; cuando los primeros estadouni-
35 denses empezaron a llegar a la región (alrededor de 1800), había unos 75 mil mexicanos que ya vivían allí.

     El enorme tamaño del territorio permitía que los recién llegados se estable-
cieran y siguieran viviendo de acuerdo con sus costumbres y tradiciones,

[2]signs

---

*La historia de la palabra **chicano** no es exacta, pero generalmente se considera una abreviación de **mexicano.** No todos los mexicanoamericanos aceptan el uso de este término. Por lo general, los jóvenes prefieren llamarse **chicanos;** los mayores, **mexicanoamericanos** o **mexicoamericanos.**

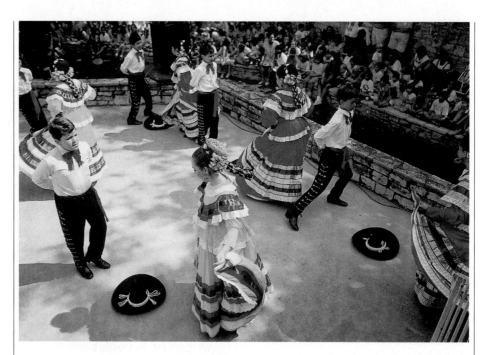

Las tradiciones hispanas forman una parte importante de la cultura del suroeste de los Estados Unidos. Estos jóvenes presentan un baile folclórico mexicano en Austin, Texas.

manteniéndose al margen de los mexicanos. Al principio el gobierno mexicano
estaba contento de tener pobladores de cualquier tipo, pero al notar la rápida
americanización de su territorio, empezó a alarmarse. En 1830, México prohibió
la inmigración procedente de los Estados Unidos, pero ya era demasiado tarde.
El territorio de Texas se rebeló en 1836 y logró independizarse de México. Pronto
Texas votó por formar parte de los Estados Unidos y, para evitar que México re-
cuperara este territorio, en 1846 los Estados Unidos declararon la guerra contra
México.

El Tratado de Guadalupe Hidalgo puso fin a la guerra en 1848, dándole a los
Estados Unidos la tierra de Texas, Nuevo México y Arizona, y parte de California,
Nevada y Colorado. México había perdido[3] la mitad de su territorio total, y los
Estados Unidos habían ganado un tercio[4] del suyo. A los 75 mil ciudadanos me-
xicanos que se encontraban en lo que era ahora territorio estadounidense se les
ofreció la alternativa de volver a México o de convertirse en ciudadanos de los
Estados Unidos. La gran mayoría decidió quedarse y aceptar la ciudadanía.
Fueron éstos los primeros mexicanoamericanos, que llegaron a serlo no por
medio de una inmigración deliberada, sino por medio de la conquista.

El Tratado de Guadalupe les garantizaba la libertad religiosa y cultural a los
mexicanoamericanos y reconocía sus derechos respecto a la propiedad. Sin embargo, con la excepción de la práctica de su religión, no se ha hecho caso de estas garantías. La hostilidad hacia los mexicanoamericanos empezó en 1848 con
la firma del Tratado de Guadalupe. Entre 1865 y 1920, hubo más linchamientos
de mexicanoamericanos en el suroeste que de afroamericanos en el sureste. La
llegada del ferrocarril en la década de 1870 atrajo a más y más pobladores

[3]había… *had lost*   [4]habían… *had gained a third*

angloamericanos, y hacia 1900 los mexicanoamericanos habían sido[5] reducidos a la condición de minoría subordinada.

La subordinación de los mexicanoamericanos

65 En el suroeste el clima es tan árido que sólo son provechosas la agricultura y la cría de ganado hechas en gran escala. Perdidas sus tierras* y por no tener educación ni formación especializada, los mexicanoamericanos se convirtieron en la mano de obra de sus nuevos dueños: terratenientes[6] ricos, grandes corporaciones, financieros y ferroviarios.[7]

70 Fue, además, una mano de obra muy barata: la proximidad de la frontera con México aseguraba una fuente casi sin límite de trabajadores. Todos los días llegaban nuevos inmigrantes, muchos ilegales, que buscaban trabajo y estaban dispuestos a trabajar por cualquier salario. La naturaleza cíclica de la agricultura ocasionaba períodos de trabajo seguidos de otros de desempleo. El trabajo en 75 los campos aislaba a los mexicanoamericanos del resto de la sociedad, y el hecho de que los obreros se trasladaran de un lugar a otro en busca de cosechas hacía imposible la educación de sus hijos. Así la segunda generación, sin educación ni formación académica, sólo podía seguir a sus padres a trabajar en el campo y el ciclo se repetía una y otra vez.

80 La Segunda Guerra Mundial (1939–1945) y la rápida mecanización de la agricultura que la siguió ayudaron a romper el ciclo. Muchos mexicanoamericanos volvieron de la guerra con una nueva conciencia: Por primera vez empezaron a identificarse como «americanos», los que lo pueden hacer todo. Tenían, además, una nueva formación. Al ver que disminuía el trabajo en los campos, muchos de 85 ellos se fueron a las ciudades. Hoy, más del 80 por ciento de la población mexicanoamericana es urbano. La mayoría se ha establecido en Los Angeles, cuya población de ascendencia mexicana es la segunda más importante del mundo, superada sólo por la de la capital de México. En las áreas metropolitanas la situación económica de los mexicanoamericanos se estabilizó y pudieron bene-90 ficiarse de muchos bienes sociales: medicina, educación, vivienda. Con todo, aunque su nivel de vida había mejorado,[8] pronto descubrieron que socialmente seguían subordinados e incluso despreciados.

El estereotipo de inferioridad que con frecuencia se les aplicaba a los mexicanoamericanos se fue arraigando[9] a través de la literatura y, sobre todo, del cine. 95 En ellos el angloamericano siempre era fuerte, valiente y trabajador. En cambio, se retrataba al mexicanoamericano como a un ser vil, sucio y perezoso. El angloamericano progresaba hacia el futuro al lado de la tecnología y la ciencia; el mexicanoamericano era un reaccionario que vivía rodeado de supersticiones e ignorancia. En las escuelas se castigaba a los niños por hablar español y lo mismo 100 les ocurría a sus padres en el trabajo. Los angloamericanos les decían que su cultura no les ayudaba, sino que los perjudicaba: La familia era culpable del fracaso o poco éxito de sus niños porque hacía hincapié[10] en las relaciones personales en vez de fomentar la competencia; que su religión les hacía demasiado fatalistas; incluso que en su comida faltaban proteínas. De alguna manera u otra,

[5]habían… *had been* [6]los que tienen mucha tierra [7]los que construían el ferrocarril
[8]había… *had improved* [9]se… *was becoming entrenched* [10]hacía… daba importancia

*Los mexicanos poseían tierras según el sistema español tradicional de latifundios (*land grants*), y muchos las perdieron debido a la dificultad de probar su posesión.

105 siempre se les recordaba a los mexicanoamericanos que eran inferiores, y que siempre lo serían[11] mientras conservaran su herencia mexicana.

La Raza y el chicanismo

El período entre la Segunda Guerra Mundial y los años sesenta puede llamarse «la generación de los mexicanoamericanos». Durante este período se vio cierto progreso respecto a la educación y al nivel de vida y se esperaba lograr una
110 mayor aceptación social y una mayor afluencia económica. Pero pronto se experimentó una profunda desilusión ante los numerosos problemas que se iban planteando[12] y, también, surgió una desconfianza casi total respecto al sistema jurídico y político.* La lucha que el movimiento afroamericano realizaba en aquella época a favor de los derechos civiles ofrecía otra alternativa y, siguiendo su
115 ejemplo, nació el chicanismo. En vez de esperar que el sistema se reformara, los chicanos empezaron a organizarse para insistir en esas reformas; en vez de negar su cultura, decidieron fomentar un orgullo étnico y crear una imagen positiva de sí mismos. Empezaron a preferir el término *chicano* y a referirse a sí mismos como «la Raza», una gente unida por una historia común, una herencia cultural com-
120 partida y un propósito político. César Chávez tuvo éxito en los campos organizando un sindicato con los trabajadores migratorios; en las universidades, especialmente en las de California, se establecieron programas de estudios chicanos; en 1970 se formó el partido de la Raza Unida que propuso (y sigue proponiendo) candidatos políticos chicanos; en los barrios de East Los Angeles
125 y de Pilsen, Chicago, se expresó el nuevo orgullo y la nueva esperanza que se sentían a través de grandes murales callejeras que presentan la cultura chicana.

Hoy, sin embargo, más de treinta años después de los logros de Chávez y del nacimiento del movimiento chicano, todavía queda mucho por hacer. Se puede hablar de un progreso entre los chicanos sólo si se les compara con sus propios
130 padres o abuelos. En comparación con otros grupos, todavía están muy por debajo en cuanto a educación, vivienda e ingresos.[13] Lo que es más, en la década de los noventa se vio un resurgimiento político y social de la hostilidad hacia los que en este país no hablan bien el inglés, no tienen «tarjeta verde» y no son inmigrantes legales, y se les están cerrando aún más puertas en los campos de la
135 educación, la medicina y las oportunidades de trabajo.

[11]lo... *they would be*   [12]se... *kept coming up*   [13]*earnings*

Comprensión

Ⓐ Dé la forma correcta del verbo señalado. Luego, decida si la oración es cierta (**C**) o falsa (**F**) según la información presentada en la lectura y corrija las oraciones falsas.

1. _____ La región del suroeste de los Estados Unidos (*was settled*: poblar) por los españoles antes que la región de Jamestown.
2. _____ Cuando los primeros colonos estadounidenses llegaron al suroeste, encontraron que el territorio (ser/estar) deshabitado.

---

*Las relaciones entre la comunidad chicana y la policía han sido especialmente negativas; de hecho, las dos decisiones de la Corte Suprema que han tenido más efecto sobre los poderes de la policía surgieron como consecuencia de los enfrentamientos entre la policía y los chicanos (*Escobedo* versus *Illinois*, *Miranda* versus *Arizona*).

3. _____ Los estadounidenses que (establecer/establecerse) en el suroeste no querían (adaptar/adaptarse) a las costumbres mexicanas.

4. _____ Un territorio equivalente al tamaño de Texas y Nuevo México (*was gained*: ganar) por los Estados Unidos en la guerra de 1846.

5. _____ Después de la guerra, los mexicanos que (vivían/vivieron) en la región del suroeste (*were expelled*: echar).

6. _____ Los derechos de los mexicanoamericanos (*were denied*: negar) en el Tratado de Guadalupe.

7. _____ (*Is found*: Encontrar) evidencia del orgullo étnico en los murales mexicanoamericanos de los barrios de East Los Angeles y de Pilsen, Chicago.

B Ponga cada efecto con su causa. ¡Cuidado! No se usan todas las causas.

CAUSA	EFECTO
1. _____ la llegada del ferrocarril al suroeste	a. la reducción de los mexicanoamericanos a la condición de minoría étnica
2. _____ la participación de los mexicanoamericanos en la Segunda Guerra Mundial	
3. _____ la naturaleza cíclica del trabajo agrícola	b. un nuevo motivo de orgullo y más posibilidades de trabajo
4. _____ la constante inmigración desde México	c. el chicanismo
5. _____ la necesidad de trabajadores baratos	
6. _____ la lucha de los negros en favor de los derechos civiles	
7. _____ la condición de «conquistados»	

¿Puede Ud. dar otros posibles efectos producidos por las causas que identificó? Y ¿cuáles son las resultados provocados por las causas que Ud. no identificó?

CULTURA II LOS PUERTORRIQUEÑOS

APROXIMACIONES AL TEXTO

More About Text Structure: Developing and Organizing an Idea (Part 2)

Comparison/contrast, cause/effect, and division/classification are three techniques that are frequently used to organize information. Often a writer may find that a combination of approaches is the most effective way to develop his or her ideas. For example, to develop the idea that "the computer is becoming increasingly more important in this day and age," the writer may first want to identify the ways in which the computer is important (division) and then to explain how each of these is more important today than at some established point in the past (comparison/contrast). The writer may even want to conclude by showing some of the reasons for the computer's steady increase in importance (cause/effect).

Los puertorriqueños

La población puertorriqueña de los Estados Unidos es urbana y se concentra fundamentalmente en las ciudades del noreste, por ejemplo, Nueva York, Filadelfia y Chicago. Gran parte de la inmigración puertorriqueña empezó después de la Segunda Guerra Mundial, durante la década de los años cincuenta.
5 En 1940, sólo había 70 mil puertorriqueños en todos los Estados Unidos; en 2000, en cambio, había más de 3,4 millones. De hecho, más puertorriqueños viven en Nueva York que en San Juan, la capital de Puerto Rico. Como los demás inmigrantes, han venido con sus costumbres y sus tradiciones, su comida y sus fiestas; en particular, su música y su danza han introducido nuevo ritmo y colorido
10 en el mundo estadounidense.

A diferencia de otros inmigrantes, los puertorriqueños no tienen que pedir permiso para entrar en el país ni preocuparse por cuotas migratorias ni por el proceso de naturalización. No son inmigrantes sino que ya son ciudadanos estadounidenses.
15 Los puertorriqueños recibieron la ciudadanía estadounidense en 1917 pero su asociación con los Estados Unidos empezó varios años antes, durante la Guerra de 1898 entre España y los Estados Unidos. En aquella guerra España perdió las islas Filipinas y sus últimas colonias en el hemisferio occidental: Cuba y Puerto Rico. Cuba consiguió su independencia al terminar la guerra. En las is-
20 las Filipinas el proceso de independización fue más lento, pero finalmente consiguieron su independencia de los Estados Unidos en 1946. En Puerto Rico las cosas siguieron otra ruta: La Isla, más o menos del tamaño de Connecticut, se convirtió en territorio de los Estados Unidos.

Durante las primeras tres décadas del siglo XX, la presencia estadounidense
25 en Puerto Rico trajo consigo muchos cambios positivos. La tasa de mortalidad bajó un 50 por ciento, y se elevó la tasa de crecimiento de la población. Pero económicamente los cambios no eran tan favorables. Antes de la llegada de los estadounidenses más del 90 por ciento de las fincas pertenecía a los labradores puertorriqueños. La economía agrícola de la Isla se basaba en tres productos
30 principales: el azúcar, el café y el tabaco. Después de la ocupación estadounidense, varias compañías grandes se establecieron en Puerto Rico y, al cabo de diez años, habían incorporado[1] a sus enormes plantaciones de azúcar la mayoría de las pequeñas fincas. La economía pasó abruptamente de manos jíbaras[2] a manos estadounidenses.
35 Tanto en los Estados Unidos como en Puerto Rico, había una gran insatisfacción por la situación colonial de la Isla. Los estadounidenses que se oponían

---

[1]habían... *had incorporated*   [2]campesinos puertorriqueños

a esta situación lograron que el Congreso aprobara el *Jones Act,* por el cual los puertorriqueños recibían la ciudadanía estadounidense y se otorgaban[3] al gobernador de la Isla más poderes sobre los asuntos internos. A pesar de sus buenas intenciones, ese acuerdo ha sido rechazado por un gran número de puertorriqueños. En primer lugar, ellos alegan que nunca habían solicitado[4] la ciudadanía. (En 1914, los puertorriqueños habían mandado[5] una resolución al Congreso en la que expresaban su oposición a la imposición de la ciudadanía estadounidense a menos que fuera refrendada[6] por el voto del pueblo, pero su petición fue desatendida.) En segundo lugar, la Isla seguía siendo una colonia: el Congreso de los Estados Unidos mantenía control sobre las leyes, el sistema monetario, la inmigración, el servicio postal, la defensa de Puerto Rico y sus relaciones con otros países. El sistema educativo se configuró según[7] el sistema estadounidense y se impuso el inglés como lengua de instrucción.

En los años siguientes la dependencia económica de Puerto Rico respecto a los Estados Unidos aumentó considerablemente. Aunque el deseo de independencia no disminuyó, la supervivencia económica de la Isla pedía otra solución. Un acuerdo político realizado en 1948 convirtió a la Isla en Estado Libre Asociado[8] (ELA). Ser ELA proporcionó a los puertorriqueños más control sobre sus propios asuntos —podían elegir a su propio gobernador,— pero al mismo tiempo sus responsabilidades y privilegios seguían siendo diferentes de los de otros ciudadanos estadounidenses. Aunque no pagan impuestos federales, los puertorriqueños se benefician de muchos de los programas federales de educación, medicina y salud pública. Votan en las elecciones presidenciales primarias, pero no pueden participar en las elecciones generales. Pueden servir en el ejército (y antiguamente estaban obligados a hacerlo), pero no pueden votar; mandan representantes al Congreso pero éstos tampoco tienen voto.

Durante los primeros veinte años después del establecimiento del ELA, se produjeron cambios notables en Puerto Rico. Bajo la dirección de su primer gobernador, Luis Muñoz Marín, se instituyó un programa de mejoramiento económico llamado *Operation Bootstrap,* que estimuló el desarrollo industrial. La renta[9] por familia aumentó un 600 por ciento, llegando a ser la más alta de toda Latinoamérica; el 85 por ciento de los jóvenes puertorriqueños asistió a las escuelas, donde el español volvió a ser la lengua oficial; Puerto Rico se convirtió en el cuarto país del mundo en cuanto al número de jóvenes que asistían a universidades o a institutos técnicos (el 19 por ciento); y la tasa de mortalidad infantil fue la más baja de toda Latinoamérica.

En comparación con el resto del Caribe o de Latinoamérica, Puerto Rico progresaba mucho, pero si se comparaba con el mínimo nivel aceptable en los Estados Unidos, la situación no era muy alentadora. El nivel de desempleo era dos veces más alto que el de cualquiera de los Estados Unidos, mientras que la renta *per capita* llegaba solamente a la mitad. Además, el desarrollo económico había traído[10] consecuencias negativas. La Isla iba perdiendo casi por completo su carácter rural y tradicional. La televisión, el cine y los productos de consumo anuncian un nuevo estilo de vida. En consecuencia, la cultura y los valores tradicionales de Puerto Rico se ven amenazados: La unidad familiar, las relaciones personales, la dignidad individual y el respeto son reemplazados cada vez más por una exagerada competencia económica y se da cada vez más importancia al dinero y a los bienes materiales.

[3]daban [4]nunca... *had never requested* [5]habían... *had sent* [6]*authenticated* [7]se... tomó como modelo [8]Estado... *Commonwealth* [9]*income* [10]había... *had brought*

La migración

85 La migración de los puertorriqueños hacia los Estados Unidos empezó después de la Segunda Guerra Mundial.* La mayoría llegó sin instrucción ni formación especializada, sin recursos económicos y sin un buen dominio del inglés. Se enfrentaron con muchos de los problemas que habían padecido[11] los inmigrantes anteriores: discriminación social y explotación económica. Pero en varios senti-
90 dos los puertorriqueños son diferentes, y estas diferencias afectan —de manera positiva tanto como negativa— su situación en los Estados Unidos.

A diferencia de otros inmigrantes, por ejemplo, muchos de los puertorrique-ños no piensan quedarse para siempre en los Estados Unidos. Puerto Rico está cerca y el pasaje es barato; así que muchos de ellos son migrantes «cíclicos», que
95 llegan para buscar trabajo cuando la economía de la Isla presenta dificultades y vuelven cuando han podido ahorrar algún dinero. Su sueño es tener una vida mejor no en los Estados Unidos sino en Puerto Rico. Por esto, aunque recono-cen la importancia de aprender inglés, no están dispuestos a renunciar a su es-pañol. El mantenimiento del español, al igual que las inmigraciones periódicas,
100 dificulta enormemente la educación de sus hijos. En los Estados Unidos éstos no progresan debido a sus problemas con el inglés, pero cuando regresan a Puerto Rico, muchos se dan cuenta de que su español deficiente les plantea graves pro-blemas para salir adelante en sus estudios.

Cambios y nuevas posibilidades

Aunque la situación de los puertorriqueños es muy difícil, en algunos aspectos
105 es mejor de lo que era hace treinta años. Igual que en la comunidad chicana, el movimiento afroamericano a favor de los derechos civiles motivó una concien-tización de la comunidad puertorriqueña, dándole una nueva conciencia política, un nuevo orgullo cultural y una nueva determinación por mejorar su situación. Las artes, siempre importantes en la cultura puertorriqueña, son muy visibles en
110 Chicago y en Nueva York, donde varios centros culturales latinos ayudan y ani-man a los jóvenes poetas, artistas y músicos. En 1974 se instituyó la educación bilingüe en algunas escuelas de Nueva York.

Lo que todavía queda por resolver son las futuras relaciones de la Isla con los Estados Unidos. Desde el principio Puerto Rico ha mantenido dos posicio-
115 nes básicas acerca de sus relaciones con los Estados Unidos: O debe ser incor-porado como un estado igual que los otros cincuenta o debe recibir su indepen-dencia. Hoy, después de más de cincuenta años del compromiso del ELA, la Isla todavía está profundamente dividida con respecto a lo que debe ser su situación legal. En términos filosóficos y sentimentales, la independencia todavía es muy
120 atractiva. Sin embargo, ateniéndose a razones más pragmáticas, la mayoría re-chaza la idea de la independencia. La independencia pondría[12] en peligro la es-tabilidad económica de la Isla, que todavía depende casi totalmente de los Estados Unidos; los puertorriqueños perderían[13] el derecho a entrar libremente en este país, al igual que los otros derechos y beneficios de la ciudadanía.
125 Cualquier decisión que se tome va a incluir penosos y delicados compromisos,

[11]habían… *had endured*   [12]*would put*   [13]*would lose*

_____

*La Gran Crisis Económica de los años treinta, y luego la guerra misma, impidieron una migración más temprana.

Según algunos, Puerto Rico nunca va a lograr su propia identidad a menos que se independice de los Estados Unidos.

pues no sólo están en juego[14] cuestiones puramente económicas y políticas, sino la identidad cultural de todo un pueblo.

[14]en… *in play*

Comprensión

A ¡Necesito compañero! Trabajando en parejas, escojan una de las siguientes preguntas y preparen una respuesta según la información presentada en la lectura. Luego, den una breve presentación oral de su respuesta y escuchen las presentaciones de las demás parejas.

1. ¿Dónde se encuentra ahora la mayoría de la población puertorriqueña dentro de los Estados Unidos continentales? ¿Cuándo empezaron a llegar allí en grandes números? ¿Es correcto llamar a esta llegada una «inmigración»? ¿Por qué sí o por qué no?
2. ¿Cómo y cuándo pasó Puerto Rico a ser territorio de los Estados Unidos? ¿Qué cambios experimentó la economía de la Isla después de ese suceso?
3. Comenten la importancia o el impacto del *Jones Act* de 1917 en los puertorriqueños. ¿En qué sentido son semejantes o diferentes los derechos de ciudadanía de los puertorriqueños de los de otros ciudadanos estadounidenses?
4. ¿Por qué es significativo que muchos de los puertorriqueños sean migrantes «cíclicos» que piensan algún día regresar a la Isla? ¿Qué problemas lingüísticos y educativos ocasiona esto a sus hijos?

5. ¿Qué semejanza hay entre la influencia que tuvo el movimiento afro-americano de los años sesenta en los mexicanoamericanos y la influencia que tuvo en los puertorriqueños? ¿Cuál es la situación socioeconómica actual de la comunidad puertorriqueña en los Estados Unidos?

6. ¿Cuál es la situación política actual de la Isla de Puerto Rico con respecto a los Estados Unidos? ¿Cuál es la actitud de la mayoría de los puertorriqueños hacia la independencia? ¿hacia la conversión en un estado con plenos derechos? Expliquen.

CULTURA III
LOS CUBANOAMERICANOS

Los inmigrantes cubanos son radicalmente diferentes de los grupos anteriormente mencionados, no solamente por las características de las personas que integran el grupo sino también por las razones que motivaron su emigración a los Estados Unidos y la acogida que recibieron al llegar allí.

5   Cuando Fidel Castro tomó posesión del gobierno de Cuba en 1959 y proclamó el triunfo de la revolución, contaba con el apoyo de los obreros, los campesinos y los universitarios jóvenes e idealistas. El nuevo régimen quiso establecer un sistema productivo más igualitario a través de profundas reformas en la educación, la agricultura y la estructura social. Evidentemente, estos cam-
10 bios no se emprendieron sin conflictos ni privaciones que a veces fueron muy duros. La nacionalización de millones de dólares de capital estadounidense tuvo como consecuencia una reducción notable en la compra del azúcar que, junto con el posterior bloqueo económico de la isla por parte de los Estados Unidos y de sus aliados políticos, intensificaron las dificultades económicas del país. Poco
15 después de la revolución, los Estados Unidos rompieron sus relaciones diplomáticas con Cuba y apoyaron un desastroso intento de invasión llevado a cabo por exiliados cubanos en abril de 1961. Después de este fracaso en la Bahía de Cochinos, las relaciones entre ambos gobiernos empeoraron. La alianza entre Cuba y la Unión Soviética provocó una gran desilusión entre muchos cubanos,
20 quienes habían esperado[1] el establecimiento de un gobierno democrático. Muchos decidieron salir al exilio y entre 1960 y 1980 más de 750 mil cubanos buscaron refugio en los Estados Unidos.

La situación de los cubanos en los Estados Unidos

Muchos de los inmigrantes cubanos se ubicaron en Nueva Jersey y Nueva York, pero la mayoría se estableció en Miami y en otras ciudades del Condado de
25 Miami-Dade en la Florida. Aunque el gobierno de Castro les había permitido[2] salir, no les permitió llevarse nada, en muchos casos ni siquiera una maleta. En

[1]habían… *had expected*   [2]les… *had allowed them*

consecuencia, llegaron a los Estados Unidos con mucho menos que otros inmigrantes. No obstante, tuvieron dos grandes ventajas. Primero, no entraron como inmigrantes, sino como refugiados políticos. Viendo en esto una oportunidad tanto política como humanitaria, el gobierno de los Estados Unidos echó la casa por la ventana[3] para acoger a las «víctimas» del comunismo. Mientras que otros inmigrantes necesitan visas y entran según cuotas y otras restricciones, los refugiados cubanos entraron libremente. Por medio de un programa federal especial, a cada individuo se le dio $60 (y a cada familia $100) para ayudarle a establecerse y se puso a su disposición beneficiosos préstamos comerciales. Segundo, a diferencia de la mayoría de los inmigrantes de otros grupos, los cubanos eran en gran parte personas con educación. Entre un tercio y un cuarto de la población eran profesionales y muchos ya sabían inglés.

Como era de esperarse, la gran mayoría de los cubanos exiliados llegaron a los Estados Unidos convencidos de que algún día el gobierno de Castro se derrumbaría[4] y ellos podrían[5] volver a su patria. Por lo tanto, se empeñaron en mantener su lengua y su cultura. Los cubanos todavía no se han asimilado a Miami tanto como Miami se ha asimilado a los cubanos. En 1963, se estableció por primera vez en una escuela pública de los Estados Unidos un programa bilingüe. Lo que es más, este programa tenía como meta no solamente enseñarles inglés a los niños de los refugiados, sino también la lengua y la cultura hispanas.* Se esperaba que los jóvenes llegaran a poder funcionar en su propia comunidad hispanohablante tanto como en la anglohablante. El programa tuvo (y sigue teniendo) mucho éxito. A la vez que Miami ha prosperado económicamente debido a la participación cubana, se ha convertido en una de las ciudades más bilingües de los Estados Unidos. Además de las librerías, restaurantes, bancos y empresas, hay periódicos y revistas hispanos y varias emisoras de radio y de televisión que transmiten programas en español.

Cuba bajo Castro

En los más de cuarenta años de gobierno castrista, Cuba ha experimentado profundos cambios. La campaña educativa ha eliminado casi por completo el analfabetismo; el servicio médico es gratis y se ha reducido en gran medida la tasa de mortalidad. Se ha reducido el desempleo y por medio de las leyes de reforma urbana se ha posibilitado el que muchas personas sean propietarias por primera vez de sus casas o apartamentos. La corrupción gubernamental ha sido combatida y ha surgido un nuevo orgullo nacional y una nueva conciencia social. Pero en otros aspectos las condiciones de vida han mejorado poco. El racionamiento de muchos comestibles, medicinas y otros artículos impuesto en 1961 seguía siendo necesario veinte años más tarde debido al embargo económico —iniciado por los Estados Unidos y apoyado por las Naciones Unidas— que sufría el país.[†]

[3]echó... *rolled out the red carpet* [4]se... *would collapse* [5]*would be able*

---

*Este tipo de programa bilingüe se llama «mantenimiento» porque tiene la doble meta de mantener el español mientras enseña el inglés. Por eso, aun después de dominar el inglés, los estudiantes siguen recibiendo alguna instrucción en español. En contraste, la gran mayoría de los programas bilingües que se han establecido en otras partes de los Estados Unidos son de tipo «transición»: Los estudiantes sólo reciben instrucción en español hasta que tienen cierto dominio del inglés. La idea es prepararlos a reemplazar el español por el inglés.

[†]Todavía hoy, a pesar de la creciente oposición al embargo manifestada por muchos de los aliados políticos de los Estados Unidos, que no ven a Castro como ninguna amenaza en la nueva época «poscomunista», los gobiernos estadounidenses desde los años noventa se oponen por completo a terminar el embargo ni a reducir la severidad de sus términos. Así que la situación económica, y por lo tanto la situación sociopolítica, de la isla no tiene mucha esperanza inmediata de mejorar.

Muchos de los programas bilingües son ineficaces; sin embargo, en estudios que se han hecho comparando a los niños que reciben instrucción en una sola lengua con los que la reciben en dos, los niños bilingües se muestran superiores. El modelo canadiense, que se basa en la inmersión «*two-way*» (es decir, el método por el cual todos los estudiantes aprenden varias materias en dos lenguas), ha sido empleado con éxito en varias ciudades estadounidenses.

65 Por eso, muchos cubanos se desilusionaron de la revolución y de las promesas de Castro, desilusión que se agudizó[6] durante 1978 a 1980, cuando se permitió que unos 100 mil cubanoamericanos visitaran a sus parientes en Cuba. Su evidente prosperidad bajo el capitalismo instó a muchos a salir del país.

La segunda oleada

Los emigrantes de esta «segunda oleada» no gozaron de[7] la misma acogida que 70 los de la primera. Como no se les consideraba «refugiados», no recibieron la ayuda económica que se les había dado[8] a los primeros emigrantes.* Los que llegaron en esta segunda oleada eran más jóvenes y tenían menos educación, menos adiestramiento y menos experiencia profesional y laboral que los que llegaron en la primera. En el nuevo grupo había un porcentaje significativo de 75 cubanos de ascendencia africana que, al igual que los puertorriqueños y los mexicanos, siguen teniendo que luchar contra el racismo. Como si estos problemas no fueran bastante para los nuevos inmigrantes, también les ha rodeado la sospecha de criminalidad. Castro no sólo dejó salir a los que pedían salida, sino que también permitió la salida de presos comunes de las cárceles cubanas. La pre- 80 sencia de estos «marielitos»[9] ha transformado las antiguas calles tranquilas de

[6]se... *heightened*   [7]no... *didn't enjoy*   [8]se... *had been given*   [9]los que salieron del puerto de Mariel, Cuba

---

*En muchos casos la comunidad cubanoamericana reemplazó las subvenciones federales con generosos donativos de dinero, comida y ropa, ayudando también al proceso de adaptación lingüística y cultural.

Miami en lugares con un alto índice de crimen y violencia y también ha contribuido a hacer más difícil la aceptación de los nuevos inmigrantes.

Quizás el problema más agudo sea la actual situación social de los Estados
Unidos. Después de una década de poco crecimiento económico (la década de
85 los ochenta), las demandas que impone la existencia de inmigrantes en una localidad sobre el sistema educativo, servicios sociales e impuestos representan una
carga penosa que ha influido negativamente en la aceptación y en la completa
asimilación del grupo. En fin, la actitud de muchos ciudadanos ha cambiado de
una de tolerancia y simpatía por los inmigrantes, basada en un sentimiento ge-
90 neralizado de que «hay para todos los que quieran entrar en el país», a una de
intolerancia y hostilidad, provocada por la idea de que el país ya no tiene recursos suficientes para todos sus propios ciudadanos, ni mucho menos para las
personas que llegan de otros países.

En la década de los noventa, el derrumbamiento de los gobiernos comunis-
95 tas por toda Europa y el rechazo del comunismo en el territorio de la antigua
Unión Soviética dañaron aun más la economía del régimen castrista y lo aisla-
ron políticamente. Castro se empeña en declarar su lealtad a los principios de
Marx y Lenin pero muchos piensan que quizás pronto sea posible cerrar la brecha en las relaciones entre Cuba y los Estados Unidos.

Comprensión

A Basándose en las tres lecturas, indique las causas de los siguientes efectos y
los efectos de las siguientes causas.

CAUSA	EFECTO
En las escuelas de los Estados Unidos se prohibía a los niños mexicanos hablar español.	
	Los mexicanos se convirtieron en una minoría étnica en el suroeste de los Estados Unidos.
Fidel Castro inició un gobierno comunista en Cuba.	
	En Cuba, continúa el racionamiento de muchas necesidades impuesto desde hace más de cuarenta años.
Puerto Rico se convirtió en un Estado Libre Asociado en 1948.	
	Puerto Rico pasó a ser parte del territorio de los Estados Unidos.

CAUSA	EFECTO
El movimiento afroamericano a favor de los derechos civiles empezó en los años sesenta.	
	El nivel de vida de los mexicanoamericanos ha mejorado durante las últimas décadas.
Miles de exiliados cubanos se instalaron en Miami.	
	La primera oleada de exiliados cubanos tuvo menos dificultades en adaptarse que otros grupos de inmigrantes.
La economía de Puerto Rico pasó de manos jíbaras a manos estadounidenses.	
	Puerto Rico depende culturalmente de Latinoamérica y económicamente de los Estados Unidos.

B Dé un resumen de las lecturas, completando esta tabla.

	LOS MEXICANOS	LOS PUERTORRIQUEÑOS	LOS CUBANOS
¿En qué fechas llegaron?			
¿Dónde se establecieron?			
¿Cuál era su situación migratoria?*			
¿Qué dificultades tuvieron en adaptarse?			
¿Qué tipo de trabajo ejercieron con más frecuencia?			

*Es decir, ¿qué características especiales tenían como inmigrantes?

Interpretación

A En las lecturas de este capítulo se ha hablado de «exiliados políticos» y «exiliados económicos». ¿A qué cree Ud. que se refiere la expresión «exiliados culturales»? Dé por lo menos dos ejemplos.

B ¿Cree Ud. que existen diferencias en la acogida que reciben los inmigrantes a este país según pertenezcan a un grupo racial u otro? En su opinión, ¿qué factor contribuye más a una buena aceptación de los inmigrantes por la sociedad mayoritaria: su raza, su situación social o su formación profesional? ¿Qué factor contribuye más a que se les reciba de manera negativa?

Aplicación

A Hoy en día, parece que en muchas partes del mundo la gente está en un estado casi constante de movimiento y emigración, por razones políticas, económicas, religiosas y sociales, entre otras. Aparte de los grupos mencionados en este capítulo, ¿qué otros grupos raciales o culturales conoce Ud. que actualmente estén emigrando a otros países? ¿Cuáles son los motivos de la emigración en cada caso?

B ¡Necesito compañero! Trabajando en parejas, preparen un cuestionario con todas las preguntas que les gustaría (*you would like*) hacerle a una persona hispana. Pueden ser preguntas sobre su origen, cuándo llegó a los Estados Unidos, las dificultades que tuvo en adaptarse, etcétera. Fuera de la clase, háganle estas preguntas a una persona de origen hispano. (Puede ser un compañero / una compañera de clase o de residencia, un vecino / una vecina, el dependiente / la dependienta de una tienda, etcétera.) En la próxima clase, presenten las respuestas que recibieron y comenten las de los otros compañeros de clase.

C Hay varias películas que presentan algunos temas de la problemática sobre la que Ud. leyó en este capítulo: *El sur, My Family, El norte, Fresa y chocolate,* entre otras. Si tiene ocasión, vea una de ellas y comparta con la clase su opinión sobre esa película y los problemas que en ella se plantean.

D ¿Por qué creen muchas personas que la educación bilingüe puede resolver los problemas educativos de los hispanos? ¿Por qué creen otras que la educación bilingüe perjudica a los hispanos? ¿Qué piensa Ud.? En su opinión, ¿deben los niños anglohablantes aprender español para ser también bilingües?

E En su opinión, ¿qué significa «americanizarse»? ¿Es posible ser un buen «americano» y mantener a la vez las tradiciones y los valores de otra cultura? Explique.

36 "NO-FAULT" *SE* CONSTRUCTIONS

The passive **se** construction is also used with a group of Spanish verbs to indicate unplanned or unexpected occurrences.

A Elena se le perdieron los papeles.	***Elena lost*** her papers. (*Her papers **"got lost."***)
Se me olvidó el asunto.	***I forgot about*** the matter. (*The matter **slipped my mind.***)

Note that, since these are passive **se** constructions, the third-person verb agrees with the recipient: **papeles, asunto.** The indirect object indicates the person or persons involved—usually as "innocent victims"—in the unplanned occurrence.

Here are some verbs that are frequently used in the "no-fault" construction. You have already used most of them in active constructions.

acabar	Se nos acabó la gasolina.	*We ran out of gas.*
caer	Se le cayeron los libros.	*He dropped his books.*
ocurrir	¿Se te ocurre alguna solución?	*Can you come up with a solution? (Does a solution come to mind?)*
olvidar	Se le olvidaron las gafas.	*She forgot her glasses.*
perder	Se me perdió el carnet.	*I lost my I.D.*
quedar	Se les quedó el discurso en casa.	*They left the speech at home.*
romper	Se le rompieron los pantalones.	*Her trousers split (tore).*

Práctica Exprese las siguientes oraciones en inglés.

1. Al niño se le rompió la camisa.
2. Se me quedaron las gafas en el hotel.
3. Bueno, ya se nos acabó el tiempo; son las diez.
4. ¡Cuidado! No quiero que se te caigan los platos.
5. Se me durmió la pierna.

Ahora, exprese estas oraciones en español.

6. Oh! My watch broke!
7. His books got lost.
8. They forgot the word in English.
9. She dropped her keys.
10. A great idea just hit us!

Intercambios

36

A Dé razones para justificar los siguientes hechos, utilizando la estructura del «**se inocente**» que acaba de estudiar. ¡Atención al nuevo sujeto!

> MODELO: No podemos resolver el problema, no / ocurrir ninguna solución. →
> No podemos resolver el problema, no se nos ocurre ninguna solución.

1. Tenemos que tomar el tren, por que / acabar la gasolina.
2. Me dieron una mala nota porque / olvidar la tarea.
3. No puedes sacar libros de la biblioteca si / quedar el carnet en casa.
4. Ella cojeaba (*was limping*) porque / romper el tacón del zapato.
5. Dicen que deben irse, ya que / acabar el tiempo.
6. Lamento no haberte llamado. Es que / perder tu número de teléfono.
7. La radio está rota porque al niño / caer esta mañana.
8. Tenemos que volver a casa porque / acabar el dinero.

B Vea los modelos a continuación y escriba cinco preguntas para sus compañeros de clase, usando los verbos **ocurrir, olvidar, perder, quedar** y **romper** para saber si les han pasado ciertas cosas. Deje un espacio en blanco al lado de cada pregunta. Luego, hágales sus preguntas a varios compañeros de clase. Si responden afirmativamente, pídales que firmen su papel. Trate de conseguir cinco firmas diferentes. Después, reporte a la clase la información sobre sus compañeros.

> MODELO: Ud.: —¿**Se te perdieron** las llaves alguna vez?
> Otro/a estudiante: —Sí, **se me perdieron** una vez.
> Ud: —Firma aquí, por favor.

> MODELO: (*para reportar a la clase*): A _____ (nombre del / de la estudiante) **se le perdieron** las llaves una vez.

C Guiones El señor Pereda trabaja en la Oficina de Inmigración. Ayer tuvo un día malísimo. Trabajando en grupos de tres o cuatro personas, narren en el pasado lo que le pasó, usando el pretérito y el imperfecto según las circunstancias. ¡Cuidado! La historia contiene varios usos de **se.**

Vocabulario útil: acabarse la paciencia, el artista, cortar(se), el cuarto de baño, la cuchilla de afeitar, el jefe, el lavabo, el lienzo, mojar(se), mojado, manchar(se), la mancha el pijama, (poner) el despertador

1.　　2.　　3.　　4.

5.   6.   7.   8.

37 *A* AND *EN*

As you know, in most languages prepositions do not have a single meaning. Even though we generalize and say that the preposition *on* in English means *on top of,* we also say things like *get on the bus* (we are really *in* it), *hang the picture on the wall* (it is not really the same as *on the shelf*), and *arrive on time* (no relation whatsoever to *on top of*). In Spanish the prepositions **a** and **en** generally mean *to* and *in,* respectively, but often they have different meanings, depending on their context.

A. The uses of a

- **movement toward: A** basically expresses *movement toward* in a literal and figurative sense. Note that this same idea is sometimes expressed with *to* in English when the movement is directed toward a noun, but is usually not expressed with any preposition at all when the movement is directed toward another verb.

Fue **a la oficina.**	*She went **to the office.***
Les mandó el paquete **a sus abuelos.**	*He sent the package **to his grandparents.***
Comenzaron **a llegar** en 1981.	*They began **to arrive** in 1981.*

Here are some of the most common verbs that are followed by the preposition **a** to imply *motion toward.*

acostumbrarse	comenzar (ie)	ir
adaptarse	empezar (ie)	llegar
aprender	enseñar	salir
asimilarse	entrar*	venir (ie)
ayudar	invitar	volver (ue)

PROPOSITO

The expression **volver a** + *infinitive* means *to do something again.*

Volvió a leer el párrafo. *He read the paragraph again.*

---

*In Spain, **entrar** is commonly used with **en** to express *motion toward;* in some areas of Latin America, it is used with **a.**

- **by means of: A** occurs in a number of set phrases to indicate means of operation or locomotion, or how something was made. English often uses *by* or *on* to express the same idea.

Está hecho **a mano.**	*It is made by hand.*
Lo hicieron **a máquina.**	*They made it by machine.*
Viajó **a caballo.**	*He traveled on horseback.*
Salió Ud. **a pie,** ¿verdad?	*You left on foot, right?*

- **a point in time or space, or on a scale:** English *at* is expressed in Spanish by **a** when *at* expresses a particular point in time or on a scale, or when *a point in space* means *position relative to some physical object.*

Tengo clase **a las ocho.**	*I have class at eight.*
Al principio, no querían quedarse.	*At the beginning (At first), they didn't want to stay.*
Los compré **a diez dólares** la docena.	*I bought them at 10 dollars a dozen.*
Manejó **a ochenta millas** por hora.	*She drove at 80 miles per hour.*
Todos se sentaron **a la mesa.**	*Everyone sat down at the table.*

B. The uses of *en*

- **position on or within: En** normally expresses English *in, into,* or *on.*

Viven **en una casa vieja.**	*They live in an old house.*
Los pusieron **en la maleta.**	*They put them in (to) the suitcase.*
La carta está **en la mesa.**	*The letter is on the table.*

In time expressions **en** has the sense of *within.*

Lo hicimos **en una hora.**	*We did it in (within) an hour.*
Tendremos el dinero **en dos días.**	*We will have the money in (within) two days.*

English sometimes uses the preposition *at* to express the idea of *within an enclosure.* Spanish uses **en.**

¿Has estudiado **en la universidad**?	*Have you studied at the university?*
Estaban **en casa** cuando ocurrió el robo.	*They were at home when the robbery occurred.*

- **observation of, or participation in, an event:** English distinguishes between being *at* an event as an observer and being *in* an event as a participant. Spanish does not, using the preposition **en** for both meanings. Additional context usually clarifies the sense intended.

¿Estuviste **en la boda**?	*Were you* $\left\{ \begin{matrix} in \\ at \end{matrix} \right\}$ *the wedding?*
Estuvieron **en el partido.**	*They were* $\left\{ \begin{matrix} in \\ at \end{matrix} \right\}$ *the game.*

Here are some of the more common verbs that take the preposition **en.**

consistir	inscribirse
convertirse (ie, i)	insistir
entrar	tardar

Práctica Elija la preposición correcta para cada una de las siguientes oraciones.

1. Ayer pasé tres horas (a/en) la biblioteca.
2. Mis abuelos inmigraron (a/en) este país por razones económicas.
3. Hay una ceremonia de entrega de la ciudadanía (a/en) las tres (a/en) el estadio.
4. Muchos de los obreros migratorios mexicanos fueron invitados (a/en) trabajar (a/en) los Estados Unidos porque se necesitaba mano de obra en el campo.
5. Lo pasamos muy bien (a/en) la fiesta.

Intercambios

A Describa los dibujos a continuación, incorporando el vocabulario indicado y utilizando las preposiciones **a** o **en** según el contexto.

1. besar, la princesa, el príncipe, el trono (*throne*)

2. convertirse, correr, la rana (*frog*)

3. manejar, pensar, ponerle una multa (*fine*), seguir

4. (no) exceder el límite de velocidad, explicar, la hija, el hospital, insistir

B Haga oraciones, juntando elementos de la lista con otros del cuadro. No se olvide de usar todas las preposiciones necesarias.

convertirse
empezar
establecerse
estar
inmigrar
insistir
ir
llegar
volver

MODELO: Muchas personas que emigran a otro país luego se convierten en ciudadanos del país.

C Repase las reglas para el uso de **por** y **para** (grammar section 31). Luego, complete el siguiente texto con la preposición apropiada según el contexto: **a, en, por** o **para**. ¡Cuidado! No se necesita preposición en todos los contextos.

El crisol

(Por/Para)[1] muchos norteamericanos, la cultura de los Estados Unidos está representada (por/para)[2] el concepto del crisol. (Por/Para)[3] muchos años los inmigrantes han llegado (a/en)[4] los Estados Unidos. Viajan (por/para)[5] barco y avión y cuando llegan, no saben (a/en)[6] hablar inglés y desconocen las costumbres del país. Pero, según ellos, el crisol empieza (a/en)[7] funcionar desde los primeros momentos y los inmigrantes no tardan (a/en)[8] aprender (a/en)[9] expresarse en el nuevo idioma y buscan (a/por/para)[10] maneras de adaptarse a la cultura.

Otros niegan la existencia del crisol. (Por/Para)[11] ellos, la realidad es otra. El inmigrante en realidad nunca se convierte (a/en)[12] «estadounidense» en el sentido de renunciar (a/en)[13] ser lo que era. Después de tres o cuatro generaciones, el italiano católico sigue siendo (*continues being*) católico y el escandinavo protestante, protestante. (Por/Para)[14] razones de su cultura y de su religión, los judíos suelen casarse con otros judíos, y los anglosajones muchas veces buscan (a/por/para)[15] alguien de su mismo origen étnico. No es que no haya ninguna mezcla, pero es menos frecuente y menos rápida de lo que se cree.

ENLACE

¡OJO!

	EXAMPLES	NOTES
perder faltar a echar de menos extrañar	María llegó tarde y **perdió** el tren. *María arrived late and missed the train.* Joaquín estaba enfermo y **faltó a** la reunión. *Joaquín was sick and missed the meeting.* Cuando mi esposo sale de viaje, siempre lo **echo de menos** (**extraño**) mucho. *When my husband leaves town, I always miss him a lot.*	*To miss an opportunity or deadline* because of poor timing is expressed in Spanish with **perder.** *To miss an appointment or an event* in the sense of *not attending it* is expressed with **faltar a.** *To miss a person* who is away or absent can be expressed by either **echar de menos** or **extrañar.**
ahorrar salvar guardar	Hoy en día es difícil **ahorrar.** *Nowadays, it's difficult to save (money).* El salvavidas **salvó** al niño. *The lifeguard saved the child.* José **guardó** un trozo de pan. ¿Te lo **guardo**? *José saved a piece of bread. Shall I keep it for you?*	All of these words mean *to save.* **Ahorrar** is used to refer to money (savings). **Salvar** refers to *rescuing or saving a person or thing from danger.* *To save* in the sense of *to set aside* is expressed with **guardar,** which also means *to keep.*
llevar tomar hacer un viaje tardar en	Los padres **llevan** a los niños al parque. *The parents take their children to the park.* Siempre **tomo** cuatro clases. *I always take four classes.* ¿**Tomamos** el autobús de las cuatro? *Shall we take the four o'clock bus?*	*To take* is generally expressed in Spanish with two verbs, **llevar** and **tomar. Llevar** means *to transport* or *to take someone or something from one place to another.* **Tomar** is used in almost all other cases: *to take something in one's hand(s), to take a bus (train, etc.), to take an exam, to take a vacation.*

	EXAMPLES	NOTES
llevar **tomar** **hacer un viaje** **tardar en** (*continued*)	Acabamos de **hacer un viaje** por toda Africa. *We just took a trip through all of Africa.* ¿Cuánto (tiempo) **tardas en** llegar a clase? *How long does it take you to get to class?*	Two common exceptions are *to take a trip*, expressed with **hacer un viaje**, and *to take a certain amount of time to do something*, expressed by **tardar** + *amount of time* + **en** + *infinitive*.
	De niño, Paco siempre le quitaba los juguetes a su hermanita. *As a child, Paco always took toys away from his sister.* ¿Puedes subirle una taza de té? *Can you take a cup of tea up to her?*	As a general rule, when English *take* occurs with a preposition, it is expressed in Spanish by a single verb other than **tomar** or **llevar**. Here are some of the most common verbs of this type. **bajar** *to take down* **devolver** *to take back, return* **quitarle (algo) a alguien** *to take (something) away from someone* **quitarse** *to take off* (*clothing*) **sacar** *to take out* **subir** *to take up*

A Volviendo al dibujo Elija la palabra o expresión que mejor complete cada oración. ¡Atención! También hay palabras de los capítulos anteriores.

Después de la revolución cubana de 1959, muchas personas de las clases media y alta decidieron (moverse/trasladarse)[1] a Miami. (Como/Porque)[2] muchos de ellos (llevaron/tomaron)[3] consigo el dinero que habían (aho-rrado/salvado)[4] en Cuba, pudieron fundar negocios y no (llevaron/tarda-ron)[5] en prosperar. Además, por ser exiliados, el gobierno estadounidense los acogió bien, y los (asistió/ayudó)[6] con dinero, documentos y trabajo, para que (sucedieran / tuvieran éxito)[7] en su adaptación. Así se formó la colonia cubana de la Florida, que (ha llegado a ser / se ha puesto)[8] una de las comunidades hispanas más prósperas de los Estados Unidos. (Por / Ya que)[9] su estatus económico, esta comunidad ha (logrado/sucedido)[10] una significativa influencia en las (cuestiones/preguntas)[11] políticas estadouni-denses. Pero, como es natural, todos ellos (extrañan/pierden)[12] a su patria y (echan de menos / faltan)[13] a sus familiares. Muchos sueñan (con/de/en)[14] el día en que puedan (devolver/regresar)[15] a su país, lo cual depende (con/de/en)[16] que cambie la situación política de Cuba.

B ¡Necesito compañero! Imagínense que, por razones económicas o políticas, Uds. y sus familiares tienen que emigrar a un país donde no se habla inglés. Háganse y contesten las siguientes preguntas para averiguar qué van a hacer.

1. ¿A qué país van a trasladarse Uds.? ¿Por qué?
2. ¿Por qué medio(s) de transporte pueden hacer el viaje? ¿Cuánto tiempo van a tardar en llegar? ¿Qué van a llevar? ¿Qué es lo que más van a echar de menos?

3. ¿Piensan establecerse en el nuevo país para siempre, o van a ahorrar dinero con la esperanza de regresar a su patria algún día?

4. ¿Creen que van a ser bien acogidos en el nuevo país? ¿Qué tendrán que hacer para adaptarse y tener éxito? ¿Van a lograr asimilarse? ¿Van a hacerse bilingües? ¿Van a mantenerse unidos y defender su propia herencia cultural? Expliquen sus respuestas.

Repaso

A Complete el párrafo, dando la forma correcta de los verbos y expresando en español las frases en inglés. Cuando se dan dos palabras entre paréntesis, escoja la palabra apropiada.

El barrio Pilsen

(*Twenty years ago*),[1] si uno caminaba (por/para)[2] el barrio Pilsen en Chicago, se sentía profundamente deprimido (*depressed*). El barrio (mirar/parecer)[3] quieto y apagado, casi a punto de derrumbarse (*falling apart*). Hoy la misma caminata (*walk*) produce una impresión completamente distinta. No hay duda que una parte de Pilsen —una buena parte, dirían (*would say*) algunos— todavía (tener)[4] el aspecto gris y monótono de cualquier barrio pobre. Pero acá (*here*) y allá (*are seen*)[5] brillantes colores rojos, verdes y amarillos. Ahora viejos coches Ford y Chevrolet comparten las calles con héroes de la historia de México. Gigantescas figuras aztecas y mayas luchan contra el deterioro urbano. (*It is*)[6] el muralismo.

Durante la Revolución Mexicana (1910–1920), el arte mural (ayudar)[7] a crear una nueva conciencia nacional entre los mexicanos, un nuevo orgullo cultural. Aquí en Pilsen, el pequeño México de Chicago, (ser/estar)[8] evidente que los murales (tener)[9] el mismo objetivo y el mismo efecto. (Por/Para)[10] ser un arte público, el muralismo (prestarse)[11] fácilmente a expresar los objetivos y las ansias de una generación de artistas (*who*)[12] tratan de afirmar su propia identidad cultural. La mayoría de los murales sugiere que la clave (*key*) del progreso (por/para)[13] los hispanos actuales (ser/estar)[14] en su pasado indígena, no en la tradición europea.

(*A short while back*),[15] las obras de los muralistas (*were exhibited:* exhibir)[16] (por/para)[17] el Museo de Arte Contemporáneo de Chicago como parte de una exposición itinerante de arte hispano, «Raíces (*Roots*) Antiguas / Visiones Nuevas», que (*was realized:* realizar)[18] en diez museos de los Estados Unidos. Sin embargo, (por/para)[19] los muralistas, el impacto de su arte en su propia comunidad es más importante. Este arte callejero (*of the streets*) (*is welcomed*)[20] con entusiasmo por los residentes de Pilsen; esto no debe sorprendernos, ya que los murales (*are aimed:* dirigir)[21] a la comunidad y (ser/estar)[22] pintados por artistas (*who*)[23] viven en ella. En el barrio, donde antes (haber)[24] una melancólica decadencia, ahora (*is found*)[25] un naciente sentimiento de orgullo y nuevas ansias de reconstrucción.

B Divídanse en grupos de tres a cinco estudiantes. Cada grupo va a estudiar los antecedentes étnicos de otro grupo de individuos que todos conocen: por ejemplo, la gente que vive en cierto piso de una residencia, los habitantes de una casa de apartamentos, la gente que vive en una calle determinada, los profesores de un departamento de la universidad, etcétera. Deben enterarse de cuándo llegaron los antepasados de cada individuo a los Estados Unidos, por qué salieron de su país de origen y cómo llegaron a la ciudad donde viven ahora. También deben averiguar la opinión de esas personas en cuanto a las leyes de inmigración a este país.

Luego, comparen los resultados de todos los estudios.

■ ¿Qué semejanzas y diferencias hay entre los grupos estudiados?

■ ¿Hay algún acuerdo con respecto a las leyes de inmigración?

Néstor Torres, músico puertorriqueño

PASAJE CULTURAL

El puertorriqueño Néstor Torres, destacado (*outstanding*) intérprete de la música afrocubana, es uno de los millones de hispanos que viven en los Estados Unidos. En este segmento de vídeo, él habla de sus recuerdos de Mayagüez —su pueblo natal— y de sus impresiones sobre la vida de los hispanos en los Estados Unidos. La música de Néstor Torres ha obtenido el primer lugar de sintonía (*theme song*) en encuestas de radio.

Antes de ver

■ ¿Ya conoce Ud. la música de Néstor Torres? ¿Escucha Ud. música hispana? ¿Qué sabe de los varios tipos de música hispana? ¿Cómo será (*might it be like*) la música afrocubana?

■ ¿Cuáles pueden ser algunas de las razones por las que un músico como Néstor Torres emigró de Puerto Rico a Nueva York?

■ Ahora lea con cuidado la actividad en **Vamos a ver** antes de ver el vídeo por primera vez.

Néstor Torres, músico puertorriqueño

Vamos a ver

Indique si las siguientes oraciones son ciertas (**C**) o falsas (**F**) según la información que Ud. obtuvo de este segmento de vídeo. Luego, corrija las oraciones falsas.

		C	F
1.	Hay más de siete millones de mexicanos en Miami, la capital del sol.	☐	☐
2.	De muy pequeñito, Néstor Torres vivió en Nueva York.	☐	☐
3.	Néstor comía mandarinas y toronjas (*grapefruit*) en la casa de su abuelo.	☐	☐
4.	Los Angeles es la ciudad de los rascacielos (*skyscrapers*).	☐	☐
5.	Néstor experimentó por primera vez la libertad de pensamiento y de expresión en Nueva York.	☐	☐
6.	Néstor opina que la lucha de los hispanos en los Estados Unidos es una lucha positiva porque la dificultad y el esfuerzo son buenos para desarrollar el carácter de una persona.	☐	☐
7.	Según Néstor, en Nueva York se disfruta más de la vida que en Puerto Rico.	☐	☐
8.	Néstor Torres define su música como Jazz Latino-Pop.	☐	☐

Después de ver

■ Entre toda la clase, prepárense para entrevistar a alguien que tiene conexiones con la comunidad hispana en su ciudad. En primer lugar, decidan a quién quieren entrevistar. Puede ser su profesor/a, un compañero / una compañera de clase, o un invitado / una invitada. Luego, trabajando en grupos, preparen una serie de preguntas para la entrevista. Consideren temas como su lugar de origen, lo que ha observado sobre las diferencias culturales y su opinión sobre la asimilación, etcétera.

■ El día después de la entrevista, comparta lo que han aprendido en la entrevista con la clase.

■ Busque información sobre algunas figuras hispanas destacadas en el arte, la política, los deportes, etcétera, que viven o que han vivido en este país. Comparta su información con sus compañeros de clase.

CAPITULO 10

La vida moderna

Lesson Objectives

Lengua
- Future and conditional (38)
- *If* clauses with simple tenses (39)
- Comparisons (40)

Literatura
- *Memoria eletrónica* Mario Benedetti

 Vídeo: El problema de la obesidad infantil en Chile

San Juan, Puerto Rico

DESCRIBIR Y COMENTAR

The *¡Avance!* CD-ROM contains interactive activities to practice the material presented in this chapter.

■ Describa lo que pasa en estos dibujos. ¿Qué hacen las personas? ¿Qué edad tienen? ¿Cómo se comportan? ¿Por qué se comportan así?

■ ¿Dónde hay alguien que fuma? ¿que se droga? ¿que se emborracha? ¿que hace ejercicio? ¿que sigue su dieta? ¿Dónde hay teleadictos?

■ Use el vocabulario de la siguiente página para hacer una lista de los hábitos y costumbres que se ven en estos dibujos. ¿Cuáles de estas actividades clasificaría (*would you classify*) como perjudiciales para la salud? Póngalas en orden de gravedad, justificando su clasificación. ¿Cuáles clasificaría como beneficiosas?

■ De todas las personas en estos dibujos, ¿cuál cree que es la más feliz? ¿Por qué? ¿Piensa que vive una vida feliz o que solamente parece feliz en este momento?

VOCABULARIO
para conversar

aprobar (ue) to approve
bajar de peso to lose weight
comportarse to behave
consumir drogas to take drugs
desaprobar (ue) to disapprove
emborracharse to get drunk
fumar to smoke
hacer daño to harm, injure
hacer ejercicio to exercise
prohibir to forbid, prohibit
subir de peso to gain weight
tomar una copa to have a drink

el alcohol alcohol
los alucinógenos hallucinogens
el azúcar sugar
la borrachera drunkenness; drinking spree, binge
el café coffee
la cafeína caffeine
el calmante sedative
el cigarrillo cigarette
la cocaína cocaine
la comida basura junk food
el comilón / la comilona heavy eater
el contrabando contraband, smuggling
la dependencia dependence

el ejercicio aeróbico aerobic exercise
el estrés stress
el fumador / la fumadora smoker
el gimnasio gym, health club
el hábito habit
la heroína heroin
la marihuana marijuana
la nicotina nicotine
las pastillas pills
la receta médica prescription
el régimen special diet, regimen
la salud health
la sobredosis overdose
el tabaco tobacco; cigarettes
la televisión television (programming)
el televisor television (set)
la toxicomanía (drug) addiction
el toxicómano / la toxicómana (drug) addict
el vicio bad habit, vice

beneficioso/a beneficial
borracho/a drunk
goloso/a sweet-toothed; greedy (*about food*)
perjudicial damaging, harmful
saludable healthy

A ¿Qué palabra no pertenece al grupo? Explique por qué.

1. el alcohol, tomar una copa, el toxicómano, la borrachera
2. el comilón, el cigarrillo, goloso, los dulces
3. la toxicomanía, consumir drogas, drogarse, aprobar
4. régimen, hacer ejercicio, el contrabando, saludable

B Explique la diferencia entre cada par de palabras.

1. desaprobar / prohibir
2. tomar una copa / emborracharse
3. la televisión / el televisor
4. el hábito / el vicio
5. los alucinógenos / las pastillas

C Identifique los estimulantes y calmantes de la lista de vocabulario. Indique cuáles de ellos son prohibidos en este país y cuáles no.

■ ¿Cuáles han sido prohibidos en el pasado pero ya no lo son? ¿Por qué se cambiaron las leyes respecto a ellos?

■ ¿Cree Ud. que en el futuro van a cambiarse las leyes que regulan algunas de estas sustancias? ¿Las de cuáles sustancias?

■ ¿Cuáles son los beneficios y los peligros de la legalización del tabaco? ¿del alcohol? ¿de la marihuana? ¿de la cocaína y otras drogas parecidas?

D ¡Necesito compañero! Trabajando en parejas, decidan cuáles de las palabras de la lista del vocabulario se pueden clasificar según los tres factores a continuación. Cada palabra puede colocarse en una sola categoría.

Causan problemas	Resultan de problemas	Resuelven problemas

Cuando terminen su clasificación, compárenla con la de sus otros compañeros de clase. ¿Hay gran diferencia de opiniones? ¿Hay palabras que en realidad se *necesitan* colocar en más de una categoría? Expliquen.

 E Entre todos

- ¿Opina Ud. que se debe limitar el uso de la televisión de alguna manera?

- ¿Hay semejanzas entre los intentos de controlar la televisión y los intentos de controlar la venta de tabaco? ¿Cuáles son?

- ¿Es posible controlar a las personas muy comilonas, ya que se hacen daño a sí mismas?

- De todas las dependencias, ¿cuáles tienen mayores repercusiones en la vida de los amigos y familiares de la persona adicta? ¿Por qué?

- ¿Cuáles son las mejores formas de mantenerse en buena salud? ¿En qué consiste una dieta equilibrada?

- ¿Es posible tener algunos vicios y al mismo tiempo mantener una vida saludable? Dé ejemplos específicos para justificar su respuesta.

¿Qué le dice el hijo a su padre? ¿Qué quiere hacer el padre? ¿Cómo justifica su hábito? ¿Cree Ud. que la avanzada edad del padre es una justificación para su adicción al tabaco? ¿para otras dependencias? Cuando Ud. tenga 80 años, ¿va a permitirse el lujo de tener algunos vicios?

38 FUTURE AND CONDITIONAL

The Spanish future (**el futuro**) corresponds to English *will,* and the conditional (**el condicional**) to English *would.*

A. Forms of the future and conditional

Unlike other verb forms you have learned, regular forms of both the future and conditional use the entire infinitive as the stem. Note that only the **nosotros/as** forms of the future do not have a written accent, and all verbs—regular and irregular—use the endings shown in the following chart.

FUTURE		CONDITIONAL	
hablaré	hablaremos	hablaría	hablaríamos
hablarás	hablaréis	hablarías	hablaríais
hablará	hablarán	hablaría	hablarían
comeré	comeremos	comería	comeríamos
comerás	comeréis	comerías	comeríais
comerá	comerán	comería	comerían
viviré	viviremos	viviría	viviríamos
vivirás	viviréis	vivirías	viviríais
vivirá	vivirán	viviría	vivirían

There are twelve verbs that have irregular stems in the future and conditional.*

caber → **cabr-**	poner → **pondr-**	decir → **dir-**
haber → **habr-**	tener → **tendr-**	hacer → **har-**
saber → **sabr-**	venir → **vendr-**	
poder → **podr-**	salir → **saldr-**	
querer → **querr-**	valer → **valdr-**	

B. Use of the future and conditional

In both Spanish and English, the most common use of the future and conditional is to indicate a subsequent action. The future describes an action that will take place sometime after a *present* reference point; the conditional describes an action that will take place sometime after a *past* reference point.

---

*Compound verbs have the same irregularities: mantener → man**tendr-**, predecir (*to predict*) → pre**dir-**, proponer → pro**pondr-**, etc.

English *would* does not always correspond to the Spanish conditional. Note the following uses.

■ Polite requests with *would* in English can be expressed with the conditional or the past subjunctive in Spanish.

¿Podrías dejar de fumar?

¿Pudieras dejar de fumar?

***Would/Could* you** (*please*) *stop smoking?*

■ English *would* meaning *used to* is expressed with the imperfect tense in Spanish.

Siempre **fumábamos** un cigarrillo después de comer.

We always ***would* (*used to*) *smoke* a cigarette after eating.**

	REFERENCE POINT	SUBSEQUENT ACTION
PRESENT	Prometen que	**no fumarán** otra vez.
	They promise that	*they **won't smoke** again.*
PAST	Prometieron que	**no fumarían** otra vez.
	They promised that	*they **wouldn't smoke** again.*

The use of the future tense, however, is less frequent in Spanish than in English. There are two common alternatives to the future tense.

1. The simple present tense, for actions that will occur in the immediate future.

    Los estudiantes **se reúnen** con el decano en diez minutos. — *The students **will meet** with the dean in ten minutes.*

    Nos vemos mañana. — *We'll see each other tomorrow.*

2. The **ir a** + *infinitive* construction. To express the future, **ir** is conjugated in the present tense; to express the conditional, it is conjugated in the imperfect.

    Pedro **va a asistir** mañana. — *Pedro **is going to attend** (will attend) tomorrow.*

    Sara pensaba que todos **iban a llegar** temprano. — *Sara thought that everyone **was going to arrive** (would arrive) early.*

The simple future often implies a stronger commitment or sense of purpose on the part of the speaker than the **ir a** + *infinitive* construction. Compare these examples.

¡Iré al concierto! — ***I will go** to the concert!*

Voy a ir al concierto esta noche. — ***I'm going to go** to the concert tonight.*

Besides indicating a subsequent action, the Spanish future and conditional have another common use: to express conjecture or uncertainty. The future expresses English *probably + present tense,* and the conditional expresses English *probably + past tense.*

	EXPRESSION OF A FACT	PROBABILITY OR CONJECTURE
Present	¿Qué hora **es**? *What time is it?* **Son** las tres. *It's three o'clock.*	¿Qué hora **será**? *I wonder what time it is.* **Serán** las tres. *It's probably three o'clock.*
Past	¿Cuántos años **tenía**? *How old was she?* **Tenía** treinta años. *She was 30 years old.*	¿Cuántos años **tendría**? *I wonder how old she was.* **Tendría** treinta años. *She was probably 30 years old.*

As in English, the future tense can also be used to express commands.

Comerás las espinacas.   *You **will eat** your spinach.*
No **matarás**.   ***Thou shalt** not **kill**.*

Práctica Paco es un adolescente de quince años. No le gusta obedecer a sus padres para nada y, por lo tanto, cada vez que ellos le indican que haga algo, les contesta que lo hará al día siguiente. Imaginándose que Ud. es Paco, conteste los siguientes mandatos y peticiones de sus padres. No se olvide de usar los complementos pronominales cuando sea posible.

MODELO: Paco, por favor, limpia tu habitación. → La limpiaré mañana.

1. Paco, por favor, saca la basura.
2. Paco, por favor, deja de fumar.
3. Paco, por favor, echa esos cigarrillos a la basura.
4. Paco, por favor, haz ejercicio.
5. Paco, por favor, ¿podrías poner la mesa?
6. Paco, por favor, tráeme unas galletas.
7. Paco, por favor, ¿pudieras hacerme un postre para la fiesta?
8. Paco, por favor, sal a tomar el aire.

Intercambios 38

A ¡Necesito compañero! Trabajando en parejas, háganse y contesten las siguientes preguntas. Luego, compartan con la clase lo que han aprendido, usando el condicional según el modelo.

MODELO: ESTUDIANTE A: ¿Qué harás al salir de esta clase?
ESTUDIANTE B: Iré a mi clase de biología.
ESTUDIANTE A: (Nombre de ESTUDIANTE A) dijo que iría a su clase de biología.

1. ¿Qué harás al salir de esta clase?
2. ¿Qué harás al llegar a casa esta noche?
3. ¿Qué harás antes de cenar?
4. ¿Qué harás para ser más feliz el próximo semestre/trimestre?
5. ¿Qué harás cuando te gradúes?
6. ¿Qué harás este año para ayudar a otra persona?
7. ¿Qué vicio dejarás en el futuro? ¿Cómo lo dejarás?

B Cuando Ud. era más joven, ¿cómo creía que reaccionaría ante las siguientes experiencias? Use los verbos indicados, más uno que le parezca apropiado, para inventar una oración para cada experiencia. No es necesario usar todos los verbos en una sola oración, ni usarlos en el mismo orden en que aparecen. Si Ud. nunca ha tenido alguna de estas experiencias, ¿cómo cree que será?

MODELO: la universidad (asistir, vivir, aprender, ¿ ?) →
Creía que asistiría a una universidad lejos de mi casa, que viviría en la residencia durante mi primer año, que aprendería muchas cosas nuevas y que conocería a mucha gente interesante.

1. la primera cita (salir, pagar, llevar, ¿ ?)
2. las drogas (consumir, experimentar, gustar, ¿ ?)
3. el examen para conseguir la licencia de conducir (tener problemas, practicar, chocar, ¿ ?)
4. el primer trabajo (emplear, poder, ganar, ¿ ?)
5. la primera experiencia con el alcohol (tomar, emborracharse, descubrir, ¿ ?)
6. vivir lejos de la familia (ser difícil/fácil, estar, escribir, ¿ ?)

 C Ud. no conoce a las personas que aparecen en los siguientes dibujos pero, fijándose en los detalles de cada dibujo, puede especular sobre su personalidad, su estilo de vida, su pasado, etcétera. Trabajando en grupos de tres o cuatro personas, describan a los individuos y las escenas que se ven a continuación. Usen el futuro o el condicional según el caso.

> MODELO: Los niños tendrán diez años. Esta será la primera vez que fuman. Una de las mujeres será la madre de los niños y la otra será la esposa de un clérigo. La madre… La otra mujer… Los niños…

1.   2.   3.   4.

 D ¡Necesito compañero! Imagínese que Ud. y un amigo / una amiga realizaron las actividades a continuación. Descríbanlas, incorporando en su descripción las respuestas a las siguientes preguntas generales.

- ¿Qué motivos tendrían para hacerlas?
- Cómo se sentirían al hacerlas?
- ¿Cómo se sentirían inmediatamente después?

- ¿Qué sentirían al día siguiente?
- ¿Les gustaría repetir la experiencia? ¿Por qué sí o por qué no?

> MODELO: bailar toda la noche →
> Tal vez estaríamos celebrando el fin de los exámenes. Nos sentiríamos muy contentos. Inmediatamente después, estaríamos cansadísimos pero no querríamos ir a casa a dormir porque tendríamos hambre. Al día siguiente

tendríamos mucho sueño y no podríamos levantarnos. ¡Claro que lo haríamos otra vez! Pero quizás bailaríamos un rato solamente, y después, nos iríamos a casa.

1. mirar la televisión por cinco horas seguidas
2. fumar marihuana
3. comer una comida grandísima
4. beber diez tazas de café durante el día
5. correr un maratón
6. comer en un restaurante vegetariano

39 *IF* CLAUSES WITH SIMPLE TENSES

An *if* clause is joined to a result clause. The two clauses can occur in either order.

> If you have time (*if* clause), you should see that movie (result clause).
> They will let us know (result clause) if they need anything (*if* clause).

If clauses can introduce two different perceptions of reality: (1) as possible or probable, (2) as improbable or false (contrary to fact). The first of these messages is expressed with the indicative; the second is expressed with the past subjunctive.

A. Possible or probable situation: Indicative

If the situation in the *if* clause is perceived as possible or probable, the indicative mood is used. The most common sequences of tenses in these sentences are the following. Remember, the clauses can occur in either order.

IF CLAUSE	RESULT CLAUSE
si + present indicative	present indicative future command

Si me **llevas** a la fiesta, te **pago** la gasolina.

If you take me to the party (probable), I'll pay for the gas.

Lo **veré** si **voy** a España.

I will see him if I go to Spain (possible).

Escríbeme si **tienes** tiempo.

Write me if you have time (possible).

B. Improbable or false (contrary to fact) situation: Past subjunctive

When the situation is perceived as improbable or false (contrary to fact), the past subjunctive is used in the *if* clause, and the result-clause verb is in the conditional.

A PROPÓSITO

The phrase **como si** (*as if*) is *always* followed by the past subjunctive in Spanish because it signals improbability.

Habla **como si tuviera** experiencia personal.
He speaks as if he had first-hand experience.

Anda **como si estuviera** borracha.
She walks as if she were drunk.

IF CLAUSE	RESULT CLAUSE
si + past subjunctive	conditional

Si **tuviera** mucho dinero, **me comportaría** mejor.
Cambiaría esa ley si yo **tuviera** el poder de hacerlo.

If I had a lot of money (but I don't), *I would behave better.*
I would change that law if I had the power to do so (but I don't).

In most dialects of Spanish, the present subjunctive *never* occurs in an *if* clause. When a situation is perceived as improbable or false, it must be expressed in the past subjunctive.

Sometimes the *if* clause is only implied, not explicitly stated. In this case the result clause is still expressed in the conditional.

¿Qué **haría** Ud.?

What would you do (if you were in that situation, if you were me, etc.)?

No lo **diría** yo, claro.

I wouldn't say that, of course (if I were asked, etc.).

Práctica Diga si se debe usar el subjuntivo o el indicativo en las siguientes oraciones. Luego, exprese en español las palabras en letra cursiva.

1. If *this is* a French restaurant, *I'll eat* my hat.
2. If *I knew* the answer, *I wouldn't ask*.
3. If *he weren't* so egotistical, *he wouldn't say* that.
4. *You can call* if *you need* anything.
5. *He speaks* as if *he approved* of it all.
6. My friends *would understand* if *I arrived* late.
7. If *you come, bring* your CDs.
8. If *I see* him, *I'll tell* him you called.

Intercambios   39

A Pasamos mucho tiempo pensando en cómo sería nuestra vida si cambiáramos algunos de nuestros hábitos. En la lista que sigue aparecen algunos de los hábitos que tienen ciertas personas. Explique qué pasaría si dejaran esos hábitos.

MODELO: Antonio consume drogas. →
Si no las consumiera, tendría menos problemas en el trabajo.

1. María Pilar es muy comilona.
2. Antoñito se entretiene con juegos electrónicos todo el día.
3. Pedro se emborracha todas las noches.
4. Angela fuma cigarrillos.
5. Rafael escucha música rock todo el día.
6. Amalia bebe diez tazas de café al día.

B Una de las causas socioculturales de los vicios son las connotaciones positivas que se asocian con las personas que los tienen. Por ejemplo, si uno fuma pipa, los demás creerán que es una persona intelectual o refinada. ¿Qué ideas «positivas» se asocian con los siguientes vicios?

1. Si uno fuma cigarrillos Marlboro,…
2. Si uno bebe vinos caros,…
3. Si uno fuma marihuana,…
4. Si uno puede beber mucho whisky sin emborracharse,…
5. Si uno juega con frecuencia en los casinos,…
6. Si uno tiene relaciones sexuales con muchas personas diferentes,…
7. Si uno inhala cocaína,…

¿Cree Ud. que son ciertas estas connotaciones «positivas»? ¿Son aplicables a personas de ambos sexos? Explique.

C Todos tenemos nuestra manera de manejar las pequeñas molestias (*hassles*) de todos los días. ¿Cómo reacciona Ud. en las siguientes situaciones comunes? Puede usar una de las reacciones que se dan en la lista a la derecha o puede inventar otras.

SITUACIONES COMUNES

1. Si estoy nervioso/a, _____.
2. Si estoy aburrido/a, _____.
3. Si estoy preocupado/a por mis clases, _____.
4. Si tengo mucho trabajo y poco tiempo, _____.
5. Si tengo mucho tiempo y poco trabajo, _____.
6. Si estoy preocupado/a por mi peso, _____.

REACCIONES POSIBLES

comer chocolate
dormir
empezar un régimen
fumar
hacer ejercicio
ir de compras
llamar a un amigo / una amiga
mirar la televisión
sonreír
tomar una copa
¿ ?

¿Cuáles son los mecanismos que se utilizan con más frecuencia para poder soportar las molestias? ¿Hay diferencias entre los usados por los hombres y los que usan las mujeres? ¿Cree Ud. que las respuestas serían diferentes si se entrevistara a personas de diferentes generaciones?

Ahora, indique qué haría Ud. en una situación menos común, como una de las siguientes.

7. Si me suspendieran (*flunked*) en un examen importantísimo, _____.
8. Si ganara un millón de dólares en la lotería, _____.
9. Si un amigo / una amiga me dijera que él/ella tenía problemas a causa del consumo de alguna droga, _____.
10. Si *todos* los pantalones me quedaran demasiado estrechos (*tight*), _____.
11. Si tuviera cinco exámenes en un solo día, _____.

D ¡Necesito compañero! Trabajando en parejas, háganse y contesten las siguientes preguntas. Luego compartan con la clase lo que han aprendido.

1. Si dieras una fiesta y un invitado / una invitada te preguntara si allí se podía fumar marihuana, ¿qué le dirías?
2. Si ganaras un viaje para dos personas a cualquier país del mundo, ¿a quién invitarías? ¿Adónde irían Uds.?

3. Si pudieras cambiar algún aspecto de tu personalidad o de tu cuerpo, ¿cuál cambiarías? ¿Por qué? ¿Qué aspecto *no* cambiarías por nada del mundo?

4. Si la MGM te ofreciera un papel en una película de Hollywood, ¿lo aceptarías? ¿Con tal de qué?

5. Si no existieran las notas para evaluar las clases, ¿estudiaríamos igual? ¿Qué motivaciones tendríamos para estudiar? ¿Aprenderíamos igual?

6. Si todos pudiéramos leer los pensamientos de los demás, ¿cómo sería la vida social? ¿la vida política? ¿las relaciones entre enamorados?

E Observe el anuncio a continuación.

Ante las drogas nadie puede esconder la cabeza.
Porque es un problema que nos afecta a todos.

■ ¿Qué sugiere la imagen del avestruz escondiendo la cabeza?

■ ¿Es ésta una manera lógica de resolver los problemas? ¿Por qué sí o por qué no?

■ ¿Conoce Ud. a personas que actúan como si la toxicomanía no fuera problema de todos?

■ ¿Nos afecta a todos el consumo de drogas? Explique.

F ¡Necesito compañero! Muchos avances tecnológicos nos hacen la vida más fácil. Trabajando en parejas, imagínense qué harían si las siguientes comodidades no existieran.

■ las computadoras
■ los hornos microondas
■ los teléfonos celulares
■ los estéreos

■ el Internet
■ los gimnasios
■ la televisión
■ ¿ ?

ESTRATEGIAS PARA LA COMUNICACION

Me gustaría... *Ways to make polite requests*

In this chapter, you have studied the conditional and another use of the past subjunctive. Both of these forms can be used to make polite requests. Here are some examples.

Quisiera...	*I would like . . .*	¿Podría Ud.... ?	*Could you . . . ?*
Me gustaría...	*I would like . . .*	¿Le importaría... ?	*Would you mind . . . ?*

LITERATURA MEMORIA ELECTRONICA

APROXIMACIONES AL TEXTO

Brainstorming and Predicting

One of the best strategies for reading a literary work consists of pre-reading selected passages and brainstorming various ideas that may or may not be related to the title and accompanying visual realia, such as line drawings. By relying on one's perceptions and preexisting general knowledge of a particular theme, the reader is allowed to make conjectures and therefore surmise the outcome of the literary work. The reader may return later to verify and validate the conjectures of the prereading exercise. This brainstorming, or **lluvia de ideas,** enables the reader to establish a specific context in which to view the action, and allows him/her to guess the meanings, both denotative and connotative, of vocabulary items without consulting a dictionary. For example, think of the title of the short story that follows, "Memoria electrónica." From reading the title and viewing the accompanying drawings, the reader may conclude that the story will deal with the technological devices that shape our modern world and possess a superhuman characteristic of "electronic memory." Since many readers can relate to the notion of "storing files" in the memory of their personal computers, as they had previously done with the electronic typewriters, the brainstorming process may conjure images of how data is documented and stored for future use. However, upon reading the story, the reader quickly learns that the "memory" suggested by the title might also imply the personalization of an inanimate object that not only records reality but also creates a new reality and expresses a reaction to it. Hence, after the reading, the reader may wish to return to his/her preconceived ideas about the thematic schema and consider how the conjectures made prior to the reading are validated or negated, and why.

Palabras y conceptos

aguantar to stand, suffer, bear
archivar to file
cargar to load
contemplar to contemplate
descargar to download, unload
hacer alarde (de) to make a show of, to boast (about)
hacer clic to click on
imprimir to print
presionar to press
soportar to stand, bear
surgir to rise, spring forth

el aparato equipment, machine
la bastardilla italics
el centrado centering mechanism
el coraje mettle, spirit
el deleite delight, happiness
la desdicha misfortune
el endecasílabo hendecasyllabic, a line of verse of eleven syllables
la estatura height
la impresora printer
la letra letter, handwriting

el milagro miracle
la obra maestra masterpiece
la pantalla correctora correcting screen
la retentiva memory
el tabulador tab, tabulator
la tecla key (*on a typewriter or keyboard*)
el teclado keyboard (*of a typewriter or computer*)
el titular headline

consabido/a well-known, time honored
inédito/a unpublished
mediante intervening
novedoso/a new, trendy
nutrido/a abundant
previo/a prior, previous
prodigioso/a prodigious, marvelous
ufano/a proud

a voluntad willingly

Memoria electrónica

Uruguay

Sobre el autor *Mario Benedetti (1920–), el escritor más notable de la literatura uruguaya y uno de los más importantes del «boom» literario en Latinoamérica, nació en Paso de los Toros, Uruguay. Su extensa obra, que consiste en novelas, cuentos y colecciones de poesía, está penetrada de la realidad social, política y económica de su país. Sus temas más frecuentes tratan del ser humano y los desafíos de su vida diaria —el mundo del trabajo, la familia, las relaciones interpersonales y los eventos extraordinarios que cambian el rumbo de su destino. Sus últimas obras incluyen la novela* Andamios *(1996) y el libro de poesía* La vida es paréntesis *(1997). En el cuento a continuación, «Memoria electrónica», el autor describe cómo la realidad de un poeta joven gira alrededor de la tecnología que le permite escaparse a un mundo de fantasía y ficción. Los eventos que le llevan a crear y comunicarse con una amada ficticia contribuyen a un fin inesperado y sorprendente.*

odas las tardes, al regresar de su trabajo en el Banco (sección Valores al Cobro[1]), Esteban Ruiz contemplaba con deleite su nueva adquisición. Para el joven poeta inédito, aquella maquinita de escribir era una maravilla: signos para varios idiomas, letra redonda y bastardilla, tipo especial para titulares, pantallita correctora, centrado automático, selector de teclado, tabulador decimal y un etcétera estimulante y nutrido.

Ah, pero lo más espectacular era sin duda la Memoria. Esto de escribir un texto y, mediante la previa y sucesiva presión de dos suaves[2] teclas, poder incorporarlo a la memoria electrónica, era algo casi milagroso. Luego, cada vez que se lo proponía, introducía un papel en blanco y, mediante la previa y sucesiva presión, esta vez de cinco teclas, la maquinita japonesa empezaba a trabajar por su cuenta y riesgo e imprimía limpiamente el texto memorizado.

A Esteban le agradaba[3] sobremanera[4] incorporar sus poemas a la memoria electrónica. Después, sólo para disfrutar, no sólo del sorprendente aparato sino también de su propio lirismo,[5] presionaba las teclas mágicas y aquel prodigioso robot escribía, escribía, escribía.

Esteban (26 años, soltero lm70 de estatura, morocho,[6] ojos verdes) vivía solo. Le gustaban las muchachas, pero era anacrónicamente[7] tímido. La verdad es que se pasaba planificando abordajes,[8] pero nunca encontraba en sí mismo el coraje necesario para llevarlos a cabo.[9] No obstante, como todo vate[10] que se precie debe alguna vez escribir poemas de amor, Esteban Ruiz decidió inventarse una amada (la bautizó[11] Florencia) y había creado para ella una figura y un carácter muy concretos y definidos, que sin embargo no se correspondían con los de ninguna de las muchachas que había conocido, ni siquiera[12] de las habituales clientas jóvenes, elegantes y frutales[13] que concurrían a la sección Valores al Cobro. Fue así que surgieron[14] (y fueron inmediatamente incorporados a la retentiva

[1]Valores… *Accounts Payable* [2]*smooth* [3]*pleased* [4]*exceedingly* [5]*lyricism* [6]*brunette, dark-haired*
[7]*anachronistically* [8]*encounters* [9]llevarlos… *to realize, fulfill them* [10]*poet* [11]*baptized, gave the name of* [12]ni… *not even* [13]*fruitful* [14]*came forth*

de la Canon S-60) poemas como «Tus manos en mí», «De vez en cuando hallarte»,[15] «Tu mirada es anuncio».

La memoria electrónica llegaba a admitir textos equivalentes a 2.000 espacios (que luego podían borrarse[16] a voluntad) y él ya le había entregado un par de poemas de su serie de amor/ficción. Pero esos pocos textos le bastaban[17] para entretenerse[18] todas las tardecitas, mientras saboreaba[19] su jerez seco,[20] haciendo trabajar a la sumisa[21] maquinita, que una y otra vez imprimía y volvía a imprimir sus breves y presuntas[22] obras maestras. Ahora bien, sabido es que la poesía amorosa (aún la destinada a una amada incorpórea[23]) no ha de tratar pura y exclusivamente de la plenitud del amor; también debe hablar de sus desdichas.

De modo que el joven poeta decidió que Florencia lo abandonara, claro que transitoriamente, a fin de que él pudiera depositar en pulcros[24] endecasílabos la angustia y el dolor de esa ruptura.[25] Y así fue que escribió un poema (cuyo título se le ocurrió al evocar una canción que años atrás había sido un «hit», pero que él confiaba estuviese olvidada), un poema que le pareció singularmente apto para ser incorporado a la fiel[26] retentiva de su imponderable Canon S-60.

Cuando por fin lo hizo, se le ocurrió invitar a Aníbal, un compañero del Banco (sección Cuentas Corrientes[27]) con el que a veces compartía inquietudes[28] y gustos literarios, para así hacer alarde de su maquinita y de sus versos. Y como los poetas (jóvenes o veteranos) siempre están particularmente entusiasmados con el último que han escrito, decidió mostrar al visitante la más reciente muestra[29] de su inspiración.

Ya Aníbal había pronunciado varios ¡oh! ante las novedosas variantes de la maquinita, cuando Esteban decidió pasmarlo[30] de una vez para siempre con una sencilla demostración de la famosa memoria. Colocó[31] en la maquinita con toda parsimonia[32] un papel en blanco, presionó las teclas consabidas y de inmediato se inició el milagro. El papel comenzó a poblarse de[33] elegantes caracteres. La casette impresora iba y venía, sin tomarse una tregua,[34] y así fueron organizándose las palabras del poema:

¿Por qué te vas? ¿O es sólo una amenaza[35]?
No me acorrales[36] con esa condena.[37]
Sin tu mirada se quedó la casa
Con una soledad que no es la buena.
No logro acostumbrarme a los rincones[38]
Ni a las nostalgias que tu ausencia estrena.[39]
Conocés* mi delirio y mis razones.
De mi bronca[40] de ayer no queda nada.
Te cambio mi perdón por tus perdones.
¿Por qué te vas? Ya aguardo[41] tu llegada.

[15]encontrarte [16]podían… be erased [17]sufficed [18]to amuse himself [19]savored [20]jerez… dry sherry [21]submissive [22]supposed [23]fictitious [24]neat, orderly [25]breakup [26]faithful [27]Cuentas… Checking Accounts [28]concerns [29]sample [30]astonish him [31]He placed [32]moderation [33]poblarse… to be covered with [34]break [35]threat [36]frighten [37]condemnation [38]corners [39]begins [40]anger [41]await

*In Uruguay, Argentina, and some Central American countries, **vos** is used instead of **tú**. This form of the second-person singular has its own conjugation, and it is similar to the **tú** form. Verbs are stressed on the last syllable.

Al concluir el último verso, Esteban se volvió ufano y sonriente hacia su buen amigo a fin de recoger su previsible[42] admiración, pero he aquí[43] que la maquinita no le dio tiempo. Tras un brevísimo respiro,[44] continuó con su febril[45] escritura, aunque esta vez se tratara de otro texto, tan novedoso para Aníbal como para el propio Esteban:

70

¿Querés* saber por qué? Pues te lo digo:
No me gustás, querido, no te aguanto,
Ya no soporto más estar contigo,
Ultimamente me has jodido[46] tanto
75 Que una noche, de buenas a primeras,[47]
En lugar del amor, quedó el espanto.[48]
Odio tu boca chirle,[49] tus ojeras,[50]
Que te creas el bueno de la historia.
Con mi recuerdo hacé lo que[51] prefieras.
80 Yo te voy a borrar de esta memoria.

[42]*foreseeable*   [43]he... *it so happens*   [44]*rest*   [45]*feverish*   [46]me... *have bugged me*
[47]de... *immediately*   [48]*fright*   [49]*dull*   [50]*dark under-eye circles*   [51]hacé... *do whatever*

Comprensión

Ponga en orden cronológico de 1 a 8 las siguientes oraciones para recrear los eventos del cuento. Luego, organícelas para hacer un resumen, agregando todos los detalles que pueda para demostrar su comprensión de la lectura.

    _____ **a.** Esteban había adquirido una máquina de escribir, la Canon S-60.

    _____ **b.** El joven poeta invitó a su casa a un compañero del Banco para hacerle una demostración de la maquinita.

    _____ **c.** Todos los días al volver a casa de su trabajo, contemplaba con alegría su nueva adquisición.

_____ **d.** Para variar su poesía amorosa, Esteban decidió escribir unos versos acerca de las desdichas del amor.

_____ **e.** Tanto Esteban como Aníbal se sorprendieron al ver el poema novedoso que le había escrito a Esteban.

_____ **f.** Mientras que Aníbal lo miraba, Esteban colocó un papel en la maquinita, presionó las teclas, y así inició el milagro de la famosa «memoria electrónica».

_____ **g.** El poeta le había dedicado numerosos poemas a Florencia, la mujer inventada, como «Tus manos en mí», «De vez en cuando hallarte» y «Tu mirada es anuncio».

_____ **h.** La voz de Florencia revela su decisión de borrarle de la memoria.

Interpretación

A ¡Necesito compañero! Comenten lo que saben del aspecto físico y psicológico de Esteban. ¿Cómo es su vida privada? ¿Qué saben de sus intereses, valores y pasatiempos? ¿Qué se infiere en la lectura acerca de sus relaciones interpersonales e intrapersonales? Luego, escriban un retrato de este personaje y comenten el conflicto que existe entre el mundo en que trabaja y el mundo en que escribe y sueña. ¿Cómo se ve reflejado en la realidad? ¿Y en la ficción y fantasía del mundo poético? No se olviden de citar algunos de sus versos para apoyar su respuesta.

B Comente el impacto de la tecnología en la vida diaria de Esteban Ruiz. ¿Es positivo o negativo? ¿verosímil o inverosímil de acuerdo con la sociedad moderna? ¿Cómo le permite salir de su soledad para entrar en un mundo ficticio? ¿Qué aspectos de su existencia son afectados profundamente por medio del uso de su máquina de escribir? ¿Piensa Ud. que el escritor está expresando una opinión favorable o desfavorable de la tecnología? ¿Por qué?

Aplicación

A Papel y lápiz Describa una jornada típica de Esteban Ruiz. ¿Cómo es su rutina diaria en el Banco? ¿Qué aspectos de su trabajo le interesan y cuáles le aburren? Especule sobre sus razones para escaparse a un mundo de ficción: ¿por qué decide inventarse a una amada en vez de buscar a una mujer de carne y hueso? ¿Cómo se ve reflejado en la realidad y cómo desea verse reflejado en la irrealidad? ¿Piensa Ud. que él sufre de la soledad y enajenamiento de la vida moderna? Explique.

B Vuelva a leer los dos poemas del cuento y escriba un análisis y crítica de ellos en un artículo detallando los méritos artísticos de cada uno. Puede completar los siguientes pasos antes de escribir el análisis.

- Conteste las siguientes preguntas. ¿Cómo describiría Ud. el tono, la voz narrativa y el desenlace del primero? ¿del segundo? Apunte dos o tres adjetivos para describir cada poema. Luego, compárelos y trate de identificar en el primero detalles que prefiguran el desenlace del cuento.

- Invente un título apropiado para cada poema. Fíjese en la personalidad de los «poetas» al inventar los títulos.

- Imagínese que tiene que analizar y criticar uno de estos poemas en un simposio de poesía amorosa. ¿Cuál analizaría? Explique.

C Papel y lápiz Piense en las relaciones que las personas tienen con los aparatos y las máquinas que usan. Va a escribir un breve cuento o escena, o si prefiere, un poema, para representar las relaciones entre una persona y un aparato o una máquina que le es importante. Use los siguientes pasos.

- Escoja un aparato o una máquina. Puede ser una computadora, un coche, un aparato de cocina, un televisor. Use su imaginación.

- Escoja un personaje. Puede ser Ud. mismo, un adulto o un niño, una persona que conoce o una persona inventada. Recuerda que el aparato o máquina que escogió debe ser importante para esa persona.

- Escriba tres o cuatro oraciones que describen por qué el aparato o máquina es importante para su personaje. Incluya una explicación de cómo lo usa y una descripción de lo que siente su personaje cuando lo usa.

- Ahora, invente una escena en la que el aparato o la máquina responde a su dueño. Puede ser una reacción a algo que el personaje hace con el aparato o puede ser una reacción a las emociones que el personaje siente cuando usa la máquina.

- Organice sus descripciones (el aparato/la máquina, el personaje, sus relaciones) y su escena para formar un cuento. Debe incluir un título. Luego, comparta su cuento con el resto de la clase.

LENGUA II

40 COMPARISONS

Comparisons establish equality (*as big as, as small as,* etc.) or inequality (*bigger than, smaller than,* etc.) between two or more objects. Comparisons may involve adjectives, nouns, adverbs, or verbs.

ADJECTIVE	He is *taller than* she is.
NOUN	We have *as many books as* they do.
ADVERB	She runs *faster than* anyone else.
VERB	We *read as much as* Henry does.

The form of Spanish comparisons is determined by what is being compared and by whether the statement expresses equality or inequality.

A. Comparisons of equality

Comparisons of equality (**comparaciones de igualdad**) are expressed with three forms: one for adjectives and adverbs, one for nouns, and one for verbs. All contain the word **como.**

$$\text{tan} \quad + \quad \begin{Bmatrix} adjective \\ adverb \end{Bmatrix} \quad + \quad \textbf{como}$$

$$\begin{rcases} \textbf{tanto, tanta,} \\ \textbf{tantos, tantas} \end{rcases} + \quad noun \quad + \quad \textbf{como}$$

$$verb \quad + \quad \textbf{tanto como}$$

■ When adjectives are involved, the adjective always agrees with the first noun mentioned. Adverbs do not show agreement.

ADJECTIVE	La cerveza es **tan embria-gadora como** el vino.	*Beer is **as intoxicating as** wine.*
	El vino es **tan embriagador como** la cerveza.	*Wine is **as intoxicating as** beer.*
ADVERB	La cerveza no te afecta **tan rápido como** el vino.	*Beer does not affect you **as quickly as** wine (does).*

■ When nouns are involved, **tanto** agrees with the noun in number and gender. **Como** is invariable.

Ud. tiene **tantos amigos como** un millonario.
*You have **as many friends as** a millionaire (does).*

Le darán a él **tanta ayuda como** a los otros.
*They'll give **as much help** to him **as** to the others.*

■ When verbs are the point of comparison, the expression **tanto como** follows the verb. This expression shows no agreement.

Trabaja **tanto como** un mulo.
*He works **as hard as** a mule.*

Beben **tanto como** yo.
*They drink **as much as** I do.*

Note that subject pronouns are used after **como.**

B. Comparisons of inequality

Comparisons of inequality (**comparaciones de desigualdad**) are expressed with two forms in Spanish: one for adjectives, adverbs, and nouns, and one for verbs. Both forms contain **más/menos** and **que.**

$$\textbf{más/menos} \quad + \quad \begin{Bmatrix} adjective \\ adverb \\ noun \end{Bmatrix} \quad + \quad \textbf{que}$$

$$verb \quad + \quad \textbf{más/menos} \quad + \quad \textbf{que}$$

Comparisons of inequality are very similar to comparisons of equality.

■ As in comparisons of equality, the adjective agrees with the first noun. Adverbs do not show agreement.

ADJECTIVE	El tabaco es **menos peligroso que** la cocaína.	*Tobacco is **less dangerous than** cocaine.*
ADVERB	La marihuana se consume hoy **más frecuentemente que** en el pasado.	*Marijuana is used **more frequently** today **than** in the past.*
NOUN	Hay **más tráfico de drogas** hoy **que** en el pasado.	*There is **more drug trafficking** today **than** in the past.*
VERB	Cristóbal merece **ganar más que** yo.	*Cristóbal deserves **to earn more than** I (do).*

■ As with comparisons of equality, subject pronouns are used after **que.**

■ When a number (including any form of the indefinite article **un**) follows an expression of inequality, **que** is replaced by **de.***

Tienen **menos de un** dólar.	*They have **less than one** dollar.*
Hay **más de diez mil** personas.	*There are **more than ten thousand** people.*

C. Irregular comparative forms

A few adjectives have both regular and irregular comparative forms. Note that the irregular forms do not contain the word **más.**

ADJECTIVES	REGULAR	IRREGULAR
grande/ pequeño	más grande / más pequeño (*size*) Filadelfia es **más grande que** Boston pero **más pequeña que** San Antonio. *Philadelphia is larger than Boston but smaller than San Antonio.*	mayor/menor (*importance or degree*) Los efectos de la cocaína son **mayores que** los de la marihuana pero **menores que** los de la heroína. *The effects of cocaine are greater than those of marijuana but less than those of heroin.*
viejo	más viejo / más nuevo (*age of objects*) Mi carro es **más viejo que** el tuyo. *My car is older than yours.*	mayor (*age of people*)† Tengo una hermana **mayor que** yo. *I have a sister older than I (am).*

---

*__Que__ is retained with numbers in the expression **no** + *verb* + **más que** + *number* when it means *only* and no comparison is implied: **No tenemos más que diez dólares.** (*We have only 10 dollars.*)
†Note that **mayor** is the best word to use whenever you want to communicate the idea of *old* or *older* with reference to people, regardless of the actual age involved: ¡Ay, **los mayores** nunca entienden nada! (*Oh, **grown-ups** never understand anything!*)

ADJECTIVES	REGULAR	IRREGULAR
joven	más joven (*appearance of people; age relative to another time*) Hoy pareces **más joven que** hace un año. *Today you seem younger than (you did) a year ago.* Cuando yo era **más joven** (que ahora), me gustaba mucho mirar la televisión. *When I was younger (than I am now), I really liked to watch TV.*	menor (*age of people*) Soy **menor que** mi hermana. *I am younger than my sister.*
bueno/malo	más bueno / más malo (*moral behavior*) Don Carlos es **más bueno que** su hermano. *Don Carlos is better (kinder, more good-hearted) than his brother.* Luisito no es **tan malo como** Carlitos. *Luisito isn't as bad (naughty, obnoxious) as Carlitos.*	mejor/peor* (*quality; abilities*) ¡Los precios están cada vez **peores**! *Prices are getting worse all the time!* Soy **mejor** estudiante **que** ellos. *I'm a better student than they (are).*

Práctica Combine las dos oraciones para expresar una comparación de igualdad.

1. Paco es comilón. Su hermana Celia es comilona también.
2. Se toma mucha cerveza aquí. También se toma mucho vino.
3. Marisa bajó de peso rápidamente. Felipe bajó de peso rápidamente también.
4. Jorge hace mucho ejercicio. Berta hace mucho ejercicio también.
5. El alcohol le hace daño al cuerpo. El tabaco también le hace daño.
6. Juan se emborrachaba con frecuencia. Su padre se emborrachaba mucho también.
7. Los cigarrillos franceses son muy fuertes. Así son los cigarrillos españoles también.

D. Superlatives

A statement of comparison requires two elements: one bigger (smaller, better, and so forth) than the other. In a superlative statement more than two elements are compared, with one being set apart from the others as the biggest (smallest, best, and so forth) of the group.

---

*__Mejor__ and __peor__ are also the irregular comparative forms of the adverbs __bien__ and __mal__.

No, no cantas **tan mal como** Ernesto. *No, you don't sing **as badly as** Ernesto*
Cantas **peor**. *(does). You sing **worse**.*

	COMPARATIVE	SUPERLATIVE
John is *tall*.	John is *taller* than Jim.	John is the *tallest* (of a specified or implied group).

In Spanish, the superlative (**superlativo**) of adjectives and nouns is formed by adding the definite article to the comparative form. A comparison group, when mentioned, is preceded by the preposition **de** (**del grupo**).

	COMPARATIVE	SUPERLATIVE
Juana es **alta.**	Juana es **más alta** que Jaime.	Juana es **la más alta** (del grupo).
Nevada es un estado **grande.**	Texas es **más grande** que Nevada.	De todos los estados, Texas y Alaska son **los más grandes.**
Este helado es **bueno.**	Este helado es **mejor** que ése.	Este helado es **el mejor** (de los tres).

Note the following contrast between Spanish and English in the word order of superlative statements.

SPANISH				
article	+ noun	+ $\left\{\begin{array}{l}\text{más}\\\text{menos}\end{array}\right\}$	+	adjective
la	profesora	más		interesante

ENGLISH			
article	+ $\left\{\begin{array}{l}\text{most}\\\text{least}\end{array}\right\}$	+ adjective	+ noun
the	most	interesting	professor

The four irregular forms **mayor/menor/mejor/peor,** however, precede rather than follow the noun: **Es *la mejor profesora* de la universidad.**

Práctica   Gilda siempre insiste en que sus amigos, parientes o experiencias son mejores o peores que los de todos los demás. ¿Qué contestaría Gilda a las siguientes afirmaciones?

MODELO: Vivo en una calle muy segura. →
Puede ser, pero yo vivo en la calle más segura de la ciudad.

1. Nací en una región bellísima.
2. Compré un coche muy moderno.
3. Mi amiga tiene un ego grandísimo.
4. Mi ciudad tiene grandes problemas.
5. ¡Mi jefe es tan estúpido!
6. Probé un helado buenísimo.

Intercambios

A ¿Está Ud. de acuerdo o no con las siguientes afirmaciones? Si no está de acuerdo, cambie la oración para que exprese su opinión.

1. Se toma tanto alcohol en este país como en España.
2. Las mujeres se emborrachan tanto como los hombres.
3. Se fuma menos hoy que antes.
4. Los adultos consumen menos azúcar que los niños.
5. Las mujeres se preocupan por la salud más que los hombres.
6. La comida mexicana es más saludable que la comida italiana.
7. El azúcar sin refinar es mejor para el cuerpo que el azúcar refinado.
8. La televisión es tan peligrosa para los adultos como para los niños.

B Exprese sus opiniones sobre los siguientes asuntos, usando comparaciones de igualdad o de desigualdad según sea necesario.

MODELO: difícil: aprender a hablar otro idioma, aprender a escribirlo →
Es más (menos) difícil aprender a hablar otro idioma que aprender a escribirlo.

1. interesante: el español, la historia
2. bueno: un coche nacional, un coche importado
3. fácil: pedir dinero, prestarlo
4. inteligente: los perros, los gatos
5. peligroso: las drogas, el alcohol
6. importante: trabajar, divertirse
7. hacerle daño al cuerpo: el azúcar, la cafeína
8. malo: los mosquitos, las cucarachas
9. agradable: dar regalos, recibirlos
10. bueno: vivir solo/a, tener compañero/a

 C ¡Necesito compañero! Trabajando en parejas, den tres cosas, animales o tipos de persona que pertenecen a las siguientes categorías. Luego, compárenlas según el modelo.

MODELO: tres profesores → los profesores de idiomas
los profesores de química
los profesores de psicología

Los profesores de psicología son los más locos de los tres. Los profesores de idiomas son los más habladores de los tres. Los de química son los más serios.

1. tres animales
2. tres bebidas
3. tres milagros (*miracles*) de la ciencia moderna
4. tres programas de televisión
5. tres actividades saludables
6. tres coches
7. tres aparatos electrónicos
8. tres vicios

D Exprese sus opiniones sobre los temas a continuación. Justifique sus respuestas.

1. ¿Cuál es la mejor marca de coche (café, desodorante, helado)?
2. ¿Cuál es el estado (la ciudad, el premio, la universidad) más prestigioso/a de este país?
3. ¿Cuál es el/la peor (actor, actriz, película, clase, vicio) de todos/as?

4. ¿Cuál es el mayor problema de este/a (universidad, estado, país, mundo)?

5. ¿Quién es la persona más (nerviosa, impulsiva, calmada, aventurera, ¿ ?) de su familia?

E Describa los dos anuncios a continuación.

■ ¿Qué vicio intentan combatir?

■ ¿Cuál de ellos invita a pensar en la salud de la persona adicta? ¿Cuál enfoca en las repercusiones que tiene en los demás miembros de la sociedad?

■ En su opinión, ¿es una de estas técnicas más efectiva que la otra? ¿O es tan efectiva la una como la otra? Explique.

■ Si Ud. pudiera inventar la técnica más efectiva de todas, ¿cuál sería? ¿Cómo ayudaría a las personas que tienen esta dependencia?

El tabaco es perjudicial para la salud.
MINISTERIO DE SANIDAD Y CONSUMO

Gracias por no fumar
MINISTERIO DE SANIDAD Y CONSUMO

F ¡Necesito compañero! Trabajando en parejas, imagínense que están en cada una de las situaciones a continuación. ¿En qué aspectos sería su vida diferente de la que llevan ahora? Utilicen comparativos de igualdad, inferioridad y superioridad para mostrar por lo menos tres contrastes.

MODELO: Si no existiera la televisión,… →
Si no existiera la televisión, participaríamos en más actividades familiares y cultivaríamos más el arte de la conversación. No pasaríamos tanto tiempo en casa como ahora. Tal vez habría menos violencia en la familia y en la sociedad. Leeríamos más y buscaríamos otras maneras más creativas de pasar el tiempo, pero nuestro pensamiento sería menos «visual».

1. Si éste fuera un país del Tercer Mundo,…
2. Si no existieran los automóviles,…

3. Si fuera legal el consumo de la marihuana, la cocaína, la heroína, etcétera,...
4. Si no necesitáramos dormir,...
5. Si no hubiera hispanos en este país,...
6. Si nadie tuviera que trabajar,...

G Compare los siguientes aspectos de la vida en este país al principio del siglo XX con los de ahora. Use expresiones comparativas y superlativas cuando sea posible. ¿Era mejor la vida en aquel entonces (*back then*) que ahora, o viceversa?

> MODELO: la comida →
> En aquel entonces se hacía la compra con más frecuencia que hoy en día, pero no se compraban tantos productos cada vez que se iba de compras. Se comía más comida fresca que hoy, y se comía menos comida enlatada. Era más saludable, pero había menos variedad.

1. el fumar
2. la contaminación
3. el consumo del alcohol
4. la familia
5. los medios de comunicación

6. los medios de transporte
7. el consumo de las drogas
8. el sistema educativo
9. el estrés de la vida diaria (*daily*)

H Lea el párrafo a continuación y luego, conteste las preguntas que siguen.

La tele, droga dura

Los niños españoles pasan alrededor de tres horas diarias delante del televisor. Pero eso no es nada si se compara con las cinco horitas que los estadounidenses permancen atentos a sus pantallas. Más moderados son los franceses y los belgas, con una media de dos horas por día y comedidísimos resultan los alemanes, que «sólo» pasan unos 75 minutos amarrados al duro aparato. El público infantil, vienen a decir algunos especialistas, necesita de la televisión con la misma ansiedad con la que un heroinómano busca su «papelina» diaria o un alcohólico su botella.

■ Según el párrafo, ¿cuál es el país en que se ve más televisión? ¿En cuál de todos se ve menos?

■ ¿Pasan menos tiempo frente al televisor los españoles que los franceses?

■ ¿En qué nación se ve tanta televisión como en Francia?

■ ¿Qué dependencias se comparan con la dependencia de la televisión en este texto? Describa estas comparaciones. ¿Está Ud. de acuerdo con ellas o no? ¿Por qué sí o por qué no?

Ahora, reúnanse en grupos de tres personas para comentar las siguientes preguntas. Después, compartan sus conclusiones con el resto de la clase.

1. En su opinión, ¿cuáles son los mayores méritos y los peores defectos de la televisión? ¿Cuáles serán algunas de las causas de la teleadicción?
2. Si Uds. observaran que sus hijos (¡o Uds. mismos!) se estaban volviendo teleadictos, ¿qué harían para evitarlo?

¡OJO!

	EXAMPLES	NOTES
grande **largo**	El Sahara es el desierto más **grande** del mundo. *The Sahara is the largest desert in the world.* Necesitamos un salón más **grande**. *We need a bigger room.* ¡Es una **gran** persona! *She's great (a great person)!* ¡Es un **largo** camino! *It's a long way!* El Nilo es el río más **largo** del mundo. *The Nile is the longest river in the world.*	**Grande** is used to convey the notion of *large* or *big*. When **grande** precedes the noun it describes, it is shortened to **gran** and expresses the idea of *great*. **Largo** is a false cognate; it doesn't mean *large* but *long*.
dejar de **impedir** **detener(se)**	Por fin **dejé de** fumar. *I finally stopped smoking.* **No dejes de** visitar las ruinas mayas. *Don't fail to visit the Mayan ruins.* ¿Les **impidió** el paso la nieve? *Did the snow stop (impede) you (get in your way)?* Le van a **impedir** que se vaya. *They are going to stop (prevent) him from leaving.* La nieve nos **detuvo** por más de una hora. *The snow detained us for over an hour.* **Detuvieron** a los contrabandistas en la frontera. *They stopped (to question or to arrest) the smugglers at the border.*	Each of these expressions means *to stop*. **Dejar de** + *infinitive* means *to stop doing something*. When used negatively, it means *to not fail to* or *to not miss out on doing something*. **Impedir** means *to get in the way* or *to hinder, prevent, or stop someone from doing something*. With the latter meaning, **impedir** is often followed by the subjunctive. **Detener** means *to stop or detain* in the sense of *to slow down or hold up progress* and also in the sense of *to arrest*.

	EXAMPLES	NOTES
dejar de **impedir** **detener(se)** (*continued*)	**Me detuve** un instante antes de entrar en la reunión de Alcohólicos Anónimos. *I paused for a moment before entering the Alcoholics Anonymous meeting.*	The reflexive **detenerse** means *to stop moving* or *to pause.*
doler **lastimar** **hacer daño** **ofender**	Me **duelen** mucho los pies. *My feet hurt (ache) a lot.*	*To hurt* meaning *to ache* (physically, mentally, or emotionally) is expressed with **doler.** Other English verbs that correspond to **doler** are *to grieve* and *to distress.*
	Trabajar en ese ambiente le **hizo daño** a (**lastimó**) los pulmones. *Working in that environment hurt (damaged) her lungs.*	When *to hurt* means *to cause someone bodily injury*, use **hacer daño** or **lastimar. Hacer daño** can also be used in a figurative sense to mean *to hurt someone's standing or status.*
	Se marchó sin despedirse y eso me **ofendió** (**dolió**). *She left without saying good-bye, and that hurt (grieved) me.*	When *to hurt* means *to injure someone's feelings*, the appropriate Spanish verb is **ofender,** although **doler** is also used.

A Volviendo al dibujo Elija la palabra o expresión que mejor completa las siguientes oraciones. ¡Cuidado! También hay palabras de los capítulos anteriores.

¡Bailaremos toda la noche! Vamos a celebrar el fin del semestre, y no (dejaremos de / impediremos)[1] bailar hasta la madrugada (*dawn*). Es una (gran/larga)[2] oportunidad para divertirnos, y nos (haremos daño / ofenderemos)[3] si alguno de nuestros amigos más (cerca/íntimos)[4] decide (extrañar / faltar a)[5] la fiesta. ¡Todos deberán (asistir/atender)[6]!

(Porque / Ya que)[7] nos proponemos estar alegres y sin problemas en la fiesta, nadie querrá consumir sustancias que le (hagan daño / ofendan)[8] al cuerpo. Haremos lo posible para crear un ambiente en el que (nos sintamos / sintamos)[9] muy contentos. El (éxito/suceso)[10] de nuestra fiesta dependerá (de/en)[11] que todos nos (apoyemos/mantengamos)[12] y pensemos (de/en)[13] los demás tanto como (de/en)[14] nosotros mismos. ¡Nada (detendrá/impedirá)[15] que ésta sea la mejor noche del semestre!

La (cita/fecha)[16] de la fiesta es el 15 de diciembre. La (hora/vez),[17] las ocho de la noche. Podrás quedarte (el tiempo / la vez)[18] que quieras, y no importa si decides (hacernos/pagarnos)[19] una visita (baja/breve)[20] o (grande/larga).[21] ¡No te olvides de (llevar/tomar)[22] tu música favorita! Te esperamos. ¡Epa!

- Imagínese cómo serán algunos vicios, hábitos y costumbres en el año 2050. ¿Qué hará la gente para sentirse mejor o para escaparse de los problemas?

- ¿Qué comidas se considerarán saludables que ahora no lo son? ¿y viceversa? Explique.

- Hoy en día, se practican más y más los deportes «extremos». ¿Qué deportes extremos se practicarán en el año 2050? ¿Y cuáles ya no se practicarán? ¿Por qué?

Repaso

A Complete el párrafo, dando la forma correcta de los verbos y expresando en español las frases en inglés. Cuando se dan dos palabras entre paréntesis, escoja la palabra apropiada.

Un hábito peligroso

En todas partes (*are heard*)[1] graves advertencias (*warnings*) sobre las consecuencias del uso de las drogas y (*are organized*)[2] campañas nacionales para educar y convencer al público de su peligro. En Washington, Ottawa y en otras ciudades capitales del mundo, hay organizaciones (*that*)[3] se dedican a tratar de detener el tráfico mundial de las drogas. Aparte de los traficantes, parece que no hay nadie que (apoyar)[4] su consumo. Es evidente que las drogas (causar)[5] mucho sufrimiento y otros problemas.

Sin embargo, hay muchos que (afirmar)[6] que aun si (*were eliminated*)[7] la marihuana y la heroína, todavía habría otro hábito igual de peligroso —según ellos— y aun más extendido. ¿Qué dependencia es ésta que (empezar)[8] antes de los siete años de edad y nos (acompañar)[9] hasta la muerte? Los científicos lo (conocer/saber)[10] como $C_{12}H_{22}O_{11}$, o la sacarosa refinada. (*It is bought*)[11] y (*consumed*)[12] en grandes cantidades bajo el nombre de azúcar.

El azúcar (ser/estar)[13] tan peligroso porque su consumo produce calorías vacías, es decir, energía sin nutrimentos. Para un funcionmiento eficaz (ser/estar/hay)[14] necesario (mantener)[15] en el organismo humano un delicado equilibrio químico. La ingestión excesiva de azúcar produce un constante desequilibrio que tarde o temprano (afectar)[16] todos los órganos del cuerpo, incluso el cerebro. Está comprobado (*proven*) que el azúcar (causar)[17] obesidad y (provocar)[18] síntomas de diabetes, cáncer y enfermedades del corazón. Puede que el azúcar (producir)[19] energía momentánea, pero su efecto a largo plazo (*in the long run*) es la fatiga, la nerviosidad y una debilidad general. ¿Cuánto azúcar consume Ud.?

B ¡Necesito compañero! Trabajando en parejas, inventen y describan una droga nueva, uno de los milagros de la ciencia futura. ¿Para qué servirá la droga? ¿Qué enfermedades o problemas curará? ¿Por qué será mejor que otras marcas? ¿Cuáles serían las consecuencias si la gente la usara? ¿y si no la usara?

El problema de la obesidad infantil en Chile

«Niño gordito, niño sanito», es un refrán que ha demostrado la actitud tradicional hacia la alimentación de los niños en el mundo hispano. Hace algunas décadas, esta filosofía no causaba tantos problemas. Pero hoy, debido a varios factores de la vida moderna, tal actitud puede ser bastante perjudicial para los niños de temprana edad.

Antes de ver

- No es gran novedad (*It's nothing new*) que la obesidad sea un problema en este país. ¿Cuáles son algunos de los factores que han contribuido a la extensión de este problema en nuestro país?

- Pero, dirían algunos, por cada factor que contribuye al problema de la obesidad, hay otro que puede servir como un recurso para eliminarlo. ¿A qué recursos tenemos acceso en este país para eliminar este problema? Incluya en su respuesta cómo estos recursos pueden servir para enflaquecer (*to thin*) a la gente de este país y anular los efectos de esta epidemia nacional.

- ¿Cuáles son algunas de las complicaciones médicas que pueden amenazar (*threaten*) a los que sufren de obesidad?

- ¿Cree Ud. que éste es uno de los problemas que sí se resolverán en este país algún día? Explique su respuesta.

- Ahora lea con cuidado la actividad en **Vamos a ver** antes de ver el vídeo por primera vez.

En una cafetería preescolar en Chile.

Vamos a ver

Determine si las siguientes afirmaciones son ciertas (**C**) o falsas (**F**), según lo que Ud. aprende en el vídeo. Corrija las oraciones falsas.

	C	F
1. Según el Dr. Ricardo Uauy, el hecho de que la diarrea y otras infecciones sean menos frecuentes ahora que antes ha contribuido al aumento del índice de la obesidad.	☐	☐
2. Factores como la televisión y la comida chatarra (*junk food*) realmente no han fomentado el problema tanto como se podría pensar.	☐	☐
3. El índice de la obesidad en Chile se ha triplicado (*tripled*) y, sorprendentemente, hay niños de temprana edad que sufren de problemas con el colesterol.	☐	☐
4. Pero Chile no está acercándose al grado que este problema presenta para los Estados Unidos.	☐	☐
5. Una buena estrategia contra la obesidad debe incluir la prevención.	☐	☐
6. Desafortunadamente, organizaciones como la JUNJI (Junta Nacional de Jardines Infantiles) y la JUNAEB (Junta Nacional de Auxilio Escolar y Becas) no tienen los recursos económicos para hacer investigaciones y tratar de eliminar la epidemia.	☐	☐
7. Los de la JUNAEB no saben si sus esfuerzos están afectando el índice de obesidad a nivel preescolar o no.	☐	☐

	C	F

8. No es necesario que las familias y los jardines infantiles (*kindergartens*) trabajen juntos para asegurar la buena alimentación de los niños.   □ □

9. Desafortunadamente, la actitud de «niño gordito, niño sanito» sigue siendo muy popular en las casas chilenas de hoy.   □ □

Después de ver

■ Qué impresión le da a Ud. el vídeo sobre el problema de la obesidad infantil en Chile?

■ Trabajando en grupos, hagan una lista de los factores que han influenciado en el problema de la obesidad infantil en Chile. También hagan una lista de algunas de las estrategias que la sociedad podría aprovechar en el futuro para eliminar el problema de la obesidad infantil y general en este país o a nivel mundial. ¿Creen Uds. que se adoptarán algunas de las estrategias de su lista en el futuro? ¿Por qué sí o por qué no?

■ Busque mayor información sobre el problema de la obesidad en el mundo hispano. Ud. puede incluir información sobre organizaciones como las de Chile que se mencionaron en el vídeo: la JUNJI, la JUNAEB o el Instituto de Nutrición y Tecnología de los Alimentos (INTA). Pero también trate de encontrar detalles específicos sobre algunos de los remedios que se están realizando actualmente para eliminar esta epidemia mundial. Comparta su información con sus compañeros de clase.

CAPITULO

11

La ley y la libertad individual

Lesson Objectives

Lengua

- Other forms of the perfect indicative (41)
- The perfect subjunctive (42)
- More on the sequence of tenses (43)

Cultura

- *El crimen y la violencia: La violencia política*

Vídeo: De la calle al trabajo: El caso de Bogotá, Colombia

Santiago de Chile

DESCRIBIR Y COMENTAR

The *¡Avance!* CD-ROM contains interactive activities to practice the material presented in this chapter.

■ Imagínese que Ud. es testigo del episodio que se ve en esta tira cómica. Describa a los personajes y narre lo que pasa, contestando las siguientes preguntas: ¿Quién? ¿Qué? ¿Dónde? ¿Cuándo? ¿Por qué?

■ Si Ud. fuera el policía, ¿le pondría una multa al motociclista? ¿Por qué sí o por qué no?

VOCABULARIO

para conversar

atrapar to catch, capture
castigar to punish
cometer un crimen (una infracción) to commit
    a crime
encarcelar to imprison
hacer cumplir to enforce
juzgar to judge
poner una multa to (give a) fine
prohibir to outlaw, prohibit
violar la ley to break the law

el abogado / la abogada lawyer
    el abogado defensor / la abogada defensora
        defense attorney
el acusado / la acusada accused
las autoridades authorities
la cadena perpetua life imprisonment
la cárcel prison, jail
el castigo punishment
el crimen crime (*in general*)
el/la criminal criminal
la delincuencia delinquency; criminal activity
el/la delincuente delinquent; criminal
el delito crime; criminal act
el/la fiscal prosecuting attorney
el/la juez judge
el jurado jury
la multa fine
la pena de muerte the death penalty
la policía police force
el policía / la mujer policía police officer
el/la testigo witness
la víctima victim
la violencia violence

prohibido/a forbidden, prohibited
seguro/a safe, secure

Los delitos y los delincuentes

asaltar to attack, assault
asesinar to murder; assassinate
atracar to hold up, mug
chantajear to blackmail
espiar to spy
falsificar to forge, falsify
hacer trampa(s) to cheat
plagiar to plagiarize
robar to rob, steal
secuestrar to kidnap, hijack
sobornar to bribe
violar to rape
volar (ue) to blow up

el asalto attack, assault
el asesinato murder
el asesino / la asesina murderer
el atraco hold-up, mugging
el chantaje blackmail
el/la espía spy
el espionaje spying, espionage
la estafa graft, fraud
el estafador / la estafadora person who
    commits graft
la falsificación forgery
el ladrón / la ladrona thief, robber
el plagio plagiarism
el robo theft, robbery
el secuestro kidnapping, hijacking
el soborno bribery
el terrorismo terrorism
el/la terrorista terrorist
la trampa trap
el tramposo / la tramposa cheater
la violación rape

A Haga un mapa o cuadro conceptual para «la delincuencia», organizando todas las palabras de la lista del vocabulario (u otras palabras apropiadas que no estén en la lista) según las categorías indicadas a continuación.

individuos que la combaten		actos para combatirla
	LA DELINCUENCIA	
individuos contribuyentes		actos contribuyentes

¿Hay palabras que puedan colocarse en más de una categoría? Explique cómo o en qué contextos puede clasificarse una palabra en otra categoría.

 B ¡Necesito compañero! Trabajando en parejas, pongan los siguientes delitos en orden de gravedad. Después, comparen su análisis con los de los demás grupos de la clase. ¿Hay mucha diferencia de opiniones? ¿Qué criterio(s) se ha(n) usado para ordenar los delitos?

_____ el asesinato	_____ el atraco	_____ la estafa
_____ el chantaje	_____ el soborno	_____ la violación
_____ el secuestro	_____ el plagio	_____ el terrorismo

C Explique la diferencia entre cada par de palabras.

1. el policía / la policía
2. el abogado defensor / el fiscal
3. violar la ley / castigar
4. el robo / el secuestro
5. la víctima / el criminal
6. hacer trampas / asaltar

 D ¡Necesito compañero! Trabajando en parejas, pongan los siguientes castigos en orden de gravedad. ¿A qué delitos creen Uds. que se aplica cada uno de ellos?

_____ la cadena perpetua	_____ la pena de muerte
_____ encarcelar	_____ poner una multa

 E Entre todos

■ Mencione algunas leyes relacionadas con el reglamento de tránsito. ¿Cuáles de estas leyes protegen a los conductores? ¿Cuál es el propósito de las otras? ¿Cuáles se desobedecen con mayor frecuencia?

■ ¿Se debe prohibir el ir en coche sin ponerse el cinturón de seguridad (*safety belt*)? ¿montar una moto o bicicleta sin llevar casco (*helmet*)?

■ ¿Se les debe exigir a los conductores mayores de setenta años que tomen un examen de conducir cada año?

■ ¿Hay algunas prácticas que debieran declararse obligatorias por ley? Comente.

41 OTHER FORMS OF THE PERFECT INDICATIVE

Each simple tense in Spanish has a corresponding perfect form. Remember that the perfect forms consist of a conjugated form of **haber** plus the past participle of the main verb. The conjugation of **haber** shows person/number, tense, and mood. The past participle, when used with forms of **haber,** does not change.*

A. Forms of the perfect indicative

In grammar section 23 you learned that the present perfect indicative is formed with the present tense of **haber** and the past participle: **he comido, he estudiado, he vivido.** Following are the other forms of the perfect indicative.

PERFECT FORM	TENSE OF **haber**	EXAMPLE
pluperfect	imperfect	había comido
future perfect	future	habrá comido
conditional perfect	conditional	habría comido

PLUSCUAMPERFECTO[†]		FUTURO PERFECTO		CONDICIONAL PERFECTO	
había	andado	habré	vivido	habría	visto
habías	andado	habrás	vivido	habrías	visto
había	andado	habrá	vivido	habría	visto
habíamos	andado	habremos	vivido	habríamos	visto
habíais	andado	habréis	vivido	habríais	visto
habían	andado	habrán	vivido	habrían	visto

B. Uses of the perfect indicative

With these forms the word *perfect* implies *completion;* that is, the action described by the verb is viewed as completed with respect to some point in time. The present perfect expresses an action completed prior to a point in the present; the pluperfect expresses an action completed prior to a point in the past.

Lo detuvieron porque **había cometido** tres asaltos.[††]	*They arrested him because he had committed three assaults.*

---

*The past participle does change when used as an adjective with **ser** or **estar.** See pages 18 and 276 and grammar section 35.

[†]Literally, the *imperfect perfect.* There are also preterite perfect forms in Spanish: **hube trabajado, hubiste trabajado, hubo trabajado,** and so on. The preterite perfect is gradually disappearing, however; its use is now limited primarily to literature.

[††]In this example, the point in the past is indicated by the verb **detuvieron:** He had committed the assaults before that point.

A PROPOSITO

In most cases the use of the Spanish perfect forms corresponds closely to the use of the English perfect forms. Unlike English, however, no words can come between the elements of the Spanish perfect forms.

No lo **he visto** nunca.
*I **have** never **seen** him.*

Similarly, the future and conditional perfect forms express actions that will be completed before an anticipated time.

Sé que lo **habrán detenido** para mañana.	*I know that **they will have arrested** him by tomorrow.*
Sabía que lo **habrían detenido** para el día siguiente.	*I knew that **they would have arrested** him by the next day.*

The future and conditional perfect can also be used, like the simple future and conditional (**Capítulo 10,** pages 317–319), to signal conjecture or probability.

¡¿Qué piensas que **habrá hecho** para merecerse eso?!	*What do you think **he did** (**might have done**) to deserve that?!*
Todos pensábamos que las autoridades **habrían consultado** con varios expertos.	*We all thought that the authorities **had probably consulted** with various experts.*

In both English and Spanish, the future and conditional perfect are complex tenses that are used relatively infrequently. In this chapter, you will practice the present perfect and pluperfect verb forms and learn to recognize the future and conditional perfect.

Práctica Complete las siguientes oraciones, conjugando los verbos entre paréntesis en el pluscuamperfecto.

1. Nosotros no (pensar) _____ en las consecuencias de nuestras acciones antes de realizarlas.
2. El fiscal (recomendar) _____ una multa de $100 pero le pusieron una de $1.000.
3. El jurado (examinar) _____ toda la evidencia antes de declarar inocente al acusado.
4. Yo (descubrir) _____ la verdad pero nadie me creía.
5. Los testigos dijeron que me (ver) _____.
6. Era obvio que los periodistas (manipular) _____ el testimonio cuando anunciaron el castigo.

Intercambios

A Complete las oraciones a continuación de una manera lógica, usando la forma apropiada del perfecto de indicativo según las indicaciones. Use el Punto de referencia A para las Oraciones 1 a 4, y el Punto de referencia B para las Oraciones 5 a 8. Luego, explique las circunstancias.

A. Punto de referencia: este momento (el presente)

Se describen acciones completadas antes del punto de referencia.

MODELO: Este año yo (recibir) [número de] multa(s) por... →
          Este año he recibido una sola multa por exceso de velocidad.
          Iba atrasada a la clase de español y por eso excedía la
          velocidad permitida. El policía me habló cortésmente, pero
          ¡no aceptó mi excusa! ¡Esa multa me costó $60!

1. Este año yo (sacar) notas más [adjetivo]...
2. Durante los últimos meses mis amigos y yo (ver) dos o tres películas
   realmente [adjetivo]...
3. Este semestre yo (conocer) a personas [adjetivo]...
4. Ultimamente mi compañero/a de cuarto (hacer) cosas realmente
   [adjetivo]...

> **B.** Punto de referencia: matricularse en la universidad
> (momento en el pasado)
>
> Se describen acciones completadas antes del punto de referencia.

MODELO: (Yo: cumplir) [número de] años antes de... →
          Antes de matricularme en la universidad, sólo había
          cumplido dieciséis años. La mayoría de mis amigos había
          cumplido dieciocho y por eso me sentía algo inseguro.

5. Mi madre/padre y yo (visitar) varias universidades...
6. (Yo: decidir) vivir en [lugar] porque...
7. Ya (yo: cambiar de idea) mil veces con respecto a...
8. Todavía no (yo: tener) la oportunidad de...

B Complete las oraciones de una manera lógica, usando la forma apropiada
del perfecto de indicativo de un verbo lógico.

MODELO: Cuando yo tenía diez años, ya _____. →
          Cuando yo tenía diez años, ya había aprendido a montar en
          bicicleta.

1. Cuando yo tenía diez años, ya _____.
2. Mi padre/madre me dijo que a los diez años, él/ella ya _____.
3. Este mes, por primera vez en mi vida, yo _____.
4. Se dice que el delincuente típico, antes de cumplir los veinte años,
   ya _____.
5. Cuando los detectives llegaron, el criminal ya _____.
6. El ladrón pudo entrar fácilmente en la casa porque nadie _____.
7. Luego, pudieron identificarlo porque él _____ muchos muebles en la
   casa y no _____ guantes.

C ¡Necesito compañero! Inspirado por el ejemplo de los Siete
Samuráis, un pueblo con un elevado índice de delincuencia decidió contratar a unos expertos para resolver el problema del crimen y de la violencia.
Un mes después de su llegada, todo estaba en orden. Trabajando en parejas, indiquen cuáles de las siguientes medidas (measures) habrían adoptado
los expertos para resolver el problema, y también añadan algunas otras.

□ Se habrían incautado (*confiscated*) todas las armas.

□ Habrían repartido armas entre todos los ciudadanos.

□ Habrían encarcelado a todos los hombres que tenían entre 18 y 35 años de edad.

□ Habrían encontrado empleo para todos los adultos.

□ Habrían instituido «la vergüenza pública» como castigo para varios delitos no violentos.

□ Habrían modificado las leyes para que muchas actividades antes prohibidas ya no se consideraran «ilegales».

□ ¿ ?

Compartan su análisis con los demás de la clase. ¿Hay mucha diferencia de opiniones? ¿Hay alguna línea de conducta (*course of action*) que todos hayan recomendado? ¿Hay alguna que no haya recomendado nadie?

D ¡Necesito compañero! Trabajando en parejas, háganse y contesten las siguientes preguntas. Luego, compartan con la clase lo que han aprendido.

1. ¿Qué habías hecho antes de venir a esta universidad que influyó en tu decisión de estudiar aquí?

2. Desde que llegaste, ¿qué experiencia(s) ha(n) tenido un gran impacto en tu vida? ¿qué persona(s)? Explica.

3. ¿En qué sentido ha sido diferente este semestre/trimestre del semestre/trimestre pasado? ¿Ha sido mejor o peor? ¿Por qué?

4. ¿Qué han hecho recientemente tus padres, o tus amigos, para que tu vida sea más cómoda o más feliz? ¿Qué favor le has hecho tú a alguno de tus amigos?

5. ¿Qué experiencia has tenido que crees que es única comparada con las experiencias de otras personas? ¿Cómo te ha afectado?

E Entre todos

■ A través de la historia, *todas las medidas* de la Actividad C se han recomendado para hacerle frente al crimen. ¿Cuál podría ser la justificación o razonamiento que se ha dado para cada línea de conducta? Explique.

■ Se dice que van en aumento los problemas de disciplina en las escuelas. ¿Cree Ud. que de veras ha habido un cambio en la conducta de los estudiantes? ¿En qué consiste este cambio? ¿Cómo cambian los problemas a medida que los alumnos pasan de la escuela primaria a la secundaria? ¿Qué ejemplos de mala conducta presenció Ud. (*did you demonstrate*) mientras asistía a la escuela primaria o secundaria?

Podéis ver un par de asesinatos más y un atraco, pero después ¡a la cama!

■ ¿Cometió Ud. alguna falta de disciplina alguna vez? ¿Se consideraba a sí mismo/a como delincuente juvenil? Explique. ¿Cuáles son algunos de los estereotipos de los delincuentes juveniles? ¿Cree Ud. que es más difícil ser «un buen chico» o «una buena chica» (*a good kid*) hoy en día que hace diez o quince años? Explique.

- ¿Qué acciones están prohibidas en esta universidad? En su opinión, ¿cuál es la más grave de éstas? Explique. ¿Qué motivos se pueden tener para no obedecer las reglas universitarias?

- En el pasado, los estadounidenses consideraban que el terrorismo era un problema «de otros». Para 1996 esta opinión ya había cambiado para siempre. ¿Por qué? ¿Qué actos terroristas habían ocurrido dentro de los Estados Unidos? ¿Qué había motivado o provocado esos actos?

- ¿Piensa Ud. que los terroristas son diferentes de los criminales corrientes (típicos)? ¿Por qué sí o por qué no? ¿Qué medios se han usado para eliminar o impedir el terrorismo? ¿Qué otras medidas deberían ponerse en práctica?

42 THE PERFECT SUBJUNCTIVE

There are only two perfect subjunctive forms: the present perfect, which you learned in grammar section 24, and the pluperfect.

PRESENTE PERFECTO DE SUBJUNTIVO		PLUSCUAMPERFECTO DE SUBJUNTIVO	
haya	leído	hubiera	comprado
hayas	leído	hubieras	comprado
haya	leído	hubiera	comprado
hayamos	leído	hubiéramos	comprado
hayáis	leído	hubierais	comprado
hayan	leído	hubieran	comprado

The cues for the choice of the perfect forms of the subjunctive versus the indicative are the same as for the simple forms of the subjunctive. Like the present perfect indicative, the present perfect subjunctive expresses an action completed prior to the point in the present indicated by the main verb. The pluperfect subjunctive expresses an action completed prior to the point in the past indicated by the main verb.

Me alegro de que me **haya escrito.**	*I'm glad that **she has written** (**wrote**) me.*
Me alegraba de que me **hubiera escrito.**	*I was glad that **she had written** (**wrote**) me.*

In both examples, the act of writing is completed before the act of becoming glad.

Práctica Conteste las preguntas según el modelo.

MODELO: ¿Qué le molestaba al juez? (criminal / haber violar la ley) →
Le molestaba que el criminal hubiera violado la ley.

1. ¿De qué dudaba la rectora (*president*) de la universidad? (estudiante / haberle decir la verdad)
2. ¿Qué negaba el hombre? (su hija / haber conducir / 80 millas por hora)

3. ¿Qué les enfadó a los jueces? (los abogados / no haber llegar / a tiempo)
4. ¿Qué no le gustaba al ladrón? (los perros / haberle seguir / la pista [*trail*])
5. ¿Qué esperaba el delincuente? (amiga / haber traer / una lima [*file*])
6. ¿Con qué soñaban los Moreno? (su hijo / haber ganar / un premio en la lotería)

Intercambios

42

A Mire el dibujo a la izquierda. ¿Dónde están el padre y su hijo? ¿En qué contexto es normal que un padre le diga esto a su hijo? ¿Por qué son irónicas las palabras en este caso?

Ahora, haga comentarios, juntando las expresiones con las oraciones. ¡Atención! Será necesario cambiar el verbo en la segunda parte de cada nueva oración.

(No) Es chistoso que
(No) Es posible que
(No) Me sorprende que
Dudo que

MODELO: El padre le ha dicho tal cosa a su hijo. →
No es chistoso que el padre le haya dicho tal cosa a su hijo.

1. El hijo ha visitado a su padre en la cárcel.
2. Las autoridades han permitido la visita.
3. El padre no ha podido ofrecerle otra cosa como herencia a su hijo.
4. El artista ha presentado una visión tan pesimista.
5. La intención del artista ha sido criticar la sociedad.
6. El padre ha visto el futuro de su hijo de esa forma.

¿En qué sentido expresa el dibujo anterior cierto pesimismo acerca de los seres humanos y de la sociedad? ¿Está Ud. de acuerdo con este punto de vista? ¿Por qué sí o por qué no?

B Entre los años 1994 y 1995, el mundo siguió con gran interés el juicio de O.J. Simpson. ¿Recuerda Ud. algunos de los detalles de este famoso caso? Complete las siguientes oraciones con la forma apropiada del pluscuamperfecto (o indicativo o subjuntivo) de los verbos indicados, según el contexto.

1. Detuvieron a O.J. Simpson diciendo que él (matar) a Nicole Brown Simpson y a un amigo de ella, Ron Goldman.
2. La policía creía que el asesino (dejar) caer en el jardín de la casa de Simpson uno de los guantes que (llevar) al cometer el crimen.

3. Además, los investigadores sabían que el asesino (cortarse) al cometer el crimen, ya que la policía (encontrar) huellas de sangre entre los cadáveres y la casa de Simpson.

4. Según los fiscales, los análisis de sangre que (hacer) los expertos indicaban que sólo Simpson (entre mil millones de individuos) pudo haber cometido el crimen. Para ellos, no había duda que Simpson (hacerlo).

5. ¿El motivo? Es verdad que Simpson (ver) a su ex esposa con otro hombre; era probable que (ponerse) celoso y violento.

6. Al terminar la presentación de la evidencia, los fiscales estaban seguros de que (ganar) el caso.

7. Los miembros del jurado, por otra parte, tenían dudas. No creían que Simpson (dejar) caer el guante en su jardín; pensaban que uno de los detectives (ocultarlo) allí para incriminar a Simpson.

8. Además, recordaron que cuando Simpson (probarse) el guante, ¡(quedarle) demasiado pequeño!

9. Los análisis de la sangre tampoco los convencieron del todo; era posible que uno (o varios) de los investigadores (contaminar) las muestras (*samples*).

10. Los miembros del jurado declararon inocente a Simpson; (deliberar) sólo cuatro horas.

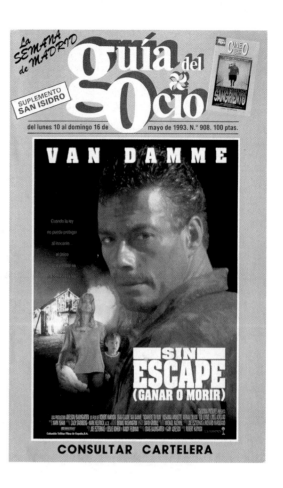

C Entre todos

■ Dentro de la cultura estadounidense, hay casos en que los criminales son o han sido objeto de admiración y hasta respeto. ¿Pueden Uds. dar algunos ejemplos de estos casos? ¿A qué se debe este fenómeno?

■ En algunas películas estadounidenses —en *Serpico*, por ejemplo— se ha presentado una imagen negativa de los policías: como figuras corruptas y malas. ¿Qué otros ejemplos conocen Uds.? ¿Quiénes son «los buenos» y quiénes son «los malos» en películas como éstas? ¿Es éste un tema raro en las películas o es común? ¿Y en la vida real? Comenten.

■ En muchos países europeos la policía no lleva armas. ¿Cree Ud. que esto sería posible en los Estados Unidos? ¿Cómo es la relación entre los ciudadanos estadounidenses y la policía?

■ Para mejorar las relaciones entre la policía y la población, se ha propuesto que todo ciudadano sirva como policía durante un breve período de tiempo. ¿Mejoraría las relaciones este sistema? ¿De qué manera? ¿Qué desventajas tendría?

D «Rebelde con causa», dice el anuncio en la página siguiente.

■ ¿Qué tipo de libertad individual enfatiza este anuncio? ¿Qué tipo de rebeldía enfatiza?

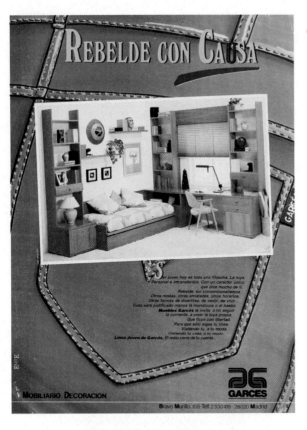

■ ¿Qué tienen que ver los «vaqueros» que sirven de fondo para el anuncio con lo que éste comunica?

■ Piense en el dueño / la dueña de esta alcoba. ¿Cree que es una persona conformista o rebelde? ¿Por qué? ¿Cómo serán sus amistades? ¿sus costumbres? ¿su modo de vestir? ¿de pensar?

■ ¿Con qué persona famosa se asocia el anuncio? ¿Por qué es famosa? ¿Qué sabe Ud. de su vida?

E Guiones Ayer el fiscal y el abogado defensor comparecieron ante el juez para el juicio del señor Nudo. El fiscal, claro, quería impresionar al juez mostrando todo lo malo que había hecho el acusado para merecer la condena. Por otro lado, el abogado defensor presentó todas las circunstancias mitigativas. Trabajando en pequeños grupos, inventen lo que podrían haber dicho los dos abogados. Después, algunos grupos deben leer su guión a la clase para que sus compañeros de clase decidan el veredicto del acusado.

ESTRATEGIAS PARA ~~~ LA COMUNICACION

Que te diviertas... *How to express wishes in an abbreviated sentence*

In spoken Spanish, just like in English, we don't always speak in complete sentences, assuming that part of the message is already understood from context. A common case in Spanish is the use of a subordinate clause with the subjunctive expressed without a main clause to introduce it. The main clause is understood to be an indirect command like **quiero que, sugiero que, es necesa-rio que, espero que,** etc. Here are some examples.

¡Que te diviertas!	*Have a good time!*
¡Que tengas un buen fin de semana!	*Have a good weekend!*
Que en paz descanse.	*May he/she rest in peace.*
¡Que te vaya bien!	*Have a good one!*
Que lo haga mi hermano.	*Let my brother do it.*

CULTURA
EL CRIMEN Y LA VIOLENCIA: LA VIOLENCIA POLITICA

El crimen y la violencia: La violencia política

Por todas las razones anteriormente señaladas, el índice de la violencia crimi-nal está en aumento en el mundo hispano. Sin embargo, es la violencia política lo que ha sido y sigue siendo uno de sus problemas más graves. En algunos ca-sos, como se verá, los mismos factores que han refrenado la violencia criminal han sido la causa principal de la violencia política. Al hablar de la violencia po-lítica, se pueden identificar dos clases específicas: la violencia que caracteriza una guerra o revolución y el terrorismo.

La actividad revolucionaria

Una revolución es una lucha —casi siempre militar— que intenta llevar a cabo cambios radicales y profundos en la estructura del gobierno o de la sociedad de un país determinado. La lucha revolucionaria puede ser «tradicional», o sea, con-sistente en enfrentamientos a gran escala de tropas de soldados usando armas y métodos ortodoxos y convencionales. O puede ser no regular, es decir, condu-cida por guerrilleros,* terroristas, escuadrones de la muerte y otros grupos que

---

*El término «guerrilla», el diminutivo de «guerra», se usó por primera vez durante las campañas del duque de Wellington en España (1809–1813), cuando pequeños grupos de insurgentes españo-les y portugueses ayudaron a expulsar a las tropas de Napoleón de la península Ibérica. Sin em-bargo, en realidad las tácticas guerrilleras son mucho más antiguas. Quizás el origen de su uso en la edad moderna se encuentre en la Revolución Americana, cuando grupos de colonos formaron pequeñas bandas de rifleros (*riflemen*) cuyos métodos no ortodoxos pudieron frustrar el entrena-miento formal superior de los soldados ingleses.

Entre 1993 y 1995 se logró una marcada debilitación de los grandes carteles de drogas. Pablo Escobar, jefe del cartel de Medellín, murió en 1993 y en 1995 el gobierno colombiano arrestó a los líderes del cartel de Cali. Esto frenó en parte el tráfico de drogas, pero el nivel de la violencia terrorista —en especial los secuestros— no disminuyó. Las perspectivas para el futuro todavía son pesimistas.

no se ligan necesariamente ni a gobiernos ni a otras instituciones sociales. La ac-
15 tividad revolucionaria, y especialmente la actividad guerrillera, es común en
Hispanoamérica desde hace mucho tiempo. De todas formas, hay que tener en
cuenta que las revoluciones propiamente dichas no ocurren con mucha frecuencia. Algunos de los movimientos revolucionarios más importantes del siglo pasado en Hispanoamérica que consiguieron triunfar, no sin evitar a veces una au-
20 téntica guerra civil, son la Revolución Mexicana (1910–1920), la Revolución
Cubana (1955–1958) y la Revolución Sandinista que en 1979 acabó con la dictadura de Anastasio Somoza en Nicaragua.

Por lo demás, los cambios de gobierno se han efectuado por medio de elecciones generales o por medio de golpes de estado, en los que un grupo militar
25 toma el poder.

La actividad guerrillera, aunque no siempre ha conducido a verdaderas revoluciones, sí es común en Hispanoamérica. Las razones son muchas y compli-
cadas. La débil e inestable situación económica de los países hispanoamericanos*
ha creado una frustración crónica y un gran descontento entre los obreros in-
30 dustriales y agrícolas, que se desesperan por no alcanzar nunca un mejor nivel
de vida. De hecho, los obreros industriales fueron el principal soporte político
que permitió la elección de Salvador Allende —un político izquierdista, dirigente
del Frente Popular— como presidente de Chile en 1970. Además, fue este grupo
el que sufrió las mayores represalias tras el golpe de estado del general Pinochet,
35 quien acabó con la democracia chilena en 1973. Los obreros agrícolas también

---

*Véase el **Capítulo 7,** «El mundo de los negocios».

han sido un factor decisivo para la actividad revolucionaria. No se puede olvidar que la Revolución Mexicana fue impulsada en gran parte por el movimiento campesino liderado por Emiliano Zapata. Precisamente el nombre de Zapata ha servido de bandera para el movimiento guerrillero que surgió sorpresivamente en el estado mexicano de Chiapas en las Navidades de 1994. Este grupo revolucionario retomó el lema zapatista de «tierra y libertad» y se levantó en armas contra el gobierno mexicano para combatir la marginación de los campesinos indígenas del sur del país.

Durante la década de los sesenta, nacieron movimientos revolucionarios en el Perú, Venezuela, Colombia, Bolivia, Guatemala y el Uruguay. Miles de personas murieron en los enfrentamientos entre las fuerzas revolucionarias y las fuerzas del ejército o de la policía. Fracasaron todos estos movimientos, en parte porque nunca lograron movilizar lo suficiente al resto de la población y en parte debido a la masiva reacción represiva de los gobiernos.* Actualmente, la actividad guerrillera izquierdista se concentra en Colombia, el Perú[†] y, como se describirá más adelante, especialmente en Centroamérica.

El terrorismo

El terrorismo es el uso sistemático del terror (poner bombas, asesinar, torturar, secuestrar) como manera de alcanzar cierto objetivo político. Los actos terroristas pueden ser cometidos por individuos, grupos e incluso gobiernos.[‡]

España sufre desde hace varias décadas los ataques terroristas del grupo vasco ETA.[§] Esta banda armada lucha de forma violenta por la independencia política del País Vasco, lo cual ha sido un deseo histórico del pueblo vasco. Aunque su lucha por conseguir una serie de derechos por esta zona ha despertado algunas simpatías,[||] hoy, con un régimen democrático y un estatuto de autonomía votado por el pueblo vasco, sus acciones admiten cada vez menos justificación política y reciben cada vez menos aprobación popular.

En Hispanoamérica muchos grupos revolucionarios han usado métodos terroristas, en especial el secuestro y las bombas, esperando demostrar a la población que el gobierno ya no podía mantener el orden establecido ni proteger a

---

*Esta actividad revolucionaria izquierdista preocupó mucho al gobierno estadounidense, que apoyó enérgicamente su represión. Véase el **Capítulo 7**, «El mundo de los negocios».

[†]En Colombia el gobierno actual trata de negociar con dos grupos guerrilleros principales: las FARC (Fuerzas Armadas Revolucionarias de Colombia) y el ELN (Ejército de Liberación Nacional). En el Perú el Sendero Luminoso (*Shining Path*) es el grupo guerrillero más importante, y el grupo Tupac Amaru capturó la atención mundial en 1996 al apoderarse de la embajada japonesa en Lima durante las últimas semanas de diciembre, tomando más de doscientos rehenes (*hostages*).

[‡]El terrorismo como concepto abstracto ha sido condenado por todos los países. Más problemática ha sido la manipulación del término por motivos políticos. Ciertos gobiernos que practican actividades terroristas disfrazan sus acciones bajo otros términos: «campaña contrarrevolucionaria», «control social», «acción antisubversiva». Del mismo modo muchos gobiernos denominan a ciertos grupos de oposición como «terroristas» para desacreditarlos. Además, si un grupo tiene una causa legítima a los ojos de los demás y está luchando contra una fuerza poderosa, muchas personas se inclinan a perdonar acciones que en otro contexto serían llamadas terroristas.

[§]Siglas del lema político *Euskadi ta Azkatasuna* (País Vasco y Libertad).

[||]El pueblo vasco fue víctima de un tratamiento brutal durante la Guerra Civil española a manos de las tropas del general Franco. El episodio más conocido es el bombardeo de Guernica, un pueblo vasco indefenso. Ese ataque aéreo fue obra de aviones nazis por orden de Franco. Esto, seguido de las restricciones severas impuestas al pueblo vasco durante el régimen franquista, permitió que muchos españoles, e incluso algunos observadores internacionales, miraran con cierta simpatía la reacción violenta de la ETA.

⁶⁵ los ciudadanos. Durante la década de los sesenta, por ejemplo, hubo un gran número de secuestros y casos de piratería aérea. Los tupamaros en el Uruguay raptaron a diversos representantes del mundo de los negocios y de la política y exigieron grandes rescates para financiar sus actividades revolucionarias.

Los derechos humanos

⁷⁰ Casi todos los regímenes dictatoriales han recurrido al abuso del poder militar para eliminar toda oposición. Este tipo de gobierno valora la estabilidad y seguridad del Estado más que los derechos civiles de los ciudadanos. Hay quienes critican los gobiernos militares precisamente por esta razón; otros dirían que el orden y la paz social proporcionados por los regímenes dictatoriales facilitan las condiciones para el progreso económico. Sin embargo, no hay duda que durante ⁷⁵ la última década varios gobiernos dictatoriales de Hispanoamérica, particularmente los de Guatemala y El Salvador (como antes los de Chile y la Argentina), lejos de proteger el orden y la paz social ni de acatar las mismas leyes que decían representar, se convirtieron en los peores enemigos de su propio pueblo.

En la Argentina, entre 1976 y 1982, los gobiernos militares llevaron a cabo la ⁸⁰ llamada «guerra sucia» contra los «elementos subversivos». Desaparecieron hasta diez mil personas sin que sus parientes ni amistades se enteraran de por qué habían desaparecido, ni adónde habían sido llevados. Ni siquiera sabían si seguían vivos.

Lo que más atrajo la atención mundial a la situación argentina fue la campaña de las llamadas «Madres de Plaza de Mayo», un grupo de madres que cada ⁸⁵ semana se reunía, y todavía se reúne, para pasar en silencio frente a la casa de gobierno para pedir la devolución de sus hijos desaparecidos. En 1983 en la

La lucha constante de las Madres de Plaza de Mayo contra la violencia y el abuso de los derechos humanos ha llamado la atención mundial. Estas mujeres organizan grandes manifestaciones pacíficas para que el gobierno argentino responda por los miles y miles de individuos «desaparecidos» durante la «guerra sucia».

Argentina se volvió a instaurar un gobierno civil y una de las primeras promesas del nuevo presidente Raúl Alfonsín fue de investigar los casos de los desaparecidos y castigar a los culpables. Nombró un tribunal a fin de iniciar el procedimiento contra las tres juntas militares que gobernaron el país entre 1976 y 1983. El tribunal procesó a nueve líderes militares, entre ellos a tres ex presidentes, y escuchó en un juicio oral y público el testimonio de más de mil testigos. La sentencia, pronunciada en 1985, de cinco condenas y cuatro absoluciones, dejó insatisfechos a muchos. Sin embargo, poquísimas veces en la historia ha sucedido que un gobierno civil haya responsabilizado legalmente a un gobierno militar por actos violentos, y el hecho de que esto haya ocurrido es enormemente esperanzador.*

En Chile, el general Augusto Pinochet llegó al poder en 1973 a través de un sangriento golpe de estado. Desde ese año y hasta 1989, año en que volvieron a celebrarse elecciones libres, Pinochet se mantuvo en el poder ejerciendo una política represiva y terrorista. Se calcula que unas mil personas fueron ejecutadas por tener ideas políticas contrarias al régimen y que otros mil detenidos «desaparecieron». Se desconoce el número total de desaparecidos pero sí se ha podido demostrar el uso repetido de la tortura física y psicológica. Después de su elección en 1989, el presidente Patricio Aylwin estableció una comisión para examinar las evidencias más claras de violación de derechos humanos en el país durante la dictadura. Esta comisión ya publicó su informe (el informe Retting), pero los más de doscientos implicados en crímenes políticos todavía no han sido sometidos a juicio.

En Centroamérica la situación fue aun más trágica, ya que allí durante las últimas décadas del siglo XX las circunstancias combinaron una casi constante violencia guerrillera con el terrorismo. Tanto los movimientos de la izquierda y los de la derecha, como las fuerzas del gobierno y de la oposición, no dudaron en recurrir a los llamados «escuadrones de la muerte» que tanta desolación y sufrimiento dejaron a su paso. Lo más estremecedor fue que las víctimas en todas estas confrontaciones, como en casi todas las otras de tipo guerrillero y terrorista, en su gran mayoría fueran civiles.†

En El Salvador, donde se vivió en estado de guerra civil desde 1979 hasta 1992, se estima que el número de muertos constituyó entre el diez y el veinte por ciento de la población. En Guatemala, un país con una población de menos de nueve millones de personas, murieron más de treinta y ocho mil en las luchas del gobierno militar contra los indígenas y otros grupos izquierdistas. La historia de Nicaragua a finales del siglo XX no fue más pacífica. Después de una sangrienta guerra civil, las fuerzas guerrilleras sandinistas acabaron con la dictadura de Anastasio Somoza en 1979. Casi inmediatamente comenzó otra guerra entre el nuevo gobierno y «los contra» (miembros de la Fuerza Democrática Nicaragüense). En las elecciones de 1990, Violeta Barrios de Chamorro venció mayoritariamente al frente sandinista y también consiguió la desmovilización de

---

*En 1990 el presidente argentino Carlos Menem concedió el indulto (*pardon*) a los militares que cumplían sentencia. La medida suscitó una gran controversia.
†Las confrontaciones de tipo «no regular» siempre afectan a los civiles mucho más que la guerra tradicional. Se estima que el diecisiete por ciento de las bajas (*casualties*) durante la Primera Guerra Mundial fue civil; en la Segunda Guerra Mundial, el 45 por ciento; en las Guerras de Korea y Vietnam, el 70 por ciento. Otro efecto devastador de la lucha no regular es el desplazamiento humano. En 1989 había más de quince millones de refugiados en el mundo; siete años después, en 1996, el número aproximado de desplazados mundialmente había ascendido a 50 millones de personas.

130 «los contra». Entre 1990 y 1996, Nicaragua empezó a recuperar políticamente bajo la democracia lo que había perdido durante los excesos de dos dictaduras: más respeto por los derechos humanos y otros principios democráticos como la libertad de prensa. Desgraciadamente, la situación económica del país empeoró gravemente durante ese mismo período. A finales de 1996, la mayoría del pue-
135 blo nicaragüense escogió a Arnaldo Alemán, antiguo alcalde de Managua, como el nuevo presidente; uno de los candidatos vencidos en las elecciones fue Daniel Ortega, antiguo presidente del gobierno sandinista.

Conclusión

El mundo hispano, como se acaba de ver, no es ajeno a la violencia ni a los delitos. Además, conviene recordar que la creciente actividad guerrillera y terrorista en
140 Hispanoamérica no es más que una parte de una onda mundial de violencia. La presión demográfica y las crisis económicas y sociales, combinadas con la desesperación y el deterioro de viejas instituciones y estructuras, han hecho que se considere legítima la violencia como manera de conseguir cualquier fin.

En palabras del periodista y novelista argentino Tomás Eloy Martínez:
145 «Después de las atrocidades de las dictaduras, nuevas formas de miedo, de inseguridad y de humillación humana se han instalado en América Latina. Y como en aquellos tiempos ominosos, la barbarie del ojo por ojo y del terror oficial como sanción contra el terror marginal, son las únicas e indignantes salidas que se proponen. A los hombres les cuesta aprender de su pasado. Tal vez por eso se
150 pierden con frecuencia en los laberintos del futuro.»

Comprensión

A Después de haber leído la lectura, ¿qué le sugieren las siguientes palabras y expresiones?

1. la violencia política   **3.** la lucha guerrillera   **5.** el terrorismo
2. la revolución   **4.** desaparecer

B ¡Necesito compañero! Las siguientes ideas vienen de la lectura. Trabajando en parejas, busquen en la lectura dos o tres puntos que apoyen o que ejemplifiquen cada idea.

1. Algunos de los factores que refrenan la violencia criminal en el mundo hispano contribuyen a la violencia política.
2. Tanto grupos como gobiernos pueden ser responsables de actos de terrorismo.
3. La actividad guerrillera ha sido común en Hispanoamérica; las revoluciones, no.
4. La Revolución Cubana tuvo el doble impacto de provocar la actividad revolucionaria en Hispanoamérica y al mismo tiempo de aumentar la represión militar.
5. El juicio de los militares argentinos, aunque problemático, tiene gran importancia histórica.

Interpretación

A ¿Qué entiende Ud. por «terrorismo»? ¿Cuál es la diferencia entre «actividad guerrillera» y «actividad terrorista»?

B Comente brevemente el efecto que pueden tener los siguientes factores en el índice de la violencia en el mundo hispano. Explique si cada uno afecta principalmente la violencia criminal o la violencia política.

- el dramático aumento del consumo de drogas en los Estados Unidos y Europa
- el crecimiento demográfico
- la urbanización
- la percepción de grandes diferencias entre los ricos y los pobres
- la transición de gobierno militar a gobierno civil en una docena de países hispanoamericanos desde 1979

C En su opinión, ¿cuál parece ser la organización de la lectura? ¿Comparación y contraste? ¿causa y efecto? ¿división y clasificación? ¿Cree Ud. que la actitud del autor hacia el tema es objetiva o subjetiva? Busque citas en la lectura para justificar su respuesta.

Aplicación

A ¿Existen algunas imágenes o estereotipos del criminal en los Estados Unidos? Por lo general, ¿son positivas o negativas estas imágenes? ¿Cómo influyen en nuestra cultura y en nuestro sistema de valores respecto a la violencia?

B Identifique brevemente a los siguientes personajes del cine o de la televisión. ¿Qué revelan de la actitud estadounidense acerca de la violencia? En su opinión, ¿qué otros personajes también representan la actitud estadounidense acerca de la violencia?

- Rambo
- Walker, Texas Ranger
- Superman
- Batman
- Terminator
- Xena

C ¿Ocurren muchos delitos en el recinto (*campus*) de esta universidad? Comente. Donde Ud. vive, ¿cuáles son los tipos de delitos cuya incidencia ha aumentado últimamente? ¿Cuáles han disminuido? ¿Están de acuerdo estas tendencias con las estadísticas nacionales? Explique.

D Pensando en los varios factores contribuyentes a la violencia criminal ya señalados, ¿cuáles pueden ser las causas que expliquen la violencia contra los niños y los adolescentes? ¿Qué otros motivos se deben de tener en cuenta para entender este tipo de violencia? Explique.

E En los últimos años, los Estados Unidos ha experimentado varios casos de violencia política y religiosa, cometidos por agencias del gobierno o por otros grupos e individuos. ¿Qué información recuerda Ud. de los siguientes casos? ¿Cuál fue el papel del gobierno en cada uno?

1. El incendio del rancho de los «Davidianos» en Waco, Texas, en 1993.
2. El atentado con coche bomba contra el edificio federal en la Ciudad de Oklahoma en 1995.
3. La explosión de una bomba durante los Juegos Olímpicos de Atlanta en 1996.
4. El ataque contra las Torres Gemelas del *World Trade Center* en Nueva York en 2001.

LENGUA II

43 MORE ON THE SEQUENCE OF TENSES

Remember that the tense of the subjunctive—present or past—used in the subordinate clause is determined by the verb form used in the main clause. Here is the summary of correspondences you saw on page 221, with all the forms included.

MAIN CLAUSE	SUBORDINATE CLAUSE
present present perfect future future perfect command	present subjunctive present perfect subjunctive
preterite imperfect pluperfect conditional conditional perfect	past subjunctive pluperfect subjunctive

A. Main verb present → subordinate verb present

When the main-clause verb is in the present, present perfect, future, or future perfect, or is a command, the subordinate-clause verb is usually in the present subjunctive.

- The present perfect subjunctive is used when the action in the subordinate clause occurs *before* the action of the main-clause verb.
- The present subjunctive expresses an action that occurs at the *same time* as the action of the main-clause verb, or *after* it.

MAIN CLAUSE	SUBORDINATE CLAUSE	
Before	PRESENT Espera que Diego... *He hopes that Diego . . .*	PRESENT PERFECT SUBJUNCTIVE ya le haya hablado. *has already spoken to him.*
Simultaneous	PRESENT Insiste en que Diego... *He insists that Diego . . .*	PRESENT SUBJUNCTIVE le hable todos los días. *speak to him every day.*
After	PRESENT PERFECT Ha insistido en que Diego... *He has insisted that Diego . . .*	PRESENT SUBJUNCTIVE le hable luego. *speak to him later on.*
	FUTURE Insistirá en que Diego... *He will insist that Diego . . .*	PRESENT SUBJUNCTIVE le hable mañana. *speak to him tomorrow.*
	FUTURE PERFECT Habrá insistido en que Diego... *He will have insisted that Diego . . .*	PRESENT SUBJUNCTIVE le hable mañana. *speak to him tomorrow.*
	COMMAND Insista en que Diego... *Insist that Diego . . .*	PRESENT SUBJUNCTIVE le hable mañana. *speak to you tomorrow.*

B. Main verb past → subordinate verb past

When the main-clause verb is in the preterite, imperfect, pluperfect, conditional, or conditional perfect, the subordinate-clause verb is in the past subjunctive (simple or perfect).

- The pluperfect subjunctive is used when the action in the subordinate clause occurs *before* the action of the main-clause verb.
- The imperfect subjunctive expresses an action that occurred at the *same time* as the action of the main-clause verb, or *after* it.

MAIN CLAUSE	SUBORDINATE CLAUSE	
Before	IMPERFECT Era bueno que Diego... *It was good that Diego . . .*	PLUPERFECT SUBJUNCTIVE ya le hubiera hablado. *had already spoken to him.*
Simultaneous	IMPERFECT Era bueno que Diego... *It was good that Diego . . .*	IMPERFECT SUBJUNCTIVE le hablara todos los días. *spoke to him every day.*

	MAIN CLAUSE	**SUBORDINATE CLAUSE**
After	**PRETERITE** El lunes pidió que Diego... *On Monday he asked that Diego . . .*	**IMPERFECT SUBJUNCTIVE** le hablara luego. *speak to him later on.*
	IMPERFECT Pedía que Diego... *He used to ask that Diego . . .*	**IMPERFECT SUBJUNCTIVE** le hablara luego. *speak to him later.*
	PLUPERFECT El lunes había pedido que Diego... *On Monday he had asked that Diego . . .*	**IMPERFECT SUBJUNCTIVE** le hablara luego. *speak to him later on.*
	CONDITIONAL Pediría que Diego... *He would ask that Diego . . .*	**IMPERFECT SUBJUNCTIVE** le hablara luego. *speak to him later.*
	CONDITIONAL PERFECT Habría pedido que Diego... *He would have asked that Diego . . .*	**IMPERFECT SUBJUNCTIVE** le hablara luego. *speak to him later.*

Práctica Exprese las siguientes oraciones en inglés y explique si la acción del verbo que está en el subjuntivo ocurre antes, al mismo tiempo o después que la acción del verbo principal. En algunos casos, hay más de una traducción posible.

1. Es bueno que María nos llame.
2. Recomendaban que salieran de su país.
3. Dudaban que tú lo hubieras hecho.
4. Negarán que sus padres lo hayan mandado.
5. No me gusta que salgas a las dos de la mañana.
6. Habían pedido que lo trajeran al día siguiente.
7. Nadie quería que emigraran.
8. Es una lástima que no nos hayan escrito.

Intercambios

A Haga oraciones completas, juntando una frase de la primera columna y el sujeto indicado con una frase de la segunda. Luego, añada información explicativa.

MODELO: Será difícil que ellos llamen al juez porque la última vez que estuvieron en la corte se portaron tan mal con ese mismo juez que él se enfadó y les dijo que no lo llamaran jamás.

1. La acción de la segunda columna ocurre *al mismo tiempo* o *después que* la de la primera.

No me gusta		fumar marihuana…
Es imposible		ser delincuentes…
Será difícil	que ellos	llamar al juez…
Dudo		conseguir la custodia de los hijos…

2. La acción de la segunda columna ocurrió *antes que* la de la primera.

Es increíble		atrapar al criminal…
Temo		no obedecer la ley…
Me alegro mucho de	que Uds.	ponerle una multa…
Me parece mentira		darle la pena de muerte…

B Haga oraciones completas, juntando una frase de la primera columna y el sujeto indicado con una frase de la segunda. Luego, añada información explicativa. La acción de la segunda columna ocurría *al mismo tiempo* o *después que* la de la primera.

Insistían en		leer el documento secreto…
No querían		ver al abogado…
Era injusto	que (nosotros)	copiar en el examen…
Estaban tristes		ser detenidos…

C Complete las siguientes oraciones usando un tiempo verbal apropiado.

MODELO: Cuando yo tenía ocho años,… →

ACCION FUTURA
temía que los demás se rieran
de mí.

ACCION YA COMPLETADA
me alegraba de que ya hubiera
aprendido a escribir.

1. Cuando llegué a la clase de español una mañana, temía…
2. Después de ver mis notas el semestre pasado, dudaba…
3. Para mi próximo cumpleaños, quiero…
4. Después de morir, espero…
5. Al graduarme de la universidad, mis padres temen…

D Guiones Imagínese que Ud. y su esposo/a han invitado a cenar a su casa a otra pareja. De repente ellos notan la placa que Uds. recibieron el año pasado por su heroísmo al atrapar a varios ladrones peligrosos. Trabajando con un compañero / una compañera de clase, cuéntenles la historia de todo lo que ocurrió y cómo se solucionó el caso gracias a su astucia (*cunning*) y valor. Traten de usar lo siguiente en su narración, cuando sea apropiado.

- el subjuntivo

- los complementos pronominales

- algunos ejemplos del *no-fault* **se**
- las formas perfectas de los verbos

¡Usen la imaginación para darle un final interesante a la historia!

ENLACE

¡OJO!

	EXAMPLES	NOTES
pero **sino** **sino que** **no sólo**	Joaquín es muy inteligente, **pero** estudia mucho de todas formas. *Joaquín is very bright, but he studies a lot anyway.*	English *but* is expressed as **pero, sino,** or **sino que** in Spanish. All three are conjunctions; they join two elements of a sentence. When the element preceding *but* is affirmative, **pero** is used.

	EXAMPLES	NOTES
pero **sino** **sino que** **no sólo** (*continued*)	Quique no es muy inteligente, **pero** es buen estudiante. *Quique isn't very bright, but he's a good student.*	**Pero** can also be used after a negative element to mean *but* in the sense of *however*, introducing information that *contrasts with* or *expands* the previously mentioned concepts.
	El coche no es nuevo **sino** viejo. *The car isn't new but (rather) old.* No quiero que me ayudes **sino que** te vayas. *I don't want you to help me but (rather) (that you) go away.*	**Sino** and **sino que** are used only after a negative element. They introduce information that *contradicts and replaces* the first element. They mean *but* in the sense of *rather*. **Sino** connects a word or phrase (but not a clause) to the sentence; **sino que** connects a clause.
	No sólo trajeron pan **sino** también queso. *They brought not only bread but also cheese.* **No sólo** vino **sino que** trajo a sus amigos. *She not only came but (also) brought her friends.*	English *not only . . . but (also)* is expressed in Spanish by **no sólo... sino (que).**
intentar **tratar de** **tratar** **probar(se)**	Voy a **intentarlo.** No sé si tendré éxito. *I'm going to try (it). I don't know if I'll succeed.* No sé. **Trataré de** hacer todo lo posible. *I don't know. I'll try to do all I can.*	All of these words can express English *to try.* **Intentar** means *to try* or *to make an attempt*, as does **tratar de,** which is always followed by an infinitive in this meaning. In contrast, **intentar** can be used either alone or with **lo.**
	Este libro **trata de** La Raza. *This book deals with La Raza.* **Se trata de** la justicia. *It's a question of justice.*	**Tratar de** can also mean *to deal with.* The expression **se trata de** means *it's about* or *it's a question of;* it can never be used with a specific subject.
	Los **trató** sin respeto. *He treated them without respect.*	When used without **de, tratar** means *to treat someone or something* in a particular way.
	¡**Prueba** el vino! *Try the wine!*	**Probar** means *to try or taste something,* or *to try someone* in the sense of *testing him or her.*

	EXAMPLES	NOTES
intentar **tratar de** **tratar** **probar(se)** (*continued*)	Van a **probar**te. No les digas nada. *They're going to test you. Don't tell* *them anything.* Voy a **probarme** estos pantalones antes de comprarlos. *I'm going to try on these pants* *before buying them.*	**Probarse** means *to try on* (an article of clothing).
preguntar (**hacer una** **pregunta**) **pedir**	No entiendo lo que me **preguntas.** *I don't understand what (question)* *you're asking me.* Los niños **hicieron** muchas **preguntas** durante su visita al museo. *The kids asked a lot of questions* *during their visit to the museum.* Ella les **pidió** que hablaran en voz baja. *She asked them to speak softly.* Te quiero **pedir** un favor. *I want to ask you a favor.*	As you reviewed in **Capítulo 7** (page 232), *to ask a question* is expressed in Spanish by either **preguntar** or **hacer una pregunta.** *To ask* in the sense of *requesting* *something from someone*—an object, a favor, an action—is expressed in Spanish by **pedir.**

 A Volviendo al dibujo Elija la palabra que mejor completa cada oración. ¡Cuidado! También va a encontrar palabras de los capítulos anteriores.

El mes pasado, Toño Cicleta (buscaba/miraba)[1] una nueva motocicleta (por/porque)[2] la que tenía estaba en malas condiciones. (Probó / Se probó / Trató)[3] diferentes motos en diferentes lugares, (pero / sino / sino que)[4] la decisión era difícil. Todo dependía (al / del / en el)[5] precio y otros detalles especiales. Toño había (ahorrado/salvado)[6] dinero por (mucho tiempo / muchas veces)[7] para poder comprar la moto más lujosa que hubiera. Quería pagarla en efectivo para no tener que estar pagando (una cuenta / un cuento)[8] a plazos. Como tenía el dinero, nada le (dejaba/detenía/impedía)[9] comprar una buena moto. Toño se (hizo/puso/volvió)[10] contento cuando finalmente la encontró; tenía todos los lujos (a/con/en)[11] los cuales había soñado.

Una tarde de la semana pasada, Toño (dejó/detuvo/salió)[12] de su trabajo. Paseaba en su moto tranquilamente por la ciudad mientras pensaba (a/de/en)[13] su padre, a quien (echaba de menos / perdía)[14] porque hacía (mucho tiempo / muchas veces)[15] que no lo veía. De pronto, un policía le (pidió/preguntó)[16] a Toño que se (dejara/impidiera/detuviera).[17] Muy sorprendido, Toño frenó inmediatamente. Entonces, el policía le (pidió/preguntó)[18] que le mostrara su licencia de conducir. A Toño no le (cuidaba/importaba)[19] mostrársela así que la (buscó/miró)[20] rápidamente y se la dio. Cuando el policía vio la foto, le (pidió/preguntó)[21] por qué no llevaba sus

gafas. Fue entonces cuando Toño (probó / se probó / trató)²² de explicarle
el asunto de su parabrisas especial. Le mostró que no sólo era un simple
parabrisas (pero / sino / sino que)²³ le servía de gafas también.

B **Entre todos**

- En los últimos años ha habido un aumento en la delincuencia juvenil.
  ¿Cuáles son algunos de los grupos en su comunidad que tratan de ayudar a los jóvenes delincuentes? ¿Qué hacen estos grupos? ¿También
  hay programas para ayudar a los padres de estos jóvenes?

- ¿Cree Ud. que se debe tratar a los adolescentes delincuentes como si
  fueran adultos? ¿Cuáles son algunos de los argumentos que se han presentado a favor y en contra de esta propuesta?

- En algunos lugares se ha sugerido que los padres sean forzados a
  responder por los delitos de sus hijos menores de edad. ¿Qué piensa
  Ud. de esto? ¿Equivale a tratar a los padres como delincuentes
  comunes? ¿Por qué sí o por qué no?

Repaso

A Complete los párrafos, dando la forma correcta de los verbos y expresando en español las frases en inglés. Cuando se dan dos palabras entre paréntesis, escoja la palabra apropiada.

Cómo llegar a ser policía

Yogi y Mark trabajan (por/para)[1] la policía británica. (*Both Yogi and Mark*)[2] están entre los muchos policías y detectives famosos (*who*)[3] (*have worked*)[4] en la gran Scotland Yard de Londres. Pero cuando Yogi y Mark comentan su trabajo entre sus amigos, no (hacer)[5] referencia al largo «brazo» de la ley (pero/sino)[6] a la larga «pata» (*paw*). Yogi y Mark (ser/estar)[7] perros policía.

La policía británica (utilizar)[8] más de 1.500 perros que están especialmente (*trained:* entrenar)[9] para (colaborar)[10] en los distintos aspectos de la guerra contra el crimen, especialmente contra el tráfico de drogas y en la búsqueda de personas (*lost*).[11] En un solo año casi 14.000 arrestos fueron efectuados (por/para)[12] perros policía.

Aunque (*dogs have been used*)[13] como guardianes desde el antiguo Egipto, no fue hasta la década de los cuarenta del siglo XX que (*were established*)[14] los primeros centros de entrenamiento (por/para)[15] perros policía. Allí (*is developed:* desarrollar)[16] su olfato (*sense of smell*) y (*they learn*)[17] técnicas de rastreo (*tracking*). Es necesario que las lecciones (ser/estar)[18] breves y que los entrenadores (*repeat them*)[19] hasta que las reacciones de los perros (*become*)[20] automáticas. Se insiste mucho en la obediencia absoluta: Durante todas las fases del entrenamiento, es importante que cada perro (*be trained by*)[21] una sola persona para que luego (obedecer)[22] a una sola voz.

La relación entre el perro y su amo empieza temprano; desde los tres meses el cachorro (*puppy*) que (*will be*)[23] perro policía vive en la casa del policía (*who*)[24] lo va a (cuidar/importar),[25] a fin de que (establecerse)[26] los lazos (*bonds*) de cariño y comprensión sin los cuales no puede existir una total confianza entre (*both*).[27] En realidad, (*they will not be*)[28] simplemente perro y amo (pero/sino)[29] verdaderos compañeros.

B Imagínese que Ud. es la madre de una adolescente de diecisiete años. Su hija Linda ha salido esta noche con amigas y Ud. está preocupada. Hable con su esposo de sus preocupaciones. Siga el modelo, usando expresiones de emoción y creando oraciones lógicas.

> MODELO: robarle el coche →
> Espero que Linda haya cerrado bien el coche. Temo que se lo roben.

1. quitarle la bolsa
2. recibir una multa por conducir demasiado rápido
3. consumir drogas
4. violarla
5. ir a una fiesta «rave»
6. acabársele la gasolina
7. perderse en un barrio peligroso
8. fumar cigarrillos u otras cosas

De la calle al trabajo: El caso de Bogotá, Colombia

La vida de muchos niños hispanoamericanos es muy dura. Este segmento de vídeo presenta el caso de Ricardo, un joven de quince años, que hace trucos (*tricks*) y acrobacias (*acrobatics*) en la calle para poder sobrevivir. Ricardo es uno de los miles de gamines (*street children*) hispanoamericanos, muchos de los cuales tienen que pedir limosna (*panhandle*) o robar para poder comer. En Bogotá, Colombia, se ha establecido un taller (*shop*) como parte de un programa especial para ayudar a los gamines.

Antes de ver

■ ¿Sabe Ud. de algunos programas especiales en este país para ayudar a los jóvenes bajo riesgo (*at risk*) de convertirse en delincuentes? ¿Cómo son esos programas? ¿Cómo se imagina que es este programa en Colombia? ¿Qué tipos de servicios o beneficios cree que les ofrece este programa a los jóvenes?

■ Ahora lea con cuidado la actividad en **Vamos a ver** antes de ver el vídeo por primera vez.

En el taller de Bogotá, Colombia.

Vamos a ver

Indique si las siguientes afirmaciones son ciertas (**C**) o falsas (**F**). Luego, corrija las oraciones falsas.

1. _____ Ricardo vive en la calle porque no tiene padres ni otros parientes.
2. _____ Gran número de los gamines ha usado drogas.
3. _____ Algunos gamines están en la calle para escaparse del abuso de los adultos.
4. _____ En el taller de Bogotá se fabrican juguetes.
5. _____ Ricardo es uno de varios gamines que han encontrado trabajo en el taller.
6. _____ Como parte del programa, Jaime, William y Carlos van a la escuela durante el día y después empiezan su turno (*shift*) en el taller.
7. _____ El propósito básico del programa es ayudar a los jóvenes a volver a vivir con su familia.
8. _____ El programa se preocupa por estimular el amor propio de los jóvenes.

Después de ver

■ En el segmento de vídeo se presenta sólo el trabajo en el taller como una manera de hacer frente a (*to face*) los problemas de los gamines. ¿Cree Ud. que es suficiente el trabajo para ayudar a los jóvenes a convertirse en ciudadanos responsables y útiles a la sociedad? ¿O cree que necesitan también una preparación académica para tener éxito en la vida? ¿Necesitan programas para superar (*to overcome*) los problemas de las drogas y también programas que los ayuden a relacionarse con su familia?

- Divídanse en dos grupos. Un grupo defenderá la siguiente declaración: «Los jóvenes pueden aprender todo lo necesario a través del trabajo bien supervisado; el lugar de trabajo es la mejor escuela». El otro grupo defenderá ésta: «Los jóvenes necesitan otros programas para aprender a comportarse en la comunidad y necesitan asistir a la escuela para prepararse intelectualmente». Después del debate, comenten todos juntos los pro y los contra del asunto.

- Busque información sobre los porcentajes de niños de diferentes edades que asisten a la escuela en dos o tres países hispanohablantes. (Sugerencia: Vaya a las páginas oficiales del gobierno de cada país para encontrar estas estadísticas.) ¿Qué conclusión puede inferir de estos resultados sobre las condiciones sociales de estos países? Comparta su información con sus compañeros de clase.

CAPITULO

12

El trabajo y el ocio

Lesson Objectives

Lengua
- Review of verb forms (44)
- Progressive forms (45)
- Restrictions with the use of the **-ndo** form (46)

Literatura
- *El sur* Jorge Luis Borges

Vídeo: En kayac por Chiloé y carros de viento en Llay Llay, Chile

Santo Domingo, la República Dominicana

DESCRIBIR Y COMENTAR

The *¡Avance!* CD-ROM contains interactive activities to practice the material presented in this chapter.

■ Identifique las profesiones y oficios que se ven en este dibujo, y explique qué hace el individuo que ejerce cada uno. ¿Qué rasgos de personalidad y qué habilidades tendrá la persona que escoja estas ocupaciones? ¿Qué tipo de preparación se requiere en cada caso?

■ En su opinión, ¿cuál de estas ocupaciones es la más peligrosa? ¿la más (des)agradable? ¿la más lucrativa? ¿Con qué culturas o regiones se asocian algunos de estos oficios? ¿con qué clase social? ¿con qué sexo? Explique sus puntos de vista al respecto.

VOCABULARIO

para conversar

convenir (like **venir**) to be appropriate
ejercer una profesión to practice a profession
entrevistar to interview
  entrevistarse en to have an interview with;
    to be interviewed by
escoger to choose
especializarse en to specialize in; to major in
estar de vacaciones to be on vacation
ir de vacaciones to go on (a) vacation
jubilarse to retire
relajarse to relax
tomar vacaciones to take time off
valorar to value; to appreciate

el aprendizaje apprenticeship
el descanso rest; leisure
las diversiones amusements
el entrenamiento (sports) training
el entretenimiento entertainment
la entrevista interview
la especialización major
el ocio leisure time; relaxation
el pasatiempo pastime; hobby

la preparación preparation; job training
el prestigio prestige
el tiempo libre free time
las vacaciones vacation

Profesiones y oficios

el/la artista artist; movie star
el bailarín / la bailarina dancer
el basurero / la basurera garbage collector
el/la beisbolista* baseball player
el bombero / la mujer bombero firefighter
el enfermero / la enfermera nurse
el maestro / la maestra teacher
el/la músico† musician
el/la oficinista office clerk
el/la periodista journalist
el reportero / la reportera reporter
el torero / la torera bullfighter
el vaquero / la vaquera cowboy, cowgirl
el vendedor / la vendedora salesperson

LENGUAJE Y CULTURA

En el mundo hispano existen muchas opiniones diferentes sobre cómo formar el femenino de las profesiones que tradicionalmente han ejercido sólo los hombres. En muchos casos, la forma femenina puede hacerse simplemente cambiando la **-o** final en **-a** (**el médico / la médica**) o añadiendo una **-a** cuando la forma masculina termina en consonante (**el contador / la contadora**). Si el sustantivo termina en otra vocal, el artículo que lo acompaña generalmente indica el sexo de la persona (**el artista / la artista**). Pero si la forma femenina ya existe con otro significado, estas reglas no pueden aplicarse. (Por ejemplo, **el químico** significa *male chemist*, pero **la química** significa *chemistry*.) También problemático es el hecho de que en algunos casos la forma femenina se refiera a la esposa del hombre que ejerce la profesión indicada: en muchos países, por ejemplo, así se entiende **la presidenta**. Otra solución es referirse a la mujer profesional de la siguiente manera: **la mujer** + *nombre de profesión*. Así se crean pares como **el policía / la mujer policía** y **el soldado / la mujer soldado**.

---

*The ending **-ista** can be added to many sports to indicate the individual who plays that sport: **futbolista, tenista, basquetbolista.** Remember that in most parts of the world, **fútbol** refers to soccer, and a **futbolista** is a soccer player.
†The ending **-ista** can be added to many musical instruments to indicate the individual who plays that instrument: **pianista, guitarrista, flautista.**

A ¿Qué palabra o frase de la segunda columna asocia Ud. con cada palabra o frase de la primera? Explique en qué basa su asociación. ¡Cuidado! Hay varias respuestas posibles en cada caso.

1. el aprendizaje
2. el ocio
3. ejercer una profesión
4. la entrevista
5. tomar vacaciones

a. escoger una especialización
b. la preparación
c. la solicitud
d. relajarse
e. el tiempo libre

B Explique la diferencia entre cada par de palabras.

1. el descanso / la preparación
2. el oficio / la profesión
3. jubilarse / tomar vacaciones

4. el entretenimiento / el pasatiempo
5. valorar / despreciar

 C ¡Necesito compañero! Trabajando en parejas, hagan una lista de cinco de los oficios o profesiones que más les interesen. Luego póngalos en una lista de acuerdo con los años de preparación que exige cada uno.

Según Miguelito, ¿qué actividad hace diferente al ser humano de los otros animales? ¿Es esto algo bueno o malo, según él? ¿Por qué es tan complicado, según Miguelito, ser un animal «superior»? ¿Por qué sería más fácil ser una tortuga o un gato? ¿Está Ud. de acuerdo con Miguelito? ¿Por qué sí o por qué no?

© Joaquín S. Lavado, QUINO, Toda Mafalda, Ediciones de la flor, 1997
[a]*mason* [b]*lathe operator*

D ¿Qué cualidades de la Lista A son características indispensables de las personas que ejercen las profesiones de la Lista B? Explique.

A		B	
la afabilidad	la elocuencia	abogado/a	médico/a
la agresividad	la fuerza física	artista de cíne	militar
la ambición	la imaginación	basurero/a	modelo
la astucia	la independencia	bombero / mujer bombero	piloto/a
la capacidad de organización	la inteligencia	científico/a	pintor(a)
la curiosidad	la paciencia	escritor(a)	político / mujer político
la destreza física	la valentía (*bravery*)	futbolista	sacerdote
		maestro/a	secretario/a

Ahora, ponga en orden las profesiones según el mayor o menor prestigio que tienen dentro de la sociedad.

- ¿A qué se debe ese prestigio (o la falta de él)? ¿al sueldo que gana una persona que ejerce esa profesión? ¿a la fama? ¿a los años de preparación necesarios para lograr la profesión? ¿a la importancia de los servicios que prestan esas personas a la sociedad? ¿ ?

- ¿Está Ud. de acuerdo con el prestigio que tiene cada profesión? ¿Hay profesiones que deben tener más (o menos) prestigio del que tienen actualmente? Comente.

E ¡Necesito compañero! A veces lo más atrayente de una profesión son las condiciones de trabajo o la satisfacción personal que la profesión proporciona al individuo. Aquí hay una lista de beneficios y condiciones de trabajo. Trabajando en parejas, elijan los cuatro más importantes y los cuatro de menor importancia. Luego, expliquen su decisión a la clase.

Queremos un trabajo…

- ☐ que nos permita resolver problemas internacionales.
- ☐ que nos ofrezca seguridad económica para el resto de la vida.
- ☐ que nos permita ser líderes (ser jefes, manejar personal, etcétera).
- ☐ que nos ofrezca la oportunidad de viajar mucho.
- ☐ en el que el horario sea flexible.
- ☐ en el que tengamos varios meses de vacaciones anuales.
- ☐ que sea bien pagado y dé mucho prestigio.
- ☐ en el que podamos ejercer nuestra creatividad.
- ☐ que nos permita quedarnos en casa la mayor parte del tiempo.
- ☐ que consista en aportar algo significativo a la sociedad.
- ☐ en el que nuestros compañeros de trabajo sean simpáticos.
- ☐ de gran/poca responsabilidad.
- ☐ que sea interesante y siempre variado.
- ☐ en el que logremos fama nacional o mundial.

44 REVIEW OF VERB FORMS

There are three main groups of Spanish verbs, those with infinitives ending in **-ar, -er,** and **-ir.** A conjugated verb has two main parts: a stem and an ending. The stem identifies the action (**habl-**), and the ending indicates the tense, mood, and person/number of the action (**-amos**) **hablamos.**

You have learned five indicative forms: present, imperfect, preterite, future, and conditional. Each of these has a perfect equivalent: the corresponding form of **haber** + the past participle.* You have also learned two subjunctive tenses, the present and the past, with their corresponding perfect forms. The imperative does not show tense; the different forms of the imperative correspond to the subject (formal, informal, singular, and plural) and to whether the command is affirmative or negative.

The following charts show the verbs **hablar, comer,** and **vivir** conjugated in all of these forms in the third-person plural. Can you give the remaining forms of each conjugation?

---

*As stated earlier in the second footnote on page 349, the perfect forms of the preterite are disappearing. They are included here only for the sake of instruction.

SIMPLE VERB FORMS				
	INDICATIVE	SUBJUNCTIVE	IMPERATIVE	
			AFF.	NEG.

-ar

	INDICATIVE	SUBJUNCTIVE	IMPERATIVE	AFF.	NEG.
Present	hablan	hablen	Ud.	hable	hable
Imperfect	hablaban	hablaran	Uds.	hablen	hablen
Preterite	hablaron		tú	habla	hables
Future	hablarán		vosotros/as	hablad	habléis
Conditional	hablarían				

-er

	INDICATIVE	SUBJUNCTIVE	IMPERATIVE	AFF.	NEG.
Present	comen	coman	Ud.	coma	coma
Imperfect	comían	comieran	Uds.	coman	coman
Preterite	comieron		tú	come	comas
Future	comerán		vosotros/as	comed	comáis
Conditional	comerían				

-ir

	INDICATIVE	SUBJUNCTIVE	IMPERATIVE	AFF.	NEG.
Present	viven	vivan	Ud.	viva	viva
Imperfect	vivían	vivieran	Uds.	vivan	vivan
Preterite	vivieron		tú	vive	vivas
Future	vivirán		vosotros/as	vivid	viváis
Conditional	vivirían				

PREFECT VERB FORMS: haber + PAST PARTICIPLE			
	INDICATIVE	SUBJUNCTIVE	PAST PARTICIPLE
Present	han	hayan	hablado
Pluperfect	habían	hubieran	comido
Preterite	hubieron		vivido
Future	habrán		
Conditional	habrían		

Práctica Complete las siguientes oraciones con la forma apropiada del verbo indicado. ¡Cuidado! A veces hay más de una posibilidad.

1. Mis padres (ponerse) furiosos cuando les dije que (yo: querer) especializarme en la psicología de las gallinas. Ellos deseaban que yo (ejercer) una profesión prestigiosa, en la que (yo: tener) un sueldo muy alto. Pero a mí siempre me ha fascinado el comportamiento de las gallinas. ¡Me gustaría (ser) una de ellas, pues así tal vez las comprendería mejor!

2. Si no quieres que los extraterrestres te (llevar) a otro planeta, no (tú: salir) a la calle a montar en bicicleta a las tres de la mañana. Si lo haces, bajarán en su platillo volador y te (poner: ellos), junto con tu bicicleta, en una botella para hacer sus experimentos.

3. Anoche, cuando llegó Cecilia, hacía dos horas que la fiesta (terminar), pero algunos de nosotros todavía (estar) allí. Cecilia (ponerse) muy

triste por no haber llegado a tiempo, y lloró tanto que (nosotros: decidir) comenzar la fiesta otra vez. ¡A Cecilia (gustarle) mucho las fiestas!

4. Mi madre se habría vuelto loca si mi padre (jubilarse) hace diez años, porque ahora ella no lo (soportar) en casa todo el día. El prometió que no (hacer) nada cuando ya no tuviera que trabajar, y hasta hoy (cumplir) su promesa.

5. El médico le dijo a la paciente que le (convenir) tomar vacaciones, pues era necesario que (ella: relajarse). Eso fue después de que ella le (contar) que (ella: ver) un fantasma todas las noches, al salir del trabajo.

6. En muchos países, es necesario que uno (escoger) su especialización antes de entrar a la universidad. Si Ud. hubiera estudiado en uno de esos países, ¿en qué profesión (especializarse)?

Intercambios

A Imagínese que Ud. es consejero/a en la universidad y que los siguientes estudiantes lo/la visitan para que los aconseje sobre las clases que deben tomar. Dados los planes que tienen ellos para el futuro, ¿qué clases les recomienda Ud.?

MODELO: Carmen quiere hacerse periodista. →
Sería conveniente que estudiara inglés y ciencias políticas. También convendría que tomara algunas clases de oratoria (*public speaking*).

1. Laura quiere hacerse médica.
2. Roberto quiere hacerse beisbolista.
3. Julio quiere hacerse hombre de negocios.
4. Mercedes quiere hacerse abogada.
5. Francisco quiere hacerse psicólogo.
6. Pedro quiere ser torero.

B ¡Necesito compañero! En los Estados Unidos, la norma establecida es trabajar 40 horas a la semana en cinco días (de las 9:00 de la mañana a las 5:00 de la tarde). Pero quizás sería posible mejorar el sistema si se hicieran algunos cambios. Trabajando en parejas, completen las siguientes oraciones con las formas apropiadas del imperfecto de subjuntivo y comenten las ventajas o desventajas que resultarían si se hicieran esos cambios. Luego, háganse preguntas para averiguar el porqué de sus respuestas.

1. Sería (mejor/peor/igual) si se *poder* trabajar 40 horas en menos de cinco días.
2. Sería (mejor/peor/igual) si se *empezar* y *terminar* la jornada (*workday*) a la hora que la persona quisiera (con tal de trabajar el total de horas debido).
3. Sería (mejor/peor/igual) si se *mantener* una edad límite obligatoria para la jubilación.
4. Sería (mejor/peor/igual) si los papás también *recibir* un descanso pagado por el tiempo que pasan cuidando a sus hijos recién nacidos.

5. Sería (mejor/peor/igual) si se *permitir* que una persona *empezar* a trabajar jornada de tiempo completo a la edad que quisiera.
6. Sería (mejor/peor/igual) si se *permitir* que una persona *aceptar* dinero extra en vez de asistencia médica (*health benefits*).

De todos los cambios sugeridos, ¿cuál es el que Uds. creen que tendría el efecto más beneficioso? Compartan con la clase lo que han decidido.

C Entre todos

■ Cuando Ud. era niño/a, ¿qué profesión u oficio querían sus padres que Ud. ejerciera de adulto/a? ¿Por qué? ¿Estaba de acuerdo con los deseos de sus padres o tenía otras ambiciones? ¿Cuáles eran?

■ De las profesiones y oficios nombrados por los miembros de la clase, ¿cuál se menciona con mayor frecuencia? ¿Por qué cree Ud. que a tantos niños les atrae esa profesión? ¿Qué ocupación se menciona menos? ¿Cómo se explica esto?

■ ¿Cuántos de Uds. todavía quieren llegar a ejercer el oficio que les atraía de niños? Los que han cambiado de idea deben explicar por qué.

D Mire el anuncio a continuación. ¿Qué servicios les ofrece a los negociantes el Club El Nogal de Bogotá? ¿Qué tipo de negociante lo usaría? En la lista de servicios que se ofrecen, ¿cuáles se usan para los negocios? ¿para la diversión? ¿para ambos? En su opinión, ¿es preferible combinar el trabajo con el ocio o prefiere Ud. separarlos? Explique.

■ Una de las técnicas que se usan para reducir las tensiones relacionadas con el ejercicio de una profesión es alternar el trabajo con el ocio. En su opinión, ¿es normal que toda ocupación cause tensiones? ¿Por qué sí o por qué no?

■ Hoy en día, hay empresas que les ofrecen a sus empleados un gimnasio, con todo el equipo moderno. ¿Le parece a Ud. un servicio útil? ¿A quién(es) intenta beneficiar? ¿Qué otros servicios les deben ofrecer las empresas a sus empleados para disminuir el estrés que les causa el trabajo?

■ ¿Tendrá menos estrés una persona que trabaja en una ocupación que le gusta? En general, ¿trabaja la gente por gusto o por necesidad?

■ ¿Puede considerarse como «trabajo» el preparar la comida en casa? ¿el escribir un poema? ¿Qué es lo que para Ud. constituye «trabajo»?

F ¡Necesito compañero! La tensión relacionada con el trabajo es uno de los peligros más serios para el individuo en la sociedad actual. ¿Qué oficios causarán más tensiones? El texto a la derecha presenta los resultados de una investigación sobre este tema. Trabajando en parejas, lean el texto y después contesten las preguntas.

1. De las profesiones que menciona el texto, ¿cuáles causan estrés? ¿Por qué razones? ¿Cuáles de ellas les parecen menos estresantes? Expliquen sus respuestas, intentando identificar las causas del estrés relacionado con cada ocupación. ¿Hay otras profesiones que producen más tensiones que las que menciona el texto?

2. Si Uds. tuvieran un trabajo estresante, ¿qué estrategias usarían para reducir el estrés? En general, ¿qué cambios podrían efectuarse en la sociedad actual para mejorar las condiciones del trabajo? (Piensen en el horario, las vacaciones, las horas extraordinarias, la edad mínima para jubilarse, el ambiente, los muebles, etcétera.) ¿Qué consecuencias tendrían estos cambios en el mundo laboral?

EL HIT-PARADE DE LAS PROFESIONES CON RIESGO DE ESTRES

No todas las profesiones requieren el mismo esfuerzo y la misma atención y por esta razón los resultados frente al estrés según la ocupación dan distintos índices de peligrosidad. Según un estudio realizado por INSERM y especialistas del Instituto americano, las quince profesiones que tienen más riesgo de contraer enfermedades producidas por el estrés son las siguientes:

1. Controlador aéreo.
2. Piloto de avión.
3. Conductor de tren.
4. Profesores y catedráticos.
5. Institutriz.[a]
6. Agente de cambio y bolsa.
7. Mayorista.[b]
8. Minero.
9. Dentista.
10. Camarero.
11. Ejecutivo de una empresa.
12. Cajera de un supermercado.
13. Policía.
14. Programador.
15. Periodista.

[a]*Governess*
[b]*Wholesaler*

45 PROGRESSIVE FORMS

A. Formation of the progressive

The progressive consists of a conjugated form of the auxiliary verb **estar** plus the present participle (**el gerundio**). In English, the present participle ends in *-ing: singing, writing.* The Spanish present participle ends in **-ndo: cantando, escribiendo.** The present participle ends in **-ando** for **-ar** verbs and in **-iendo** for **-er** and **-ir** verbs.*

cantar → **cantando**   correr → **corriendo**   vivir → **viviendo**

If the stem of an **-er** or **-ir** verb ends in a vowel, the **i** of the participle ending changes to **y.**

caer → cayendo
oír   → oyendo
leer → leyendo
construir → construyendo

-Ir stem-changing verbs show the second stem change in the participle: **e → i, o → u.**[†]

p**e**dir → p**i**diendo   d**o**rmir → d**u**rmiendo

As with the perfect forms, only the auxiliary verb shows tense, mood, and person/number; the form of the present participle never changes.

The five simple forms of the indicative have corresponding progressives, as do the two simple forms of the subjunctive. Can you complete the conjugations of these verbs?

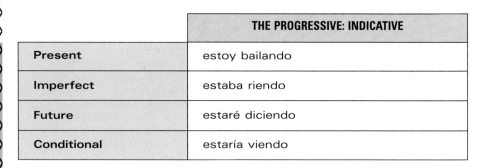

	THE PROGRESSIVE: INDICATIVE
Present	estoy bailando
Imperfect	estaba riendo
Future	estaré diciendo
Conditional	estaría viendo

	THE PROGRESSIVE: SUBJUNCTIVE
Present	esté terminando
Imperfect	estuviera oyendo

---

*The present participles of **ir** and **poder** are irregular: **yendo** and **pudiendo.** They are used infrequently.
[†] When the **e → i** stem change produces a stem ending in **i,** the **i** of the progressive ending is dropped: **reír: ri- + -iendo → riendo.**

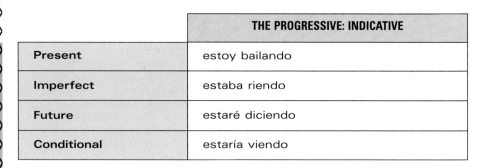

A

PROPOSITO

There are also preterite progressive forms in Spanish: **estuve bebiendo, estuviste bebiendo,** and so on. The preterite progressive conveys both a completed action (implicit in the preterite auxiliary) and the sense of an action in progress (indicated by the use of the present participle). For this reason, its use is limited to contexts where the end of the action is clearly indicated.

Estuvimos hablando hasta la madrugada.
We were talking until dawn.

B. Placement of object pronouns with progressive forms

Object pronouns may precede the auxiliary verb or follow and attach to the participle.

Se está **entrevistando** en la IBM. }
Está **entrevistándose** en la IBM.* } *He's interviewing with IBM.*

Práctica Imagínese que Ud. ayuda a redactar (*to edit*) un manuscrito. En ciertos párrafos, el autor quiere poner énfasis en la idea de que la acción que describe está en progreso. Para lograrlo, Ud. necesita cambiar los siguientes verbos por la forma progresiva, usando el verbo **estar.** ¿Qué forma se debe usar en cada caso?

1. mira	**6.** dieran	**11.** repetían
2. decías	**7.** puse	**12.** vea
3. se despertará	**8.** nos bañamos	**13.** leerían
4. morirían	**9.** traigo	**14.** te afeitas
5. viste	**10.** duermas	**15.** lo oyéramos

C. Uses of the progressive forms

While the perfect forms describe actions that are completed at some point in the past, the progressive forms describe actions that are ongoing or in progress. Because both the simple present tense and the simple imperfect tense can also describe actions in progress, it is important to learn the difference between those two simple tenses and the progressive forms.

The progressive is used in Spanish

▪ to indicate an *action in progress* at the moment of speaking.

No puede hablar con Ud. porque **está durmiendo.** *He can't speak with you because he's sleeping.*
¿Qué **estará haciendo**? *What can she be doing?*

▪ to describe an *action that is different from what is normal* or customary, whether or not it is in progress at the moment of speaking.

Este semestre **estoy tomando** cinco cursos. *I'm taking five classes this semester.* (I usually take four.)
Estaba pasando las vacaciones en casa. *He was spending his vacation at home.* (He usually took a trip.)

▪ to *add emotional impact* to the narration of an ongoing action.

¡Qué diablos **estará pensando**! *What in the world could he be thinking!*

¡Por fin **estamos terminando** este libro! *We are finally finishing this book!*

---

*Note the use of a written accent mark when the pronoun is attached to the participle. See Appendix 1.

The subjunctive progressive expresses the same three meanings as the indicative progressive. It is used whenever the structural and message criteria for the use of the subjunctive are met. The choice between present and past progressive forms of the subjunctive is determined by the same criteria as for the simple forms.

Dudo que el niño **esté divirtiéndose** en este momento. Mírele la cara.	*I doubt* that the child *is having a good time* right now. Look at his face.
¡**Nos alegraba** mucho que ella **estuviera especializándose** en física!	*We were really pleased* that she *was majoring* in physics!

In general, the progressive forms are used much less frequently in Spanish than in English. The progressive is *not* used in Spanish

■ to indicate a future or anticipated action; simple forms are used for this purpose.

Nos casamos en junio.	*We are getting married* in June.
Dijo que **iban** con Raúl.	*She said **they were going** with Raúl.*

A PROPOSITO

Other verbs that can be used as auxiliaries with the progressive are **seguir, continuar, ir, venir,** and **andar.** The use of each changes the meaning of the progressive slightly.

seguir/continuar + *participle:* to continue in progress, to keep on (doing something)

La semana que viene **seguiremos hablando** *de las profesiones en la sociedad actual.*	*Next week we will continue talking about professions in contemporary society.*

ir + *participle:* to focus on progress toward a goal

Vamos avanzando *en la construcción de la casa.*	*We are making progress in the construction of the house.*

venir + *participle:* to emphasize the repeated or uninterrupted nature of an action over a period of time

Desde hace tiempo **vienen diciendo** *lo mismo.*	*For some time now they have kept on saying the same thing.*

andar + *participle:* to imply that the action in progress is disorganized or unfocused

Anda pidiéndoles *ayuda a todos.*	*He's going around asking everyone for help.*

■ with the verbs **ser, ir, venir, poder,** and **tener** (except in very infrequent cases); use the simple forms with these verbs.

Tenemos muchos problemas últimamente.	**We are having** lots of problems lately.
Venían a la fiesta cuando ocurrió el choque.	**They were coming** to the party when the crash occurred.

Práctica Decida si se debe usar un tiempo simple o una forma progresiva para expresar los verbos en letra cursiva. Luego, dé la forma apropiada.

1. They *are having* problems with crime in that area.
2. What *are you doing*? Stop that!
3. Don't talk so loud; your father *is sleeping*.
4. He *is going to get* another interview.
5. They *are visiting* Tahiti later this summer.
6. *Will* you *be arriving* by plane or by boat?
7. They're *leaving* at 9:00.
8. It was time for reforms—the workers *were causing* lots of problems.

Intercambios ㊺

A Complete las siguientes oraciones con una forma progresiva. Use pronombres cuando sea posible.

MODELO: Suelo estudiar español por la mañana, pero hoy _____ porque _____. →
Suelo estudiar español por la mañana, pero hoy estoy estudiando por la tarde porque fui a una fiesta anoche, volví a casa muy tarde y dormí hasta el mediodía.

1. En mi familia, normalmente desayunamos a las siete de la mañana porque mi padre va al trabajo poco después. Pero últimamente _____ porque _____.
2. Antes casi nadie compraba una computadora personal, pero ahora todas las familias _____ porque _____.
3. Anteriormente, sólo los deportistas hacían ejercicio en el gimnasio. Ahora, en cambio, cada vez más personas _____ porque _____.
4. Por lo general no pedimos comida a domicilio (*take out*), pero hoy _____ porque _____.

B Tanto en español como en inglés, para expresar que el tiempo se nos pasa sin que nos demos cuenta, decimos: «¡Cómo vuela el tiempo!» (*How time flies!*) Pero, ¿en qué pasamos el tiempo? Ordene las siguientes actividades según la cantidad de tiempo que Ud. cree que pasa haciéndolas. ¿En cuáles considera que está haciendo algo útil y en cuáles está perdiendo el tiempo?

_____ marcando números de teléfono
_____ haciendo cola
_____ durmiendo
_____ comiendo
_____ buscando objetos perdidos
_____ vistiéndose

_____ leyendo la propaganda comercial que llega por correo

_____ esperando en los semáforos

_____ leyendo y mandando correo electrónico

_____ esperando a personas con quienes tiene cita

_____ haciendo tareas domésticas

_____ ¿ ?

Ahora, compare sus resultados con los de sus compañeros de clase. ¿Cuáles son las actividades en que la mayoría de los estudiantes pasa más tiempo? ¿Y en cuáles pasa la mayoría menos tiempo? Entre todos, comenten las varias posibilidades hasta llegar a un acuerdo sobre las maneras más «típicas» de pasar el tiempo. Si quieren saber los resultados de una investigación al respecto, ¡miren el texto de la Actividad F a continuación!

C Guiones Trabajando en grupos de tres o cuatro personas, expliquen lo que están haciendo las personas en los siguientes dibujos, contestando las preguntas a continuación e incorporando complementos pronominales cuando sea posible. ¡Usen la imaginación y recuerden las estrategias para la comunicación!

■ ¿Dónde están y qué están haciendo las distintas personas?

■ ¿Por qué están haciendo lo que hacen?

■ ¿Qué estación del año se ve en cada dibujo? ¿Cómo se sabe eso?

Vocabulario útil: caer, correr, empujar, el equipo, esperar, las hojas, jugar al fútbol (americano), montar en bicicleta, patear (_to kick_), pedalear, la pelota, saltar (_to jump_), sonreír, tirar (_to throw_)

Vocabulario útil: adentro, afuera, animar (_to cheer_), caer, el cesto, la chimenea, deslizarse en trineo (_to go sledding_), esquiar, ganar, gritar, el humo, los jugadores, jugar al baloncesto, mirar, la nieve, patinar (_to skate_), perder, el público, rebotar (_to bounce_) la pelota

- ¿Cree Ud. que la gente hoy en día está practicando más deportes que antes o menos? ¿Qué motivaciones tendrá la gente para hacer más ejercicio? ¿para hacer menos?

- En general, parece que en esta sociedad las mujeres participan en los deportes menos que los hombres. ¿Por qué cree Ud. que ocurre esto? ¿Cree Ud. que esto ha cambiado o está cambiando entre la gente joven? ¿entre la gente mayor? Explique.

- ¿Practica Ud. algún deporte? ¿Está entrenándose ahora para alguna competencia? Comente.

- ¿Cuáles son algunas de las nuevas diversiones que están apareciendo hoy en día? ¿Cree Ud. que los juegos para computadora están ayudando a los niños a desarrollar nuevas aptitudes? ¿y los videojuegos? Expliquen.

E ¡Necesito compañero! Trabajando en parejas, háganse y contesten preguntas para descubrir qué actividades —verdaderas o imaginarias— podrán estar haciendo las personas citadas en los momentos indicados.

MODELO: Acaban de otorgarte (*They've just awarded you*) el premio Nobel de matemáticas. ¿Y tu maestro de matemáticas de la escuela secundaria? →
Estará sufriendo un ataque al corazón.

1. Los señores Alonso acaban de llegar al teatro. ¿Y la niñera? ¿Y sus hijos, en casa?
2. Acabas de nacer. ¿Y tu padre?
3. Acabas de conocer al hombre / a la mujer de tus sueños. ¿Y él/ella?
4. Acabas de llegar a casa después de estudiar todo el día. ¿Y tus compañeros?
5. Los de tu clase se gradúan hoy de la universidad. ¿Y tú y tus amigos?
6. Tus amigos te miran asombrados y te aplauden. ¿Y tú?

F El siguiente texto presenta los resultados de una investigación que se hizo sobre la cantidad de tiempo que pasamos haciendo actividades poco productivas. ¿Cómo se compara la ordenación que Ud. hizo en la Actividad B con los datos que presenta este texto? ¡Léalo para averiguarlo!

EN QUE PERDEMOS EL TIEMPO

A lo largo de nuestra vida pasamos cinco años esperando en las colas, seis meses parados ante los semáforos y dos años marcando números de teléfono. Datos tan curiosos como éstos y otros muchos han salido a la luz tras los estudios de un investigador en gestión del tiempo, Michael Fortino, que preside la Priority Management Pittsburgh, Inc. El trabajo de Fortino y sus colegas se realizó entre la población de los Estados Unidos y arrojó resultados como los siguientes: el ciudadano medio norteamericano pasa seis años de su vida comiendo, un año buscando efectos personales —el paraguas, una zapatilla, la cartera...— en casa o en la oficina; tres años esperando a las personas con las que está citado, ocho meses abriendo cartas que no le interesan, y cuatro años haciendo labores del hogar. La conclusión es que a la gente lo que le importa no es no perder el tiempo, sino perderlo como le da la gana.

LENGUAJE Y CULTURA

A veces el lenguaje deportivo en inglés puede ser difícil de entender para las personas que no son hablantes nativos, ya que muchas veces incluye frases o palabras que se usan con sentido metafórico. Explique en español el significado *no* deportivo de las siguientes expresiones. ¿Puede Ud. dar otras expresiones de la jerga (*jargon*) deportiva que se usan metafóricamente?

- to drop the ball
- to be out in left field
- to be in the home stretch
- to throw in the towel

ESTRATEGIAS PARA LA COMUNICACION

¿Cuánto cuesta? *How to deal with numbers*

Even people who have studied a language for a long time may have difficulties when they need to use numbers. But numbers are extremely important when you travel, for finding out how much something costs, exchanging money, getting directions, and so forth. Here are some useful expressions involving numbers.

■ *To ask for prices in general*

$$\text{¿Cuánto} \begin{cases} \text{cuesta(n)} \\ \text{es/son} \\ \text{vale(n)} \end{cases} \text{... ?}$$

Clothing

Clothing and shoes in Europe and Latin America are sized differently than in this country. Until you learn what sizes you wear (**usar, llevar**), just ask the salesclerk to recommend something for you to try on (**probarse**) first.

■ *To ask for sizes of clothing*　　　　　■ *To ask for sizes of shoes*

　¿Qué talla es... ?　　　　　　　　　　　¿Qué número es/son... ?

Food

In most parts of the world, food and drink are measured by the metric system, so when you go to the market you will be buying fruit and vegetables by the **kilo** (2.2 lbs) or by **gramos** (.04 oz) and liquids by the **litro** (.26 gal). To express partial measures (e.g., 2½ or 2¼ kilos) say **dos kilos y medio,** or **dos kilos y cuarto.**

Writing prices

In English a period is used when expressing the decimal between cents and dollars. Commas usually separate the hundreds column from the thousands, or the thousands from the millions. In the Hispanic world, the reverse is usually true. English $100,000.75 would be written $100.000,75 in most Spanish-speaking areas.

Personal information

■ ASK:　**¿Cuál es tu número de teléfono?**
ANSWER:　Say each number individually, or say the last six numbers in pairs. Thus, 297-2330 would be **dos noventa y siete veintitrés treinta.**

■ ASK:　**¿Cuál es tu dirección?**
ANSWER:　In Spanish, the street name is given first, followed by the building number, and then the floor on which the apartment is located.* For example: **Anaya, veintitrés, quinto.** This would be written **Anaya, 23-5°.**

---

*In many large cities of Europe and Latin America, most people own and live in apartments rather than in single-family homes.

LITERATURA EL SUR (PARTE 1)

APROXIMACIONES AL TEXTO

La intertextualidad

All texts make basic assumptions about a reader's knowledge of language and substance. These assumptions allow the text to employ irony, parody, paradox, coded and encoded clues, that is, to juxtapose literal levels of meaning with subtextual levels that affirm, negate, or contradict the literal interpretation. An added level of "play" is achieved with intertextuality. Through subtext and intertext, many modern texts actively engage the reader by forcing him/her to make decisions about incongruities and contradictions within the main text. The intertext may establish a pattern of contrast, parody, or irony and may also suggest similarity with the main text.

Intertextual references allow an author to synthesize large amounts of information without involving elaborate detailing or conversely, oversimplification. In "El Sur," the subtle intertextual clues engage and challenge the reader and evoke a variety of philosophical and emotional responses to the fundamental inevitability of man's mortality.

Palabras y conceptos

auscultar to listen (with a stethoscope)
convalecer to convalesce
desembarcar to disembark, go ashore
echar a llorar to start crying
estar a punto de to be about to
reponerse to recuperate, get better
soñar (ue) con to dream about

el antepasado ancestor
la estancia ranch, country estate
el estuche case
el gaucho Argentine cowboy
la herida wound

la llanura plain, flatland
la madrugada dawn
las pampas plains of Argentina
la pesadilla nightmare
el sanatorio sanatorium
el siglo century

criollo/a Creole (native Argentine)
germánico/a Germanic
lanceado/a (por) speared, lanced (by)

a costa de at the expense of

El Sur (Parte 1)

Argentina

Sobre el autor *Jorge Luis Borges (1899–1986), erudito escritor argentino, nació en Buenos Aires pero se mudó a Ginebra, Suiza, a la edad de quince años. Allí aprendió el francés y el alemán, y sabía hablar el inglés antes de hablar el español. Escritor de poesía, ensayos, cuentos y fundador de revistas literarias, Borges se conoce mundialmente por su técnica laborada de laberintos y símbolos y también por su inclusión de referencias intertextuales. Cuando volvió a vivir en Buenos Aires en 1921, trabajó de bibliotecario y empezó a escribir libros de poesía y cuentos. Su fama universal se debe a sus colecciones de cuentos como* Ficciones *(1944) y* El Aleph *(1949), en los cuales el escritor cuestiona la realidad. Después de una enfermedad que lo dejó ciego en los años 1950, Borges empezó a dictar sus obras, pero no dejó de escribir y dar conferencias sobre su arte. En el cuento «El Sur», que Borges consideraba uno de sus mejores, el autor incluye referencias autobiográficas a su propio linaje y a un accidente que le ocurrió. «El Sur» es un cuento bastante complejo, que se da a múltiples niveles de análisis e interpretación. Es importante tener en cuenta que hay una constante interacción entre la realidad y los sueños en este cuento.*

El hombre que desembarcó en Buenos Aires en 1871 se llamaba Johannes Dahlmann y era pastor de la iglesia evangélica; en 1939, uno de sus nietos, Juan Dahlmann, era secretario de una biblioteca municipal en la calle Córdoba y se sentía hondamente argentino. Su abuelo materno había sido aquel Francisco
5 Flores, del 2 de infantería de línea, que murió en la frontera de Buenos Aires, lanceado por indios de Catriel; en la discordia de sus dos linajes, Juan Dahlmann (tal vez a impulso de la sangre germánica) eligió el de ese antepasado romántico, o de muerte romántica. Un estuche con el daguerrotipo de un hombre inexpresivo y barbado, una vieja espada, la dicha y el coraje de ciertas músicas, el
10 hábito de estrofas del *Martín Fierro*, los años, el desgano y la soledad, fomentaron ese criollismo algo voluntario, pero nunca ostentoso. A costa de algunas privaciones, Dahlmann había logrado salvar el casco[1] de una estancia en el Sur, que fue de los Flores; una de las costumbres de su memoria era la imagen de los eucaliptos balsámicos y de la larga casa rosada que alguna vez fue carmesí.[2] Las
15 tareas y acaso la indolencia[3] lo retenían en la ciudad. Verano tras verano se contentaba con la idea abstracta de posesión y con la certidumbre de que su casa estaba esperándolo, en un sitio preciso de la llanura. En los últimos días de febrero de 1939, algo le aconteció.

[1]*farmhouse and surrounding buildings*   [2]*brilliant red*   [3]*carelessness*

Ciego a las culpas[4] del destino puede ser despiadado[5] con las mínimas
distracciones. Dahlmann había conseguido, esa tarde, un ejemplar descabalado[6]
de las *Mil y Una Noches* de Weil; ávido de examinar ese hallazgo, no esperó que
bajara el ascensor y subió con apuro las escaleras; algo en la oscuridad le rozó[7]
la frente ¿un murciélago,[8] un pájaro? En la cara de la mujer que le abrió la puerta
vio grabado el horror, y la mano que se pasó por la frente salió roja de sangre.
La arista de un batiente[9] recién pintado que alguien se olvidó de cerrar le habría
hecho esa herida. Dahlmann logró dormir, pero a la madrugada estaba despierto
y desde aquella hora el sabor de todas las cosas fue atroz. La fiebre lo gastó y
las ilustraciones de las *Mil y Una Noches* sirvieron para decorar pesadillas.
Amigos y parientes lo visitaban y con exagerada sonrisa le repetían que lo ha-
llaban muy bien. Dahlmann los oía con una especie de débil estupor y le mara-
villaba que no supieran que estaba en el infierno. Ocho días pasaron como ocho
siglos. Una tarde, el médico habitual se presentó con un médico nuevo y lo con-
dujeron a un sanatorio de la calle Ecuador, porque era indispensable sacarle una
radiografía.[10] Dahlmann, en el coche de plaza[11] que los llevó, pensó que en una
habitación que no fuera la suya podría, al fin, dormir. Se sintió feliz y conversador; en cuanto llegó, lo desvistieron, le raparon la cabeza, lo sujetaron con metales a una camilla, lo iluminaron hasta la ceguera[12] y el vértigo, lo auscultaron
y un hombre enmascarado[13] le clavó una aguja[14] en el brazo. Se despertó con
náuseas, vendado, en una celda que tenía algo de pozo y, en los días y noches
que siguieron a la operación pudo entender que apenas había estado, hasta entonces, en un arrabal[15] del infierno. El hielo no dejaba en su boca el menor rastro de frescura. En esos días, Dahlmann minuciosamente se odió; odió su identidad, sus necesidades corporales, su humillación, la barba que le erizaba la cara.
Sufrió con estoicismo las curaciones, que eran muy dolorosas, pero cuando el cirujano le dijo que había estado a punto de morir de una septicemia,[16] Dahlmann

---

[4]Ciego… *Blind to (the) faults*   [5]*restless*   [6]*incomplete*   [7]*rubbed, touched*   [8]*bat (zool.)*
[9]arista… *edge of a door jamb*   [10]sacarle… *to take an X-ray of him*   [11]coche… *taxi*   [12]*blindness*
[13]*masked*   [14]*needle, syringe*   [15]*outskirts*   [16]*blood poisoning*

se echó a llorar, condolido de su destino. Las miserias físicas y la incesante previsión de las malas noches no le habían dejado pensar en algo tan abstracto como
la muerte. Otro día, el cirujano le dijo que estaba reponiéndose y que, muy pronto,
podría ir a convalecer a la estancia. Increíblemente, el día prometido llegó.

50   A la realidad le gustan las simetrías y los leves anacronismos; Dahlmann había
llegado al sanatorio en un coche de plaza y ahora un coche de plaza lo llevaba
a Constitución.[17] La primera frescura del otoño, después de la opresión del verano, era como un símbolo natural de su destino rescatado[18] de la muerte y la
fiebre. La ciudad, a las siete de la mañana, no había perdido ese aire de casa vieja

55 que le infunde la noche; las calles eran como largos zaguanes,[19] las plazas como
patios. Dahlmann la reconocía con felicidad y un principio de vértigo; unos
segundos antes de que las registraran sus ojos, recordaba las esquinas, las carte-
leras, las modestas diferencias de Buenos Aires. En la luz amarilla del nuevo día,
todas las cosas regresaban a él.

60   Nadie ignora que el Sur empieza del otro lado de Rivadavia. Dahlmann solía
repetir que ello no es una convención y que quien atraviesa esa calle entra en un
mundo más antiguo y más firme. Desde el coche buscaba entre la nueva edificación, la ventana de rajas, el llamador, el arco de la puerta, el zaguán, el íntimo patio.

En el *hall* de la estación advirtió que faltaban treinta minutos. Recordó brus-
65 camente que en un café de la calle Brasil (a pocos metros de la casa de Yrigoyen*),
había un enorme gato que se dejaba acariciar por la gente, como una divinidad
desdeñosa. Entró. Ahí estaba el gato, dormido. Pidió una taza de café, la endulzó
lentamente, la probó (ese placer le había sido vedado[20] en la clínica) y pensó,
mientras alisaba[21] el negro pelaje,[22] que aquel contacto era ilusorio y que esta-

70 ban como separados por un cristal, porque el hombre vive en el tiempo, en la sucesión, y el mágico animal, en la actualidad, en la eternidad del instante.

[17]*one of Buenos Aires's main train stations*   [18]*rescued*   [19]*entrances*   [20]*forbidden, banned*
[21]*smoothed out*   [22]*fur*

*Hipolito Yrigoyen (1852–1933), leader of the Radical party in Argentina

Comprensión

A ¿Cierto (**C**) o falso (**F**)? Corrija las oraciones falsas.

_____ 1. El protagonista trabajaba como secretario de una biblioteca principal cuando se accidentó en 1939.

_____ 2. Todos sus antepasados habían nacido en la capital argentina, pero Juan no se identificaba con ninguno de ellos.

_____ 3. Sus abuelos maternos habían habitado una estancia en la llanura del Sur.

_____ 4. Mientras leía una novela romántica francesa, *Paul y Virginia*, Juan chocó con una mujer y se cayó por la escalera de la biblioteca.

_____ 5. Aunque los primeros ochos días después del accidente pasaron rápidamente, Juan soñaba constantemente con embarcarse en un viaje para el Norte.

_____ 6. Dahlmann se puso muy alegre cuando el cirujano le informó que no había sufrido de una enfermedad grave.

B Con un compañero / una compañera, complete las siguientes oraciones con información del cuento.

1. El abuelo paterno de Juan Dahlmann desembarcó en Buenos Aires _____.

2. Juan sentía una discordia de sus dos linajes y prefirió _____.

3. Entre los recuerdos que Juan guardaba de su abuelo materno había _____.

4. Su destino cambió en los últimos días de febrero de 1939 cuando _____.

5. Durante los primeros ocho días después del accidente _____.

6. Algunas de las curaciones que le dieron en el sanatorio eran _____.

7. Después de reponerse lo suficiente, Juan abandonó el sanatorio y salió para _____.

8. Si alguien atraviesa la calle Rivadavia, entra en _____.

9. Mientras esperaba el tren, Juan entró en un café de la calle Brasil donde _____.

10. En su viaje, Juan pensaba leer _____.

C Ponga los siguientes eventos de la Parte 1 del cuento en orden cronológico (de 1 a 6).

_____ a. Dahlmann se echó a llorar cuando el médico le dijo que había estado a punto de morir.

_____ b. El protagonista se había comprado un tomo de las *Mil y Una Noches* y subía las escaleras corriendo para leerlo cuando se hizo daño.

_____ c. Se revelan algunos datos sobre el linaje de Juan Dahlmann y su deferencia por sus raíces argentinas.

_____ d. Estuvo ocho días en casa antes de mudarse al sanatorio donde le sometieron a muchas curaciones dolorosas.

_____ e. Un coche de plaza lo llevó a la estación del tren, donde embarcaría en su viaje hacia el Sur.

_____ f. Llegó el día prometido cuando el cirujano le dijo que podría ir a convalecer a la estancia de sus abuelos.

D Conteste las preguntas y apoye sus respuestas con información del cuento.

1. ¿Quién y cómo era Juan Dahlmann? ¿Dónde trabajaba? ¿Qué orígenes étnicos se reflejan en su apellido?
2. La narración afirma que Juan «se sentía hondamente argentino». Busque referencias en el texto para apoyar e ilustrar esta descripción.
3. ¿Qué representaba la estancia en el Sur para Juan Dahlmann? Descríbala e indique por qué Juan no vivía o pasaba más tiempo allí.
4. ¿Qué le aconteció en los últimos días de febrero de 1939? ¿Cuáles fueron las consecuencias de este acontecimiento?
5. Comente la experiencia de Juan en el sanatorio. ¿Cómo se sentía? ¿Cómo reaccionó cuando lo dejaron salir para que pudiera convalecer en el Sur?

Interpretación

A ¿En su opinión, qué significado tiene cada uno de los siguientes eventos, objetos, lugares o personas para Juan Dahlmann? Explique.

1. la biblioteca municipal de la calle Córdoba
2. la muerte de su abuelo materno
3. el poema épico *Martín Fierro*
4. la estancia de sus abuelos
5. las ilustraciones de las *Mil y Una Noches*
6. la estación del tren
7. el sanatorio
8. el Sur

B Vuelva a leer las siguientes líneas del cuento. ¿Qué significado tiene cada una dentro de la trama? ¿Sirve para describir, comparar, contrastar o simplemente para avanzar el tema? ¿Qué revela cada una sobre los valores y los sentimientos del protagonista?

1. [Juan] se sentía hondamente argentino.
2. [E]n la discordia de sus dos linajes, […] eligió el de ese antepasado romántico.
3. A costa de algunas privaciones, Dahlmann había logrado salvar el casco de una estancia.
4. [S]e contentaba con la idea abstracta de posesión y con la certidumbre de que su casa estaba esperándolo.
5. Se sintió feliz y conversador; en cuanto llegó [al sanatorio], lo desvistieron, le raparon la cabeza, lo sujetaron con metales a una camilla, lo iluminaron hasta la ceguera y el vértigo, lo auscultaron y un hombre enmascarado le clavó una aguja en el brazo.
6. Dahlmann se echó a llorar, condolido de su destino.
7. [P]ensó, mientras alisaba el negro pelaje [del gato], que aquel contacto era ilusorio y que estaban como separados por un cristal, porque el hombre vive en el tiempo, en la sucesión, y el mágico animal, en la actualidad, en la eternidad del instante.

C Describa la experiencia de Juan en casa y luego en el sanatorio. ¿Cuánto tiempo pasó en casa antes de mudarse al sanatorio? ¿Cuánto tiempo le parecía? ¿Con qué soñaba? ¿Qué elementos del mundo realista se detallaban en los dos lugares? ¿Hay elementos del mundo de los sueños también? ¿Cuáles son? ¿Cuáles le parecen a Ud. más verosímiles e inverosímiles? Explique.

Aplicación

A Improvisaciones En un grupo de tres o cuatro estudiantes, hagan los papeles de Juan y otros personajes del cuento como la mujer que ve el accidente, los médicos, amigos y parientes. Representen por lo menos dos escenas de Parte 1 de «El Sur».

B ¡Necesito compañero! Hablen del juego entre la realidad y la ficción que se encuentran en la primera parte de la lectura. ¿Qué símbolos y/u objetos se presentan para evocar imágenes de cada uno? ¿Cómo se mantiene un equilibrio entre los dos mundos?

C ¿Ud. o algún miembro de su familia ha tenido una experiencia como la que experimentó Juan Dahlmann después de su accidente? ¿Qué recuerdos tiene Ud. de aquel tiempo? ¿Fue una experiencia positiva o negativa o una mezcla de los dos? Hable con un compañero / una compañera para describir y comparar sus experiencias.

D Papel y lápiz Busque en el Internet *Mil y Una Noches* y explore la temática del libro. Apunte el argumento de algunos de los cuentos. Luego, explore el papel de Shahrazad e indique en qué aspectos su conflicto se asemeja y se difiere del conflicto que está experimentando Juan Dahlmann en «El Sur».

E ¿Por qué piensa Ud. que Borges decidió incorporar referencias a *Martín Fierro* y las *Mil y Una Noches* en la intertextualidad de su cuento «El Sur»? ¿Qué mensajes e ideas comunican estos textos? En su opinión, ¿cómo sirven esos textos para avanzar el progreso de la trama?

EL SUR (PARTE 2)

APROXIMACIONES AL TEXTO

Levels of Meaning

As you learned in previous chapters, the reading experience involves an interaction between the reader and the text. Neither the reader nor the reading is limited to a single, definitive meaning, and often the playful juxtaposition of various conflicting and incongruous levels of meaning guides the reader to a fuller interpretation of the text.

Before reading the second part of "El Sur," consider the interplay of the text and subtext in the first part where the protagonist, Juan Dahlmann, descended into the fictitious world of Shahrazad in *A Thousand and One Nights*, only to transcend the reality of the experience and fall into a world of horrific dreams. What messages does this incorporation of the reality versus dream theme communicate? Consider the dramatic tension that exists between Juan Dahlmann, the recovering patient, and the stark reality of the world in which he convalesces. Review the references to life and death, pleasure and pain, truth and myth in the narrative. Are there any incongruous and contradictory levels of meaning?

In the second part of the reading, Juan travels by train to the mythical southern plains, the homeland of the Argentine **gaucho.** The visual, auditory, and kinetic images evoked by the train, as well as the literal and figurative meanings that could be associated with a train ride, are important elements in the narrative, especially considering that the passenger alternates between a state of consciousness (reality) and semi-consciousness (dreams). Consider the juxtaposition and interplay of reality, fiction, and dreams as you read.

Palabras y conceptos

anochecer to grow dark
arrancar to move out, rush forward
detenerse to come to a stop
encarcelar to imprison
fatigarse to become fatigued, weary
hundirse to set (*sun*)
recorrer to travel through or across

el andén platform (*train station*)
la conjetura conjecture
la desdicha unhappiness
el genio spirit, genie (*reference to Shahrazad's husband*)

el goce delight, enjoyment
el hecho the fact, matter
el milagro miracle
el tomo volume
el vagón train car
la valija valise, luggage

otoñal autumnal
transfigurado/a transfigured
vacío/a empty
vasto/a vast, immense

El Sur (Parte 2)

A lo largo del penúltimo[1] andén el tren esperaba. Dahlmann recorrió los vagones y dio con uno casi vacío. Acomodó en la red la valija,[2] cuando los coches arrancaron, la abrió y sacó, tras alguna vacilación, el primer tomo de las *Mil y Una Noches.* Viajar con este libro, tan vinculado[3] a la historia de su desdicha, era una afirmación de que esa desdicha había sido anulada y un desafío alegre y secreto a las frustradas fuerzas del mal.

A los lados del tren, la ciudad se desgarraba en suburbios, esta visión y luego la de jardines y quintas demoraron el principio de la lectura. La verdad es que Dahlmann leyó poco; la montaña de piedra imán[4] y el genio que ha jurado matar a su bienhechor[5] eran, quien lo niega, maravillosos, pero no mucho más que

5

10

---

[1]*next-to-last* [2]Acomodó... *He placed the suitcase in the overhead baggage net* [3]*tied, bound*
[4]piedra... *loadstone* [5]*benefactor (a reference to the plight of Shahrazad)*

la mañana y el hecho de ser. La felicidad lo distraía de Shahrazad y de sus milagros superfluos; Dahlmann cerraba el libro y se dejaba simplemente vivir.

El almuerzo (con el caldo servido en boles de metal[6] reluciente, como en los ya remotos veraneos de la niñez) fue otro goce tranquilo y agradecido.

15   Mañana me despertaré en la estancia, pensaba, y era como si a un tiempo fuera dos hombres: el que avanzaba por el día otoñal y por la geografía de la patria, y el otro, encarcelado en un sanatorio y sujeto a metódicas servidumbres. Vio casas de ladrillo sin revocar, esquinadas y largas, infinitamente mirando pasar los trenes; vio jinetes[7] en los terrosos[8] caminos; vio zanjas[9] y lagunas y hacien-

20 das; vio largas nubes luminosas que parecían de mármol,[10] y todas estas cosas eran casuales, como sueños de la llanura. También creyó reconocer árboles y sembrados[11] que no hubiera podido nombrar, porque su directo conocimiento de la campiña era harto inferior a su conocimiento nostálgico y literario.

    Alguna vez durmió y en sus sueños estaba el ímpetu del tren. Ya el blanco

25 sol intolerable de las doce del día era el sol amarillo que precede al anochecer y no tardaría en ser rojo. También el coche era distinto; no era el que fue en Constitución, al dejar el andén: la llanura y las horas lo habían atravesado y transfigurado. Afuera la móvil sombra del vagón se alargaba hacia el horizonte. No turbaban la tierra elemental ni poblaciones ni otros signos humanos. Todo era

30 vasto, pero al mismo tiempo era íntimo y, de alguna manera, secreto.

    En el campo desaforado,[12] a veces no había otra cosa que un toro. La soledad era perfecta y tal vez hostil, y Dahlmann pudo sospechar que viajaba al pasado y no sólo al Sur. De esa conjetura fantástica lo distrajo el inspector que al ver su boleto, le advirtió que el tren no lo dejaría en la estación de siempre sino en

35 otra, un poco anterior y apenas conocida por Dahlmann. (El hombre añadió una explicación que Dahlmann no trató de entender ni siquiera de oír, porque el mecanismo de los hechos no le importaba.)

[6]boles… *metal bowls (anglicism)*   [7]*horsemen, riders (a reference to the gaucho)*   [8]*earthy*   [9]*ditches, trenches*   [10]*marble*   [11]*fields*   [12]*lawless, outrageous*

El tren laboriosamente se detuvo, casi en medio del campo. Del otro lado de las vías quedaba la estación, que era poco más que un andén con un cobertizo.[13] Ningún vehículo tenían, pero el jefe opinó que tal vez pudiera conseguir uno en un comercio que le indicó a unas diez, doce, cuadras.[14]

Dahlmann aceptó la caminata como una pequeña aventura. Ya se había hundido el sol, pero un esplendor final exaltaba la viva y silenciosa llanura, antes de que la borrara la noche. Menos para no fatigarse que para hacer durar esas cosas, Dahlmann caminaba despacio, aspirando con grave felicidad el olor del trébol.[15]

[13]shed   [14]blocks   [15]trefoil, clover

Comprensión

A ¿Cierto (**C**) o falso (**F**)? Corrija las oraciones falsas.

_____ **1.** Juan Dahlmann subió al tren que esperaba en el último andén y se sentó en uno de los vagones ocupados.

_____ **2.** A lo largo del viaje, Juan no pudo contemplar el paisaje porque estaba leyendo el último tomo de las *Mil y Una Noches*.

_____ **3.** El viajero se sentía tan feliz que se distraía de las complicaciones del libro que había comenzado a leer.

_____ **4.** El viaje transcurre en la primavera.

_____ **5.** El inspector le avisó que el tren lo dejaría en la misma estación de siempre.

_____ **6.** Cuando el tren se detuvo en medio del campo, el sol ya se había hundido.

B Complete las oraciones con las palabras o expresiones entre paréntesis correctas.

1. Cuando los coches del tren (arrancaron / se detuvieron), Juan sacó el (primer/último) tomo de las *Mil y Una Noches*.

2. Parece que ese libro estaba muy (vinculado/desenlazado) a la historia de su (dicha/desdicha).

3. El almuerzo consistía en (un caldo / un bistec) servido en boles de metal reluciente que le recordaban los veraneos de su (niñez/adolescencia).

4. Dahlmann creyó reconocer algunos (árboles y sembrados / suburbios) pero no pudo nombrarlos porque su conocimiento de la campiña era (superior/inferior) a su conocimiento nostálgico y literario.

5. En sus sueños, Juan pensaba que el coche del tren era (el mismo / distinto) del que abordó en Constitución, al dejar el andén. El vagón se había (quedado igual / transfigurado).

6. Según el narrador, el paisaje del Sur era tan (reducido/vasto) e íntimo que parecía reinar (la soledad perfecta / el caos perfecto).

7. Dahlmann sospechaba que viajaba al (futuro/pasado) y no sólo (al Norte / al Sur).

8. Cuando el protagonista empezó la caminata, el sol se había (salido/hundido) pero todavía podía observar la viva y silenciosa (llanura/montaña).

C Use algunas palabras clave (*key*) de Palabras y conceptos para escribir un breve resumen de dos o tres oraciones de la segunda parte de la lectura.

D Vuelva a pensar en sus predicciones sobre el tema o la variedad de temas que se explorarían en esta parte. ¿Eran válidas o inválidas? ¿Cómo y por qué?

Interpretación

A Conteste las siguientes preguntas e incluya información de la lectura para apoyar sus respuestas.

El ambiente

1. ¿Dónde transcurre la acción? ¿Podría haber sucedido en otro(s) lugar(es)?
2. ¿Cómo es el vagón del tren? ¿Cómo se asemeja y se difiere del ambiente de la primera parte del cuento? ¿Cómo se siente el protagonista en este ambiente?
3. ¿Cuándo ocurre la acción? ¿En qué estación del año? ¿En qué década? ¿En qué siglo?

El conflicto

4. ¿Cuál es el motivo del viaje en tren? ¿Adónde va el viajero?
5. ¿Qué libro intenta leer durante el viaje? ¿Por qué deja de leerlo?
6. ¿En qué estaba pensando y soñando mientras el tren avanzaba por el paisaje?
7. Describa el paisaje que se podía observar a los lados del tren. ¿Cómo sirvió esta visión para distraerle a Juan Dahlmann?
8. ¿Cuánto tiempo ha transcurrido hasta ahora en el cuento?
9. ¿De qué se da cuenta Dahlmann al bajar(se) del tren? ¿Tuvo una reacción favorable o desfavorable?
10. En sus propias palabras, ¿cómo se mezclan la realidad y los sueños en la segunda parte del cuento?

B Al final de la Parte 2 del cuento, el lector puede observar un cambio en la actitud y la visión del protagonista. ¿Cómo se manifiesta esta transformación? ¿A qué circunstancias se puede contribuirlo? Explore la idea de vivir en el momento (la realidad) y perderse en los sueños. Explore también el estado de conciencia de Juan durante el viaje.

C ¡Necesito compañero! Hagan una lista de todos los acontecimientos que le han ocurrido a Juan Dahlmann desde el principio del cuento. En su opinión, ¿cuáles son más importantes? ¿Sería posible eliminar u omitir alguno de los acontecimientos sin cambiar el progreso del cuento y, tal vez, el destino del personaje? Comparen sus listas con los demás. Si hay grandes diferencias, apoyen su punto de vista con información del texto.

D El lector puede llegar a conocer mejor al protagonista por medio de sus comentarios, ideas y percepciones acerca de los eventos que avanzan la trama. Por ejemplo, durante el viaje en tren, Juan Dahlmann revela que reconoce ciertos aspectos del paisaje argentino pero no puede nombrarlos «porque su directo conocimiento de la campiña era harto inferior a su conocimiento nostálgico y literario». ¿Qué se sabe acerca de los valores y los intereses de Dahlmann por medio de esta descripción? ¿Piensa Ud. que el transcurso del tiempo le ha borrado la memoria, o que tal vez las circunstancias actuales le han hecho desplazar su memoria? ¿Podría Ud. indicar algunos ejemplos de su conocimiento nostálgico y literario del Sur que se ven reflejados en la primera y segunda parte del cuento?

Aplicación

A Papel y lápiz En su cuaderno de apuntes, resuma en una o dos oraciones algunas percepciones que Juan Dahlmann tiene del ambiente físico y psicológico del Sur y su conexión con la leyenda y el mito de la vida gauchesca. ¿Piensa Ud. que se han basado en la realidad histórica o en la ficción?

B Improvisaciones Trabaje con otros compañeros/compañeras para hacer los papeles de Juan Dahlmann, otro(s) pasajero(s) y el inspector del tren. Dramaticen la segunda parte del cuento y entablen una conversación acerca del viaje al Sur. ¿Qué expectativas tienen del viaje? Comenten lo que ven, piensan y hacen para pasar el tiempo. Concluya con una descripción del lugar donde para el tren y algunas predicciones acerca de cómo va a ser su estancia en el Sur.

C Identifique un ejemplo de intertextualidad en la Parte 2 del cuento. Compare su pasaje con el de otros estudiantes de la clase. Trate de identificar el intertexto, su conexión con el texto y el impacto del intertexto en cuanto a las ideas y los valores comunicados.

D ¿Ha hecho Ud. un viaje en tren alguna vez? ¿Adónde fue y por qué? Comente sus expectativas de la experiencia e indique cómo se terminó. ¿Fue una experiencia agradable o desagradable? ¿Cómo compararía o contrastaría Ud. esa situación con la de Juan Dahlmann? ¿En qué aspectos se asemejan y difieren?

E En la segunda parte de la lectura, el protagonista entra en el mundo del gaucho. ¿Cuánto sabe Ud. acerca de la identidad cultural del gaucho y su existencia en el Sur? Busque información en el Internet o en la biblioteca. ¿Qué papel jugaba en la historia del criollismo en la Argentina del siglo XIX? Detalle todos los datos que pueda.

F Ya que el protagonista ha llegado al Sur, ¿qué cree Ud. que va a ocurrir en la tercera parte? Trate de adivinar cómo el viaje le puede cambiar el destino. Haga algunas predicciones y compártalas con los demás. Si no están de acuerdo, traten de apoyar sus opiniones.

EL SUR (PARTE 3)

APROXIMACIONES AL TEXTO

La caracterización

In the third part of "El Sur," you will encounter characters that appear to be inextricably bound to a particular time and place. Through a careful interplay and juxtaposition of a text within a text, however, they surprise the reader with a series of actions that link together the past and present in a dramatic fusion of reality and dreams.

Palabras y conceptos

acomodarse to fit in (with), comply	**el duelo** duel
agravar(se) to become worse	**el filo** blade
burlarse (de) to mock, make fun (of)	**el muchachón** lad, fellow
recoger to pick up	**la oscuridad** darkness
tapar to cover (up)	**el patrón** boss
	el peón laborer
el almacén store, shop; shed	**el puñal** dagger
la borrachera drunkenness	**el temor** fear
la burla mockery, sneer	
el compadre mate, chum	**desarmado/a** unarmed
el convaleciente convalescent	**imprevisible** unforeseeable
la daga dagger	

El Sur (Parte 3)

El almacén, alguna vez, había sido punzó, pero los años habían mitigado para su bien ese color violento. Algo en su pobre arquitectura le recordó un grabado en acero,[1] acaso de una vieja edición de «Pablo y Virginia». Atados al palenque[2] había unos caballos. Dahlmann, adentro, creyó reconocer al patrón; luego com-

5 prendió que lo había engañado su parecido con uno de los empleados del sanatorio. El hombre, oído el caso, dijo que le haría atar la jardinera; para agregar otro hecho a aquel día y para llenar ese tiempo, Dahlmann resolvió comer en el almacén.

En una mesa comían y bebían ruidosamente unos muchachones, en los que
10 Dahlmann, al principio, no se fijó. En el suelo, apoyado en el mostrador, se acurrucaba[3] inmóvil como una cosa, un hombre muy viejo. Los muchos años lo habían reducido y pulido como las aguas a una piedra o las generaciones de los hombres a una sentencia. Era oscuro, chico y reseco, y estaba como fuera del

---

[1]grabado… *steel engraving*   [2]*palisade, enclosure*   [3]se… *hunkered, squatted on his haunches*

tiempo, en una eternidad. Dahlmann registró con satisfacción la vincha, el poncho
de bayeta, el largo chiripá y la bota de potro[4] y se dijo, rememorando inútiles
discusiones con gente de los partidos del Norte o con entrerrianos,[5] que gauchos
de ésos ya no quedan más que en el Sur.

    Dahlmann se acomodó junto a la ventana. La oscuridad fue quedándose con
el campo, pero su olor y sus rumores aún le llegaban entre los barrotes de hierro.[6] El patrón le trajo sardinas y después carne asada; Dahlmann las empujó
con unos vasos de vino tinto. Ocioso, paladeaba[7] el áspero sabor y dejaba errar
la mirada por el local, ya un poco soñolienta.[8] La lámpara de kerosén pendía de
uno de los tirantes,[9] los parroquianos de la otra mesa eran tres: dos parecían peones de chacra,[10] otro, de rasgos achinados[11] y torpes, bebía con el chambergo[12]
puesto. Dahlmann, de pronto, sintió un leve roce en la cara. Junto al vaso ordinario de vidrio turbio, sobre una de las rayas del mantel, había una bolita de
miga.[13] Eso era todo, pero alguien se la había tirado.

    Los de la otra mesa parecían ajenos a él. Dahlmann, perplejo, decidió que
nada había ocurrido y abrió el volumen de las *Mil y Una Noches*, como para tapar la realidad. Otra bolita lo alcanzó a los pocos minutos, y esta vez los peones
se rieron. Dahlmann se dijo que no estaba asustado, pero que sería un disparate
que él, un convaleciente, se dejara arrastrar por desconocidos a una pelea con-
fusa.

    Resolvió salir; ya estaba de pie cuando el patrón se le acercó y lo exhortó
con voz alarmada:

    —Sr. Dahlmann, no les haga caso a esos mozos, que están medio alegres.[14]

    Dahlmann no se extrañó de que el otro, ahora, lo conociera, pero sintió que
estas palabras conciliadoras agravaban, de hecho, la situación. Antes, la provocación de los peones era a una cara accidental, casi a nadie; ahora iba contra él

---

[4]vincha… *headband, poncho, chaps, and leather boots typically worn by gauchos*   [5]*inhabitants of
the province of Entre Ríos*   [6]barrotes… *thick iron bars*   [7]*tasted*   [8]*sleepy, drowsy*   [9]*iron
rods*   [10]peones… *farm workers*   [11]de… *with dark features*   [12]*slouched, broad-brimmed hat*
[13]*bread crumbs*   [14]medio… *half drunk*

40 y contra su nombre y lo sabrían los vecinos. Dahlmann hizo a un lado[15] al patrón, se enfrentó con los peones y les preguntó qué andaban buscando.

El compadrito de la cara achinada se paró, tambaleándose.[16] A un paso de Juan Dahlmann, lo injurió[17] a gritos como si estuviera muy lejos. Jugaba a exagerar su borrachera y esa exageración era una ferocidad y una burla. Entre ma-
45 las palabras y obscenidades, tiró al aire un largo cuchillo, lo siguió con los ojos, lo barajó,[18] e invitó a Dahlmann a pelear. El patrón objetó con trémula voz que Dahlmann estaba desarmado. En ese punto, algo imprevisible ocurrió.

Desde un rincón, el viejo gaucho extático, en el que Dahlmann vio una cifra del Sur (del Sur que era suyo), le tiró una daga desnuda que vino a caer a sus
50 pies. Era como si el Sur hubiera resuelto que Dahlmann aceptara el duelo. Dahlmann se inclinó a recoger la daga y sintió dos cosas. La primera, que ese acto casi instintivo lo comprometía a pelear. La segunda, que el arma, en su mano torpe, no serviría para defenderlo, sino para justificar que lo mataran. Alguna vez había jugado con un puñal, como todos los hombres, pero su esgrima[19] no
55 pasaba de una noción de que los golpes deben ir hacia arriba y con el filo para adentro. «No hubieran permitido en el sanatorio que me pasaran estas cosas», pensó.

—Vamos saliendo —dijo el otro.

Salieron, y si en Dahlmann no había esperanza, tampoco había temor. Sintió,
60 al atravesar el umbral,[20] que morir en una pelea a cuchillo, a cielo abierto y acometiendo, hubiera sido una liberación para él, una felicidad y una fiesta, en la primera noche del sanatorio, cuando le clavaron la aguja. Sintió que si él, entonces, hubiera podido elegir o soñar su muerte, ésta es la muerte que hubiera elegido o soñado.
65 Dahlmann empuña[21] con firmeza el cuchillo, que acaso no sabrá manejar, y sale a la llanura.

---

[15]hizo... *pushed aside*   [16]*losing his balance*   [17]*offended, insulted*   [18]lo... *he caught it in mid air*
[19]*fencing* (*sport*)   [20]*threshold*   [21]*clutches*

Comprensión

A Complete las siguientes oraciones con las palabras entre paréntesis correctas.

1. Dahlmann entró en un almacén que antes había sido (de color rojo vivo / una estación de tren) y decidió comer allí.

2. Dahlmann se equivocó cuando vio al (patrón/gaucho) porque creyó reconocerlo.

3. El hombre viejo que se apoyaba en el mostrador era (rubio/oscuro), chico y reseco y llevaba la ropa típica del Sur, una vincha y (un poncho / una corbata) con las botas.

4. Uno de los muchachones de la otra mesa le había tirado (una bolita de miga / una botella de licor) a la cara, pero Dahlmann decidió que nada había ocurrido.

5. Las palabras conciliadoras del patrón (mejoraban/agravaban) la situación y Dahlmann decidió (enfrentarse con / escaparse de) los peones.

6. Antes de aceptar el duelo, Dahlmann recogió (la daga que le había tirado el gaucho / el cuchillo que el peón había barajado) y salió a la llanura.

B ¡Necesito compañero! Vuelvan a mirar los tres dibujos que acompañan el cuento e identifiquen la parte del cuento a que pertenece cada uno. Comenten el aspecto físico y psicológico del protagonista y cómo ha cambiado. Si Uds. tuvieran que escribir un título o subtítulo para cada dibujo de la serie, ¿qué detalle(s) mencionarían? Escriban algunos títulos y subtítulos y compártanlos con los otros compañeros de clase.

 C ¡Necesito compañero! Resuman la tercera parte de «El Sur», mencionando sólo los detalles más importantes. ¿Cómo termina la tercera parte del cuento? ¿La conclusión les sorprendió a Uds., o ya tenían buena idea de cómo iba a concluir? Expliquen.

Interpretación

A Con un compañero / una compañera, hagan y contesten las siguientes preguntas.

El ambiente

1. ¿Cómo es el almacén, en su opinión? ¿Cómo se ha cambiado a lo largo de los años?
2. ¿Qué elementos del pasado ya quedan en el almacén?
3. ¿Por qué razones decidió Juan Dahlmann comer allí?
4. ¿Qué y quién(es) encuentra cuando entra en el almacén?
5. ¿Parece ser un lugar romántico y acogedor? Expliquen.
6. ¿Cómo se difiere el ambiente del almacén de los otros lugares en los cuales transcurrió la acción de la primera y la segunda parte?

Los personajes

7. Describan a los personajes que el protagonista observa en el almacén. ¿Por qué será que no tienen nombres propios?
8. ¿Cómo se asemejan y se difieren de los otros personajes con quienes se ha enfrentado en el viaje al Sur?
9. ¿En qué piensa Dahlmann cuando contempla al viejo gaucho? ¿Qué metáforas emplea el escritor para describirlo?

El conflicto / el desenlace / el tema

10. ¿Cómo y por qué se instigó la pelea entre Dahlmann y el peón?
11. ¿Qué hace el patrón para evitar una pelea entre los dos? ¿Cuál es el resultado de su acción?
12. ¿Qué papel juega el viejo gaucho en el duelo? Es decir, ¿qué acción tomó para que Dahlmann aceptara el duelo?
13. ¿Cómo se sentía el protagonista al atravesar el umbral?
14. En su opinión, ¿qué espera Dahlmann cuando sale a la llanura? ¿Piensan Uds. que está resignado a morir? Expliquen.
15. ¿Cuáles son algunos de los posibles temas de la obra? ¿Cuál le parece que es el más importante? ¿Por qué?

B ¿Cómo se sentía Dahlmann cuando se inclinó a recoger la daga? ¿Piensa Ud. que anticipaba el duelo o que simplemente no podía evitarlo debido al destino?

C Explore el fenómeno del gaucho argentino en el marco histórico del siglo XIX. Puede empezar con la información que apuntó en Aplicación E de «El Sur» (Parte 2). ¿Por qué piensa Ud. que Juan Dahlmann consideraba el gaucho su héroe?

D Compare las partes del cuento. ¿Cómo se difiere la tercera parte de las primeras dos? Explique su respuesta, dando ejemplos concretos del cuento.

Aplicación

A ¿Qué importancia tiene el texto *Mil y Una Noches* en el argumento y el tema de «El Sur»? Busque referencias y pasajes en el cuento para apoyar sus ideas.

B ¿Qué expectativas tenía Ud. al principio del cuento? ¿Se realizaron o no? ¿Fue inesperado y sorprendente la conclusión, en su opinión? Explique.

C Papel y lápiz Lea las siguientes consideraciones sobre el cuento. Escoja una o una combinación de ideas para analizar. Escriba uno a dos párrafos, apoyando sus ideas con pasajes del cuento. Luego, compare su análisis con los de otros estudiantes de la clase.

- Analice la relación entre la realidad y la ficción que se presenta a lo largo del cuento.

- ¿Cómo establece Borges el Sur como espacio definitivo dentro de la historia argentina tanto como en la historia universal?

- ¿Cómo figuran los antepasados del protagonista en el empiezo y el desenlace del cuento? Compare y contraste el destino del abuelo materno, Francisco Flores, con el destino de su nieto Juan Dahlmann.

- La última oración del cuento está escrita en el tiempo presente. ¿Qué importancia tiene el cambio en tiempos verbales? Busque otras referencias temporales para hacer el análisis. Recuerde el gato en Buenos Aires y el viejo en el Sur.

- Comente el uso de anacronismos para avanzar el tema del gaucho y el criollismo en las tres partes de «El Sur».

- ¿Cómo desarrolla Borges el tema de la naturaleza doble y conflictiva del hombre que se encuentra con la inevitabilidad de la muerte?

D Detalle la estrategia que Borges emplea para construir y reconstruir un mundo imaginario y soñado en «El Sur». ¿Qué técnicas usa para desorientar al lector y crear una tensión entre el mundo lógico y el mundo sensorial?

E Parece que el protagonista puede relatarle al lector / a la lectora los eventos que llevan a su propia muerte. ¿Cómo intenta torcer y reinventar el pasado, el presente y el futuro? ¿Piensa Ud. que se expresa un sentido fatalista en los últimos momentos de su experiencia en el almacén? ¿Cómo y por qué?

46 RESTRICTIONS ON THE USE OF THE -*NDO* FORM

A. Present participle versus conjugated verb

In English, the present participle can be used as an adjective. In most cases where the English present participle functions as an adjective, this idea is expressed in Spanish with an adjective clause introduced by **que.** Compare these sentences.

La mujer **que canta** es roquera.	*The woman **singing** is a rock star.*
Recibieron una carta **que describía** el puesto.	*They got a letter **describing** the job.*

Práctica Exprese en español las palabras entre paréntesis, según el contexto.

1. El hombre (*reading*) allí es un consejero (*working*) con los delincuentes.
2. ¿Cómo se llama el chico (*relaxing*) en aquel banco?
3. No logro encontrar el texto (*dealing*) del aprendizaje.
4. La persona (*interviewing*) a ese hombre, es el jefe del departamento.
5. La científica (*entering*) con el policía tenía un enorme pájaro en el hombro.
6. Ese hombre (*wearing*) una camisa blanca es un escritor famosísimo.

B. -*ndo* form versus infinitive

In English, the *-ing* form can function as a noun: it can be the subject or direct object of a sentence or the object of a preposition. In Spanish, the **-ndo** form can *never* function as a noun. The only Spanish verb form that can do so is the infinitive. Compare these sentences.

SUBJECT	**(El) Leer*** es mi pasatiempo favorito.	***Reading** is my favorite pastime.*
DIRECT OBJECT	Prefieren **nadar** en una piscina.	*They prefer **swimming** in a pool.*
OBJECT OF A PREPOSITION	Después de **comer** la fruta, se sintió mal.	*After **eating** the fruit, he felt sick.*

Práctica Escoja la forma que se debe usar para completar cada una de las afirmaciones en la siguiente página.

---

*The use of **el** with the infinitive when it functions as a subject or direct object is optional.

1. Antes de (tomar/tomando) una decisión importante, consulto con mis padres.
2. (Vivir/Viviendo) en una residencia estudiantil, uno aprende muchas cosas importantes de la vida.
3. A los estudiantes de hoy no les gusta (meterse/metiéndose) en asuntos políticos o sociales.
4. (Sufrir/Sufriendo) es bueno para el alma (*soul*).
5. Una persona que pasa mucho tiempo cada día (mirar/mirando) la televisión es poco creativa.
6. La mayor parte de lo que he aprendido en la universidad, lo aprendí (leer/leyendo) libros.
7. (Escribir/Escribiendo) los ejercicios en el cuaderno realmente me ayudó a mejorar mi español.
8. Es muy difícil tener éxito en el mundo de la política sin (tener/teniendo) mucho dinero.
9. En este país, (trabajar/trabajando) es más importante que (relajarse/relajándose).

Intercambios

A ¿Qué actividades siguen y preceden a las siguientes acciones? Siga el modelo.

MODELO: Me lavo los dientes. →
Me lavo los dientes antes de hablar con alguien por la mañana y después de comer.

1. Me pongo el pijama.
2. Le compro ¿ ? a mi novio/a (esposo/a, mejor amigo/a).
3. Voy a la biblioteca.
4. Me pongo muy contento/a.
5. Le hablo a mi profesor(a) de español en español.

B Describa a las personas que aparecen aquí. Incorpore en cada descripción una cláusula adjetival con **que,** una frase en tiempo progresivo y un infinitivo. Siga el modelo y use el vocabulario que sigue el dibujo.

MODELO: El pájaro que canta en el centro del dibujo está celebrando la llegada de la primavera. Cantar es su manera de expresar su alegría.

Vocabulario útil: el banco, el bateador, el campo (*field*) correr (*jogging*), divertirse, hacer gimnasia, jugar al béisbol, el lanzador (*pitcher*), el paraguas, la pareja, la raqueta, saltar, el tenis

 C Entre todos Estudien la lista a continuación y determinen cuáles de las profesiones nombradas se asocian comúnmente con los hombres, cuáles se asocian normalmente con las mujeres y cuáles son ejercidas por ambos sexos. Luego, nombren algunos deportes o pasatiempos que se han asociado tradicionalmente con los hombres o con las mujeres, y comenten si estas ideas están cambiando en la sociedad actual.

abogado	boxeador	físico	militar
ama de casa	cocinero	jugador de fútbol	misionero
arquitecto	electricista	ingeniero	policía
barbero	enfermero	juez	sacerdote

 D ¡Necesito compañero! Trabajando en parejas, comenten el siguiente anuncio. ¿Qué se ofrece? ¿Qué razones se dan para convencer a los posibles clientes? Háganse y contesten preguntas sobre los datos presentados en el anuncio para llenar el formulario que éste trae. ¿Qué curso escogería cada uno de Uds.? ¿Por qué?

En una hoja de papel aparte, clasifiquen los cursos que ofrece el anuncio en las cuatro categorías indicadas en la página siguiente. Después, comparen sus respuestas con las de sus compañeros. ¿En qué puntos coinciden? ¿En cuáles difieren? ¿Cómo explican Uds. estas diferencias en cuanto a sus opiniones?

	OFICIOS	PASATIEMPOS
principalmente para hombres		
principalmente para mujeres		

E ¿Debe ser función de la universidad preparar a los estudiantes para futuros empleos? ¿Cuál era la función de la universidad en el siglo XIX? ¿Cuáles de los siguientes conocimientos ha adquirido Ud. y qué habilidades ha desarrollado como resultado de todos sus años de educación? ¿Cuáles cree que lo/la han preparado para la vida profesional? Explique sus respuestas.

aceptar el fracaso
aprender de memoria
colaborar con otros como
    miembro de un equipo
escribir trabajos de
    investigación
estudiar sólo para sacar
    buenas notas
hablar con elocuencia

hablar español
leer mucho y rápidamente
organizar bien el tiempo
prepararse para un examen
tener paciencia
trasnochar
vivir con otros en una residencia
    estudiantil

¿Cuáles de estos conocimientos y habilidades *no* le van a ayudar en el futuro? ¿Por qué no? Nombre algo que no ha aprendido en la universidad ni en la escuela pero que cree que va a necesitar en el futuro? ¿Debería ser parte de la educación formal en el futuro? ¿Por qué sí o por qué no?

¡OJO!

Las actividades en esta sección son un repaso de todas las secciones **¡Ojo!** en este libro.

Práctica

A Dé la palabra española que corresponda mejor a la palabra en letra cursiva.

1. It *looked* like we would never be able to do it, *but* my family *saved* for years and finally *succeeded* in buying a cottage by the lake.
2. *Because* the food was awful, he *became* angry and refused *to pay the bill. Both* the chef *and* the maitre d' talked to him *because* they were afraid the scene *would hurt* business in the restaurant.

3. They *both* lived only three miles from here and *attended* services regularly every *time* Rev. Miles spoke. *Since they moved* to Peakwood we don't see them much anymore.
4. She works very hard *to support* her family; her parents *insist on* helping *to take care of* the children *since they realize* that she cannot afford *to take* them to a sitter.
5. *I don't care* if you *miss* two or three meetings, but I *get* upset if you *stop* others from *attending*. If you *feel* dissatisfied, fine, but *don't try to* influence others.
6. When the man *left* the room, he *did not realize* that he *had left* his briefcase next to the chair. I *think he returned* the next day *to look for* it.

B Elija la palabra que mejor completa cada oración.

1. Estoy pensando (con/de/en) hacerme ingeniera.
2. El niño (se movía / se mudaba) constantemente. Por fin se cayó de la cama (pero / sino que) no se (hizo daño / ofendió).
3. (Echaron de menos / Faltaron a / Perdieron) el autobús porque estaban trabajando y no (realizaron / se dieron cuenta) de (la hora / el tiempo / la vez) hasta que era demasiado tarde.
4. ¿Te (cuida/importa) si fumo? He (probado / tratado de) (dejar/detener) este hábito varias veces por nunca he tenido (éxito/suceso).
5. ¿No quiere Ud. (probarse/tratar) el suéter antes de (llevárselo/tomárselo) a casa?
6. Es (un dato / una fecha / un hecho) muy conocido/a que en los parques nacionales los osos (*bears*) dependen demasiado (a/de/en) los seres humanos. Precisamente, si queremos (ahorrarlos/salvarlos) tenemos que (dejar de / detener) «civilizarlos» tanto.
7. Si Uds. quieren (suceder / tener éxito) en el mundo de los negocios, tienen que (pagar/prestar) mucha atención a toda esta información. Es (cuestión/pregunta) de dedicación y disciplina.

Repaso

A Complete el diálogo, dando la forma correcta de los verbos entre paréntesis y expresando en español las frases en inglés. Cuando se dan dos palabras entre paréntesis, escoja la palabra apropiada.

Una decisión importante

> *Luis visita a su amigo Ernesto, quien a sólo cuatro meses de graduarse piensa dejar la universidad para viajar alrededor del mundo.*

LUIS: (Mirar: tú),[1] Ernesto, yo creo que (ser/estar)[2] una idea excelente viajar (por/para)[3] el mundo. Es bueno que todos (ver)[4] otros países y que (conocer)[5] a la gente (*who*)[6] vive allí. Algún día, cuando yo (tener)[7] la oportunidad, yo también (hacerlo).[8] (*What*)[9] yo todavía no (entender)[10] es por qué diablos tienes que (hacerlo)[11] ahora mismo. (*You must realize*)[12] que en sólo cuatro meses, te (haber)[13] graduado y (tener)[14] tiempo para (hacer)[15] todos los viajes que quieras. Me parece increíble que no (poder: tú)[16] esperar un poco más.

ERNESTO: Cuatro meses o cuatro años… (ser/estar)[17] igual, Luis. (*I feel*)[18] como hipócrita aquí y siempre (*I have felt*)[19] así. Tú sabes que yo (venir)[20] a estudiar aquí (por/para)[21] mis padres, (*who*)[22] insisten en que su hijo (tener)[23] una buena preparación académica. Sabes que ahora me (especializar)[24] en derecho porque mi abuelo (querer)[25] que yo (*become*)[26] abogado. (Haber: yo)[27] trabajado mucho y (haber)[28] sacado buenas notas a fin de que todos (estar)[29] orgullosos de mí…

LUIS: ¿Qué (haber)[30] de malo en eso? Es verdad que (haber: tú)[31] trabajado mucho. No conozco a nadie que (ser/estar)[32] un estudiante más serio que tú. Sin embargo, yo siempre pensaba que tú (ser/estar)[33] contento.

ERNESTO: Contento con los amigos, sí, pero con los estudios, jamás. ¿Es que voy a (ser/estar)[34] una persona culta porque me sé una serie de nombres y fechas? La sabiduría no (consistir)[35] en (*what*)[36] se sabe (sino / pero / sino que)[37] en (*what*)[38] se entiende y no hay nada aquí que me (haber)[39] ayudado a entender nada.

LUIS: Y tan pronto como (haber: tú)[40] visitado cinco o seis países, ¿crees que lo (ir)[41] a entender todo? No (ser/estar: tú)[42] tonto. Es posible que (*studying*)[43] no (ser)[44] la mejor manera de «instruirse», (pero / sino / sino que)[45] el viajar tampoco lo es. Si (ser)[46] así, todos (*would become*)[47] pilotos y azafatas, ¿verdad que sí?

ERNESTO: (Reírse: tú),[48] si quieres, Luis, pero ya (haber: yo)[49] tomado mi decisión.

B ¿Se identifica Ud. más con el punto de vista de Luis o con el de Ernesto? Si Ud. decidiera dejar los estudios por un tiempo indefinido para viajar, ¿cómo se sentirían sus padres? ¿Por qué? ¿Tendrían la misma reacción si dejara los estudios para trabajar en vez de viajar?

Trabaje con un compañero / una compañera de clase para preparar una lista de cuatro razones o motivos para dejar la universidad y cuatro para no hacerlo. Luego, compartan su lista con el resto de la clase. ¿Hay mucha diferencia de opiniones? Expliquen.

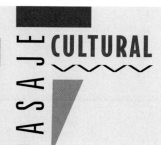

En kayac* por Chiloé y carros de viento en Llay Llay, Chile

PASAJE CULTURAL

«El trabajo sin reposo, convierte al hombre en un soso».† Este refrán tradicional subraya (*underscores*) la importancia del ocio para el ser humano. No se puede llevar una vida feliz sin divertirse, sin tener tiempo libre. La definición de «ocio» varía de persona a persona, pero el significado común es descanso del trabajo y de las obligaciones diarias.

---

*Since **kayac** is not a Spanish word, you will see some variation in its rendering in Spanish. Many Spanish speakers spell it **kayak.**

†Literally, "Work without rest turns a man into a dull person." The English equivalent of this saying is, "All work and no play makes Jack a dull boy."

En kayac por Chiloé, Chile.

En carro de viento por Llay Llay, Chile.

Antes de ver

■ ¿Cómo se divierte Ud.? ¿Cómo pasa su tiempo libre? ¿Prefiere las actividades emocionantes o peligrosas, o prefiere las actividades más tranquilas?

■ Tomando en cuenta sus respuestas a las preguntas anteriores, ¿cree Ud. que la personalidad determina qué actividades le gustan más a una persona? Explique.

■ ¿Por qué cree Ud. que actividades como el camping, el montañismo (*mountaineering*) y el buceo son populares hoy en día? ¿Qué tienen en común? Explique sus respuestas.

■ Ahora lea con cuidado la actividad en **Vamos a ver** antes de ver el vídeo por primera vez.

Vamos a ver

Determine si las siguientes afirmaciones son ciertas (**C**) o falsas (**F**), según lo que Ud. aprenda en los dos segmentos de vídeo. Corrija las oraciones falsas.

	C	F
1. Para ir a Chiloé, se recomienda viajar en autobús.	☐	☐
2. Chiloé es una península.	☐	☐
3. Una buena manera de conocer Chiloé es en kayac.	☐	☐
4. Los carros de viento navegan por las calles de Llay Llay.	☐	☐
5. Los carros de viento se controlan con cuerdas y con el peso del cuerpo del tripulante (*rider*).	☐	☐
6. No hay peligro de accidentes en los carros de viento.	☐	☐

Después de ver

■ ¿Cuál de las dos actividades —pasear en kayac o navegar en carro de viento— le interesa más? ¿Por qué?

■ Trabajando en grupos, hagan una lista de varios pasatiempos y actividades para los ratos de ocio que les interesan. Expliquen brevemente por qué les parece interesante o divertido cada actividad o pasatiempo. Luego, presenten sus ideas a la clase.

■ Busque información sobre la actividad o el pasatiempo que más le interesa a Ud. Esto puede incluir información sobre organizaciones dedicadas a esa actividad o pasatiempo, lugares donde se practica, el equipo (*equipment*) que se necesita y cualquier otro tipo de información. Comparta su información con sus compañeros de clase.

APPENDIXES

1. SYLLABICATION AND STRESS

A. Syllabication

■ The basic rule of Spanish syllabication is to make each syllable end in a vowel whenever possible.

> ci-vi-li-za-do   ca-ra-co-les   so-ñar   ca-sa-do

■ Two vowels should always be divided unless one of the vowels is an unaccented **i** or **u.** Accents on other vowels do not affect syllabication.

> fe-o   bue-no   ac-tú-e   des-pués
> pre-o-cu-pa-do ne-ce-sa-rio   rí-o   a-vión

■ In general, two consonants are divided. Although the *Real Academia* in Spain no longer considers the consonant combinations **ch, ll,** and **rr** to be single letters, for syllabication purposes they are still treated as such and should never be divided. Double **c** and double **n,** however, *are* separated.

> en-fer-mo   ban-de-ra   mu-cha-cha   ac-ci-den-te
> doc-to-ra   cas-ti-llo   a-rroz   in-na-to

■ The consonants **l** and **r** are never separated from any consonant preceding them, except for **s.**

> ha-blar   a-trás   a-brir   pa-dre
> com-ple-to   is-la   o-pre-si-vo   si-glo

■ Combinations of three and four consonants are divided following the rules above. The letter **s** should go with the preceding syllable.

> es-truc-tu-ra   con-ver-tir   ex-tra-ño   obs-cu-ro
> cons-tan-te   es-tre-lla   in-fle-xi-ble   ins-truc-ción

B. Stress

How you pronounce a specific Spanish word is determined by two basic rules of stress. Written accents to indicate stress are needed only when those rules are violated. Here are the two rules of stress.

1. For words ending in a vowel, **-n,** or **-s,** the natural stress falls on the next-to-last syllable. The letter **y** is *not* considered a vowel for purposes of assigning stress.

> *ha*-blan   pe-*rri*-to   tar-*je*-tas   a-me-ri-*ca*-na

2. For words ending in *any other letter,* the natural stress falls on the last syllable.

> pa-*pel*   di-fi-cul-*tad*   es-*toy*   pa-re-*cer*

If these stress rules are violated by the word's accepted pronunciation, stress must be indicated with a written accent.

re-li-*gión*	e-*léc*-tri-co	fran-*cés*	ha-*blé*
ár-bol	*Pé*-rez	*cés*-ped	ca-*rác*-ter

Note that words that are stressed on any syllable other than the last or next-to-last will always show a written accent. Particularly frequent words in this category include adjectives and adverbs ending in **-ísimo** and verb forms with pronouns attached.

mu-*chí*-si-mo	la-*ván*-do-lo	*dár*-se-las	*dí*-ga-me-lo

Written accents to show violations of stress rules are particularly important when diphthongs are involved. A diphthong is a combination of a weak (**i, u**) vowel and a strong (**a, e, o**) vowel (in either order) or of two weak vowels together. The two vowels are pronounced as a single sound, with one of the vowels being given slightly more emphasis than the other. In all diphthongs the strong vowel or the second of two weak vowels receives this slightly greater stress.

*a*i: paisaje	u*e*: vuelve	i*o*: rioja	u*i*: fui	i*u*: ciudad

When the stress in a vowel combination does not follow this rule, no diphthong exists. Instead, two separate sounds are heard, and a written accent appears over the weak vowel or the first of two weak vowels.

a-*í*: país	*ú*-e: acentúe	*í*-o: tío	*ú*-i: flúido

C. Use of the Written Accent as a Diacritic

The written accent is also used to distinguish two words with similar spelling and pronunciation but different meaning.

■ Nine common word pairs are identical in spelling and pronunciation; the accent mark is the only distinction between them.

dé	give	**de**	of, from	**sí**	yes	**si**	if
él	he	**el**	the	**sólo**	only	**solo**	alone
más	more	**mas**	but	**té**	tea	**te**	you
mí	me	**mi**	my	**tú**	you	**tu**	your
sé	I know	**se**	*pronoun*				

■ Diacritic accents are used to distinguish demonstrative adjectives from demonstrative pronouns, although this distinction is disappearing in many parts of the Spanish-speaking world.*

aquellos países	those countries	**aquéllos**	those ones
esa persona	that person	**ésa**	that one
este libro	this book	**éste**	this one

---

*The **Real Academia Española** formally eliminated the use of diacritic accents to distinguish demonstrative pronouns from demonstrative adjectives from the Spanish language in 1994. Nonetheless, this distinction has been retained in *¡Avance!* as a matter of style.

- Diacritic accents are placed over relative pronouns or adverbs that are used interrogatively or in exclamations.

cómo how	**como** as, since	**por qué** why	**porque** because
dónde where	**donde** where	**qué** what	**que** that

2. SPELLING CHANGES

In general, Spanish has a far more phonetic spelling system than many other modern languages. Most Spanish sounds correspond to just one written symbol. Those that can be written in more than one way are of two main types: those for which the sound/letter correspondence is largely arbitrary and those for which the sound/letter correspondence is determined by spelling rules.

A. In the case of arbitrary sound/letter correspondences, writing the sound correctly is mainly a matter of memorization. The following are some of the more common arbitrary, or *nonpatterned,* sound/letter correspondences in Latin American Spanish.

SOUND	SPELLING	EXAMPLES
/b/ + *vowel*	b, v	barco, ventana
/y/	y, ll, i + *vowel*	haya, amarillo, hielo
/s/	s, z, c	salario, zapato, cielo
/x/ + e, i	g, j	general, jefe gitano, jinete

Note that, although the spelling of the sounds /y/ and /s/ is largely arbitrary, two patterns occur with great frequency.

1. /y/ Whenever an unstressed **i** occurs between vowels, the **i** changes to **y.**

    leió → leyó   creiendo → creyendo   caieron → cayeron

2. /s/ The sequence **ze** is rare in Spanish. Whenever a **ze** combination would occur in the plural of a noun ending in **z** or in a conjugated verb (for example, an **-e** ending on a verb stem that ends in **z**), the **z** changes to **c.**

    luz → luces   voz → voces   empez- + é → empecé   taza → tacita

B. There are three major sets of *patterned* sound/letter sequences.

SOUND	SPELLING	EXAMPLES
/g/	g, gu	gato, pague
/k/	c, qu	toca, toque
/g^w/	gu, gü	agua, pingüino

1. /g/ Before the vowel sounds /a/, /o/, and /u/, and before all consonant sounds, the sound /g/ is spelled with the letter **g.***

    gato   gorro   agudo   grave   gloria

Remember that before the sounds /e/ and /i/ the *letter* **g represents the *sound* /x/: **gente, lógico.**

Before the sounds /e/ and /i/, the sound /g/ is spelled with the letters **gu.**

    guerra   guitarra

2. /k/ Before the vowel sounds /a/, /o/, and /u/, and before all consonant sounds, the sound /k/ is spelled with the letter **c.**

    casa   cosa   curioso   cristal   club   acción

Before the sounds /e/ and /i/, the sound /k/ is spelled with the letters **qu.**

    queso   quitar

3. /g^w/ Before the vowel sounds /a/ and /o/, the sound /g^w/ is spelled with the letters **gu.**

    guante   antiguo

Before the sounds /e/ and /i/, the sound /g^w/ is spelled with the letters **gü.**

    vergüenza   lingüista

These spelling rules are particularly important in conjugating, because a specific consonant sound in the infinitive must be maintained throughout the conjugation, despite changes in stem vowels. It will help if you keep in mind the patterns of sound/letter correspondence, rather than attempt to conserve the spelling of the infinitive.

/ga/ =	**ga**	lle*ga*r	/ge/ =	**gue**	lle*gue* (*present subjunctive*)
/ga/ =	**ga**	lle*ga*r	/ge/ =	**gué**	lle*gué* (*preterite*)
/gi/ =	**gui**	se*gui*r	/go/ =	**go**	si*go* (*present indicative*)
/gi/ =	**gui**	se*gui*r	/ga/ =	**ga**	si*ga* (*present subjunctive*)
/xe/ =	**ge**	reco*ge*r	/xo/ =	**jo**	reco*jo* (*present indicative*)
/xe/ =	**ge**	reco*ge*r	/xa/ =	**ja**	reco*ja* (*present subjunctive*)
/g^{w}a/ =	**gua**	averi*gua*r	/g^{w}e/ =	**güe**	averi*güe* (*present subjunctive*)
/ka/ =	**ka**	sa*ca*r	/ke/ =	**qué**	sa*qué* (*preterite*)

3. VERB CONJUGATIONS

The chart on pages A-5–A-6 lists common verbs whose conjugations include irregular forms. The chart lists only those irregular forms that cannot be easily predicted by a structure or spelling rule of Spanish. For example, the irregular **yo** forms of the present indicative of verbs such as **hacer** and **salir** are listed, but the present subjunctive forms are not, since these forms can be consistently predicted from the present indicative **yo** form. For the same reason, irregular preterites are listed, but not the past subjunctive, since this form is based on the preterite. Affirmative **tú** commands are listed, but not **Ud.** or **Uds.** commands (affirmative or negative), since these are identical to the present subjunctive forms for those persons. Spelling irregularities such as **busqué** and **leyendo** are also omitted, since these follow basic spelling rules (Appendix 2).

	VERB CONJUGATIONS								
INFINITIVE	**INDICATIVE**					**PRESENT SUBJUNCTIVE**	**AFFIRMATIVE *TU* COMMAND**	**PARTICIPLES**	
	Present	*Imperfect*	*Preterite*	*Future*	*Conditional*			*Present*	*Past*
1. abrir									abierto
2. andar			anduve						
3. caber	quepo		cupe	cabré	cabría				
4. caer	caigo								
5. conocer	conozco								
6. cubrir									cubierto
7. dar	doy		di diste dio dimos disteis dieron			dé			
8. decir (i)	digo		dije dijeron	diré	diría		di	diciendo	dicho
9. escribir									escrito
10. estar	estoy		estuve			esté			
11. haber	he has ha hemos habéis han		hube	habré	habría	haya			
12. hacer	hago		hice	haré	haría		haz		hecho
13. ir	voy vas va vamos vais van	iba	fui fuiste fue fuimos fuisteis fueron			vaya	ve	yendo	
14. morir (ue, u)									muerto
15. oír	oigo oyes oye oímos oís oyen								

INFINITIVE	INDICATIVE					PRESENT SUBJUNCTIVE	AFFIRMATIVE *TU* COMMAND	PARTICIPLES	
	Present	Imperfect	Preterite	Future	Conditional			Present	Past
16. oler (ue)	huelo hueles huele olemos oléis huelen								
17. poder (ue)			pude	podré	podría			pudiendo	
18. poner	pongo		puse	pondré	pondría		pon		puesto
19. querer (ie)			quise	querré	querría				
20. reír (i, i)	río ríes ríe reímos reís ríen							riendo	
21. romper									roto
22. saber	sé		supe	sabré	sabría	sepa			
23. salir	salgo			saldré	saldría		sal		
24. ser	soy eres es somos sois son	era	fui fuiste fue fuimos fuisteis fueron			sea	sé		
25. tener (ie)	tengo		tuve	tendré	tendría		ten		
26. traducir	traduzco		traduje tradujeron						
27. traer	traigo		traje trajeron						
28. valer	valgo			valdré	valdría				
29. venir (ie)	vengo		vine	vendré	vendría		ven	viniendo	
30. ver	veo	veía	vi						visto
31. volver (ue)									vuelto

4. PREPOSITIONAL PRONOUNS

A. Forms of Prepositional Pronouns

mí	nosotros/as
ti	vosotros/as
Ud., él, ella	Uds., ellos, ellas

With the exception of the first- and second-person singular forms (**mí, ti**), the prepositional pronouns are the same as the subject pronouns. They are used when preceded by **para, por, a, de, en, sin,** and most other prepositions. The preposition and pronoun together form a prepositional phrase.

¿Piensas mucho **en ella**?   *Do you think **of her** a lot?*
Toma, es **para ti**.   *Take it, it's **for you**.*

When **mí** or **ti** occurs with **con,** the special forms **conmigo** and **contigo** are used.

Lo siento, pero no puedo ir **contigo**.   *I'm sorry, but I can't go **with you**.*

Note that the prepositions **según** and **entre** are always used with subject pronouns.

Según tú, el partido fue aburrido, ¿verdad?   ***According to you,** the game was boring, right?*
Entre tú y yo, él es un imbécil.   ***Between you and me,** he's an idiot.*

B. Uses of Prepositional Pronouns

Third-person indirect object pronouns may have more than one meaning: **le** = *to you, to him, to her;* **les** = *to you all, to them.* This ambiguity is often clarified by using a prepositional phrase with **a.**

Le doy el libro { **a él.** / **a ella.** }   *I'm giving the book { **to him.** / **to her.** }*

Les escribo { **a Uds.** / **a ellos.** }   *I'm writing { **to you all.** / **to them.** }*

The prepositional phrase with **a** is also used with object pronouns for emphasis.

Me da el libro **a mí,** no **a ella.**   *He's giving the book **to me,** not **to her.***

5. POSSESSIVE ADJECTIVES AND PRONOUNS

Spanish possessive adjectives have two forms: a short form that precedes the noun and a long form that follows it.

A. Possessive Adjectives That Precede the Noun*

English possessive adjectives (*my, his, her, your,* and so on) do not vary in form. Spanish possessive adjectives, like all adjectives in Spanish, agree in number with the noun they modify—that is, with the *object possessed.* The possessive adjectives **nuestro** and **vuestro** agree in gender as well. These forms of the possessive adjective always precede the noun.

Mi carro es viejo.	***My car*** *is old.*
Mis carros son viejos.	***My cars*** *are old.*
Nuestra abuela falleció el año pasado.	***Our grandmother*** *passed away last year.*
Nuestros tíos viven en Nueva Jersey.	***Our aunt and uncle*** *live in New Jersey.*

Since **su(s)** can express *his, her, its, your,* and *their,* ambiguity is often avoided by using a prepositional phrase with **de** and a pronoun object. In this case, the definite article usually precedes the noun.

El padre de él se sentó al lado de **la madre de ella** y viceversa.	***His father*** *sat next to* ***her mother*** *and vice versa.*
Así que su carro venía por esta calle. ¿Y **el carro de él**?	*So, your car was coming up this street. And what about* ***his car***?

B. Possessive Adjectives That Follow the Noun

POSSESSIVE PRONOUNS				
	SINGULAR		**PLURAL**	
	Masculine	**Feminine**	**Masculine**	**Feminine**
mine	el mío	la mía	los míos	las mías
yours (informal)	el tuyo	la tuya	los tuyos	las tuyas
yours (formal) *his* *hers*	el suyo	la suya	los suyos	las suyas
ours	el nuestro	la nuestra	los nuestros	las nuestras
yours (pl. informal)	el vuestro	la vuestra	los vuestros	las vuestras
yours (pl. formal) *theirs*	el suyo	la suya	los suyos	las suyas

The long, or emphatic, possessive adjectives are used when the speaker wishes to emphasize the possessor rather than the thing possessed. Note that all these forms agree in both number and gender, and that they always follow the noun, which is usually preceded by an article.

José es **un amigo mío**.	*José is a friend of* ***mine***.
Mi cartera está en la mesa; **la cartera tuya** está en el estante.	*My wallet is on the table;* ***your*** *wallet is on the bookcase.*

---

*The forms of the Spanish possessive adjectives appear on page 116, **Capítulo 4.**

Compare the preceding sentences, in which emphasis is given to the possessor, with the following sentences expressed with the nonemphatic possessives.

José es **mi amigo.**	*José is my **friend.** (more emphasis on friend)*
Mi cartera está en la mesa; **tu mochila** está en el estante.	*My wallet is on the table; your **backpack** is on the bookcase. (more emphasis on the item)*

C. Possessive Pronouns

Whenever a noun is modified by an adjective or an adjective phrase, the noun can be omitted in order to avoid repetition within a brief context (one or two sentences). In such an instance, the definite article and the adjective or adjective phrase are left standing alone.

Prefiero el café regular sobre **el** (café) **descafeinado.**	*I prefer regular coffee over **decaf** (coffee).*
Los jóvenes de este país, como **los** (jóvenes) **de otras partes del mundo,** a veces tienen problemas con sus padres.	*Young people in this country, **like those** (the young people) **in other parts of the world,** sometimes have problems with their parents.*

When possessive adjectives stand for nouns, the long form is used, preceded by the appropriate definite article.

Mi disfraz es más impresionante que **su disfraz.** → Mi disfraz es más impresionante que **el suyo.**	*My costume is more impressive than her costume. → My costume is more impressive than **hers.***
Su presentación y **nuestra presentación** recibieron un premio. → Su presentación y **la nuestra** recibieron un premio.	*Their presentation and our presentation received a prize. → Their presentation and **ours** received a prize.*
Su foto se encontró mezclada con **mis fotos.** → Su foto se encontró mezclada con **las mías.**	*His photo was found mixed in with my photos. → His photo was found mixed in with **mine.***

The definite article is usually omitted after forms of **ser.**

—¿**Es tuyo** ese libro?	*—Is that book yours?*
—No, no **es mío.** Será de Ramón.	*—No, it isn't mine. It must be Ramón's.*

6. DEMONSTRATIVE ADJECTIVES AND PRONOUNS

A. Demonstrative Adjectives

To indicate the relative distance of objects from the speaker, English has two sets of demonstrative adjectives: *this/these* for objects close to the speaker and *that/those* for objects farther away. English has two corresponding place adverbs: *here* and *there*. In Spanish, there are three sets of demonstrative adjectives: **este, esta, estos/as** for this/these, **ese, esa, esos/as** for that/those (near), and **aquel, aquella, aquellos/as** for that/those (far).

If **libro** is the noun being described, the phrase **este libro** indicates a book near the speaker: **este libro, aquí. Ese libro** indicates a book away from the speaker but close to the person addressed: **ese libro, allí.*** **Aquel libro, allí (allá)** indicates a book that is at a distance from both the speaker and the person addressed. These relationships are indicated in the following diagram.

X speaker (**este libro** que yo tengo **aquí**)

Y listener (**ese libro** que tú tienes **allí**)

Z third location far away
(**aquel** libro **allá**)

B. Demonstrative Pronouns

You can replace demonstrative adjectives and nouns with demonstrative pronouns in order to avoid unnecessary repetition by following the pattern that you have already seen with adjectives and possessive constructions (see Appendix 5). Like demonstrative adjectives, demonstrative pronouns agree with the noun in number and gender. Note that demonstrative pronouns are accented on the stressed syllable.[†]

Este coche es de mi padre y **ese coche** es de mi madre. → Este coche es de mi padre y **ése** es de mi madre.	*This car is my father's and **that car** is my mother's.* → *This car is my father's and **that one** is my mother's.*
Esta mujer es mi madre y **aquellas mujeres** son mis tías. → Esta mujer es mi madre y **aquéllas** son mis tías.	*This woman is my mother and **those women** are my aunts.* → *This woman is my mother and **those** are my aunts.*

C. Neuter Demonstrative Pronouns

The neuter pronouns **esto, eso,** and **aquello** refer to concepts or processes that have no identifiable gender. The neuter forms are also used to ask for the identification of an unknown object. They have no written accent.

No comprendo **esto**.	*I don't understand **this** (concept, idea, action, etc.).*
Voy al laboratorio todos los días y **eso** me ayuda.	*I go to the lab every day, and **that** (going there often) helps me.*
¿Qué es **esto**?	*What is **this**?*

****Ese libro** can also indicate a book away from both speakers. **Aquel libro** would then indicate a book even farther away from both speakers.
†The **Real Academia Española** formally eliminated the accents distinguishing demonstrative pronouns from demonstrative adjectives in 1994. Nonetheless, this distinction has been retained in *¡Avance!* as a matter of style.

7. *TENER* AND *HACER* EXPRESSIONS

In addition to **ser** and **estar,** Spanish uses the verbs **tener** and **hacer** to express the concept of *to be*.

   Tener combines with certain nouns that are usually expressed with *to be + adjective* in English.

tener (mucho/a)	frío/calor	*to be* (*very*) *cold/hot*
	hambre/sed/sueño	*hungry/thirsty/sleepy*
	éxito/suerte	*successful/lucky*
	razón (no tener razón)	*right* (*to be wrong*)
	cuidado/prisa	*careful / in a hurry*
	miedo/vergüenza	*afraid/embarrassed*
	_____ años	_____ *years old*

   Another common **tener** expression is **tener ganas de** + *infinitive,* which expresses English *to feel like + present participle.*

Tengo ganas de dormir.	*I feel like sleeping.*

   Weather conditions expressed with *to be* in English are usually expressed with **hacer** in Spanish.

Hace (mucho)	frío/calor/fresco.	*It is* (*very*) *cold/hot/cool.*
	sol/viento.	*sunny/windy.*
Hace (muy)	buen tiempo.	*It is* (*very*) *nice out.*
	mal tiempo.	*The weather is* (*very*) *bad.*

Verbs that refer to precipitation, such as **nevar (ie)**, **llover (ue)**, and **lloviznar,** are conjugated only in the third-person singular. There is no **hacer** expression to describe these conditions.

Nieva mucho en Colorado.	*It snows a lot in Colorado.*
Llueve ahora, pero antes sólo **lloviznaba.**	*It's raining now, but before it was only drizzling.*

8. ANSWERS TO *REPASO* ACTIVITIES

CAPITULO 1

1. son 2. están (estamos) 3. Es 4. las 5. considera 6. expresa 7. son 8. producen 9. causan 10. muchos 11. intentamos 12. estamos 13. un 14. es 15. son 16. comprenden (comprendemos) 17. vive 18. forma 19. hay 20. grandes 21. hay 22. son

CAPITULO 2

1. son 2. están 3. son 4. son 5. están 6. ser 7. están 8. Es 9. son

CAPITULO 3

Here is one possible answer to this exercise.

Una conversación en la clase de español del profesor O'Higgins

O'H: Bueno, estudiantes, es hora de entregar la tarea de hoy. Todos tenían que escribirme una breve composición sobre la originalidad, ¿no es cierto? ¿Me *la* escribieron?

J: Claro. Aquí tiene Ud. *la (composición) mía.*

O'H: Y Ud., señora Chandler, ¿también hizo la tarea?

CH: Sí, *la* hice, profesor O'Higgins, pero no *la* tengo aquí.

O'H: Ajá. Ud. *la* dejó en casa, ¿verdad? ¡Qué original!

CH: No, no *la* dejé en casa. Sucede que mi hijo tenía prisa esta mañana, el carro se descompuso y mi marido *lo* llevó al garaje.

O'H: Ud. me perdona, pero no veo la relación. ¿Me *la* quiere explicar?

CH: Bueno, anoche, después de escribir la composición, *la* puse en mi libro como siempre. Esta mañana salimos, mi marido, mi hijo y yo, en el coche. Siempre dejamos a Paul —mi hijo— en su escuela primero, luego mi marido me deja en la universidad y entonces él continúa hasta su oficina. Esta mañana, como le dije, mi hijo tenía mucha prisa y cogió mi libro con *los suyos* cuando bajó del coche. Desgraciadamente no vi que cogió *el mío.* Supe que *lo* cogió cuando llegamos a la universidad. Como ya era tarde, no pude volver a la escuela de mi hijo. Así que mi marido se ofreció a buscarme el libro. Entonces...

O'H: Bueno, Ud. me *la* puede traer mañana, ¿no?

CH: Sin duda, profesor.

CAPITULO 4

1. era 2. parecía 3. llegaron 4. estoy 5. le dijo 6. recibió 7. quien 8. decidió 9. tenía (tuve) 10. me gustaba (me gustó) 11. me dijo 12. corto 13. quería 14. que 15. me puse 16. salí 17. hacía 18. estaba 19. caminamos 20. comenzó 21. me preguntó 22. era 23. me escuchaba 24. tenía 25. volvió 26. lo visitaba 27. le pedía 28. vez

CAPITULO 5

1. sea 2. pasar 3. Escuche 4. sea 5. Compre 6. se la prepare 7. se la lave 8. se preocupe 9. se lo haga 10. empiece

CAPITULO 6

1. levanté la cabeza 2. vi 3. estaba 4. pensaba en eso 5. Sabía 6. podía 7. grité 8. salí corriendo 9. pensaba 10. llegué a casa 11. abrí 12. salía 13. me preguntó 14. respondí 15. sonrió 16. explicó 17. venía 18. le gustaba 19. Quise 20. tenía 21. dije 22. necesitaba 23. conocía 24. pudo 25. le dije 26. éramos 27. hacías 28. quería 29. Nos poníamos de acuerdo 30. me miró 31. sugirió 32. volvió 33. balbuceé 34. No había remedio 35. Me senté

CAPITULO 7

1. vinieron 2. llegaron 3. es 4. significó 5. se llamaba 6. debía 7. daba 8. necesitaba 9. recibía 10. había 11. tuvieran 12. Era 13. produjeran 14. se cultivaban 15. pudiera 16. odiaban 17. les imponían 18. se convirtieron

CAPITULO 8

1. hace muchísimos años 2. fuera 3. se reunieron 4. habló 5. necesitamos 6. vean 7. apareció 8. habitaran 9. devoraron 10. destruyeron
11. pusieron 12. empezaran 13. admiraran 14. devastaron 15. de los que
16. pudieron 17. tuviera 18. que (la cual) 19. cubrió 20. decidieron
21. Sabían 22. iban 23. hicieran 24. se preparaban 25. se arrojaron
26. descubrieron 27. vivieran 28. arrojó 29. sino 30. estaba 31. me
den 32. se arrojaron 33. comió

CAPITULO 9

1. Hace veinte años 2. por 3. parecía 4. tiene 5. se ven 6. Es
7. ayudó 8. es 9. tienen 10. Por 11. se presta (se prestó) 12. que
13. para 14. está 15. Hace poco 16. fueron exhibidas 17. por 18. se
realizó 19. para 20. es acogido 21. se dirigen 22. son 23. que
24. había 25. se encuentra

CAPITULO 10

1. se oyen 2. se organizan 3. que 4. apoye 5. causan 6. afirman
7. fueran eliminadas (se eliminaran) 8. empieza 9. acompaña 10. conocen 11. Se compra 12. se consume 13. es 14. es 15. mantener
16. afecta 17. causa 18. provoca 19. produzca

CAPITULO 11

1. para 2. Tanto Yogi como Mark (Yogi tanto como Mark) 3. que 4. han
trabajado 5. hacen 6. sino 7. son 8. utiliza 9. entrenados 10. colaborar 11. perdidas 12. por 13. se han usado los perros (los perros han sido
usados) 14. se establecieron 15. para 16. se desarrolla 17. aprenden
18. sean 19. las repitan 20. lleguen a ser (se hagan) 21. sea entrenado
por 22. obedezca 23. será 24. que 25. cuidar 26. se establezcan
27. los dos (ambos) 28. no scrán 29. sino

CAPITULO 12

1. Mira 2. es 3. por 4. vean (veamos) 5. conozcan (conozcamos)
6. que 7. tenga 8. lo haré 9. Lo que 10. entiendo 11. hacerlo
12. Debes de darte cuenta 13. habrás 14. tendrás 15. hacer 16. puedas
17. es 18. Me siento 19. me he sentido 20. vine 21. por 22. que
(quienes) 23. tenga 24. especializo 25. quería (quiere) 26. me hiciera
(me haga) 27. He 28. he 29. estén 30. hay 31. has 32. sea
33. estabas 34. ser 35. consiste 36. lo que 37. sino 38. lo que
39. haya 40. hayas 41. vas 42. seas 43. (el) estudiar 44. sea
45. pero 46. fuera 47. se harían (nos haríamos) 48. Ríete 49. he

9. ANSWERS TO *COMPRENSION* ACTIVITIES

KEY ** means more than one possible answer

CAPITULO 1

Contrastes entre culturas **Comprensión** Para despedirse en una fiesta un hispano estrecha la mano a cada uno de los que están presentes; El norteamericano estrecha la mano al viejo amigo en una reunión inesperada; La madre hispana amamanta a su nene en el parque; La madre norteamericana regresa a casa; Los hispanos hablan hasta dieciséis pulgadas de cerca; Dos amigas hispanas caminan cogidas del brazo o las manos.

CAPITULO 2

Cuyana, **Parte 1** **Comprensión** 1. mucho 2. Pacarina 3. amaba 4. bien 5. abundantes 6. felicidad 7. Cuyana 8. dedicaron 9. Inti 10. contento 11. príncipes 12. belleza 13. brujo 14. temía 15. casarse con *Cuyana,* **Parte 2** **Comprensión** **A.** 1. g, h, k, l 2. c, d 3. b, e 4. b, g, k 5. a, i 6. f, j **B.** 1. C 2. F: Cachashca iba de viaje para encontrar y pedir la mano a la bella Cuyana. 3. C 4. F: El brujo Millanaypag se sorprendió de encontrar a Cachashca vivo cuando vino a tomar Cuyana. 5. C 6. F: El padre Inti interviene y hunde al brujo en las aguas, creando la primera noche. Lo tendrá que hacer repetidamente.
C. Parte I: Más antes que antes el mundo *era* hermoso y los animales y las aves *vivían* felices. Los jefes de la región de las costas de Manta se *llamaban* Cuyaypag y Pacarina. El Cacique Cuyaypag y su esposa Pacarina se alegraron mucho cuando nació su hija Cuyana. Cuyana *era* bella como el reflejo del sol en las aguas. El cacique ofreció a su hija al padre Inti y le pidió su protección. Jóvenes príncipes y valientes guerreros se lanzaron a toda clase de aventuras y peligros para ver a la bella princesa. En las cavernas del volcán *vivía* el gigantesco brujo Millanaypag. Millanaypag decidió que Cuyana *debía* ser su esposa y se transformó en un inmenso cóndor para ir a raptarla. Parte 2: Un día mientras Cuyana se *paseaba* por la playa, vio a un joven náufrago en el mar y lo salvó. El joven se *llamaba* Cachashca y le explicó que mientras *viajaba* a las costas de Manta, un gran pájaro negro atacó sus balsas. Cuyana y Cachashca se enamoraron. El Cacique Cuyaypag aceptó a Cachashca como futuro esposo de su hija. Celebraron su boda con una gran fiesta. El brujo *pensaba* que todos los otros aspirantes *estaban* muertos y que la fiesta *era* para él. Millanaypag se puso furioso cuando descubrió que Cachashca todavía *vivía* y que Cuyana ya *estaba* casada. El Padre Inti castigó a Millanaypag durante una terrible batalla. Esta batalla dio como resultado la creación del ciclo del día y de la noche.

CAPITULO 3

La Tomatina de Buñol **Comprensión** **A.** 1. tiró, recibió. Cierto. Se sabe que en 1944 un grupo de jóvenes designados para cargar las imágenes religiosas en una procesión botaron varios puestos de fruta, incluyendo uno donde había tomates, y empezaron a tirar la fruta a todos los que vieron a su alrededor. 2. se presentaron, podían. Cierto. La prueba de los enojados que se pusieron es que botaron varios puestos de frutas y empezaron a tirarlas a todos los que vieron. 3. estuvieron, se ensuciaban. Falso. A las autoridades nunca les gustó el evento, no sólo porque ensuciaba las calles, sino también porque representaba una falta contra la tranquilidad cívica y porque las mismas autoridades siempre recibían la mayoría de los tomatazos. 4. encarceló, dejó. Cierto. La policía arrestó a tantos participantes que llenaron no solamente la cárcel sino también toda la estación de policía. Mucha gente se acumuló fuera de la estación y, para evitar disturbios, el alcalde dejó libres a los encarcelados y le compró una copa a todos. 5. tuvo. Falso. En 1957 el alcalde y la policía lograron impedir que el evento tuviese lugar. 6. se reunió, decidieron. Falso. En 1959 se legalizó el espectáculo, pero no fue con los dueños de restaurantes que se reunió el alcalde, sino con Francisco Garcés, uno de los participantes en la primera Tomatina, y sus colegas.
**B. Otros eventos que coinciden con la Tomatina son la fiesta del santo patrón de Buñol y la gran competencia de paella; En la mañana los dueños de bares y restaurantes cubren balcones, puertas y ventanas de su establecimiento con plástico y tablas de madera; poco antes del mediodía, los participantes se reúnen en la plaza y varios camiones cargados de tomates comienzan su procesión hacia el «campo de batalla»; Al mediodía el reloj de la iglesia toca, alguien lanza un cohete que explota sobre la plaza y los instigadores empiezan a aplastar y tirar los primeros tomates desde los camiones. Dentro de pocos segundos se declara la guerra; Al final de la «batalla» todos se van al río a quitarse «la sangre» en unas duchas improvisadas.

CAPITULO 4

El nieto **Comprensión** **A.** 1. traiga, F: El hombre acepta el vaso de limonada que la anciana le ofrece. 2. entre, F: La anciana invita al hombre a entrar en su casa. 3. hace, C 4. arreglen, C 5. diga, F: El hombre le pregunta tímidamente a la anciana de quién es el retrato. 6. es, C 7. vuelva, C 8. puede, F: El arquitecto dice que es natural que vuelva. **B.** *el hombre:* el marco, los planos, la gorra verde olivo, la camisa a cuadros, los bolígrafos de colores *la anciana:* la limonada, el sillón *el anciano:* los zapatos gastados, los mandados.

CAPITULO 5

La Hispanoamérica actual **Comprensión** **A.** 1. Es **paradójica** la diferencia entre la riqueza natural y la pobreza de la gente. 2. Hay mucha **diversidad** en la geografía latinoamericana. 3. Los Andes son una **barrera** entre la periferia y el interior de Sudamérica. 4. Los Andes producen el **aislamiento** de las comunidades latinoamericanas, lo cual contribuye al analfabetismo de la población. 5. El **control de la natalidad** no se acepta en las clases bajas porque se necesita cierto nivel de educación para emplear los diversos métodos y porque muchas mujeres de estas clases se valoran según el número de hijos que tienen. ****B.** 1. Es cierto que hay mucha diversidad geográfica en Hispanoamérica. 2. No es cierto que la cordillera de los Andes se extienda desde el país más norteño hasta el punto más al sur de Hispanoamérica. 3. No es cierto que el transporte de mercancías se haga rápida y fácilmente dentro de los países hispanoamericanos. 4. Creo que el índice de mortalidad es más bajo hoy que hace diez años. 5. No creo que muchas rutas comerciales atraviesen los Andes. 6. Dudo que la mayoría de la población viva en los pequeños pueblos de las zonas rurales. 7. Creo que el crecimiento demográfico en Latinoamérica representa uno de los más altos del mundo. 8. No es cierto que el clima en toda Hispanoamérica sea bastante uniforme. 9. Creo que la mayoría de la población en Hispanoamérica es muy joven. 10. Dudo que los escasos recursos naturales de Hispanoamérica causen la gran pobreza de mucha gente. ****C.** 1. Es bueno que haya mucha diversidad geográfica en Hispanoamérica porque esta diversidad ha contribuido a la diversidad humana y agrícola. 2. La cordillera de los Andes se extiende desde el país más norteño hasta el punto más al sur de Sudamérica. Es problemático que los Andes se extiendan así porque forman una barrera entre la periferia y el interior que hace difícil la comunicación, la transportación y el comercio. 3. El transporte de mercancías entre los países hispanoamericanos es difícil. Es problemático que el transporte de mercancías sea difícil porque muchas comunidades están aisladas y no pueden participar en la economía de Hispanoamérica ni de su propio país. 4. Es problemático que el índice de mortalidad sea más bajo porque la tasa de natalidad no ha bajado y esta combinación provoca crecimiento demográfico más alto del mundo después de Africa. 5. Pocas rutas comerciales atraviesan los Andes. Es problemático que pocas rutas comerciales atraviesen los Andes porque muchas comunidades están aisladas de la economía nacional e internacional. 6. La mayoría de la población vive en la periferia. Es problemático que la mayoría de la población viva en la periferia porque la población está concentrada en un porcentaje pequeño de la tierra, principalmente en las ciudades grandes. 7. Es problemático que el crecimiento demográfico en Latinoamérica represente uno de los más altos del mundo porque casi la mitad de la población tiene menos de quince años y esta población está concentrada en las ciudades grandes. 8. El clima en toda Hispanoamérica varía mucho. Es problemático que el clima varíe mucho porque el clima forma otra barrera a la comunicación, la transportación y el comercio. 9. Es problemático que la mayoría de la población sea joven porque este sector pasivo aumenta mientras que el sector activo que lo sostiene no aumenta. 10. A pesar de los abundantes recursos naturales de Hispanoamérica, se encuentra gran pobreza de mucha gente. Es problemático que se encuentre gran pobreza de mucha gente a pesar de los abundantes recursos naturales porque con una explotación más adecuada de estos recursos, habría menos pobreza.

CAPITULO 6

Rosamunda **Comprensión** **A.** 1. un tren 2. se parecía a su hijo y estaba en el plataforma con ella 3. vieja y anticuada 4. fuera tan extravagante 5. en casa no la escuchan, no la dejan hablar y no la entienden 6. era la fórmula mágica que la salvaba de la estrechez de su casa 7. se casó a los veintitrés años; es demasiado normal (vulgar) 8. sus hijas son descaradas y el otro hijo es como el padre 9. días sin pan y burlas de sus amigos 10. está loca **B.** • *Rosamunda:* el tren; vieja y delgada; soñadora y charlona; artista del teatro • *soldado:* el tren; alto y pálido; curioso y simpático • *los hijos (no Florisel):* en casa; hijas descaradas y necias, hijo bruto *Florisel:* muerto; pálido y delgado; interesado y curioso; su madre • *el marido:* en casa; bruto, autoritario; abusa física y psicológicamente de su esposa con palizas y gritos; hacer lo que quiera **C.** 1. narrador omnisciente, un poco Rosamunda 2. narrador omnisciente, un poco Rosamunda 3. Rosamunda 4. Rosamunda, narrador omnisciente

CAPITULO 7

Los Estados Unidos en Latinoamérica: Una perspectiva histórica **Comprensión** **A.** 1. interviniera, C 2. siguieron, F: Antes de 1930, los EE.UU. siguieron una política de intervención en los países centroamericanos. 3. hizo, limitara, F: Theodore Roosevelt hizo mucho para la expansión de los EE.UU. en la América Latina. 4. defendió, F: El «Corolario Roosevelt» a la Doctrina Monroe marcó el comienzo de un período de frecuentes y violentas intervenciones en los países latinoamericanos. 5. hubiera, C **B.** –Taft; la «Diplomacia del Dólar»; la expansión de los intereses económicos de los Estados

Unidos; se establecieron varias empresas norteamericanas en Latinoamérica y los latinoamericanos empezaron a desconfiar de los norteamericanos. –Monroe; la Doctrina Monroe; la no intervención europea en América; los EE.UU., considerándose protector, intervienen mucho en los asuntos de los países latinoamericanos. –T. Roosevelt; «Corolario Roosevelt»; intervenir en los países latino-americanos para asegurar las inversiones e intereses económicos de las «naciones civilizadas»; es el período que llaman la Epoca del Palo Grande y hay muchas inter-venciones violentas. –F. Roosevelt; Política de Buena Voluntad; mejorar las relaciones entre los EE.UU. y Latinoamérica; la sospecha y desconfianza que tenían los latinoamericanos hacia los norteamericanos disminuyen.

CAPITULO 8

Espuma y nada más **Comprensión** **A.** 1. b 2. a 3. c 4. b 5. c 6. c **B.** a. 1: cuelguen b. 5: cometa c. 3: está d. 2: afeite e. 4: pueda f. 6: matar

CAPITULO 9

Mexicanoamericanos **Comprensión** **A.** 1. se pobló, C 2. estaba, F: Cuando los primeros colonos norteamericanos llegaron al suroeste, 75 mil mexicanos ya vivían allí. 3. se establecieron, adaptarse, C 4. se ganó, F: Un territorio equivalente a la mitad del terri-torio total mexicano se ganó por los EE.UU. en la guerra de 1846. 5. vivían, fueron echados, F: Después de la guerra, los mexicanos que vivían en la región del suroeste tenían la alternativa de volver a México o quedarse y convertirse en ciudadanos norteamericanos. 6. se negaron, F: Los derechos de los mexicoamericanos se garantizaron en el Tratado de Guadalupe. 7. Se encuentra, C **B.** 1. a 2. b. 3. Ø 4. a 5. Ø 6. c 7. Ø
Los puertorriqueños **Comprensión** **A.** 1. La mayoría de la población puertorriqueña se encuentra en Nueva York, Boston, Filadelfia y Chicago. Empezaron a llegar en grandes números durante los cincuenta, no como inmigrantes, sino como ciudadanos norteamericanos. Puerto Rico era para entonces Estado Libre Asociado. 2. Puerto Rico pasó de España a los Estados Unidos durante la Guerra de 1898 y en 1917 se convirtió en territorio estadounidense. La economía puertorriqueña sufrió porque las fincas de muchos campesinos pasaron a manos de las grandes compañías norteamericanas. 3. El *Jones Act* les dio a los puertorriqueños ciudadanía norteamericana, pero Puerto Rico aún se consideraba una colonia. Los puertorriqueños no tenían control interno, por ejemplo, sobre las leyes o los sistemas monetarios, postales y educativos. 4. Los migrantes «cíclicos» vienen a los EE.UU. para ganar dinero pero no se establecen aquí porque piensan volver a la isla. Como

consecuencia, quieren mantener su lengua y cultura, lo cual hace difícil la educación de sus hijos. Estos tienen problemas con el inglés, y cuando la familia regresa a Puerto Rico, su español también es deficiente. 5. El movimiento negro despertó la «conciencia» cultural y política puertorriqueña. La situación socioeconómica es difícil pero ha mejorado. 6. Puerto Rico es un Estado Libre Asociado que depende casi totalmente de los Estados Unidos. La mayoría de los puertorriqueños rechaza la independencia porque pondría en peligro la economía puertorriqueña y los puertorriqueños per-derían entrada libre a los EE.UU. y los derechos y beneficios de la ciudadanía. Por otro lado, como estado de los EE.UU., Puerto Rico perdería su identidad, cultura y lengua. ***Los cubanoamericanos*** **Comprensión** ****A.** Efecto: Los niños mexicoameri-canos tienen problemas en la escuela y pierden su autoestima. / Causa: La llegada del ferrocarril en la década de 1870 atrajo a más y más pobladores anglos. Efecto: Estados Unidos rompió relaciones con Cuba. / Causa: Los EE.UU. inician un embargo económico y las Naciones Unidas lo apoyan. Efecto: Los puertorriqueños tienen más control sobre sus propios asuntos. / Causa: Los Estados Unidos ganaron la Guerra de 1898 contra España. Efecto: En las comunidades mexicoamericanas y puertorriqueñas, se despertaron la conciencia y el orgullo políticos, culturales y sociales. / Causa: Después de la Segunda Guerra Mundial y durante los años sesenta, hubo progreso en cuanto a la educación. Efecto: Miami es una de las ciudades más bilingües de los EE.UU. / Causa: La primera oleada era principalmente de inmigrantes educados que ya hablaban inglés y el gobierno estadounidense los acogió y los ayudó mucho porque eran «víctimas» del comunismo. Efecto: Puerto Rico sufrió económicamente después de la ocupación norteamericana. / Causa: Puerto Rico es Estado Libre Asociado de los Estados Unidos pero lingüística y cultu-ralmente es un país hispano. **B.** *Los mexicanos:* en la década de los 1540; en el suroeste; conquistados; educación, discriminación social y explotación económica; mano de obra agrícola. *Los puertorriqueños:* la mayoría, en los cincuenta; en Nueva York, Boston, Filadelfia y Chicago; ciudadanos norteamericanos; discri-minación social y explotación económica; trabajo urbano para obreros no cualificados. *Los cubanos:* (primera oleada) en los sesenta; en Miami, Nueva York y Nueva Jersey; refugiados políticos; llegaron sin ninguna posesión; trabajo para profesionales y educados.

CAPITULO 10

Memoria electrónica **Comprensión** **A.** a. 1 b. 5 c. 2 d. 3 e. 7 f. 6 g. 4 h. 8

CAPITULO 11

El crimen y la violencia: La violencia política

Comprensión **A. 1. terrorismo, guerrilleros, escuadrones de la muerte, ejecuciones, tortura 2. guerra civil, México, Cuba, Nicaragua 3. economías débiles e inestables, obreros agrícolas e industriales 4. militares, guerrillas, fusilamientos 5. la guerra sucia, Argentina, Augusto Pinochet, Chile, la ETA de España, secuestros, bombas, piratería aérea, los tupamaros de Uruguay **B.** a. Las madres y otros parientes de algunos de los diez millones de «subversivos» que desaparecieron entre 1976 y 1983 en Argentina b. El dictador de Chile que mantuvo un poder represivo y terrorista entre 1973 y 1989 en Chile c. Grupo terrorista vasco en España que lucha por la libertad política del país vasco d. Miembros de la Fuerza Democrática Nicaragüense **C.** 1. Muchos regímenes dictatoriales establecen el orden y la paz social pero recurren al abuso del poder militar para eliminar la oposición; después de establecerse la democracia en España, el nivel de violencia criminal subió mucho. 2. grupos: la ETA, los contra, los tupamaros, los campesinos indígenas de Chiapas; gobiernos: Argentina, Chile, Guatemala, El Salvador. 3. Sólo ha habido tres revoluciones grandes: la mexicana, la cubana y la nicaragüense; la economía débil e inestable de muchos países hispanoamericanos crea una frustración crónica y un gran descontento entre los obreros industriales y agrícolas. 4. La mayoría de los cambios de gobierno en Hispanoamérica se han efectuado por medio de elecciones generales o golpes de estado. Los movimientos revolucionarios que nacieron en los sesenta no tuvieron mucho éxito porque no lograron movilizar bastante a la población y porque la reacción de los gobiernos fue masiva y represiva. 5. La sentencia de cinco condenas y cuatro absoluciones dejó a muchos insatisfechos, pero es raro que un gobierno civil responsabilice legalmente a un gobierno militar por actos violentos.

CAPITULO 12

El Sur, Parte 1 Comprensión A. 1. C 2. F: Tenía antepasados germánicos y argentinos, pero Juan se identificaba más con su sangre argentina. 3. C 4. F: Mientras subió las escaleras oscuras, corriendo para leer las *Mil y Una Noches,* algo le rozó e hirió en la frente. 5. F: Los ochos días en casa pasaron como ocho siglos y Juan tuvo muchas pesadillas. 6 F: Dahlmann se echó a llorar cuando el cirujano le informó que había sufrido una septicemia grave. **B. 1. en 1871 2. un hombre inexpresivo y barbado, su estuche con el daguerrotipo, su vieja espada y su muerte romántica 3. su herencia romántica, la sangre argentina 4. se hirió en la frente 5. se enfermó con una fiebre y sufrió muchas pesadillas 6. inyecciones y una cirugía 7. Constitución, una estación de trenes 8. el Sur 9. había un gato negro 10. las *Mil y Una Noches* **C.** a. 4 b. 2 c. 1 d. 3 e. 6 f. 5 **El Sur, Parte 2 Comprensión A.** 1. F: Subió al tren en el penúltimo andén y se acomodó en un vagón casi vacío. 2. F: Juan no leyó el libro que había traído porque se disfrutaba del paisaje y de simplemente vivir. 3. C 4. F: Juan hace el viaje en el otoño. 5. F: El inspector le dijo que el tren no lo dejaría en la estación de siempre. 6. C **B.** 1. arrancaron, primer 2. vinculado, desdicha 3. un caldo, niñez 4. árboles y sembrados, inferior 5. distinto, transfigurado 6. vasto, la soledad perfecta 7. pasado, al Sur 8. hundido, llanura **El Sur, Parte 3 Comprensión A.** 1. de color rojo vivo 2. patrón 3. oscuro, un poncho 4. una bolita de miga 5. agravaban, enfrentarse con 6. la daga que le había tirado al gaucho

SPANISH-ENGLISH VOCABULARY

This vocabulary does not include exact or close cognates of English. Also omitted are certain common words well within the mastery of second-year students, such as cardinal numbers, articles, pronouns, possessive adjectives, and so on. Adverbs ending in **-mente** and regular past participles are not included if the root word is found in the vocabulary or is a cognate. Terms are generally defined according to their use(s) in this text.

The gender of nouns is given except for masculine nouns ending in **-l, -o, -n, -e, -r,** and **-s,** and feminine nouns ending in **-a, -d, -ión,** and **-z.** Nouns with masculine and feminine variants are listed when the English correspondents are different words (*grandmother, grandfather*); in most cases, however, only the masculine form is given (**abogado, piloto**). Adjectives are given only in the masculine singular form. Based on the Spanish Real Academia's 1994 decision, the letter combinations **ch** and **ll** are no longer treated as separate letters and are alphabetized accordingly. Verbs that have a spelling change in the first-person present indicative indicate the change with **(g), (j), (zc),** and so on. Both present-tense and preterite (if any) stem changes are given for stem-changing verbs. Finally, verbs that have further irregularities are followed by *irreg.*

The following abbreviations are used in this vocabulary.

abbrev.	abbreviation	*inv.*	invariable
adj.	adjective	*irreg.*	irregular
adv.	adverb	*m.*	masculine
conj.	conjunction	*n.*	noun
f.	feminine	*pl.*	plural
fig.	figurative	*p.p.*	past participle
gram.	grammar	*prep.*	preposition
inf.	infinitive	*s.*	singular
interj.	interjection		

A

abajo *adv.* below; **calle abajo** down the street; **hacia abajo** downward

abalorio glass bead

abandonar to leave, abandon

abeja bee

abierto (*p.p. of* **abrir**) open; opened

abnegado self-denying, unselfish

abogado lawyer; **abogado defensor** defense attorney

abordaje *n.* encounter

abordar to address

aborrecer (zc) to hate, abhor

aborto abortion

abrazar to hug

abrazo hug

abrelatas *m. s., pl.* can opener

abrigo overcoat; shelter

abrir (*p.p.* **abierto**) to open; **abrir el paso a** to make way for

abrochar to button up, fasten

absoluto absolute; **en absoluto** not at all

absorber to absorb

absorto: estar (*irreg.*) **absorto** to be entranced, amazed

abuela grandmother

abuelo grandfather; *pl.* grandparents

aburrido bored; boring

aburrir to bore

abusivo abusive

abuso abuse

acá (over) here; **acá y allá** here and there

acabar to end, finish; **acabarse** to run out of; **acabar con** to put an end to; **acabar de** + *inf.* to have just (*done something*)

academia academy

académico academic

acaparar to hoard

acariciar to caress

acaso perhaps, maybe

acatar to obey

accidente accident

acción action; stock, share of stock; **Día** (*m.*) **de Acción de Gracias** Thanksgiving Day; **entrar en acción** to take action

accionista *m., f.* stockholder

acelerar to speed up, accelerate

aceptable acceptable

aceptar to accept

acera sidewalk

acerca de about, concerning, with regard to

acercarse a to approach

acero steel

achatado *adj.* flat

achinado Chinese-like

aclamar to acclaim

aclarar to clarify, clear up

acogedor welcoming

acoger (*like* **coger**) to welcome

acogida *n.* welcome

acometer to attack; to rush upon

acomodar to place; **acomodarse** to find oneself a seat; to settle into a comfortable position

acompañar to accompany

aconsejar to advise

acontecer (zc) to happen, occur

acontecimiento event, happening

acordarse (ue) to remember

acorralar to frighten

acostar (ue) to put to bed; **acostarse** to lie down; to go to bed

acostumbrarse (a) to become accustomed (to)

acrobacias *pl.* acrobatics

actitud attitude

activar to activate

actividad activity

activista *n. m., f.* activist

activo active

acto act; ceremony

actriz actress

actual current, present-day

actualidad: en la actualidad at the present time, currently

actualmente at present, now

actuar (actúo) to act, behave

acudir to come; **acudir a** to turn to, resort to

acuerdo agreement, pact; **de acuerdo con** in accordance with; **estar** (*irreg.*) **de acuerdo** to be in agreement; **ponerse** (*irreg.*) **de acuerdo** to come to an agreement

acumular to accumulate, amass

acunar to cradle

acurrucarse to hunker, squat on one's haunches

acusado *n.* accused

acusar to accuse

adaptación adaptation

adaptarse (a) to adapt (to)

adecuado appropriate

adelante: de ahora en adelante from now on; **salir** (*irreg.*) **adelante** to get ahead

ademán *n.* gesture

además (de) in addition (to)

adentro *adv.* inside, indoors

adherencia bond, connection; membership

adhesivo: tira adhesiva adhesive strip; bandage

adicción addiction

adición addition

adicto *adj.* addicted

adiestramiento training

adinerado wealthy, well-to-do

adivinar to guess

adjetival: cláusula adjetival *gram.* adjective clause

administración de empresas business administration

admirador admirer

admirar to admire

admisible admissible

admitir to admit

adolescencia adolescence

adolescente adolescent

adónde where

adopción adoption

adoptar to adopt

adorado adored

adornar to adorn

adquirir (ie) to acquire

adulto adult

adversario adversary

advertencia warning

advertir (ie, i) to tell, inform

aéreo *adj.* air; **controlador aéreo** air-traffic controller

aeróbico *n. pl.* aerobics; *adj.* aerobic

aeropuerto airport

afabilidad affability

afectar to affect

afecto affection

afeitar(se) to shave (oneself); **cuchilla de afeitar** razor blade

afición hobby

aficionado enthusiastic; fond

afiliación affiliation

afirmación statement

afirmar to state

afirmativo affirmative

afligido sorrowful, grieving

afortunado fortunate

africano *adj.* African

afroamericano *n., adj.* African American

afrocubano *adj.* Afrocuban

afrontar to face, confront

afuera *adv.* outside, outdoors; *n. pl.* suburbs, outskirts

agacharse to crouch; to squat

agencia agency

agente *m., f.* agent; **agente de cambio y bolsa** stockbroker; **agente doble** double agent; **agente secreto** secret agent

agitar to stir; to shake

agnosticismo agnosticism

agnóstico *n.* agnostic

agobiado overwhelmed

agotamiento using up, exhaustion

agradable pleasant

agradar to please

agradecer (zc) to thank

agravar to aggravate, make worse

agraz: en agraz quite short

agregar to add

agresividad aggressiveness

agrícola *m., f.* agricultural

agricultor farmer

agrupar to group, assemble

agua *f.* (*but* **el agua**) water; **agua corriente** running water

aguantar to put up with

aguardar to await

agudizar to heighten, sharpen

agudo acute, extreme

águila *f.* (*but* **el águila**) eagle

aguja needle; syringe

agujero hole

ahí there

ahijado godchild

ahogo oppresion

ahora *adv.* now; **ahora mismo** right now; **ahora que** *conj.* now that; **de ahora en adelante** from now on

ahorrar to save

ahorros savings; **cuenta de ahorros** savings account

aire air

aislado isolated

aislamiento isolation

aislar to isolate

¡ajá! *interj.* aha!

ajedrez *m.* chess

ajeno a unaware of

ajustado tight-fitting

ajustar to adjust; to tighten

ajuste adjustment

ala *f.* (*but* **el ala**) wing

alarde: hacer (*irreg.*) **alarde** to make a show of

alargarse to lengthen

alarma alarm

alarmado alarmed

alarmarse to become alarmed

albañil mason

albergar to shelter

albergue *n.* shelter

alcachofa artichoke

alcalde mayor

alcaldía mayor's office
alcanzar to reach
alcoba bedroom
alcohólico alcoholic; **Alcohólicos Anónimos** Alcoholics Anonymous
aldea village, town
alegar to allege
alegrar to make happy; **alegrarse (de)** to get happy (about)
alegre happy
alegría happiness
alejado distant
alemán *n.* German
alentador encouraging
aletear to flutter
alfabetización literacy
alfarería pottery (*making*)
alfarero potter
algo *adv.* somewhat
algún, alguno some; **alguna vez** sometime; once; ever (*with a question*); **algunas veces** sometimes
aliado ally
alianza alliance
alimentación food
alimentar to feed
alimenticio *adj.* food
alimento *n.* food
alisar to smooth (out)
alistar(se) to get (oneself) ready
aliviado relieved
alivio relief
allá (over) there; **acá y allá** here and there; **el más allá** the hereafter, life after death; **más allá** further; **más allá de** beyond
allegado follower, supporter
allí there
alma *f.* (*but* **el alma**) soul
almacén store, department store
almacenar to store
almorzar (ue) to eat lunch
almuerzo lunch
alquiler *n.* rent
alrededor de *adv.* around, about
alternar to alternate
alternativa *n., adj.* alternative
altivez pride
altura height
alto tall; high; **en alta mar** *s.* on the high seas; **en voz alta** in a loud voice; aloud
altruista *n. m., f.* altruist; *adj.* altruistic
alucinógeno *n.* hallucinogen; *adj.* hallucinogenic

aludir (a) to allude (to), refer (to)
alumno student
alusión allusion
alzado constructed
amable kind
amado *n.* loved one
amamantar to nurse
amanecer *n.* dawn
amanecer (zc) to dawn; to wake up
amante *m., f.* lover
amar to love
amargar to make bitter
amargo bitter
amarillo yellow
amarrado tied, bound
amasar to knead
amazónica: Selva Amazónica Amazon Forest/Jungle
ambición ambition
ambicioso ambitious
ambientalista *m., f.* environmentalist
ambiente atmosphere; **medio ambiente** environment
ámbito ambit, scope, realm
ambos both
amenaza threat
amenazar to threaten
americano *n., adj.* American; **fútbol americano** football
amigo friend
amistad friendship
amo master; **ama** (*f., but* **el ama**) **de casa** homemaker
amontonado piled up
amor love
amoroso *adj.* love
ampliar (amplío) to extend
anacrónicamente anachronistically
anacronismo anachronism
analfabetismo illiteracy
analfabeto illiterate
analisis analysis
analizar to analyze
ancho wide
anciana old woman
anciano *n.* old man; *adj.* old, ancient
andamio scaffold
andar *irreg.* to walk
andén platform (*train station*)
andino *adj.* Andean
anglicano *n., adj.* Anglican
angloamericano *n., adj.* Anglo-American
anglohablante *adj.* English-speaking
anglosajón *n.* Anglo-Saxon

ángulo angle
angustia anguish
anillo de compromiso engagement ring
animado animated
animar to encourage; **animarse** to become enlivened
aniversario anniversary
anoche last night
anochecer (zc) to grow dark
anónimo anonymous; **Alcohólicos Anónimos** Alcoholics Anonymous; **S.A.** *abbrev. of* **sociedad anónima** corporation (Inc.)
anotar to make a note of
ansia *f.* (*but* **el ansia**) yearning
ansiedad anxiety
ansioso anxious
ante *prep.* before, in front of, in the presence of; **ante todo** above all
antecedentes *pl.* background, record
antepasado ancestor
anterior *adj.* previous, prior; **al día anterior** (on) the previous day; **año anterior** previous year; **mes anterior** previous month
antes *adv.* before; **antes de** before; **antes (de) que** *conj.* before
anticipación anticipation
anticipado: por anticipado in advance
anticipar to anticipate
anticonceptivo *adj.* contraceptive
antifantasma *adj., inv.* antighost, ghostbusting
antiguo old; ancient; former
antiyanqui anti-American
antónimo antonym
antropología anthropology
anual annual, yearly
anudar to tie, knot
anular to annul
anunciar to announce
anuncio announcement; advertisement; commercial
añadir to add
año year; **año anterior** previous year; **año escolar** school year; **año pasado** last year; **cumplir... años** to turn ... years old; **hace... años ...** years ago; **tener (irreg.)... años** to be ... years old; **todos los años** every year
apagado shut off; listless; faded
apagar to blow out (*candles*); to turn off (*a light*)

Apalaches *m. pl.* Appalachians (*mountains*)
aparato appliance; machine
aparecer (zc) to appear
aparencia appearance
apartamento apartment
aparte separate; **aparte de** apart from
apasionado passionate
apellido family name, surname
apenas hardly
apetitoso appetizing
aplastar to crush, squash
aplaudir to applaud
aplicable applicable
aplicación application
aplicado studious
aplicar to apply
apoderarse de to seize, take possession of
aportar to bring; to contribute
aporte contribution
apostólico apostolic
apoyar to support
apoyo *n.* support
apreciar to hold in esteem, think well of
aprecio esteem
aprender to learn; **aprender de memoria** to memorize
aprendizaje learning; apprenticeship
apresurarse to hurry
apretado tight; thick (*beard*)
aprobación approval
aprobar (ue) to approve
apropiado appropriate, correct
aprovechar to make use of; **aprovecharse (de)** to take advantage (of)
aproximado approximate
aproximarse to approach
aptitud aptitude
apto suitable
apuntar to write down
apuntes *pl.* notes
apurado *adj.* hurried, rushed
apuro haste
aquel: en aquel entonces back then
aquí here
árabe *n.* Arab
árbol tree; **tala de árboles** logging
arcilla clay; **arcilla cocida** fired clay
arco arch
ardiente: capilla ardiente funeral chapel
arena sand
arete earring

argentino *n., adj.* Argentine, Argentinian
argumento reasoning; argument
árido dry
arista edge
arma *f.* (*but* **el arma**) weapon; **arma de fuego** firearm
armado armed
armazón frame
armonía harmony
arquitecto architect
arquitectura architecture
arrabal suburb; outskirts
arraigado deeply rooted
arraigarse to become entrenched
arrancar to start (*a motor*); to move out, rush forward
arranque *m.* fit (of anger)
arrastrar to drag
arreglar to arrange
arrestado arrested
arresto arrest
arriba *adv.* above; **boca arriba** face up; **calle arriba** up the street; **hacia arriba** upward
arrojar(se) to throw, fling (oneself)
arroyo stream
arroyuelo brook
arroz *m.* rice
arte *f.* (*but* **el arte**) art
artesanía handicrafts
artesenal *adj.* pertaining to handicrafts
artificial artificial; **fuegos artificiales** fireworks; **preservativo artificial** artificial preservative
artilugio gadget, contraption
artista *m., f.* artist
artístico artistic
asado roasted
asaltar to attack
asalto attack, assault
ascendencia ancestry
ascender (a) to amount (to)
ascensor elevator
asco: dar (*irreg.*) **asco** to disgust, sicken
asegurar to assure, guarantee
asentar (ie) to sharpen
asesinar to murder
asesinato murder
asesino murderer
así *adv.* so, thus, in this/that manner; **así como** as well as; **así que** *conj.* so, then
asiático *adj.* Asian

asiento seat
asignar to assign
asimilación assimilation
asimilarse to become assimilated
asir to take hold of
asistencia attendance; assistance; **asistencia médica** health benefits
asistir to attend
asociación association
asociado: estado libre asociado commonwealth
asociar to associate
asomarse to look or lean out
asombrado surprised
asombroso surprising
asopao de pollo *a spicy, brothy soup from Puerto Rico composed mainly of rice and chicken*
aspecto appearance; aspect
áspero sour
aspiración aspiration, goal
aspirante *m., f.* candidate
aspirar (a) to aspire (to); to inhale
aspirina aspirin
astrología astrology
astucia cunning, shrewdness
asumir to assume (*responsibilities*)
asunto matter, affair, issue
asustar to frighten; **asustarse** to become frightened
atacar to attack
ataque attack; **ataque al corazón** heart attack
atar to tie
atardecer (zc) late afternoon
ateísmo atheism
atemorizar to scare; **atemorizarse** to become scared
atención attention; **prestar atención** to pay attention
atender (ie) to take care of; to wait on; to attend to
atenerse (*like* **tener**) to be guided by; to depend on
atentamente attentively
ateo atheist
aterrador frightening
atestado crammed
atinar to manage (to)
atípico atypical
atleta *m., f.* athlete
atlético athletic
atracar to hold up, mug
atraco hold-up, mugging
atractivo attractive

atraer (*like* **traer**) to attract
atrapar to catch, capture
atrás *adv.* back, backward; behind; ago; **hacia atrás** backward
atrasado late
atravesar (ie) to cross
atrayente attractive
atreverse (ie) (a) to dare (to)
atribuido (a) attributed (to)
atributo attribute
atrocidad atrocity
atrofiar to atrophy
atroz atrocious
aturdido dazed, stunned
auditorio *n.* auditorium
augurio omen
aumentar to increase
aumento increase
aun *adv.* even
aún *adv.* yet, still
aunque although, even if
auscultar to examine by auscultation
ausencia absence
auténtico authentic
autobiográfico autobiographical
autobús bus
autoedición *n.* self-publishing
autómata *m.* robot
automático automatic; **cajero automático** ATM machine
automovilístico *adj.* automobile, automotive
autonomía autonomy
autopista freeway, superhighway; **autopista de la información** information superhighway
autor author
autoridad authority
autoritario authoritarian
autorización authorization
autorizar to authorize
auxiliar *adj.* auxiliary; **auxiliar** (*m., f.*) **de vuelo** flight attendant
avance advance
avanzar to advance
ave *f.* (*but* **el ave**) bird
avena oat(s); **pan de avena** oatmeal bread
avenida avenue
aventura adventure
averiguar to find out
avestruz *m.* ostrich
ávido avid
avión *m.* airplane
ayer yesterday

ayuda help, assistance
ayudar to help
ayuntamiento town hall
azafata flight attendant
azafrán saffron
azotea flat roof
azteca *n., adj. m., f.* Aztec
azúcar sugar
azul blue

B

bahía *n.* bay
bailar to dance
bailarín dancer
baile dance
baja casualty (*military*)
bajar to lower; to get (down), out of; to descend; **bajar de peso** to lose weight
bajo *adj.* short (*height*); low; **barrio bajo** slum; **en voz baja** in a low (quiet) voice; *prep.* under; **bajo riesgo** at risk; *adv.* below
bala bullet
balancearse to rock
balanceo rocking
balbucear to stutter, stammer
balcón balcony
baloncesto basketball
balsa raft
balsámico healing
bancario *adj.* bank
banco bank; bench
banda band, gang
bandera flag
bañar to bathe; **bañarse** to take a bath
baño bath; **cuarto de baño** bathroom; **darse** (*irreg.*) **un baño** to take a bath
baraja deck of cards
barajar to catch, intercept
barato cheap, inexpensive
barba beard
barbado bearded
barbarie *f.* barbarism; savagery
barbero barber
barbilla tip of the chin
barco ship, boat
barra de pan baguette
barrer to sweep
barrera barrier
barricada: predicador de barricada soapbox preacher
barrio neighborhood; **barrio bajo** slum
barro clay

barrote thick bar
basar(se) (en) to base, found (*an opinion*); to be based (upon)
base *f.* base; **base de datos** database
básico basic
básquetbol basketball
basquetbolista *m., f.* basketball player
bastante *adj.* enough, sufficient; *adv.* enough; rather, quite
bastar (con) to suffice, be enough
bastardillo *adj.* italic
basura trash; **comida basura** junk food
basurero garbage collector
batalla battle
bateador (*baseball*) batter
batidora beater
batiente door jamb
batir to beat
bautizar to baptize
bayeta thick flannel
beber to drink
bebida drink, beverage
béisbol baseball
beisbolista *m., f.* baseball player
belleza beauty; **sala/salón de belleza** beauty parlor/salon
bello beautiful; **la Bella Durmiente** Sleeping Beauty
bendición blessing
beneficiar to benefit
beneficio benefit; profit, gain
beneficioso beneficial
besar to kiss
beso kiss
bíblico biblical
biblioteca library
bibliotecario librarian
bicicleta bicycle
bicolor two-colored
bien *n. pl.* goods; *adv.* well; **bien educado** well-mannered; well educated; **caer** (*irreg.*) **bien** to strike (one) well, make a good impression; **(no) llevarse bien (con)** to (not) get along (with); **pasarlo bien** to have a good time; **portarse bien** to behave
bienestar well-being
bienhechor benefactor
bienvenido *adj.* welcome
biftec *m.* steak
bilingüe bilingual
billar billiards, pool; **salón de billar** billiards, pool hall
billete ticket

biología biology

bisabuela great-grandmother

bisabuelo great-grandfather; *pl.* great-grandparents

bisnieta great-granddaughter

bisnieto great-grandson; *pl.* great-grandchildren

blanco white; **espacio en blanco** blank

bloqueo blockade

boca mouth; **boca arriba** face up

boda wedding

bodega grocery store

bofetada slap in the face

boicoteo boycott

bol bowl

bola ball

boleto ticket

bolígrafo pen

bolita de miga bread crumb

boliviano *n.* Bolivian

bolo: cancha de bolos bowling alley

bolsa bag, sack; **agente** (*m., f.*) **de cambio y de bolsa** stockbroker; **Bolsa** stock market

bolsillo pocket

bombardear to bombard

bombardeo bombing

bombero firefighter; **mujer** (*f.*) **bombero** (female) firefighter

bombilla lightbulb

bondad goodness, kindness

bonito pretty

borrachera drunkenness

borracho *adj.* drunk

borrar to erase

bosque forest; **bosque primario** old-growth forest

bota boot

botar to throw, fling, hurl

botella bottle

botón button

boxeador boxer

brazo arm

brecha gap

breve brief

brillante brilliant, bright

brillar to shine

brillo gleam, shine

brisa breeze

británico *adj.* British

brocha brush

broma joke; **broma pesada** practical joke; **gastar una broma** to play a prank

bromista *m., f.* joker

bronca anger

bronco hoarse

brotar to gush

bruja witch; **Día** (*m.*) **de las Brujas** Halloween

brujo wizard; warlock

bruscamente suddenly; unexpectedly

bruto stupid

buceo scuba diving

budista *n., adj. m., f.* Buddhist

buen, bueno *adj.* good; kind

bufanda scarf

bulto form, shape

burla joke

burlarse (de) to poke, make fun (of)

busca search

buscar to look for

búsqueda search

C

caballo horse; **a caballo** on horseback

cabellera *s.* fronds (*tree*)

cabello hair

caber *irreg.* to fit; **no cabe duda** there is no doubt

cabeza head

cabizbajo head down

cabo: al cabo de at the end of; **al fin y al cabo** after all; at last; **llevar a cabo** to carry out; to fulfill

cacería *n.* hunting

cacha handle

cachorro puppy

cacique *n.* chief

cada *inv.* each; every; **cada cual** each one; **cada vez más** more and more; **cada vez mayor** greater and greater; **cada vez menor** fewer and fewer; younger and younger; **cada vez menos** fewer and fewer; **cada vez que** whenever, every time that

cadáver corpse, body

cadena chain; **cadena perpetua** life imprisonment

caer *irreg.* to fall; **caer bien/mal** to strike (one) well/badly, make a good/bad impression; **dejar caer** to drop (*an object*)

café coffee; cafe

cafeína caffeine

cafetera coffeepot, coffee maker

cafetería cafeteria

caja box

cajero cashier; teller; **cajero automático** ATM machine; **tarjeta de cajero** ATM card

cajón drawer

calavera skull

calcetín sock

calculadora calculator

calcular to calculate

cálculo: hoja de cálculo spreadsheet

caldo broth

calendario calender

calentarse (ie) to get warm, warm up

calidad quality

cálido hot

caliente hot (*temperature*)

calificado qualified; trained

callarse to become quiet

calle *f.* street; **calle abajo** down the street; **calle arriba** up the street

callejero *adj.* (of the) street

calmado calm

calmante sedative

calmar(se) to calm (down)

calor heat; **hacer** (*irreg.*) **calor** to be hot (*weather*); **hacer** (*irreg.*) **un calor de todos los demonios** to be hot as hell

caloría calorie

calvario suffering

calvo bald

calzado shod, wearing shoes

cama bed

cámara camera; **Cámara de Representantes** House of Representatives

camarero waiter

cambiar to change; **cambiar de idea/opinión** to change one's mind

cambio change; **a cambio de** in exchange for; **agente** (*m., f.*) **de cambio y bolsa** stockbroker; **en cambio** on the other hand

camilla stretcher

caminar to walk

caminata *n.* walk, hike; **hacer** (*irreg.*)/ **darse** (*irreg.*) **una caminata** to go on/for a hike

camino road

camión *m.* truck

camioneta pickup truck

camisa shirt

camisería shirt making

camiseta T-shirt

campamento camp

campana bell
campanilla bell
campaña campaign
campesino peasant, country person
campiña country, countryside
campo countryside; field
canadiense *n.* Canadian
canalizar to channel
Canarias: Islas Canarias Canary Islands
cáncer cancer
cancha court (*sports*); **cancha de bolos** bowling alley; **cancha de racket** racquetball court; **cancha de squash** squash court; **cancha de tiro** shooting range
canción song
candidato candidate
cansancio fatigue, weariness
cansar to tire; **cansarse** to get tired
cantar to sing
cántaro jug, pitcher
cantidad quantity
caos *m.* chaos
capa layer
capacidad ability; capacity
capacitado qualified, having the aptitude
capaz capable
Caperucita Roja Little Red Riding Hood
capilla chapel; **capilla ardiente** funeral chapel
capital: pena capital capital punishment
capitalismo capitalism
capitán captain
capítulo chapter
captar to capture
capturar to capture
cara face
carabela caravel (*ship*)
carácter character, disposition, nature
característica *n.* characteristic
característico *adj.* characteristic
caracterizar to characterize
cárcel *f.* jail, prison
carga burden
cargar to charge (*to an account*); to carry; to load
cargo post, office; **estar** (*irreg.*) **a cargo (de)** to be in charge (of); **hacerse** (*irreg.*) **cargo (de)** to take charge (of)
Caribe *n.* Caribbean

caribeño *adj.* Caribbean
caricatura caricature; cartoon
caricaturista *m., f.* cartoonist
caricia caress
cariño affection
cariñoso affectionate
carnaval carnival, Mardi Gras
carnavalesco *adj.* pertaining to carnival, Mardi Gras
carne *f.* meat
carnet *m.* card; **carnet de identidad** identity card
carnicero butcher
carnívoro carnivorous
caro expensive
carrera career, profession; university specialty, major; race (*contest*)
carretera highway
carrito shopping cart
carro car
carta letter
cartel cartel; sign
cartelera (*movie*) listings
cartera wallet
cartucho grocery bag
casa house; **ama** (*f., but* **el ama**) **de casa** homemaker
casarse (con) to marry, get married (to someone)
casco helmet; farmhouse and surrounding buildings
casi almost
casillero locker
caso case; **en caso de (que)** *conj.* in case; **hacer** (*irreg.*) **caso (de)** to pay attention (to), take into account
castaño brown, chestnut
castigar to punish
castigo punishment
castillo castle
castrista *adj. m., f.* pertaining to Fidel Castro
casualidad chance
catalán *n. language from the Spanish region of Catalonia*
Cataluña Catalonia
catástrofe *f.* catastrophe
catastrófico catastrophic
catedral *f.* cathedral
catedrático *n.* university professor
categoría category
categórico categorical
catolicismo Catholicism
católico *n., adj.* Catholic

caucho rubber
caudaloso abundant
caudillo chief, leader
causa cause; **a/por causa de** because of
causar to cause
caverna cave
caza hunting
cazar to hunt
cebolla onion
ceder to yield
cegado por la ira blind with rage
cegador blinding
ceguera blindness
celda cell
celebración celebration
celebrar to celebrate
celebre famous
celos *m. pl.* jealousy
celoso jealous
celular: teléfono celular cellular telephone
cementerio cemetery
cena supper
cenar to eat supper
ceniza ash
censo census
centrar to center
centro center; downtown; **centro comercial** shopping mall
Centroamérica Central America
centroamericano *adj.* Central American
cepillado: pino cepillado scrubbed pine
cerámica ceramics, pottery
cerca *adv.* nearby, close by; **cerca de** near, close to
cercano *adj.* near, close
cerebro brain
ceremonia ceremony
cerrajería locksmith's trade
cerrar (ie) to close
certidumbre *f.* certainty
cerveza beer
cesto basket, hamper
chacra: peón de chacra farm worker
chambergo slouched, broad-brimmed hat
champaña champagne
chantaje blackmail
chantajear to blackmail
chaqueta jacket
charla chat, discussion
charlar to chat
cheque check; **cobrar un cheque** to cash a check

chica girl
chicanismo Chicanoism
chicano *n., adj.* Mexican American
chicle chewing gum
chico boy
chile (hot) pepper
chileno *n., adj.* Chilean
chimenea chimney
chinitos *pl.* curls (*hair*)
chiripá *gaucho's dress trousers*
chirle dull
chirrido creaking
chisme gossip
chismear to gossip
chiste joke
chistoso funny
chocar to collide, crash
choque crash, collision
chorizo *type of sausage*
chorro gush, stream
chupete pacifier
churrasco grilled steak
churrasquería steakhouse
cicatriz scar
cíclico cyclical
ciclo cycle
ciego blind
cielo heaven; sky
ciencia science
científico *n.* scientist; *adj.* scientific
ciento: por ciento percent
cierto certain; sure; true
cifra number, figure
cigarillo cigarette
cigarro cigar
cima top, summit
cine movie theater; movies (*industry*)
cinta tape
cinturón belt; **cinturón de seguridad** safetybelt
circulación circulation; traffic
circunstancia circumstance
cirio candle
cirugía surgery; **cirugía estética** cosmetic surgery; **cirugía plástica** plastic surgery
cirujano surgeon
cita appointment; date
citado cited
ciudad city
ciudadanía citizenship
ciudadano citizen
cívico civic
civilización civilization
civilizado civilized

clandestino clandestine, secret
claro clear; light; **¡claro!** of course!; **¡claro que no!** of course not!; **¡claro que sí!** of course!
clase *f.* class; **clase media** middle class; **compañero de clase** classmate
clásico classic
clasificación classification
clasificar to classify
cláusula *gram.* clause; **cláusula adjetival** adjective clause; **cláusula subordinada** subordinate clause
clavar to pierce, stick; to rivet
clave *n.* key; main element; *adj. inv.* key
clavo nail; hook
clero clergy
cliente *m., f.* client, customer
clima *m.* climate
climatizado air-conditioned
climatológico climatological
clínica clinic
cobardía cowardice
cobertizo shed
cobrar to charge (*someone for something*); **cobrar un cheque** to cash a check
cobre copper
cobro: valores al cobro accounts payable
cocaína cocaine
coche car
cochino pig
cocido: arcilla cocida fired clay
cocina kitchen
cocinar to cook
cocinero cook, chef
cocotero coconut tree
codificado codified
código postal zip code
coexistencia coexistence
coger (j) to catch; to take, pick up; to hold
cohete rocket
coincidencia coincidence
coincidir to coincide
cojear to limp
cola line; **hacer** (*irreg.*) **cola** to be/stand/wait in line
colaboración collaboration
colaborar to collaborate
colección collection
colectivo collective
colega *m., f.* colleague
colegio secondary school
colesterol cholesterol

colgante hanging
colgar (ue) to hang
colina hill
colmado: verse (*irreg.*) **colmado** to reach one's highest point
colocación placement
colocar to place, put
colombiano *n.* Colombian
colón *monetary currency of Costa Rica*
colonia colony
colonización colonization, settlement
colonizar to colonize, settle
colono colonist, settler
coloquial colloquial
colorado ruddy; **ponerse** (*irreg.*) **colorado** to blush
colorido coloring, color
columna column
combatir to fight
combinación combination
combinar to combine
combustible fuel
comedia comedy
comedor dining room
comentar to comment (on), talk about
comentario comment, remark
comenzar (ie) to begin
comer to eat; **dar** (*irreg.*) **de comer** to feed
comercial *adj.* commercial; **centro comercial** shopping mall; **secretariado comercial** commercial secretaryship
comercialización commercialization
comerciante *m., f.* merchant
comercio business; trade; **libre comercio** free trade
comestibles *m. pl.* foods, provisions
cometer to commit
cómico funny; **dibujo cómico** cartoon; **tira cómica** comic strip
comida food; meal; **comida a domicilio** take-out food; **comida basura** junk food
comienzo beginning
comilón heavy eater
comitiva retinue
como like; as; **así como** as well as; **como consecuencia** as a result; **tan... como** as . . . as; **tan pronto como** as soon as; **tanto... como...** both . . . and . . .
comodidad comfort
cómodo comfortable
compacto: disco compacto compact disc

compadre friend, buddy; godfather

compañero companion, partner; **compañero de clase** classmate; **compañero de cuarto** roommate; **compañero de trabajo** coworker

compañía company

comparación comparison

comparar to compare

comparativo *n., adj. gram.* comparative

comparsa costumed group

compartir to share

compasión compassion

competencia competition

competir (i, i) to compete

competitivo competitive

complejo complex

complementar to complement

complemento *gram.* object, complement; **complemento pronominal** object pronoun; **pronombre de complemento directo** direct object pronoun; **pronombre de complemento indirecto** indirect object pronoun

completar to complete

completo complete; **por completo** completely; **tiempo completo** full-time

complicado complicated

componer (*like* **poner**) to make up, compose

comportamiento behavior

comportarse to behave (oneself)

composición composition

compra *n.* shopping; **hacer** (*irreg.*) **la compra** to go shopping; **ir** (*irreg.*) **de compras** to go shopping

comprador buyer

comprar to buy

comprender to understand

comprensión *n.* understanding

comprensivo *adj.* understanding

comprobar (ue) to prove

comprometerse (a) to make a commitment (to)

comprometido committed

compromiso commitment; **anillo de compromiso** engagement ring

computación programming (*computer*)

computadora computer

común common; **común y corriente** common, everyday

comunicación communication; **medios de comunicación** media

comunicar to communicate

comunidad community

comunismo communism

comunista *adj. m., f.* communist

con frecuencia frequently

conceder to grant

concentración concentration

concentrarse to be centered

concepto concept

conciencia conscience

concientización consciousness raising

concierto concert

conciliador conciliatory

conciso concise

concluir (y) to conclude

conclusión conclusion

concreto concrete

concurrir to concur

concurso contest

condado county

condena sentence (*law*); condemnation

condenar to condemn

condición condition; **a condición (de) que** *conj.* provided that

condolido feeling pity, sorry

conducir *irreg.* to drive; to lead; **licencia de conducir** driver's license

conducta conduct; **línea de conducta** course of action

conductor driver

conejo rabbit

conexión connection

confederación confederation

conferencia lecture

confesión confession

confianza confidence

confiar (confío) to entrust

confidencia: hacer (*irreg.*) **confidencias** to tell secrets

configurarse to become shaped, formed

confin boundary, limit; **todos los confines** everywhere

confirmar to confirm

conflicto conflict

conformista *adj. m., f.* conformist

confrontación confrontation

confundido confused

confuso confused

congelado frozen

congreso congress

conjetura conjecture

conjugar to conjugate

conjunto (musical) group

conmemorar to commemorate, remember

conmemorativo commemorative

connotación connotation

conocer (zc) to know; to meet

conocimiento knowledge

conquista conquest

conquistador conqueror

conquistar to conquer

consabido aforementioned; well-known

consciente aware, conscious

consecuencia consequence; **como consecuencia** as a result

conseguir (*like* **seguir)** to get, obtain

consejero counselor

consejo advice

conservación conservation

conservador conservative

conservar to keep, maintain

considerar to consider

consiguiente: por consiguiente consequently

consistente consistent

consistir en to consist of

consola wall table

conspirar to conspire

constante constant

constitución constitution

constituir (y) to compose, make up

construcción construction

construir (y) to build

consultar to consult

consultorio doctor's office

consumidor consumer

consumir to consume, take, use; **consumir drogas** to take drugs

consumo consumption, use

contabilidad mercantil mercantile bookkeeping

contacto contact

contador accountant, bookkeeper

contaminación pollution

contaminar to pollute

contar (ue) to tell; to count

contemplar to contemplate

contemporáneo contemporary

contendiente *m., f.* contender, opponent

contendor contender, opponent

contener (*like* **tener**) to contain

contenido *n.* content

contentarse to be pleased

contento content, happy

conteo count, tally

contestar to answer
contexto context
continente continent
continuación: a continuación following, next
continuar (continúo) to continue
continuo continuous
contra against; in opposition to
contraatacar to counterattack
contrabandista *m., f.* smuggler
contrabando contraband
contradecir (*like* **decir**) to contradict
contradicción contradiction
contradictorio contradictory
contraer (*like* **traer**) to contract
contrario opposite; contrary; **lo contrario** the opposite
contrarrevolucionario counterrevolutionary
contraste contrast
contratar to hire, contract
contrato contract
contribución contribution
contribuir (y) to contribute
contribuyente *adj.* contributing
control de la natalidad birth control
controlador aéreo air-traffic controller
controlar to control
controversia controversy
convalecer (zc) to convalesce
convaleciente *m., f.* convalescent (patient)
convencer (z) to convince
convención convention
convencional conventional
convencionalismo conventionalism
conveniente convenient; advisable; worthwhile
convenir (*like* **venir**) to be appropriate
conversación conversation
conversador talkative
conversar to converse, talk
conversión conversion
convertir(se) (ie, i) to convert
convicción conviction
convidar to invite
convivencia living together
cooperación cooperation
cooperar to cooperate
copa drink; **tomar una copa** to have a drink
copiar to copy
coqueta *n. f.* flirt; *adj. f.* flirtatious
coquetón *n. m.* flirt; *adj. m.* flirtatious

coraje courage
corazón heart; **ataque al corazón** heart attack
corbata tie
cordillera mountain range
cordón cord, braid
cornisa cornice
corolario corolary
corona crown; wreath
corporación corporation
correcto correct
corrector correcting, corrective
corredor corridor
corregir (i, i) (j) to correct
correo post office; mail; **correo electrónico** e-mail
correr to run
corresponder to correspond
correspondiente corresponding
corriente *n.* current month; current trend; *adj.* current; common; running; **agua corriente** running water; **común y corriente** common, everyday; **cuenta corriente** checking account
corrupción corruption
corrupto corrupt
cortacésped *m.* lawn mower
cortar to cut
corte *f.* court (*of law*); *m.* cut; **corte de electricidad** power outage
corte-confección *m.* ready-made clothing
cortésmente courteously
corto short (*length*)
cosa thing
cosecha harvest
costa coast; cost, price; **a costa de** at the cost of
costado side
costar (ue) to cost; to be difficult
costarricense *n. m., f.* Costa Rican
costoso costly
costumbre *f.* custom, habit
creación creation
crear to create
creatividad creativity
creativo creative
crecer (zc) to grow
creciente growing
crecimiento growth
crédito credit; **tarjeta de crédito** credit card
creencia belief
creer (y) to believe, think

cremallera zipper
crespo unruly, unmanageable
cresta crest
creyente *n. m., f.* believer; **no creyente** nonbeliever
cría raising
criada maid
crianza childrearing
criar (crío) to raise, bring up
crimen crime (*in general*)
criminalidad crime, criminality
criollismo *s. custom typical of the Americas*
criollo *adj.* Creole
crisol melting pot
cristal crystal; mirror
cristianismo Christianity
cristiano *n.* Christian
Cristo Christ
criterio criterion
crítica *n.* criticism
criticar to criticize
crítico *adj.* critical
croata *n. m., f.* Croatian
crónico chronic
cronología chronology
cronológico chronological
crucigrama *m.* crossword puzzle
cruz cross
cruzada crusade
cruzar to cross
cuaderno notebook
cuadra city block
cuadro square; table (*chart*); picture; **a cuadros** plaid
cual: cada cual each one
cualidad quality
cualquier *adj.* any
cualquiera *rel. pron.* anyone
cuando when; **de vez en cuando** once in a while
cuanto *adv.* as much as; **en cuanto** as soon as; **en cuanto a...** as far as . . . is concerned; **unos cuantos** a few
cuarto *adj.* fourth
cuarto *n.* room; **compañero de cuarto** roommate; **cuarto de baño** bathroom
cubano *n., adj.* Cuban
cubanoamericano *n., adj.* Cuban American
cubeta bucket
cubrir (*p.p.* **cubierto**) to cover
cucaracha cockroach

cuchilla de afeitar razor blade
cuchillo knife
cuello neck
cuenta account, bill; **cuenta corriente** checking account; **cuenta de ahorros** savings account; **darse** (*irreg.*) **cuenta** to realize, become aware of; **tener** (*irreg.*) **en cuenta** to take into account; to keep in mind
cuento story
cuero leather
cuerpo body
cuestión question, matter
cuestionar to question
cuestionario questionnaire
cuidado care, caution; **con cuidado** carefully, cautiously; **tener** (*irreg.*) **cuidado** to be careful, cautious
cuidar to take care of
culinario culinary
culminación end
culminar to finish
culpa fault
culpable *n.* culprit; *adj.* guilty
cultivable arable
cultivar to cultivate
cultivo cultivation
culto well-educated
cultura culture
cumpleaños *s., pl.* birthday
cumplir to complete, fulfill; **cumplir... años** to turn ... years old; **hacer** (*irreg.*) **cumplir** to enforce
cuñada sister-in-law
cuñado brother-in-law; *pl.* sisters- and brothers-in-law
cuota quota
cura *m.* priest; *f.* cure
curación cure, treatment
curar to cure; **curar el ombligo** to tie off the umbilical cord at birth
curiosidad curiosity
curioso curious
cursivo: letra (*s.*) **cursiva** italics
curso course
curtido tanned (*like leather*)
curva curve
custodia custody
cuyo whose

D

daga dagger
daguerrotipo daguerreotype
dama lady

danza dance
danzante *m., f.* dancer
danzar to dance
dañar to damage
dañino harmful
daño harm, injury; damage; **hacer** (*irreg.*) **daño** to harm, hurt, injure
dar *irreg.* to give; **dar a luz** to give birth; **dar asco** to disgust, sicken; **dar con** to find, come across; **dar de comer** to feed; **dar igual** to be the same to; **dar la gana** (*to do*) whatever one feels like doing; **dar las gracias** to thank; **dar origen a** to cause; **dar pasos** to take steps; **dar sepultura** to bury; **dar una fiesta** to have a party; **darse cuenta** to realize, become aware of; **darse la mano** to shake hands; **darse palmadas en la espalda** to pat on the back; **darse un baño** to take a bath; **darse una caminata** to go on/for a hike
dato fact, result, datum; **base** (*f.*) **de datos** database
deambular to wander
debajo underneath, below
deber *n.* duty
deber to owe; **deber** + *inf.* should, must
debido a due to
débil weak
debilidad weakness
debilitación weakening, debilitation
década decade
decadencia decadence
decano dean
decidir to decide
decir *irreg.* to say, tell; **es decir** that is to say; **querer** (*irreg.*) **decir** to mean
decisión decision; **tomar una decisión** to make a decision
decisivo decisive
declaración statement, declaration
declarar to declare
decorar to decorate
dedicación dedication
dedicarse (a) to dedicate oneself (to)
dedo finger; toe; **dedo gordo** thumb; **yema del dedo** fingertip
deducir *irreg.* to deduce
defecto fault
defender (ie) to defend
defensa defense

defensor: abogado defensor defense attorney
deficiente deficient
déficit *m.* deficit
definición definition
definir to define
definitivo definitive, final
deforestado deforested
degollar (ue) to cut the throat
dejar to leave, leave behind; to allow, permit; to quit; to drop (*a course*); **dejar caer** to drop (*an object*); **dejar de** + *inf.* to stop (*doing something*); **dejar en paz** to leave alone; **dejar plantado** to stand someone up; **no dejar de** + *inf.* to not neglect to (*do something*), not miss out on (*doing something*)
delante de in front of
deleite delight
deletrear to spell
delfín dolphin
delgado thin
deliberado deliberate
deliberar to deliberate
delicado delicate
delicioso delicious
delincuencia delinquency
delincuente *n., adj. m., f.* delinquent
delineante *m., f.* draftsman, draftswoman; *m.* drafting (*profession*)
delirio delirium
delito crime, criminal act
demanda request
demás: los demás the others
demasiado *adj.* too much; *pl.* too many; *adv.* too; too much
democrático democratic
demografía demography
demográfico demographic
demoler (ue) to tear down, demolish
demonio: hacer (*irreg.*) **un calor de todos los demonios** to be hot as hell
demora delay
demorar to delay
demostración demonstration
demostrar (ue) to demonstrate
denominarse to be named
denso dense
dentista *m., f.* dentist
dentro de within, in
denunciar to denounce
departamento department
dependencia dependence
depender (de) to depend (on)

dependiente *n.* sales clerk; *adj.* dependent

deportar to deport

deporte sport

deportista *m., f.* sportsman, sportswoman

deportivo *adj.* sports

depositar to deposit

depresión depression

deprimido depressed

derecha *n.* right; **a la derecha** to the right

derecho *n.* right; law; *adj.* right; right-hand

derramar to spill

derribar to tear down, demolish

derrochado squandered

derrumbamiento collapse

derrumbar to tear down; **derrumbarse** to fall apart, collapse

desabrochado unfastened

desacreditar to discredit

desacuerdo disagreement

desafiar (desafío) to defy

desafío *n.* challenge

desaforado lawless, outrageous

desafortunadamente unfortunately

desafortunado *n.* unfortunate person

desagradable unpleasant, disagreeable

desagradar to displease

desagradecido *n.* ungrateful person

desamparado *n.* homeless person; *adj.* abandoned

desamparo helplessness

desanimar to discourage

desaparecer (*like* **aparecer**) to disappear

desaparecido *n.* disappeared person

desaparición disappearance

desaprobar (*like* **aprobar**) to disapprove

desarmado unarmed

desarrollar to develop

desarrollo development; **en vías de desarrollo** developing

desastroso disastrous

desatar to untie

desatendido ignored

desayunar to have breakfast

desayuno breakfast

descabalado incomplete

descansar to rest; **que en paz descanse** rest in peace

descanso rest, leisure

descarado impudent

descender (ie) to descend

descendiente descendant

descomponer (*like* **poner**) to break down

desconfianza distrust

desconocer (*like* **conocer**) to not know, be ignorant of

descontento *n.* discontent

descortés impolite, discourteous

describir (*p.p.* **descrito**) to describe

descripción description

descriptivo descriptive

descubrir (*like* **cubrir**) to discover

desde *prep.* since (*time*); from; **desde entonces** from then on; **desde hace** + *period of time* for + *period of time*; **desde que** *conj.* since

desdeñoso disdainful, scornful

desdicha unhappiness

desdichado unfortunate; wretched

deseable desirable

desear to want, desire

desechable disposable

desembarcar to disembark

desempeñar un papel to play (fulfill) a role

desempleado *n.* unemployed person

desempleo unemployment

desenchufado unplugged

desenfrenado unrestrained

desentonar to be out of place

deseo desire

desequilibrio imbalance

desesperación desperation

desesperado desperate

desesperar to lose hope; to dispair

desfilar to parade

desfile parade

desgajar to break off

desgano reluctance

desgarrador tearing, heartrending

desgarrar to tear, split

desgraciadamente unfortunately

deshacer (*like* **hacer**) to undo

deshonesto dishonest

deshumanizante dehumanizing

desierto desert

designado designated

desigualdad inequality

desilusión disillusion

desilusionarse to become disillusioned

desinflado deflated, flat

desinteresado uninterested

deslizarse to slip out; **deslizarse en trineo** to go sledding

desmovilización demobilization

desnudo naked

desnutrición malnutrition

desnutrido undernourished

desobedecer (*like* **obedecer**) to disobey

desodorante deodorant

desolación desolation

despacho office (*specific room*)

despacio *adv.* slowly

despedir (*like* **pedir**) to fire; **despedirse** to say goodbye

despegar to take off (*airplane*); to remove

despertador: reloj (*m.*) **despertador** alarm clock

despertar(se) (ie) to awaken, wake up

despiado restless

desplazado *n.* displaced person

desplazamiento displacement; shifting (*from one place to another*)

desplegar (ie) to unfold

despoblación rural movement away from the countryside

despoblado uninhabited

despreciar to look down on

desprender to loosen, release

después *adv.* afterwards; **después de** after; **después (de) que** *conj.* after

destacado outstanding

destacarse to stand out

destello sparkle, twinkle

desteñido worn, faded

destinado a destined to, for

destino destination; fate

destreza skill

destrozado shattered

destrucción destruction

destruir (y) to destroy

desventaja disadvantage

desvestirse (*like* **vestirse**) to get undressed

detalladamente in detail

detalle detail

detectivismo *n.* investigating

detener(se) (*like* **tener**) to detain; to stop; to arrest

detenidamente attentively

detenido *n.* detained person

deteriorado deteriorated

deterioro deterioration

determinación determination

determinado specific, fixed

determinar to determine

detestar to detest

detrás de behind
deuda debt
devastador devastating
devastar to devastate
devoción devotion
devolución return
devolver (*like* **volver**) to return (*an object*)
devoto *n.* devotee; *adj.* devout, pious
día *m.* day; **al día** daily; **al día anterior** (on) the previous day; **al día siguiente** (on) the following day; **Día de Acción de Gracias** Thanksgiving Day; **Día de las Brujas** Halloween; **Día de los Difuntos/Muertos** All Souls' Day; **Día de Todos los Santos** All Saints' Day; **día festivo** holiday; **hoy (en) día** nowadays; **ponerse** (*irreg.*) **al día** to bring oneself up-to-date; **todo el día** all day; **todos los días** every day
diablo devil
diagonal *n.* diagonal (line), slash
dialecto dialect
diálogo dialog
diamante diamond
diario *n.* journal, diary; *adj.* daily
dibujo drawing; **dibujo cómico** cartoon
diccionario dictionary
dicha happiness
dictador dictator
dictadura dictatorship
dictar to dictate
diente tooth
dieta diet; **estar** (*irreg.*) **a dieta** to be on a diet
dietético *adj.* diet
diferencia difference; **a diferencia de** unlike
diferenciar to distinguish; to differ
diferente different
diferir (ie, i) to differ
difícil difficult; **llevar una vida difícil** to lead a difficult life
dificultad difficulty
dificultar to make difficult
difunto dead person; **Día de los Difuntos** All Souls' Day
difusión spreading
dignidad dignity
dilema *m.* dilemma
diluido diluted
diminutivo *gram.* diminutive
diminuto diminutive, small

dinero money
Diós God
diosa goddess
diplomacia diplomacy
diplomático diplomatic
dirección address; direction
directo direct; **pronombre de complemento directo** *gram.* direct object pronoun
dirigente *m., f.* leader
dirigir (j) to direct; **dirigirse** to head toward
disciplina discipline
disciplinar to discipline
disco disc; **disco compacto** compact disc; **disco duro** hard drive
discordia discord
discoteca discotheque
discriminación discrimination
discriminar to discriminate
disculpar to forgive
disculpas: pedir (i, i) disculpas to apologize
discurso speech
discusión discussion
discutir to argue
diseñar to design
diseño design
disfraz *m.* costume, disguise
disfrazar(se) to disguise (oneself); to dress up in costume
disfrutar de to enjoy
disgustar to annoy
disimular to pretend; to hide
disminuir (y) to reduce, lessen
disparate foolish remark
dispersión dispersion
disponer (de) (*like* **poner**) to have at one's disposal
disponible available, on hand
disposición disposal
dispuesto (*p.p.* of **disponer**) *adj.* clever; **estar** (*irreg.*) **dispuesto (a)** to be ready (to)
disputar to dispute; to debate
disquete diskette
distancia distance; **en larga distancia** for long distance (calling)
distinción distinction
distinguir (g) to distinguish
distintivo distinctive
distinto different
distorcionar to distort
distracción distraction
distraer (*like* **traer**) to distract

distribución distribution
distribuir (y) to distribute
distrito district
disturbio disturbance
disuadir to dissuade
diversidad diversity
diversión entertainment, amusement
diverso several; diverse
divertido fun
divertirse (ie, i) to enjoy oneself
dividir to divide
divinidad divinity
divino divine
divorciarse (de) to get divorced (from)
divorcio divorce
doblar to fold
doble double; **agente** (*m., f.*) **doble** double agent
docena dozen
dócilmente docilely
doctorado doctorate
doctrina doctrine
documento document
dólar dollar
dolerse (ue) to hurt
doliente *adj.* mourning
dolor pain, ache
doloroso painful
doméstico domestic; **tarea doméstica** household chore
domicilio: comida a domicilio take-out food
dominación domination
dominar to dominate, have sway over; to control
dominicano *n.* Dominican
dominio domain; power; command
don *title of respect used with a man's first name*
donar to donate
donativo donation
donde where
doña *title of respect used with a woman's first name*
dorado golden
dormir (ue, u) to sleep; **dormirse** to fall asleep
dormitorio bedroom
dorso *n.* back (*side*)
drama *m.* play
dramático dramatic
dramatismo dramatic nature
dramatización dramatization
dramatizar to act out, dramatize
drástico drastic

droga drug; **consumir drogas** to take drugs

drogarse to take drugs

ducha shower

ducharse to take a shower

duda doubt; **no cabe duda** there is no doubt; **sin duda** doubtless

dudar to doubt

dudoso doubtful

duelo duel

dueño owner

dulce *n.* candy, sweet; *adj.* sweet

duque duke

duradero lasting

durante during

durar to last

durmiente: la Bella Durmiente Sleeping Beauty

duro hard; **disco duro** hard drive

E

echar to throw; **echar de menos** to miss, long for; **echarse a** + *inf.* to begin + *gerund*

eco echo

ecología ecology

ecológico ecological

ecologista *adj. m., f.* ecological

economía economy

económico economical

economizar to economize

ecuatoriano *n.* Ecuadorean

edad age; **Edad Media** Middle Ages

edición edition

edificación building

edificio building

educación education; upbringing

educado: bien educado well-mannered; well educated; **mal educado** bad mannered; poorly educated

educar to rear, bring up (*children*); to educate

educativo educational

efectivo *n.* cash; **pagar en efectivo** to pay in cash; *adj.* effective

efecto effect, result

efectuar (efectúo) to carry out

eficaz effective

Egipto Egypt

egoísmo selfishness

egoísta *n. m., f.* egotist; *adj.* egotistical, selfish

ejecutar to execute

ejecutivo *n., adj.* executive

ejemplar *n.* sample

ejemplo example; **por ejemplo** for example

ejercer (z) to practice (*a profession*); to exert (*influence*)

ejercicio exercise; **hacer** (*irreg.*) **ejercicio** to exercise

ejército army

elaborar to make, manufacture; to elaborate

elección election

electo elected

electricidad electricity; **corte** (*m.*) **de electricidad** power outage

eléctrico electric

electrodoméstico appliance

electrónica electronics

electrónico electronic; **correo electrónico** e-mail

elegante elegant

elegir (i, i) (j) to elect

elemento element

elevado elevated, high

elevar to elevate

eliminar to eliminate

elocuencia eloquence

embajada embassy

embarazada pregnant

embarazo embarrassment

embargo: sin embargo nevertheless, however

embobado fascinated

emborracharse to get drunk

embriagador intoxicating

embrujado bewitched

embutir to cram, stuff

emigración emigration

emigrante *m., f.* emigrant

emigrar to emigrate

emisora broadcasting station

emoción emotion

emocionado excited, moved, touched

emocional emotional

emocionarse to be moved, touched

empanada *turnover pie or pastry*

empapado soaked, drenched

emparejar to pair, match

empedrado *n.* cobblestone; *adj.* cobblestoned

empeñarse to insist

empeorar to become worse

empezar (ie) to begin, start

empleado employee, worker

emplear to employ, use

empleo job; work, employment

emprender to try; to undertake

empresa business; corporation; **administración de empresas** business administration

empujar to push

empuñar to clutch

enamorado *n.* person in love; *adj.* in love

enamorarse (de) to fall in love (with)

enano dwarf

encantador charming

encantar to delight

encarcelar to imprison

encargarse (de) + *inf.* to take charge (of)

encendido lit

encerrar (*like* **cerrar**) to lock up

encima *adv.* in addition; **por encima de** above, over

encontrar (ue) to find; **encontrarse** to be located

encuentro encounter

encuesta survey

endecasílabo hendecasyllabic verse (*verse containing 11 syllables*)

enderezarse to straighten up, stand up straight

endulzar to sweeten

enemigo enemy

energía energy; **energía solar** solar energy

enfadarse (con) to get angry (with)

énfasis *m.* emphasis

enfatizar to emphasize, stress

enfermarse to get sick

enfermedad illness, sickness

enfermero nurse

enfermo *n.* sick person; *adj.* sick, ill

enfocar (en) to focus (on)

enfrentamiento confrontation

enfrentarse con to face

enfrente de in front of

engañar to deceive

engendrar to cause, produce

enjabonar to soap

enlace link

enlatado canned

enmascarado masked

enojarse (con) to get angry (with)

enorme huge, enormous

enredarse to become tangled

enriquecer (zc) to enrich

enrollar to roll (up)

ensayar to try out; to rehearse

ensayista *m., f.* essayist

ensayo essay

enseguida immediately

enseñar to teach

ensombrecer (zc) to darken

ensuciar to dirty, soil

entender (ie) to understand

enterarse to find out

enterrar (ie) to bury

entierro burial

entonces then, at that moment; **desde entonces** from then on; **en aquel entonces** back then

entornar to half-close

entrada entrance; admission ticket; entrée

entrar to enter; **entrar en acción** to take action

entre between; among

entregar to turn over; to hand in

entrenador trainer

entrenamiento training

entrenar to train

entrerriano *inhabitant of Entre Ríos*

entretenerse (*like* **tener**) to entertain oneself

entretenimiento entertainment

entrevista interview

entrevistado *n.* interviewee; *adj.* interviewed

entrevistador interviewer

entrevistar to interview; **entrevistarse con** to have an interview with

entumecido numb

entusiasmar(se) to become enthusiastic

entusiasmo enthusiasm

enumeración enumeration

envase (food) container; **envase de vidrio** jar; **envase de lata** can

envejecer (zc) to grow old

enviar (envío) to send

¡epa! (*interj.*) hey!

episodio episode

época period (*time*)

equilibrar to balance

equilibrio balance

equipo equipment; team

equivalente equivalent

equivaler (a) (*like* **valer**) to equal, be equivalent (to)

equivocarse to be mistaken, wrong

erizar to bristle

errar (*irreg.*) to wander

erudito learned, erudite

erupción: estar (*irreg.*) **en erupción** to be erupting

escala scale

escalera stairs, staircase

escandalizar to scandalize

Escandinavia Scandinavia

escandinavo *n.* Scandinavian

escapar(se) to escape

escarlata *adj. m., f.* scarlet

escarmentar (ie) to learn a lesson

escasez scarcity

escena scene

escenario setting

esclavo slave

escoger (*like* **coger**) to choose

escolar *adj.* school; **año escolar** school year

escombros *pl.* debris

esconder to hide

escribir (*p.p.* **escrito**) to write; **máquina de escribir** typewriter

escritor writer

escritorio desk

escritura writing

escuadrón squadron

escuchar to listen

escuela school; **escuela primaria** elementary school; **escuela secundaria** middle/high school

esforzarse (like **forzar**) to strive, make an effort

esfuerzo effort

esgrima fencing (*sport*)

esmero: con esmero painstakingly

eso: por eso for that reason

espacio space; **espacio en blanco** blank

espada sword

espagueti spaghetti

espalda: darse (*irreg.*) **palmadas en la espalda** to pat on the back

espanto fright

España Spain

español *n.* Spaniard; Spanish (*language*); *adj.* Spanish; **de habla española** Spanish-speaking

especia spice

especial special

especialista *m., f.* specialist

especialización specialization; major (*university*)

especializarse (en) to specialize (in); to major (in)

especie *f.* species

específico specific

espectacular spectacular

espectáculo spectacle; show

especular to speculate

espejo mirror

espera: sala de espera waiting room

esperanza hope

esperar to hope, wish; to wait for; to expect

espía *m., f.* spy

espiar (espío) to spy

espinacas *pl.* spinach

espionaje spying, espionage

espíritu spirit

espiritual spiritual

espléndido splendid, magnificent

esplendor splendor, magnificence

esplendoroso magnificent, radiant

esposa wife

esposo husband

espuma foam, froth

esquela obituary notice

esqueleto skeleton

esquema *m.* diagram

esquiar (esquío) to ski

esquina corner

esquinado angular, having corners

estabilidad stability

estabilizar to stablize

estable *adj.* stable

establecer (zc) to establish; **establecerse** to get settled, established

establecimiento establishment

estación season; station

estadio stadium

estadística statistic

estado state; **estado libre asociado** commonwealth; **golpe de estado** coup d'etat

Estados Unidos United States

estadounidense *n. m., f.* person from the United States; *adj. m., f.* U.S., from the United States

estafa graft, fraud

estafador person who commits graft

estallar to break out

estancia ranch

estante bookshelf; shelf

estaño tin

estar *irreg.* to be; **estar a cargo (de)** to be in charge (of); **estar a dieta** to be on a diet; **estar a favor de** to be for/in favor of; **estar a la venta** to be on/for sale; **estar absorto** to be entranced, amazed; **estar de acuerdo** to be in agreement; **estar de vacaciones** to be on vacation; **estar de visita** to be visiting; **estar dispuesto (a)** to be ready (to); **estar en erupción** to be erupting; **es-**

tar para + *inf.* to be about to (*do something*); **sala de estar** living room
estatal *adj.* state, relating to the state
estatura height; stature
estatuto statute
estereo stereo
estereotipado stereotyped
estereotípico stereotypical
estereotipo stereotype
esterilidad sterility
estético: cirugía estética cosmetic surgery
estilo style
estimable worthy
estimar to estimate; to think, consider
estimulante stimulant
estimular to stimulate
estirar to stretch
estoicismo stoicism
estrafalario outlandish, eccentric
estrategia strategy
estratégico strategic
estrechar la mano to shake hands
estrechez closeness
estrecho tight
estrella star
estrellado starry
estrellarse to crash
estremecedor terrifying
estrenar to debut
estrés *m.* stress
estresante stressful
estrofa stanza; verse
estructura structure
estuche case; sheath
estudiante student
estudiantil *adj.* student; **residencia estudiantil** dormitory
estudiar to study
estudio study
estudioso *n.* bookworm; scholar; *adj.* studious
estupendo wonderful
estúpido stupid
estupor stupor
eternidad eternity
ético ethical
étnico ethnic
eucalipto eucalyptus
Europa Europe
europeo *n., adj.* European
evaluar (evalúo) to evaluate
evangélico evangelical
evangelizador evangelist

evento event
evidencia evidence
evidente obvious
evitar to avoid
evocar to evoke
evolucionar to evolve
exactitud accuracy, exactness
exacto exact, accurate; correct
exageración exaggeration
exagerar to exaggerate
exámen test
examinar to examine
exceder to exceed
excelente excellent
excepción exception
excesivo excessive
exceso excess
excluir (y) to exclude
exclusivo exclusive
excursión excursion
excusa excuse
excusar to excuse
exequias *pl.* funeral rites
exhibir to exhibit
exhortar to warn
exigente demanding
exigir (j) to demand; to require
exiliado *n.* exile (*person*); *adj.* exiled
exilio exile
existencia existence
existir to exist
éxito success; **tener** (*irreg.*) **éxito** to be successful
exótico exotic
expansión expansion
expectativa expectation
expedición expedition
experiencia experience
experimentación experience
experimentar to experience
experimento experiment
experto expert
explicación explanation
explicar to explain
explicativo explanatory
exploración exploration
explorar to explore
explosión explosion
explotación exploitation
explotar to exploit; to explode
exponer (*like* **poner**) to explain, expound
exportar to export
exposición exposition, exhibition
expresar to express

expresión expression
expulsar to expel
exquisito exquisite
extático ecstatic
extender (ie) to extend, expand
extendido widespread
extenso extensive
exterior outside
extracto extract
extraer (*like* **traer**) to extract
extranjero *n.* abroad, overseas; *adj.* foreign
extrañar to miss, long for
extraño strange
extraordinario extraordinary; **hacer** (*irreg.*) **horas extraordinarias** to work overtime
extraterrestre extraterrestrial
extremista *m., f.* extremist
extremo *n., adj.* extreme
extrovertido extroverted, outgoing

F

fábrica factory
fabricación manufacture, production
fabricar to manufacture, make
fachada facade
fácil easy
facilidad facility, ease
facilitar to facilitate, make easier
factoría factory
facultad faculty, power
falda skirt
fallecer (zc) to die
falsificación forgery
falsificar to forge, falsify
falso false
falta lack
faltar a to miss, not attend
fama reputation
familia family
familiar *n.* relative; *adj.* familiar; (of the) family
famoso famous
fanatismo fanaticism
fantasía fantasy
fantasma *m.* ghost
fantástico fantastic
farmacéutico pharmacist
farmacia pharmacy
fascinar to fascinate
fastidiar to bother
fatalista *adj. m., f.* fatalistic

fatiga fatigue
fatigarse to become fatigued, weary
favor favor; **estar** (*irreg.*) **a favor de** to be for/in favor of; **por favor** please
favorecer (zc) to favor
favorito favorite
fe *f.* faith
febril feverish
fecha date
felicidad happiness
feliz happy; **llevar una vida feliz** to lead a happy life
femenino feminine
feminista *n., adj. m., f.* feminist
fenómeno phenomenon
feo ugly
ferocidad ferocity
feroz ferocious
férreo: vía férrea railway, railroad
ferrocarril railroad
ferroviario pertaining to railroads or railways
fértil fertile
fertilidad fertility
festejar to celebrate; to wine and dine
festividad festivity
festivo: día (*m.*) **festivo** holiday
fibra fiber
ficción fiction
ficticio fictitious
fidelidad fidelity
fiebre *f.* fever
fiel faithful
fiesta party; **dar** (*irreg.*) **una fiesta** to have a party
figura figure
figurar to figure, be/take part in; **figurarse** to imagine
fijarse to notice
fijo stationary; set, definite
Filadelfia Philadelphia
Filipinas: islas Filipinas Philippine Islands
filo cutting edge (*of a knife*)
filosofía philosophy; **filosofía y letras** humanities
filosófico philosophical
fin end; purpose; **a fin de** + *inf.* in order to (*do something*); **a fin de que** *conj.* so that; **al fin y al cabo** after all; at last; **en fin** in short; **fin de semana** weekend; **por fin** finally
final end; **a finales de** at the end of; **al final** at the end

financiar to finance
financiero financial
finca farm
fincar to rest, reside
firma signature
firmar to sign
fiscal prosecuting attorney
física physics
físico physical
fisiología physiology
flaco skinny
flautista *m., f.* flautist
flecha arrow
flor *f.* flower
florecer (zc) to flourish
folclórico folkloric
folleto brochure
fomentar to promote
fonda restaurant
fondo background; back; fund; bottom; **en el fondo** if the truth be told; **reunir (reúno) fondos** to raise funds
fonógrafo phonograph, record player
forma form, shape; manner, way
formación training, education; formation
formar to form, shape; **formar parte** to make up
formato format
formular to formulate
formulario form
fortalecer (zc) to strengthen
fortuna fortune
forzar (ue) to force
foto *f.* photo; **sacar una foto** to photograph, take a picture
fotografía photograph; photography
fracasar to fail
fracaso failure
fraile friar, monk
francés *n.* French (*language*); French person; *adj.* French
Francia France
franquista *adj. m., f.* pertaining to Franco, former dictator of Spain
frase *f.* phrase
fraternal: vínculo fraternal fraternal bond
frecuencia frequency; **con frecuencia** frequently
frecuente frequent
frenar to brake
freno brake

frente *m.* front; *f.* forehead; **frente a** faced with; in front of; **hacer** (*irreg.*) **frente a** to face
fresa strawberry
fresco *n.* coolness; *adj.* cool; fresh; **hacer** (*irreg.*) **fresco** to be cool (*weather*)
frescura coolness; freshness
fricasé: pollo en fricasé chicken fricassee
frígido frigid
frigorífico refrigerator
frío *n., adj.* cold; **tener** (*irreg.*) **frío** to be cold
frito: patatas fritas French fries
frontera border
frustración frustration
frustrar to frustrate
fruta fruit
frutal fruitful
fruto fruit (*as part or name of a plant*); fruit (*product, result*)
fuego fire; **arma de fuego** firearm; **fuegos artificiales** fireworks
fuente *f.* source
fuera *adv.* outside; **por fuera** from the outside
fuerte strong
fuerza strength
fumador smoker
fumar to smoke
función function
funcionamiento functioning
funcionar to function
funda sheath
fundador founder
fundar to found
fúnebre *adj.* funereal
furia fury
furioso furious
fusilamiento shooting, execution
fútbol soccer; **fútbol americano** football
futbolista *m., f.* soccer/football player
futuro *n., adj.* future

G

gabinete cabinet
gafas (eye)glasses
galería gallery
galleta cookie; cracker
gallina hen

gamba prawn
gamín street child
gana: dar (*irreg.*) **la gana** (*to do*) whatever one feels like doing; **de buena gana** willingly; **tener** (*irreg.*) **ganas de** + *inf.* to feel like (*doing something*)
ganado cattle
ganancia earning, profit
ganar to earn; to win
gandul pigeon pea
ganga bargain
garaje garage
garantía guarantee
garantizar to guarantee
gasa gauze, muslin
gasolina gasoline
gastar to spend; **gastar una broma** to play a prank
gasto expense
gato cat
gemelo twin
generación generation
generacional generational
general *n., adj.* general; **por lo general** in general
generalización generalization
generalizado generalized
generar to generate
género gender
generoso generous
genético genetic
genio genius; genie
gente *f. s.* people
geografía geography
geográfico geographic
gerencia management
gerente *m., f.* manager
germánico *adj.* Germanic
gerundio *gram.* gerund
gestión management
gesto grimace; gesture
gigante *n., adj.* giant
gigantesco gigantic
gimnasia *s.* gymnastics
gimnasio gymnasium
Ginebra Geneva
girar to turn
giro: hacer (*irreg.*) **un giro** to take a turn, tour
glorioso glorious
glosario glossary
gobernador governor
gobernar (ie) to govern
gobierno government

goce delight
goloso sweet-toothed; greedy (*about food*)
golpe blow, hit; **golpe de estado** coup d'etat
golpear to hit
gordo: dedo gordo thumb
gorra cap
gota drop (*of water*)
gozar de to enjoy
grabado engraving
grabar to record
gracia grace
gracias thank you; **dar** (*irreg.*) **las gracias** to thank; **Día** (*m.*) **de Acción de Gracias** Thanksgiving Day
grado degree, grade
graduarse (me gradúo) to graduate
gráfica graph, diagram
grafología graphology
gran, grande great; large, big
Gran Bretaña Great Britain
grasa fat
gratis free
grave serious
gravedad seriousness
gris gray
gritar to shout
grito shout, cry
grocería *n.* grocery store
grúa tow truck
gruesa thick
grumo blob
grupo group; **grupo de presión** lobbyist
guante glove
guapo handsome
guardar to keep; to set aside; to save
guardería day care center
guatemalteco *n.* Guatemalan
gubernamental governmental
guerra war
guerrero warrior
guerrillero *n., adj.* guerrilla
guía *f.* guidebook; *m., f.* guide (*person*)
guiar (guío) to guide
guión script
guisado stewed
guisante pea
guitarra guitar
guitarrista *m., f.* guitarist
gustar to be pleasing to
gusto taste

H

haber *irreg.* to have (*auxiliary*); **hay** there is; there are
habilidad skill, ability
habitación room
habitante *m., f.* inhabitant
habitar to live in; to inhabit
hábito habit
habituado (a) accustomed (to)
habitual customary, usual
habla *f.* (*but* **el habla**) speech; **de habla española** Spanish-speaking
hablador talkative
hablar to talk, speak
hacelotodo *m., f.* do-it-all
hacer *irreg.* to do; to make; **desde hace** + *period of time* for + *period of time*; **hace...** *period of time...* *period of time* ago; **hace... años...** years ago; **hacer a un lado** to push aside; **hacer alarde** to make a show of; **hace calor/fresco** to be hot/cool (*weather*); **hacer caso (de)** to pay attention (to), take into account; **hacer cola** to be/stand/wait in line; **hacer confidencias** to tell secrets; **hacer cumplir** to enforce; **hacer daño** to harm, hurt, injure; **hacer ejercicio** to exercise; **hacer frente a** to face; **hacer hincapié en** to insist on; to stress, emphasize; **hacer horas extraordinarias** to work overtime; **hacer la compra** to go shopping; **hacer la maleta** to pack a suitcase; **hacer mal tiempo** to be bad weather; **hacer noticia** to make the news; **hacer sol** to be sunny; **hacer trampa(s)** to cheat; **hacer travesuras** to play pranks; **hacer trucos** to play tricks; **hacer un calor de todos los demonios** to be hot as hell; **hacer un giro** to take a turn, tour; **hacer un viaje** to take a trip; **hacer una caminata** to go on/for a hike; **hacer una pregunta** to ask a question; **hacer una visita** to pay a visit; **hacerse** to become; to turn into; **hacerse cargo (de)** to take charge (of); **hacerse una idea** to conceive, imagine; **máquina para hacer palomitas de maíz** popcorn popper
hacia toward; **hacia abajo** downward; **hacia arriba** upward; **hacia atrás** backward

hacinado stacked up

hada *f.* (*but* **el hada**) fairy; **hada madrina** fairy godmother

halagado flattered

hallar to find

hallazgo finding, discovery

hambre *f.* (*but* **el hambre**) hunger; **tener** (*irreg.*) **hambre** to be hungry

harto full, stuffed

hasta *adv.* even; *prep.* until; up to; **hasta luego** see you later; **hasta pronto** see you soon; **hasta que** *conj.* until

hastío boredom

hebilla belt buckle

hecho *n.* fact; matter; **de hecho** in fact; (*p.p. of* **hacer**) done; made; **hecho a mano** handmade

helado ice cream

hemisferio hemisphere

heredero *m., f.* heir

herencia inheritance; heritage

herida wound

hermana sister

hermano brother; *pl.* siblings; **hermanos políticos** brothers- and sisters-in-law

hermoso beautiful

héroe hero

heroína heroin; heroine

heroinómano heroin addict

heroísmo heroism

herrería blacksmithing

hervido boiled

heterogéneo heterogeneous

hielo ice

hierba grass

hierro iron

hija daughter

hijo son; *pl.* children; **hijo único** only child; **hijos políticos** sons- and daughters-in-law

hilera row

hincapié: hacer (*irreg.*) **hincapié en** to insist on; to stress, emphasize

hipermercado hypermarket, large discount store

hipnotismo hypnotism

hipnotizado hypnotized

hipócrita *m., f.* hypocrite

hipotético hypothetical

hispánico *n., adj.* Hispanic

hispano *n., adj.* Hispanic

Hispanoamérica Hispanic America

hispanoamericano *n., adj.* Hispanic American

hispanohablante *n. m., f.* Spanish speaker; *adj.* Spanish-speaking

historia history; story

histórico historical

hogar home

hoguera bonfire

hoja leaf; blade (*of a knife*); **hoja de cálculo** spreadsheet; **hoja de papel** sheet of paper

holgazanería laziness

hombre man; **hombre de negocios** businessman

hombro shoulder

homicidio homicide

homogéneo homogeneous, similar

homosexualidad homosexuality

hondo deep

hondureño *n.* Honduran

honesto honest

honradamente honorably

honradez honesty, integrity

honrar to honor

hora hour; time of day; **hacer** (*irreg.*) **horas extraordinarias** to work overtime

horario schedule

horizonte horizon

horno oven; **horno microondas** microwave oven

horrorizar to horrify, terrify

hostil hostile

hostilidad hostility

hotelería hotel industry

hoy today; **hoy (en) día** nowadays

hoya hole, pit

huelga strike

huella track; trace

huérfano orphan

huesped *m., f.* guest

huir (y) to flee

humanidad humanity

humanitario humanitarian

humano *adj.* human; **ser humano** human being

humilde humble

humillación humiliation

humo smoke

humor mood; humor

hundir to sink; **hundirse** to set (*sun*)

huracán hurricane

I

ibérico Iberian

ida: pasaje de ida one-way passage/ticket

idea idea; **cambiar de idea** to change one's mind; **hacerse** (*irreg.*) **una idea** to conceive, imagine

idealista *adj. m., f.* idealistic

identidad identity; **carnet** (*m.*) **de identidad** identity card

identificar to identify

ideología ideology

idioma *m.* language

idiomático idiomatic

iglesia church

ignorancia ignorance

ignorante ignorant

ignorar to not be aware of, not know

igual equal; same; **al igual que** just as; **dar** (*irreg.*) **igual** to be the same to

igualdad equality

igualitario egalitarian

ilegal illegal

iluminado enlightened

iluminar to illuminate

ilusión illusion

ilusorio illusory

ilustración illustration

ilustrar to illustrate

imagen *f.* image, picture

imaginación imagination

imaginar(se) to imagine

imaginaria imaginary

imán magnet; **piedra imán** lodestone

imborrable indelible

imitar to imitate

impacientarse to become impatient

impaciente impatient

impacto impact

impedir (*like* **pedir**) to impede, prevent

imperar to reign

imperialista *n. m., f.* imperialist

imperioso imperious

ímpetu *m.* impetus; drive

implementar to implement

implicar to imply; to involve

imponer (*like* **poner**) to impose

importancia importance

importante important

importar to matter; to import

importe cost

imposible impossible

imposición imposition

imprescindible indispensable

impresión impression

impresionante impressive

impresionar to impress

impresora printer

imprevisible unforeseeable
imprimir to print
improbable improbable
improvisación improvisation
improviso: de improviso unexpectedly
impuesto *n.* tax; *adj.* (*p.p. of* **imponer**) imposed
impulsar to impel, force
impulsivo impulsive
impulso impulse
inadmisible inadmissible
inalámbrico: teléfono inalámbrico cordless telephone
inaugurar to inaugurate
incaico *adj.* Incan
incautado confiscated
incesante incessant
incedencia incidence
incitar to incite
inclinación inclination
inclinar (se) to bend (over); **inclinarse a** + *inf.* to be inclined to (*do something*)
incluir (y) to include
inclusive including
incluso including
incómodo uncomfortable
incomprensible incomprehensible
incomprensión incomprehension
inconformidad nonconformity
incontenible unstoppable
inconveniente: no tener (*irreg.*) **inconveniente** to have nothing against
incorporar to incorporate; **incorporarse** to sit up
incorpóreo fictitious
increíble incredible
incriminar to incriminate
indefenso defenseless
indefinido indefinite
independencia independence
independiente independent
independizarse to become independent
indeterminado indeterminate
indicación indication; instruction
indicar to indicate
índice index
indiferente indifferent
indígena *n. m., f.* native; *adj.* indigenous, native
indignante indignant
indio Native American
indirecto: pronombre de complemento indirecto *gram.* indirect object pronoun

individuo *n.* individual
indócil unruly
indolencia carelessness
indulto pardon
industria industry
industrialización industrialization
inédito unpublished
ineficaz ineffective; inefficient
inesperado unexpected
inestable unstable
inexacto inexact
inexpresivo inexpressive
infancia infancy
infantería de línea infantry of the line
infantil *adj.* children's
infeliz unhappy
inferior lower
inferioridad inferiority
inferir (ie, i) to infer
infiel *n. m., f.* infidel, unbeliever
infierno hell
infinito *n.* infinity; *adj.* infinite
influencia influence
influir (y) to influence
información information; **autopista de la información** information superhighway
informar to inform; **informarse** to find out
informática computer science
informe report
infracción infraction
infranqueable unsurmountable
infundir to infuse
ingeniería engineering
ingeniero engineer
ingenio ingenuity
ingestión ingestion
Inglaterra England
inglés *n.* English person; English (*language*); *adj.* English
ingrediente ingredient
ingresar to deposit (*funds*)
ingresos *pl.* earnings
inhalar to inhale
iniciar to initiate
injuriar to insult, offend
injusticia injustice
injusto unjust, unfair
inmaduro immature
inmediato immediate
inmensamente immensely
inmenso enormous
inmersión immersion
inmigración immigration

inmigrante *m., f.* immigrant
inmigrar to immigrate
inminente imminent
inmóvil immobile
innecesario unnecessary
inocente innocent
inolvidable unforgettable
inquietud concern
inquilino tenant, boarder
inquisición Inquisition
insatisfacción dissatisfaction
insatisfecho (*p.p. of* **insatisfacer**) *adj.* dissatisfied
inscribirse (*p.p.* **inscrito**) to enroll
insecto insect
inseguridad insecurity
inseguro unsure
insignificante insignificant
insinuarse (me insinúo) to wheedle, work one's way
insistir en to insist on
insólito unusual
insoportable unbearable, intolerable
inspiración inspiration
inspirar to inspire
instalarse to establish oneself
instante instant
instar to urge
instaurar to establish
instigador instigator
instigar to instigate
instintivo instinctive
institución institution
instituir (y) to institute
instituto institute
institutriz governess
instrucción instruction
instruirse (y) to be informed
insultante insulting
insulto insult
insurgente *n.* insurgent
intachable irreproachable; exemplary
integración integration
integrar to make up
intelectual intellectual
inteligencia intelligence
inteligente intelligent
intención intention
intensificación intensification
intenso intense
intentar to try, attempt
intento attempt
interamericano inter-American
intercambio exchange, interchange
interés interest

interesante interesting

interesar to be interesting to; **interesarse (en)** to become interested (in)

interiormente internally

internacional international

internarse to go deep into (*an area*)

interno internal

interpretación interpretation

interpretar to interpret

interrogatorio interrogation

interrumpir interrupt

interrupción interruption

intervención intervention

intervencionismo interventionism

intervencionista *adj. m., f.* interventionist

intervenir (*like* **venir**) to intervene

íntimo intimate

intolerancia intolerance

intransferible nontransferable

introducir *irreg.* to introduce

introvertido introverted

intuición intuition

inundar to flood

inútil useless

inválido disabled person

inventar to invent

invento invention

inversión investment

invertir (ie, i) to invest

investigación investigation

investigador investigator; **investigador privado** private investigator

investigar to investigate

invierno winter

invitación invitation

invitado guest

invitar to invite

ir *irreg.* to go; **ir a** + *inf.* to be going (*to do something*); **ir de compras** to go shopping; **ir de vacaciones** to take a vacation; **irse** to go away; **¡vaya!** *interj.* really!; well!

ira: cegado por la ira blind with rage

Irlanda Ireland

irónico ironic

irritar to irritate

isla island; **Islas Canarias** Canary Islands; **islas Filipinas** Philippine Islands

Italia Italy

italiano *n., adj.* Italian

itinerante *adj.* traveling

izquierda *n.* left

izquierdista *n. m., f.* leftist; *adj. m., f.* left-wing

J

jabón soap

jamás never

Japón Japan

japonés *adj.* Japanese

jaquemate checkmate (*chess*)

jardín garden

jardinero gardener

jefe boss, supervisor

jerez *m.* sherry

jerga slang; jargon

jíbaro Puerto Rican peasant

jinete horseman, rider

joder *sl.* to bug, annoy

jornada workday

joven *n. m., f.* young person, youth; *adj.* young

joyería jewelry making

jubilación retirement

jubilarse to retire

judaísmo Judaism

judeocristiano Judeo-Christian

judío Jewish person

juego game; **en juego** in play

juez *m.* judge

jugada play, move (*in a game*)

jugador player

jugar (ue) (a) to play

jugo juice

juguete toy

juguetón playful

juicio judgment; **someter a juicio** to try (*in court*)

juntarse to gather

junto a near, next to; **junto con** along with, together with

juntos together

jurado jury

juramentar to swear in

jurar to swear

jurídico judicial

justicia justice

justificación justification

justificar to justify

justo just, fair

juvenil juvenile

juventud youth

juzgar to judge

K

kepis *m.* kepi (*military cap*)

kerosén kerosene

kilo kilogram

kilómetro kilometer

L

laberinto labyrinth

labio lip

labor *f.* labor, work, task

laboral *adj.* pertaining to work

laboratorio laboratory

laboriosamente laboriously

labrador laborer

labrar to plow

laca hair spray

lado side; **al lado de** next to; **de al lado** next door; **hacer** (*irreg.*) **a un lado** to push aside; **ningún lado** nowhere; **por otro lado** on the other hand

ladrar to bark

ladrillo brick

ladrón robber, thief

lágrima tear

laguna small lake

lamentar to lament, regret

lamer to lick

lámpara lamp

lancear to wound with a lance

lanzador pitcher (*baseball*)

lanzar to launch; **lanzarse a** + *inf.* to set off (on), take off

lapicero mechanical pencil

lápiz *m.* pencil

largo long; **a largo plazo** in the long run; **a lo largo de** throughout; **en larga distancia** for long distance (calling)

lástima shame, pity

lastimar to hurt, injure

lata can, tin; **envase de lata** can

latifundio large landed estate

latino *n., adj.* Latino, Latin American

Latinoamérica Latin America

latinoamericano *n., adj.* Latin American

latitud lattitude

lavabo sink

lavaplatos *m. s., pl.* dishwasher

lavar(se) to wash

lazo bond, tie

lealtad loyalty

lección lesson

lecho bed

lector reader

lectura reading

leer (y) to read
legalización legalization
legalizar to legalize
legítimo legitimate
legumbre *f.* vegetable
lejos far; **a lo lejos** in the distance
lema *m.* sound bite; slogan
lempira *monetary unit of Honduras*
lengua language; tongue
lenguaje language, speech
lentilla contact lens
lento slow
leña firewood
león lion
letra letter (*alphabet*); handwriting; **filosofía y letras** humanities; **letra s. cursiva** italics; **sopa de letras** word-search puzzle
levantar to raise, pick up; **levantarse** to get up; to stand up
leve slight
ley *f.* law; **violar la ley** to break the law
leyenda legend
liberación liberation, freedom
liberar to liberate, free
libertad freedom
libra pound
libre free; **estado libre asociado** commonwealth ; **libre comercio** free trade; **tiempo libre** free time
librería bookstore
libro book
licencia de conducir driver's license
licenciado person holding a university degree
líder leader
liderar to lead
lienzo canvas
ligarse to join together
lima file (*tool*)
limitar to limit
límite limit; **límite de velocidad** speed limit
limón lemon
limonada lemonade
limosna: pedir (i, i) limosna to panhandle
limpiar to clean
limpio clean
limpieza cleanliness
linaje lineage
linchamiento hanging, lynching
línea line; **en línea** on-line; **infantería de línea** infantry of the line; **línea de conducta** course of action

lingüístico linguistic
lío mess
lirismo lyricism
lista list
listo ready; bright, smart
literario literary
literatura literature
litro liter
llama *m.* llama
llamador caller
llamar to call; **llamar a la puerta** to knock at the door; **llamarse** to call oneself, be named
llano *n. pl.* plains; *adj.* flat
llanta tire
llanto crying; sob
llanura plain, prairie
llave *f.* key
llegada arrival
llegado: recién llegado newcomer
llegar to arrive, reach; **llegar a** + *inf.* to manage to, get to (*do something*); **llegar a ser** to get to be, become
llenar to fill (out)
lleno full
llevar to carry; to wear; to take; **llevar a cabo** to carry out; to fulfill; **llevar una vida (feliz/difícil)** to lead a (happy/difficult) life; **(no) llevarse bien (con)** to (not) get along (with)
llorar to cry
llover (ue) to rain
lluvia rain
lluvioso rainy
lobo wolf
local place; premises; **red local** local area network
localidad location
loco crazy
locución locution, public speaking
lógico logical
lograr to achieve
logro achievement
loma hill
Londres London
longitud longitude
lotería lottery
lucha fight, struggle
luchar to fight, struggle
lucir (zc) to look
lucrativo lucrative
luego then, next, later; **hasta luego** see you later

lugar place; **en primer lugar** in the first place; **tener (irreg.) lugar** to take place
lujo luxury
lujoso luxurious
luminoso shining; **señal (f.) luminosa** traffic light, signal
luna moon
luz light; **dar (irreg.) a luz** to give birth; **salir (irreg.) a la luz** to come to light

M

machista *n. m., f.* male chauvinist; *adj.* male-chauvinistic
madera wood
madrastra stepmother
madre *f.* mother; **madre patria** mother country; **madre soltera** single mother
madrileño *adj.* of or from Madrid
madrina: hada madrina fairy godmother
madrugada dawn
madurez maturity; adulthood
maduro mature
maestría master's degree
maestro teacher; **maestro particular** tutor
magia magic
mágico magic
magnífico magnificent
maíz *m.*: **palomitas de maíz** *pl.* popcorn; **máquina para hacer palomitas de maíz** popcorn popper
mal, malo *adj.* bad; sick
mal *n.* evil; *adv.* badly; **caer (irreg.) mal** to strike (one) badly, make a bad impression; **hacer (irreg.) mal tiempo** to be bad weather; **mal educado** ill-mannered; poorly educated; **portarse mal** to misbehave
malcriado bad-mannered, ill-mannered
maldito cursed, damned
maleducado *n.* bad/ill-mannered person; *adj.* bad/ill-mannered
maleta suitcase; **hacer (irreg.) la maleta** to pack a suitcase
maletín small case, bag
malévolo evil
malgastar to waste, misspend

malhablado foulmouthed

maltrecho battered

malvado wicked

mamá mother, mom

mancha stain

manchar to stain

mandados groceries

mandamiento commandment

mandar to order, command; to send

mandarina mandarin orange

mandato command, order

mandón bossy

manejar to drive; to handle; to manage

manera way, manner; **de manera que** *conj.* so that

manifestación demonstration, protest, rally

manifestar (ie) to demonstrate, show, express

manipulación manipulation

manipular to manipulate

mano *f.* hand; **a mano** by hand; **darse** (*irreg.*) **la mano** to shake hands; **de segunda mano** secondhand; **estrechar la mano** to shake hands; **hecho a mano** handmade; **mano de obra** workforce

manso tame; docile

mantel tablecloth

mantener (*like* **tener)** to maintain

mantenimiento maintenance

manual: trabajo manual manual labor

manuscrito manuscript

manzana apple; Adam's apple

mañana morning; tomorrow; **por la mañana** in the morning

mapa *m.* map

máquina machine; **máquina de escribir** typewriter; **máquina para hacer palomitas de maíz** popcorn popper

maquinalmente mechanically

mar *m., f.* sea; **en alta mar** *s.* on the high seas

maratón marathon

maravilla wonder

maravillar to amaze

maravilloso wonderful, marvelous

marca brand

marcar to mark; to dial (*a telephone*)

marchar to proceed; **marcharse** to leave, go away

marchito withered

marco frame

margen: al margen de to the side of

marginación marginalization

marido husband

marielito *immigrant to the United States who had been in Mariel prison in Cuba*

marihuana marijuana

marinero sailor

marino *adj.* sea, marine

mariposa butterfly

mármol marble (*stone*)

martillazo blow from a hammer

martillo hammer

más more; **cada vez más** more and more; **el más allá** the hereafter, life after death; **más allá** further; **más allá de** beyond; **más que nada** more than anything

masaje massage

masculino masculine; **sastrería masculina** tailor's trade

masivo massive

masticar to chew

matar to kill; **matar a puñaladas** to stab to death

matemáticas *pl.* mathematics

materia subject (*school*); **materia prima** raw material

materialista *n. m., f.* materialist

maternidad maternity

materno maternal

matricularse to register, enroll

matrimonio matrimony; married couple

máximo maximum

maya *adj. m., f.* Mayan

mayor *n.* elder; *adj.* older; greater; greatest; **la mayor parte** most, the majority

mayoría *n.* majority

mayorista *m., f.* wholesaler

mayoritario *adj.* majority

mecánica mechanics

mecánico mechanic

mecanismo mechanism

mecanización mechanization

medallón medallion

media average, mean; stocking

mediano medium

medianoche *f.* midnight

mediante through

medicamento medicine (*drug*)

medicina medicine (*practice; drug*)

médico *n.* doctor; *adj.* medical; **asistencia médica** health benefits; **receta médica** prescription

medida measure, means; **a la medida** in accordance with; **a medida que** as, at the same time as

medio *n.* middle; half; means; environment, milieu; **clase** (*f.*) **media** middle class; **Edad Media** Middle Ages; **medio ambiente** environment; **medios de comunicación** media; *adj.* average; half; middle, mid; **Oriente Medio** Middle East

mediodía *m.* midday, noon

medir (i, i) to measure

mejilla cheek

mijillón mussel

mejor better; best

mejora improvement

mejoramiento improvement

mejorar to improve

melancólico melancholy

melaza molasses

melocotón peach

memoria memory; **aprender de memoria** to memorize; **saber** (*irreg.*) **de memoria** to know by heart

memorizado memorized

mencionar to mention

mendigo beggar

menor *n.* minor; *adj.* smaller, smallest; younger, youngest

menos less, lesser, least; **a menos que** *conj.* unless; **cada vez menor** fewer and fewer; younger and younger; **echar de menos** to miss, long for; **ni mucho menos** not by any means; **por lo menos** at least

mensaje message

mensajero messenger

mensual monthly

mente *f.* mind

mentir (ie, i) to lie

mentira lie

mentiroso lying, deceitful

menudo: a menudo often

mercado market

mercancía merchandise

mercantil: contabilidad mercantil mercantile bookkeeping

mercantilismo mercantilism, commercialism

merecer (zc) to deserve

mérito merit

mes month; **mes anterior** previous month; **mes pasado** last month

mesa table; **poner** (*irreg.*) **la mesa** to set the table

mesero waiter
meseta plateau
meta goal, aim
metafórico metaphorical
metálico metallic
metamorfosis metamorphosis
meterse to get into, enter
metódico methodical
método method
metro meter
metropolitano metropolitan
mexicano *n., adj.* Mexican
mexicanoamericano *n., adj.* Mexican American
México Mexico
mezcla mixture
mezclar to mix
mezquita mosque
microondas: horno microondas microwave oven
miedo fear; **tener** (*irreg.*) **miedo** to be afraid
miel *f.* honey
miembro member
mientras *adv.* meanwhile; **mientras que** *conj.* while, as long as
miga: bolita de miga bread crumb
migración migration
migrante *n. m., f.* migrant
migratorio migratory, migrating
milagro miracle
milagroso miraculous
milanesa chicken-fried steak
milicia militia
militar *n.* career military person; *adj.* military
milla mile
millonario millionaire
mimar to indulge, spoil (*a person*)
mina mine
minero miner
mínimo minimum
ministerio ministry
ministro minister
minoría *n.* minority
minoritario *adj.* minority
minuciosamente meticulously
minuta *breaded cutlet of fish, fowl, or meat*
minuto minute
miopía nearsightedness
mirada look
mirador watchtower; balcony
mirar to watch; to look (at); **¡mira!** look (here)!

misa Mass
miseria misery
misión mission
misionero missionary
mismo self; same; **ahí mismo** right there; **ahora mismo** right now; **al mismo tiempo** at the same time; **lo mismo** the same thing
misterio mystery
misterioso mysterious
mitad *n.* half
mitigador mitigating, alleviating
mitigar to alleviate
mitigativo mitigating, moderating
mito myth
mobilario set of furniture
mochila backpack
moda fashion
modales *pl.* manners, behavior
modelo model
moderación moderation
moderado moderate
modernización modernization
modernizar to modernize
moderno modern; **lo moderno** modern things
modesto modest
módico reasonable, moderate
modificación modification
modificar to modify
modistería ladies' dress wear
modo way, manner; mood *gram.*; **de modo que** *conj.* so that
mojado wet
mojar(se) to get wet
molde mold
moler (ue) to grind
molestar to bother, annoy
molestia annoyance
momentáneo momentary; temporary
momento moment
moneda coin
monetario monetary
monja nun
monje monk
mono monkey
monopolio monopoly
monotonía monotony
monótono monotonous
montaña mountain; **Montañas Rocosas** Rocky Mountains
montar to ride
morado purple
morir (ue, u) (*p.p.* **muerto**) to die
morocho brunette

mortalidad mortality; **tasa de mortalidad** death rate
mostrador counter (*in a shop*)
mostrar (ue) to show
motivación motivation
motivar to motivate; to provide a reason for
motivo motive; cause
moto(cicleta) *f.* motorcycle
mover(se) (ue) to move (*an object or body part*)
móvil mobile
movilizar to mobilize
movimiento movement
mozo young man
muchacha girl
muchacho boy
muchedumbre *f.* crowd, multitude
mucho much, a lot; **muchas veces** often, frequently; **ni mucho menos** not by any means
mudarse to move (*residence*)
mudo silent
mueble piece of furniture
muerte *f.* death; **pena de muerte** death penalty
muerto *n.* dead person; **Día** (*m.*) **de los Muertos** All Souls' Day; *adj.* (*p.p.* of **morir**) dead
muestra sample
mujer *f.* woman; wife; **mujer bombero** (female) firefighter; **mujer de negocios** businesswoman; **mujer policía** (female) police officer; **mujer soldado** (female) soldier
mulero mule driver
mulo mule
multa fine; **poner** (*irreg.*) **una multa** to (give a) fine
multinacional multinational
múltiple multiple
mundial *adj.* world, worldwide
mundo world
municipio municipality
muñeca doll
muralismo muralism
muralista *m., f.* muralist
muralla wall
murciélago bat (*animal*)
muro wall
museable museum piece
museo museum
música music
músico musician
musulman *n., adj.* Muslim

mutilación mutilation
mutilar to mutilate
mutuo mutual
muy very

N

nacer (zc) to be born
nacido: recien nacido newborn
naciente growing, emerging
nacimiento birth
nación nation
nacional national
nacionalidad nationality
nacionalismo nationalism
nacionalización nationalization
nacionalizar to nationalize
nacionalizado naturalized
nada nothing; **más que nada** more than anything
nadar to swim
nadie no one
naranja orange
naranjo orange tree
narcóticos *pl.* narcotics
nariz nose
narración narration
narrar to narrate
narrativo narrative
natal *adj.* native; pertaining to birth
natalidad: control de la natalidad birth control; **tasa de natalidad** birth rate
nativo *adj.* native
naturaleza nature
naturalización naturalization
naturismo natural energy, healing
naufragar to shipwreck
náuseas: con náuseas nauseous
navaja knife
navegar to navigate; **navegar la red** to surf the net
Navidad Christmas
necesario necessary
necesidad necessity
necesitar to need
necio foolish
negar (ie) to deny; **negarse a** + *inf.* to refuse to (*do something*)
negativo negative
negociación negotiation
negociante *m., f.* negotiator
negociar to negotiate
negocio business; **hombre de negocios** businessman; **mujer** (*m.*) **de negocios** businesswoman

negro black
nene baby
neolítico neolithic
neoyorquino New Yorker
nerviosidad nervousness
nervioso nervous
neutro neutral
nevada snowfall
ni nor; **ni… ni…** neither . . . nor . . . ; **ni mucho menos** not by any means; **ni siquiera** not even
nicaragüense *n.* Nicaraguan
nicotina nicotine
nieta granddaughter
nieto grandson; *pl.* grandchildren
nieve *f.* snow
Nilo Nile
ningún, ninguno none, no; **ningún lado** nowhere
niña little girl
niñero babysitter
niñez childhood
niño little boy; *pl.* children; **de niño** as a child
nivel level; standard
no obstante nevertheless
noche *f.* night; **esta noche** tonight; **por la noche** in the evening, at night
noción notion
Noél: Papá Noél Santa Claus
nogal walnut tree
nombrar to name
nombre name; **nombre de pila** first name
norma norm, standard
noreste northeast
noroeste northwest
norte north
Norteamérica North America
norteamericano *n., adj.* North American
nostálgico nostalgic
nota grade
notar to notice, note
notario notary public
noticia (piece of) news; **hacer** (*irreg.*) **noticia** to make the news
notorio notorious
novedoso new, novel
novela *n.* novel
novia girlfriend; fiancée; bride
noviazgo courtship; engagement
novio boyfriend; fiancé; bridegroom; *pl.* (engaged) couple; bride and groom

nube *f.* cloud
nudo knot
nuera daughter-in-law
Nueva York New York
nuevo new; **de nuevo** again
numeración numbering
número number
numeroso numerous
nunca never, not ever
nutrido abundant
nutrimento nourishment

O

o or
oaxaqueño person from Oaxaca
obedecer (zc) to obey
obediencia obedience
obediente obedient
obesidad obesity
objetividad objectivity
objetivo goal, objective
objeto object, target
oblicuo oblique
obligación obligation
obligar (a) to oblige, force
obligatorio compulsory
obra work; **mano** (*f.*) **de obra** workforce; manual labor
obrero worker
obscenidad obscenity
observación observation
observador observer
observar to observe
obsesión obsession
obstáculo obstacle
obstante: no obstante nevertheless
obtener (*like* **tener**) to obtain
obviamente obviously
obvio obvious
ocasión occasion
ocasionar to cause
occidental western
océano ocean
ocio leisure time, relaxation
ocioso idle, lazy
ocultar to hide
ocupación occupation
ocupado busy
ocurrencia occurrence
ocurrir to occur
odiar to hate
odio hatred
oeste west
ofenderse to get one's feelings hurt, be offended

oferta offer
oficial official
oficina office (*general*)
oficinista *m., f.* office clerk
oficio trade, occupation
ofrecer (zc) to offer
ofrenda offering
oír *irreg.* to hear; **¡oye!** *interj.* hey!, listen!
ojalá I wish that; I hope that
ojera dark circle under the eye
ojo eye; **¡ojo!** *interj.* watch out!
ola wave (*ocean*)
oleada wave
oler *irreg.* to smell
olfato sense of smell
olivo olive
olla pot
olor smell
oloroso a smelling like
olvidar(se) (de) to forget
ombligo navel; **curar el ombligo** to tie off the umbilical cord at birth
ominoso ominous
omitir to omit
onda wave
ondular to undulate
opción option
ópera opera
operación operation
opinar to think, have an opinion
opinión opinion; **cambiar de opinión** to change one's mind
oponerse a (*like* **poner**) to be opposed to
oportunidad opportunity
oposición opposition
opresión oppresion
optimista *n. m., f.* optimist; *adj.* optimistic
opuesto (*p.p. of* **oponer**) opposite
oración sentence; prayer
orden *m.* order, arrangement; *f.* order, command; **a sus ordenes** at your service
ordenación arrangement, putting in order
ordenador computer
ordenar to order
ordinario ordinary
organización organization
organizador organizer
organizar to organize
órgano organ (*of the body*)
orgullo pride

orgulloso proud
orientación orientation, direction
orientado (a) directed (at)
orientar to orientate
oriente east; **Oriente Medio** Middle East
origen origin; **dar** (*irreg.*) **origen a** to cause
originalidad originality
originario originating
orilla shore; (*river*) bank
orillar to skirt, go around the edge of
oro gold
ortodoxo orthodox
ortografía spelling
oscurecer (zc) to get dark
oscuridad darkness
oscuro dark
oso bear
ostentoso ostentatious
otoñal autumnal
otoño autumn
otorgar to grant, award
otro another; other; **el uno al otro** one another; **otra vez** again; **por otra parte** on the other hand; **por otro lado** on the other hand
ovación ovation
oxigenado bleached (*hair*)

P

paciencia patience
paciente *n., adj. m., f.* patient
pacífico peaceful; **Pacífico** Pacific Ocean
pacifista *n. m., f.* pacifist
padecer (zc) to suffer
padre father; priest
paella *rice dish from Spain*
pagano *n.* pagan
pagar to pay for; **pagar a plazos** to pay in installments; **pagar en efectivo** to pay in cash
página page; **página Web** Web page
país country
paisaje landscape
pájaro bird
palabra word
paladear to taste
palenque palisade, enclosure
pálido pale
paliza beating
palmada: darse (*irreg.*) **palmadas en la espalda** to pat on the back
palmera palm tree

palo stick
paloma dove
palomitas de maíz *pl.* popcorn; **máquina para hacer palomitas de maíz** popcorn popper
palpar to touch, feel
palustre trowel
pan bread; **barra de pan** baguette; **pan de avena** oatmeal bread
panameño *n.* Panamanian
pantalla screen
pantalón *s., pl.* pants
pañal diaper
pañuelo handkerchief
papa *m.* Pope; *f.* potato
papá *m.* dad, father; **Papá Noél** Santa Claus
papel paper; role; **desempeñar un papel** to play (fulfill) a role; **hoja de papel** sheet of paper
papelina *colloquial* hit, fix (*drugs*)
paquete package
par pair; **un par de** a couple of
para for; in order to; toward; by; **estar** (*irreg.*) **para ? inf.** to be about to (*do something*); **para que** *conj.* so that
parabrisas *m. s., pl.* windshield
paradójico paradoxical
paraguas *m. s., pl.* umbrella
paraguayo *n.* Paraguayan
paramilitar *adj.* paramilitary
páramo *s.* plains
parapsicología parapsychology
parar to stop, halt; **pararse** to stand up
parcela plot, parcel (*of land*)
parcial: tiempo parcial part-time
parecer *n.* opinion; **a mi parecer** in my opinion
parecer (zc) to seem, appear; **parecerse a** to look like, resemble
parecido likeness
pared wall
pareja pair; couple; partner
parejo even
paréntesis *s., pl.* parentheses
pariente relative (*family*)
parque park
parqueadero parking (*lot*)
parquear to park
párrafo paragraph
parricidio parricide
parrilla *grilled meats*
parroquial parochial, pertaining to the parish

parroquiano parishoner
parsimonia moderation
parte *f.* part; **en/por todas partes** everywhere; **formar parte** to make up; **la mayor parte** most, the majority; **por otra parte** on the other hand; **por parte de** by; **por una parte** on the one hand
participación participation
participante *m., f.* participant
participar to participate
participio *gram.* participle
particular particular; private; **maestro particular** tutor
particularmente individually
partida: punto de partida starting point
partidario supporter, follower
partido game, match; (political) party
partir to leave, depart; **a partir de** as of, starting from
pasa raisin
pasado *n.* past; *adj.* past, last; **año/mes pasado** last year/month; **semana pasada** last week
pasaje passage; **pasaje de ida** one-way passage/ticket
pasar to pass; to spend (*time*); to happen; **pasarlo bien** to have a good time
pasatiempo pastime, hobby
Pascuas *pl.* Easter
pasear to take a walk; to take a ride
paseo walk; ride; **sacar de paseo** to take for a walk/ride
pasillo hallway
pasivo passive; nonworking
pasmar to astonish
paso step; **abrir el paso a** to make way for; **dar** (*irreg.*) **pasos** to take steps
pasta paste
pastel pastry
pastilla pill
pata paw
patatas fritas French fries
patear to kick
paterno paternal
patilla sideburn
patinar to skate
patria country; native land; **madre** (*f.*) **patria** mother country
patriótico patriotic
patrocinar to sponsor
patrón boss; patron

pausa pause, break
pauta standard, guide
payaso clown
paz peace; **dejar en paz** to leave alone; **que en paz descanse** rest in peace
pecho chest
pedagógico pedagogical
pedalear to pedal
pedazo piece
pedir (i, i) to ask for; **pedir disculpas** to apologize; **pedir limosna** to panhandle; **pedir prestado** to borrow; **pedir un préstamo** to request/take out a loan
pegar to stick
peinado hairstyle
peinarse to comb one's hair
pelaje fur
pelea fight
pelear(se) to fight
película movie
peligro danger
peligrosidad dangerousness
peligroso dangerous
pelo hair; **secador de pelo** hair dryer
pelota ball
peluquería hair salon
pena embarassment; sorrow; shame; **a penas** hardly, barely; **pena capital** capital punishment; **pena de muerte** death penalty; **valer** (*irreg.*) **la pena** to be worthwhile
penal *adj.* criminal
pender to hang
pendiente *n.* earring; *adj.* pending
penetrar to penetrate
penicilina penicillin
penoso difficult; embarassing
pensamiento thought
pensar (ie) to think; **pensar** + *inf.* to plan to (*do something*); **pensar de** to think of (*opinion*); **pensar en** to think about, focus on
penúltimo next-to-last
penumbra semi-darkness
peón laborer; **peón de chacra** farm worker
peor worse, worst
pequeño small
percepción perception
percibir to perceive
perder (ie) to lose; to miss (*an opportunity, deadline, or train*); **perder tiempo** to waste time; **perderse** to get lost

pérdida loss; waste (*of time*)
perdón pardon, forgiveness
perdonar to forgive
perezoso lazy
perfección perfection
perfeccionar to perfect
perfecto perfect
perfume fragrance, smell
periferia periphery
periódico newspaper
periodista *m., f.* journalist
período period (*time*)
perito expert
perjudicar to harm
perjudicial damaging, harmful
perla pearl
permanecer (zc) to remain, stay
permiso permission
permitir to allow
pero but
perpetuo perpetual; **cadena perpetua** life imprisonment
perplejo perplexed
perro dog
persecución persecution
perseguir (*like* **seguir**) to pursue
persona person
personaje personality, personage; character (*in fiction*)
personalidad personality
perspectiva perspective
persuadir to persuade
pertenecer (zc) to belong
Perú *m.* Peru
peruano *n.* Peruvian
pesadilla nightmare
pesado heavy; dull, uninteresting; **broma pesada** practical joke
pesar to weigh; **a pesar de** despite, in spite of
pesca fishing
pescado fish (*to eat*)
pese a despite
pesimista *n. m., f.* pessimist; *adj.* pessimistic
peso weight; *monetary unit of Mexico*; **bajar de peso** to lose weight; **subir de peso** to gain weight
pestaña eyelash
pestañear to blink
pétalo petal
petición petition
petroleo petroleum
petrolero *adj.* oil
pez *m.* fish

pianista *m., f.* pianist
picadillo hash
picante spicy
picar to chop
pie foot; **a pie** on foot; **al pie de** at the bottom of (*page*); **de pie** standing
piedra stone; **piedra imán** lodestone
piel *f.* skin
pierna leg
pieza piece
pijama *m. s.* pajamas
pila battery; pile; **nombre de pila** first name
píldora pill
piloto pilot
pimiento pepper
pino cepillado scrubbed pine
pintar to paint; **pintarse** to put on makeup
pintor painter
pipa pipe
pirata *m., f.* pirate
piratería piracy
piscina swimming pool
piso floor
pista trail; clue
pistola pistol, gun
pitar to whistle
pizarra chalkboard
pizzería pizza parlor
placa plaque
placentero pleasant
placer pleasure
plácidamente placidly
plagiar to plagiarize
plagio plagiarism
planchar to iron
planear to plan
planeta *m.* planet
planificar to plan
plano map
planta plant
plantación plantation
plantado: dejar plantado to stand someone up
plantear to raise, pose (*problems*)
plástico *n., adj.* plastic; **cirugía plástica** plastic surgery
plata silver
plataforma platform
plateado *adj.* silver
platillo volador/volante flying saucer
plato plate; dish
playa beach

plazo: a largo plazo in the long run; **pagar a plazos** to pay in installments
pleno full
pluscuamperfecto *gram.* pluperfect, past perfect
población population
poblador settler
poblar (ue) to populate; **poblarse de** to be covered with
pobre *n. m., f.* poor person; *adj.* poor
pobreza poverty
poco *n.* a little bit; *adj., adv.* little, few; **poco a poco** little by little
poder *n.* power
poder *irreg.* to be able to, can
poderoso powerful
poema *m.* poem
poesía poetry
poeta *m., f.* poet
poetisa poetess
polaco Pole
polémica *n.* debate, controversy
polémico *adj.* controversial
policía *f.* police (force); *m.* police officer; **mujer** (*f.*) **policía** (female) police officer
poliéster polyester
polígono handball court
política *s.* politics; policy
político *n.* politician; *adj.* political; **hermanos políticos** brothers- and sisters-in-law; **hijos políticos** sons- and daughters-in-law
pollo chicken; **asopao de pollo** *a spicy, brothy soup from Puerto Rico, composed mainly of rice and chicken*; **pollo en fricasé** chicken fricassee
polvo dust
ponderado exaggerated
poner *irreg.* to put; **poner la mesa** to set the table; **poner una multa** to (give a) fine; **ponerse** to put on (clothing); to become; **ponerse al día** to bring oneself up-to-date; **ponerse colorado** to blush; **ponerse de acuerdo** to come to an agreement
popularidad popularity
por for; because of; by; through; per; **por anticipado** in advance; **por ciento** percent; **por completo** completely; **por consiguiente** con-

sequently; **por ejemplo** for example; **por eso** for that reason; **por favor** please; **por fin** finally; **por fuera** from the outside; **por la mañana/noche/tarde** in the morning/evening (at night)/afternoon; **por lo general** in general; **por lo menos** at least; **por lo tanto** therefore; **por otra parte** on the other hand; **por otro lado** on the other hand; **øpor qué?** why?; **por supuesto** of course; **por todas partes** everywhere; **por último** finally; **por una parte** on the one hand
porcelana porcelain
porcentaje percentage
poro pore
porque because
portarse bien/mal to behave/misbehave
portugués *adj.* Portuguese
porvenir *n.* future
posarse to alight
poscomunista post-Communist
poseer *irreg.* to possess
posesión possession
posgrado postgraduate
posibilidad possibility
posibilitar to make possible
posible possible
posición position
positivo positive
postal: código postal zip code; **tarjeta postal** postcard
posterior subsequent
posteriormente after, later
postigo window shutter
postre dessert
postularse to apply (*for a position or job*)
postura stance
potencial *n.* potential
potro leather
poyo stone bench
pozo pit; well
práctica practice
practicante *m., f.* believer, person practicing a religion
practicar to practice
práctico practical
pragmático pragmatic
precaución precaution
preceder to precede

preciar to value
precio price
precipicio cliff
precipitadamente hastily
preciso precise
preconcebido preconceived
predecir (*like* **decir**) to predict
predicador de barricada soapbox preacher
predicar to preach
predicción prediction
predominar to prevail, predominate
preferencia preference
preferible preferable
preferir (ie, i) to prefer
pregunta question; **hacer** (*irreg.*) **una pregunta** to ask a question
preguntar to ask (a question)
prehistórico prehistoric
prejuicio prejudice
premio prize
prenda garment
prendido full
prensa press
preocupación worry, concern
preocupar(se) to worry
preparación preparation
preparar to prepare; **prepararse** to get ready, prepare oneself
prescindir to do without
presencia presence
presenciar to witness
presentación presentation
presentar to present, introduce
presente *n., adj.* present (*time*)
preservativo artificial artificial preservative
presidencia presidency
presidencial presidential
presidente president
presidir to preside
presión pressure; **grupo de presión** lobbyist
presionar to press
preso *n.* prisoner; *adj.* imprisoned
prestado: pedir (i, i) prestado to borrow
préstamo loan; **pedir (i, i) un préstamo** to request/take out a loan
prestar to lend; **pedir (i, i) prestado** to borrow; **prestar atención** to pay attention
prestigio prestige
prestigioso prestigious

presunto supposed
presupuesto budget
pretender (ie) to seek, endeavor
prevenir (*like* **venir**) to prevent
previo previous
previsible forseeable
previsión foresight
primario primary; **bosque primario** old-growth forest; **escuela primaria** elementary school
primavera spring
primer, primero first; **en primer lugar** in the first place
primicia early results, news
primo cousin; **materia prima** raw material
primogénito *n.* first-born
princesa princess
principal main
príncipe prince
principio beginning; **a principios de** at the beginning of; **al principio** at first, in the beginning
prisa haste; **tener** (*irreg.*) **prisa** to be in a hurry
prisionero prisoner
privación lack, want
privado private; **investigador privado** private investigator
privilegio privilege
probar (ue) to try; to test; to taste; **probarse** to try on
problema *m.* problem
problemático problematic
procedente de coming from
procedimiento procedure
procesador de textos word processor
procesión procession
proceso process
proclamar to proclaim
prodigioso prodigious
producción production
producir *irreg.* to produce
productivo productive
producto product
profesión profession
profesional professional
profesor teacher, professor
profundidad depth
profundo deep
programa *m.* program
programación programming
programador programmer
programar to program (a computer)

progresar to progress
progreso progress
prohibir (prohíbo) to outlaw, prohibit
promedio *n., adj.* average
promesa promise
prometedor hopeful, promising
prometer to promise
promoción promotion
promocional promotional
promocionar to promote, advertise
promover (*like* **mover**) to promote
pronombre *gram.* pronoun; **pronombre de complemento directo/indirecto** direct/indirect object pronoun
pronominal: complemento pronominal *gram.* object pronoun
pronto soon; **de pronto** suddenly; **tan pronto como** as soon as
pronunciar to pronounce
propiedad property
propietario owner
propina tip
propio one's own; appropriate
proponente *m., f.* supporter
proponer (*like* **poner**) to propose
proporcionar to provide
propósito purpose; end; goal; **a propósito** by the way
prosperar to prosper
prosperidad prosperity
próspero prosperous
prostituta prostitute
protagonista *m., f.* protagonist
protección protection
proteger (j) to protect
proteína protein
protestante *n., adj. m., f.* Protestant
protestantismo Protestantism
protestar to protest
provechoso profitable
provincia province
provisión provision
provocación provocation
provocar to provoke
proximidad proximity
próximo next
proyectar to plan
proyecto project
prudente cautious, prudent
psicología psychology
psicológico psychological
psicólogo psychologist
publicación publication
publicar to publish

publicidad *n.* publicity, advertising
publicitario *adj.* advertising, publicity
público *n., adj.* public
pueblo town; people; nation
puerta door; **llamar a la puerta** to knock at the door
puerto port
puertorriqueño *n., adj.* Puerto Rican
pues then; well
puesto job, position; (*p.p. of* **poner**) placed; put; set; **puesto que** *conj.* since, given that
pulcritud neatness; perfection
pulcro neat, orderly
pulgada inch
pulir to polish
pulmón lung
pulpa pulp
pulpo octopus
punta del pie tiptoe
puntaje score
puntiagudo pointy
punto point; **a punto de** about to, on the verge of; **punto de partida** starting point; **punto de vista** point of view
puntual punctual
punzó bright red (color)
puñal dagger
puñalada: matar a puñaladas to stab to death
puñetazo stab
puro pure

Q

quedar to be left; to have left; to fit (*clothing*); **quedarse** to stay, remain
quehacer household chore
queja complaint
quejarse (de) to complain about
quemar to burn
querer (*irreg.*) to want; to love; **no querer** (*preterite*) to refuse; **querer decir** to mean
querido *adj.* dear
queso cheese
quiebra bankruptcy
quieto still, calm
química chemistry
químico *n.* chemist; *adj.* chemical
quinta house
quirúrgico surgical

quitar to remove, take away; **quitarse** to take off (*clothing*)
quizá(s) perhaps

R

rabino rabbi
racional *adj.* rational
racionamiento rationing
racismo racism
racket: cancha de racket racquetball court
radicado established
radio *m.* radio (*instrument, set*); radium; *f.* radio (*medium*)
radiografía X-ray
raíz root
rana frog
rapar to shave
rápido *adj.* fast, rapid; *adv.* quickly, rapidly
raptar to abduct
raqueta racket
raro strange, odd; rare
rascacielos *m. s., pl.* skyscraper
rasgar to scrape
rasgo trait, feature
rastreo tracking
rastro trace
rato brief period of time
ratón mouse
raya stripe
rayo ray
raza race (*ethnic*)
razón *f.* reason; **tener** (*irreg.*) **razón** to be right
razonamiento reasoning
reacción reaction
reaccionar to react
reaccionario *n.* reactionary
real real; royal
realidad reality
realista *m., f.* realistic
realización accomplishment, carrying out
realizar to accomplish, carry out; **realizarse** to be realized/completed
reanimar to revive
reanudar to renew, resume
reaparición reappearance
rebanada slice
rebelarse to rebel
rebelde *n. m., f.* rebel; *adj.* rebellious
rebeldía rebellion
rebosante dripping
rebotar to bounce

recado message, note
recelo distrust
receptividad receptivity
receta médica prescription
rechazar to reject
rechazo rejection
rechoncho chubby
recibir to receive
reciclaje recycling
reciclar to recycle
recién + *p.p.* recently, newly + *p.p.;* **recién llegado** newcomer; **recién nacido** newborn
reciente recent
recipiente container
recíproco reciprocal
recitar recite
recluta *m., f.* recruit
recobrar to recover
recoger (*like* **coger**) to pick up; to collect, gather
recolección harvest
recomendación recommendation
recomendar (ie) to recommend
reconciliar to reconcile
reconocer (*like* **conocer**) to recognize
reconquistar to reconquer
reconstrucción reconstruction
recopilar to compile
recordar (ue) to remember
recorrer to travel through or across
recorrido route
recortar to outline
recorte newspaper clipping
recreativo recreational
rectificar to rectify
rector president (*of a university*)
recuerdo memory
recuperar to recuperate
recurrir a to resort to
recurso resource
red *f.* net(work); **navegar la red** to surf the net; **red local** local area network; **trabajar en red** to be networked
redactar to edit
redondo round
reducción reduction
reducir *irreg.* to reduce
reemplazado replaced
reencarnación reincarnation
referencia reference
referirse (ie, i) (a) to refer (to)
refinar to refine
reflejar to reflect

reflejo reflection
reflexión reflection
reflexivo reflexive
reforma reform
reformular to reformulate
reforzar (*like* **forzar**) to reinforce
refrenar to curb
refrendado authenticated
refrescante refreshing
refresco refreshment
refugiado refugee
refugiarse to take refuge
refugio refuge
regalar to give (*a gift*)
regalo gift
regaño nagging; scolding
régimen special diet
regio super, fantastic (*fig.*)
región region
regionalismo regionalism
registrar to search
registro register
regla rule
reglamento regulation
regresar to return
regular to regulate
rehacerse (*like* **hacer**) to pull oneself together
rehén hostage
reina queen
reino reign; realm
reír(se) (í, i) to laugh
rejas *pl.* bars (*of prison*)
rejilla caned work
rejuvenecer (zc) to rejuvenate
relación relation
relacionado (con) related (to)
relacionar to connect, relate
relajar(se) to relax
relativo *adj.* relative
relevante relevant
religión religion
religioso religious
reloj *m.* clock; watch; **reloj despertador** alarm clock
relojería watch making, clock making
reluciente shining
remedio solution
rememorar to recall
remolino swirling
remontarse to go back (*in time*)
remoto remote
remozado rejuvenated
Renacimiento Renaissance
rendirse (i, i) to surrender

renta income
rentabilidad profitability
renunciar (a) to quit
reparación repair
reparar to repair
repartir to distribute, divide up
repasar to review
repaso review
repente: de repente suddenly
repercusión repercussion
repetición repetition
repetir (i, i) to repeat
reponerse (*like* **poner**) to recover
reportar to report
reportero reporter
represalia retaliation
representación representation
representante *n. m., f.* representative; **Cámara de Representantes** House of Representatives
representar to represent
representativo *adj.* representative
represión repression
represivo repressive
reproducido reproduced
República Dominicana Dominican Republic
Republicano *n.* Republican
repudiar to repudiate
requerer (*like* **querer**) to require
requeterrico very, very rich
requisito requirement
resbalar to glide
rescatado rescued
rescate rescue
reseco thoroughly dry
resentamiento resentment
reservar to reserve
resfriado common cold
residencia residence; **residencia estudiantil** dormitory
residencial residential
residente *m., f.* resident
resistencia resistance
resistir to resist
resolución resolution
resolver (ue) (*p.p.* **resuelto**) to solve; to resolve
respaldo backing
respectivamente respectively
respecto: al respecto in regard to the matter; **con respecto a** with respect to, with regard to
respetar to respect
respeto respect

respirar to breathe
respiratorio respiratory
respiro rest
resplandor brightness
responder to answer, respond
responsabilidad responsibility
responsable responsible
respuesta answer, response
restablecido reestablished
restauración restoration
restaurado restored
restaurante restaurant
resto rest
restricción restriction
resultado result
resultante resulting
resultar to turn out to be
resumen summary
resurgimiento resurgence
retener (*like* **tener**) to retain
retentiva memory
retirar to withdraw; to remove
reto challenge
retoño child, kid (*fig.*)
retornar to return, go back
retraso delay
retratar to portray
retrato portrait
retroceder to back up
reunión meeting; reunion
reunir (reúno) to unite, assemble; **reunir fondos** to raise funds; **reunirse** to meet, get together
revelar to reveal
revista magazine
revocar to plaster or whitewash
revolución revolution
revolucionario revolutionary
revolver (*like* **volver**) to stir up; to turn over
rey *m.* king
rezar to pray
ribeteado trimmed
rico rich; delicious
ridiculizar to ridicule, make fun of
ridículo ridiculous
riesgo risk; **bajo riesgo** at risk
riflero rifleman
rincón corner
riña quarrel, dispute
río river
riqueza wealth, riches
risa laughter
ritmo rhythm; pace
rival *n. m., f.* rival

rivalidad rivalry
robar to rob, steal
robo theft, robbery
roca rock
roce rubbing
rocoso: Montañas Rocosas Rocky Mountains
rodear to surround
rodeo twist, turn
rogar (ue) to beg
roído damaged
rojo red; **Caperucita Roja** Little Red Riding Hood
rollo roll
romántico romantic
romper (*p.p.* **roto**) to break; to tear
ropa clothing; **ropa vieja** *braised shredded beef*
ropero closet
rosado pink
rosquilla sweet fritter
rostro face
rozar to rub
rubio blond
ruborizar to blush
rueda wheel
rugido roar
ruido noise
ruidoso noisy
ruína ruin
rumbo course, direction
ruptura break
rural rural; **despoblación rural** movement away from the countryside
ruso *n., adj.* Russian
ruta route

S

S.A. *abbrev. of* **sociedad anónima** corporation (Inc.)
sábana sheet
saber *irreg.* to know; (*preterite*) to find out; **saber ? ** *inf.* to know how to (*do something*); **saber de memoria** to know by heart
sabiduría knowledge, wisdom
sabor taste, flavor
saborear to taste
sacar to take out; to obtain, get; **sacar de paseo** to take for a walk/ride; **sacar una foto** to photograph, take a picture
sacerdote priest

sacramento: Santo Sacramento Holy Sacrament
sacrificar to sacrifice
sacrificio sacrifice
sagrado sacred
sala room; **sala de belleza** beauty parlor/salon; **sala de espera** waiting room; **sala de estar** living room
salario salary
salida way out; departure; exit
saliente outgoing, exiting
salir *irreg.* to leave, go out; **salir a la luz** to come to light; **salir adelante** to get ahead
salón room, salon, reception room; **salón de belleza** beauty parlor/salon; **salón de billar** pool hall
salpicar to sprinkle
saltado cracked
saltar to jump
salud health
saludable healthy
saludar to greet
salvación salvation
salvadoreño *n.* Salvadoran
salvar to save
salvavidas *m., f. s., pl.* lifeguard (*person*)
salvo: a salvo out of danger
sanatorio sanitarium; hospital
sanción sanction
sancionar to sanction
sándwich *m.* sandwich
sangre *f.* blood
sangriento bloody
sanidad health
santería *a class of religious rites or practices originating from West Africa, a form of voodoo*
santidad: Su Santidad His Holiness
santo *n.* saint; **Día de Todos los Santos** All Saints' Day; *adj.* holy; **Santo Sacramento** Holy Sacrament; **Semana Santa** Holy Week; **Tierra Santa** Holy Land
saqueo sacking, pillaging
sardina sardine
sargento sergeant
sastrería masculina tailor's trade
satisfacción satisfaction
satisfecho (*p.p. of* **satisfacer**) satisfied
saturado saturated
secador de pelo hair dryer
secar(se) to dry
sección section
secar(se) to dry (oneself)

seco dry
secretariado secretaryship; **secretariado comercial** commercial secretaryship
secretario secretary
secreto secret; **agente** (*m., f.*) **secreto** secret agent
secta sect
secuencia sequence
secuestrar to kidnap, hijack
secuestro kidnapping; hijacking
secundario: escuela secundaria middle/high school
sed *f.* thirst; **tener** (*irreg.*) **sed** to be thirsty
seda silk
sedentario sedentary
segmento segment
seguida: en seguida immediately, right away
seguidamente immediately, forthwith
seguir (i, i) (g) to follow; to continue
según according to
segundo second; **de segunda mano** secondhand
seguridad security; **cinturón de seguridad** safety belt
seguro *n.* insurance; *adj.* sure
selección selection
sellar to seal
selva jungle; **Selva Amazónica** Amazon Forest/Jungle
semáforo traffic light
semana week; **fin de semana** weekend; **semana pasada** last week; **semana que viene** next week; **Semana Santa** Holy Week
semántico semantic
sembrado planted field
semejante similar
semejanza similarity
semestre semester
semicerrado half-closed
senado Senate
sencillo simple
sendero path
sensación sensation
sensibilidad sensitivity
sensible sensitive
sentarse (ie) to sit down
sentencia judgment, sentence (*law*)
sentido sense (*physical*); meaning; **tener** (*irreg.*) **sentido** to make sense
sentimiento feeling

sentir (ie, i) to feel (*with nouns*); to regret; **lo siento** I'm sorry; **sentirse** to feel (*with adjectives*)

señal *f.* signal; **señal luminosa** traffic light, signal

señalar to point out

señalización system of signs, signals (*traffic*)

señor Mr.; man

señora Mrs.; lady

separación separation

separar to separate

septicemia blood poisoning

sepulcro tomb

sepultura: dar (*irreg.*) **sepultura** to bury

ser *n.* being; **ser humano** human being

ser *irreg.* to be; **es decir** that is to say; **llegar a ser** to get to be, become

serbio Serb

sereno calm

serie *f.* series

serio serious

serpiente *f.* snake

servicio service

servidumbre *f.* servitude; inevitable obligation

servir (i, i) to serve

sesión session

severidad severity

severo severe

sevillano person from Seville

sexismo sexism

sexo sex

si if

sí yes

siempre always

siesta nap

sigla acronym; abbreviation

siglo century

significado meaning

significar to mean

significativo significant, meaningful

signo sign, mark

siguiente following; **al día siguiente** (on) the following day

silencio silence

silencioso quiet

silfide *f.* sylph, nymph

silla chair

sillón armchair

silvestre wild

simbolizar to symbolize

símbolo symbol

simetría symmetry

similitud similarity, resemblance

simpatía sympathy

simpático nice

simplista *m., f.* simplistic

simultáneamente simultaneously

sin without; **sin duda** doubtless; **sin embargo** nevertheless, however; **sin que** *conj.* without

sinagoga synagogue

sincero sincere

sincretismo syncretism

sindicato labor union

sino but, except, but rather; **sino que** *conj.* but rather

sinónimo synonym

síntesis synthesis

síntoma *m.* symptom

sintonía theme song

siquiera: ni siquiera not even

sistema *m.* system

sistemático systematic

sitio place

situación situation

situado located

sobornar to bribe

soborno bribery

sobre over; on; about; regarding

sobredosis *f. s., pl.* overdose

sobremanera exceedingly

sobrenatural supernatural

sobrepoblación overpopulation

sobrepoblado overpopulated

sobrevivir to survive

sobrina niece

sobrino nephew; *pl.* nieces and nephews

socialización socialization

socializar to socialize

sociedad society

socio partner, associate

socioeconómico socioeconomic

sociólogo sociologist

sociopolítico sociopolitical

sofá *m.* sofa

sofisticado sophisticated

sol sun; *unit of currency of Peru;* **hacer** (*irreg.*) **sol** to be sunny; **tomar el sol** to sunbathe

solar: energía solar solar energy

soldado soldier; **mujer** (*f.*) **soldado** (female) soldier

soledad solitude; loneliness

soler (ue) to be in the habit of

solicitar to apply (*for a job*); to request

solicitud application

solidaridad solidarity

solitario alone

solo *adj.* alone; only, sole; **a solas** by oneself

sólo *adv.* only

soltar (ue) (*p.p.* **suelto**) to let go

soltero *adj.* single, unmarried; **madre** (*f.*) **soltera** single mother

soluble soluble, solvable

solución solution

solucionar to solve

sombra shadow

sombrero hat

sombrilla parasol

someter to submit; to subdue; **someter a juicio** to try (*in court*)

sonar (ue) to ring; to sound; to go off

sondeo survey

sonreír (*like* **reír**) to smile

sonriente smiling

sonrisa smile

soñador dreamy, dreaming

soñar (ue) (con) to dream (about)

soñoliento sleepy, drowsy

sopa de letras word-search puzzle

soportar to tolerate, put up with; to bear, endure

soporte base; support

sórdido sordid

sordo deaf; dull

sorprendente surprising

sorprender to surprise

sorpresa surprise

sorpresivamente unexpectedly

sosegar (ie) to calm, quiet

sospecha suspicion

sospechar to suspect

sospechoso suspicious

sostener (*like* **tener**) to hold up, support; to maintain

soviético: Unión Soviética Soviet Union

squash: cancha de squash squash court

suave soft; smooth

subir to raise; to go up, climb; to take up; **subir de peso** to gain weight

subordinación subordination

subordinado subordinate; **cláusula subordinada** *gram.* subordinate clause

subrayar to underline

suburbio suburb; slum

subvención subsidy

subversivo subversive

suceder to happen, occur

sucesión succession

sucesivo successive
suceso event, happening
sucio dirty
Sudamérica South America
sudamericano *adj.* South American
sudar to sweat
sudor sweat
suegra mother-in-law
suegro father-in-law; *pl.* in-laws
sueldo salary
suelo floor; ground
sueño dream; **tener** (*irreg.*) **sueño** to be sleepy
suerte *f.* luck; **tener** (*irreg.*) **suerte** to be lucky
suéter sweater
suficiente enough, sufficient
sufrimiento suffering
sufrir to suffer; to undergo
sugerencia suggestion
sugerir (ie, i) to suggest
Suiza Switzerland
suizo *adj.* Swiss
sujetar to hold down
sujeto subject
sumamente extremely
sumar to add up
sumergir (j) to submerge
suministrar to supply, provide
sumiso submissive
superar to overcome; to surpass
superficie *f.* surface
superfluo superfluous
superior higher; superior
superioridad superiority
supermercado supermarket
superstición superstition
supervisado supervised
supervivencia survival
suplemento supplement
suplicar to entreat, implore
suponer (*like* **poner**) to suppose, assume
supremo: Corte (*f.*) **Suprema** Supreme Court
supuestamente supposedly
supuesto: por supuesto of course
sur south
sureste southeast
surgir (j) to arise, come forth
suroeste southwest
suscitar to provoke
suspender to fail, flunk (*someone*); to suspend
sustancia substance

sustantivo noun
sustituir (y) to substitute
susurrante rustling
susurro whisper, murmur

T

tabaco tobacco; cigarettes
taberna tavern
tabla table, chart; plank
tabulador tabulator
tacaño stingy
tacón heel
táctica tactic
tal such (a); **con tal (de) que** provided that; **tal vez** perhaps, maybe
tala de árboles logging
talco powder, talc
talento talent
talla size (*clothing*)
taller shop, workshop
tamaño size
tambalear to totter
también also
tampoco neither, not either
tan so, as; such **tan... como** as . . . as; **tan pronto como** as soon as
tanto so much; as much; *pl.* so many; as many; **por lo tanto** therefore; **tanto... como...** both . . . and . . .
tapar to cover (up)
taquito building block (*toy*)
tardar (en) to take (*time*)
tarde *n. f.* afternoon; *adv.* late; **tarde o temprano** sooner or later
tarea homework; task; **tarea doméstica** household chore
tarjeta card; **tarjeta de cajero** ATM card; **tarjeta de crédito** credit card; **tarjeta postal** postcard
tasa rate; **tasa de mortalidad** death rate; **tasa de natalidad** birth rate
tatuaje tattoo
tatuarse to get a tattoo
taza cup
teatro theater
techo roof
tecla key (*computer, piano*)
teclado keyboard
técnica technique
técnico *n.* technician; *adj.* technical
tecnología technology
tecnológico technological

tecnólogo technologist
teja roof tile
tela fabric, cloth
teleadicto television addict
telefónico *adj.* telephone
teléfono telephone; **teléfono celular** cellular telephone; **teléfono inalámbrico** cordless telephone
telemaratón telethon
telenovela soap opera
tele(visión) television (*programming*)
televisor television (*set*)
tema *m.* theme; subject
temblar to tremble
temer to fear
temerario foolhardy
temeroso afraid
temible frightening
temor fear
temperatura temperature
templado temporate; soft
templo temple
temporada season
temporal temporary
temporáneo temporary
temprano early; **tarde o temprano** sooner or later
tendencia tendency
tenderse (ie) to stretch out
tener *irreg.* to have; **no tener inconveniente** to have nothing against; **tener... años** to be . . . years old; **tener calor/frío** to be hot/cold; **tener cuidado** to be careful, cautious; **tener en cuenta** to take into account; to keep in mind; **tener éxito** to be successful; **tener ganas de** ? *inf.* to feel like (*doing something*); **tener hambre** to be hungry; **tener lugar** to take place; **tener miedo** to be afraid; **tener prisa** to be in a hurry; **tener que** ? *inf.* to have to (*do something*); **tener que ver con** to have to do with; **tener sentido** to make sense; **tener sueño** to be sleepy; **tener suerte** to be lucky
tenis tennis
tenista *m., f.* tennis player
tensión tension
teñirse (i, i) to dye
teoría theory
terapéutico therapeutic
tercer, tercero third
tercio *n.* third

terminar to finish, end

término term

terrateniente landholder

terraza terrace

terreno terrain, land

terrestre terrestrial, earthly

territorio territory

terrorismo terrorism

terrorista *n., adj. m., f.* terrorist

terroso earthy

terso smooth

tesis *f. s., pl.* thesis

testigo *m., f.* witness

testimonio testimony

texto text; **procesador de textos** word processor

tía aunt

tibio lukewarm

tiempo time (*general*); weather; tense (*gram.*); **a tiempo** on time; **al mismo tiempo** at the same time; **hacer** (*irreg.*) **buen/mal tiempo** to be good/bad weather; **perder (ie) tiempo** to waste time; **tiempo completo** full-time; **tiempo libre** free time; **tiempo parcial** part-time

tienda store

tierno tender

tierra land, earth; Earth (*planet*); **Tierra Santa** Holy Land

tímido shy, timid

tinaja big jar

tinto: vino tinto red wine

tío uncle; *pl.* aunts and uncles

típico typical

tipo type, kind, sort; guy

tiquete ticket

tira: tira adhesiva adhesive strip; bandage; **tira cómica** comic strip

tirante iron rod

tirar to throw

tiro: cancha de tiro shooting range

titular capital letter; title

título title

tocadiscos *m. s., pl.* record player, stereo

tocar to touch; to knock (at the door); to play (*an instrument*); **tocar a** to be someone's turn

todavía still, yet

todo all, everything, all of; **ante todo** above all; **Día** (*m.*) **de Todos los Santos** All Saints' Day; **en/por todas partes** everywhere; **todo el día** all day; **todos los años** every year; **todos los confines** everywhere; **todos los días** every day

tolerancia tolerance

tolerar to tolerate

toma intake; taking

tomar to take; to drink; to eat; **tomar el sol** to sunbathe; **tomar una copa** to have a drink; **tomar una decisión** to make a decision; **tomar (unas) vacaciones** to take a vacation

tomatazo throw of a tomato

tomate tomato

Tomatina *festival in Spain during which participants throw tomatoes at one another*

tomo volume

tono tone

tonto silly, dumb

torcido twisted; turned up

torero bullfighter

tormento torment

tornero lathe operator

torno pottery wheel

toro bull

toronja grapefruit

torpe clumsy, awkward

torrente torrent

tortuga turtle

tortura torture

torturar to torture

tosco rough

toser to cough

toxicomanía (drug) addiction

toxicómano (drug) addict

trabajador *n.* worker; *adj.* hardworking

trabajar to work; **trabajar en red** to be networked

trabajo job; work; paper (*academic*); **compañero de trabajo** coworker; **trabajo manual** manual labor

trabajosamente laboriously

tradición tradition

tradicional traditional; **lo tradicional** traditional things

traducción translation

traducir *irreg.* to translate

traer *irreg.* to bring

traficante *m., f.* drug dealer

tráfico traffic

tragedia tragedy

trágico tragic

traicionar to betray

traje suit

trampa: hacer (*irreg.*) **trampa(s)** to cheat

tramposo cheater

tranquilidad tranquility

tranquilo calm, tranquil

transacción transaction

transcrito (*p.p. of* **transcribir**) *adj.* transcribed

transcurrir to pass (*time*)

transfigurado transfigured

transformar to transform

transición transition

tránsito traffic

transitoriamente temporarily

transmitir to transmit; to broadcast

transparente transparent

transplante transplant

transporte transportation

tranvía tram, trolley car

traquetear to clatter, rattle

tras *prep.* after, behind

trasladar(se) to move, transfer (*to another place*)

trasnochar to stay up all night

tratado treaty

tratamiento treatment

tratar to treat; **se trata de** it's a question of, it's about; **tratar de** + *inf.* to try to (*do something*); **tratar de** + *noun* to deal with (*a topic*)

trato treatment

través: a través de through, across

travesura trick, prank; **hacer** (*irreg.*) **travesuras** to play pranks

travieso mischievous

trébol clover

trecho: a trechos partially; at intervals

tregua break; truce

tremendo tremendous

trémulo trembling

tren train

tribu *f.* tribe

tribunal court

trigo wheat

trimestre trimester

trineo: deslizarse en trineo to go sledding

trino trill

triste sad

tristeza sadness

triunfar to triumph

triunfo triumph

trono throne

tropa troup

tropezar con to run into
trozo piece, chunk
truco trick; **hacer** (*irreg.*) **trucos** to play tricks
tumba tomb, grave
tumbar to knock down, knock over
túnel tunnel
turbar to disturb
turbio cloudy
turco Turkish bath
turismo tourism
turista *n. m., f.* tourist
turno (work) shift

U

ubicarse to be located
ubicuo ubiquitous
ufano self-satisfied
últimamente lately
último last; most recent, latest; **por último** finally
ultraconservador ultraconservative
umbral doorway; threshold
único only, sole; unique; **hijo único** only child
unidad unit
unido: Estados Unidos United States
uniforme *n., adj.* uniform
Unión Soviética Soviet Union
unir to join, unite; **unirse a** to join together
universidad university
universitario *adj.* university, pertaining to the university
universo universe
urbanismo urban development
urbanista *m., f.* developer, city planner
urbanización migration into the cities; subdivision or residential area
urbanizar to urbanize
urbano urban
urgente urgent
uruguayo *n.* Uruguayan
usar to use
uso use
usuario user
útil useful
utilizar to use, utilize
uva grape

V

vaca cow
vacaciones *pl.* vacation; **estar** (*irreg.*) **de vacaciones** to be on vacation; **ir** (*irreg.*) **de vacaciones** to take a vacation; **tomar (unas) vacaciones** to take a vacation
vacilación hesitation
vacilante hesitant
vacío empty
vagabundo bum
vagamente vaguely
vagón train car
valentía bravery
valer *irreg.* to be worth; **valer** (*irreg.*) **la pena** to be worthwhile
válido valid
valiente brave
valija valise; luggage
valioso valuable
valle valley
valor value; **valores al cobro** accounts payable
valorar to value
vampiro vampire
vanidad vanity
vano opening
vapor steam
vaquera cowgirl
vaquero cowboy
variante varying
variar to vary
variedad variety
varios several
vasco *adj.* Basque
vaso glass
vasto vast, immense
¡vaya! *interj.* well!; really!
vecindario neighborhood
vecino *n.* neighbor; *adj.* neighboring
vedar to forbid, ban
vegetariano vegetarian
vehículo vehicle
vejez old age
vela candle
velocidad speed; **límite de velocidad** speed limit
vena vein
vencer (z) to conquer, beat; **vencerse** to control or restrain oneself
vendado bandaged
vendaje bandage
vendedor salesperson
vender to sell
venezolano *n., adj.* Venezuelan
vengador *n.* avenger; *adj.* vengeful
venir *irreg.* to come; **la semana que viene** next week
venta sale; **estar** (*irreg.*) **a la venta** to be on/for sale

ventaja advantage
ventana window
ventanilla ticket window
ver *irreg.* to see; **tener** (*irreg.*) **que ver con** to have to do with; **verse colmado** to reach one's highest point
veraneo summering, vacation
verano summer
veras: de veras really, truly
verdad truth
verdadero real, genuine; true
verde green
verdugo hangman, executioner
verdura vegetable
veredicto verdict
vergonzoso shameful
verg̲enza shame
vericueto rough part
versión version
verso verse; line of poetry
vestido dress
vestigios remains
vestir(se) (i, i) to dress
veterano veteran
vez time, instance; **a veces** sometimes, at times; **a la vez** at the same time; **a su vez** in turn; **alguna vez** sometime; once; ever (*with a question*); **algunas veces** sometimes; **cada vez más** more and more; **cada vez mayor** greater and greater; **cada vez menor** fewer and fewer; younger and younger; **cada vez menos** fewer and fewer; **cada vez que** whenever, every time that; **de vez en cuando** once in a while; **en vez de** instead of; **muchas veces** often, frequently; **otra vez** again; **tal vez** perhaps, maybe; **una vez** once
vía: en vías de desarrollo developing; **vía férrea** railway, railroad
viajar to travel
viaje trip; **hacer** (*irreg.*) **un viaje** to take a trip
vicio bad habit, vice
víctima victim
vida life; **llevar una vida (feliz/difícil)** to lead a (happy/difficult) life
vídeo video
videocasetera VCR
videojuego video game
vidrio glass; **envase de vidrio** jar
viejo *n.* old person; *adj.* old; **ropa vieja** *braised shredded beef*
viento wind

vigilante vigilant
vigilar to watch; to guard
vil vile
vincha hair band
vinculado tied, bound
vínculo link, bond; **vínculo fraternal** fraternal bond
vino wine; **vino tinto** red wine
violación rape
violar to rape; **violar la ley** to break the law
violencia violence
violento violent
visión vision
visita visit; **estar** (*irreg.*) **de visita** to be visiting; **hacer** (*irreg.*) **una visita** to pay a visit
visitante *m., f.* visitor
visitar to visit
víspera eve, day before
vista: punto de vista point of view
viuda widow
viudo widower
víveres *m. pl.* foodstuffs
vivienda housing, dwelling place

vivir to live
vivo alive; vivid
vocabulario vocabulary
vocal *f.* vowel
volador: platillo volador flying saucer
volante: platillo volante flying saucer
volar (ue) to blow up; to fly
volcán volcano
volumen volume
voluntad will; **a voluntad** as you wish; **de buena voluntad** willingly
voluntario volunteer
volver (ue) (*p.p.* **vuelto**) to return, come/go back; **volver a** + *inf.* to (*do something*) again; **volverse** to become
votar to vote
voto vote
voz voice; **a grandes voces** in a loud voice; **en voz alta** in a loud voice; aloud; **en voz baja** in a low/quiet voz
vuelo: auxiliar (*m., f.*) **de vuelo** flight attendant
vuelta return

W

Web: página Web Web page

Y

y and
ya already; right away; now; **ya no** no longer; **ya que** since, given that
yacimiento bed, field (*geology*)
yanqui *n., adj.* Yankee
yema del dedo fingertip

Z

zafio boorish
zaguán doorway
zanja ditch, trench
zapatería shoe store
zapatilla dress shoe; slipper
zapato shoe (*general*)
zona area, zone
zozobrar to sink

INDEX

CREDITS

ABOUT THE AUTHORS

Mary Lee Bretz is Professor Emerita of Spanish and former Chair of the Department of Spanish and Portuguese at Rutgers University. Professor Bretz received her Ph.D. in Spanish from the University of Maryland. She has published numerous books and articles on nineteenth- and twentieth-century Spanish literature and on the application of contemporary literary theory to the study and teaching of Hispanic literature.

Trisha Dvorak is Senior Program Manager with Educational Outreach at the University of Washington. She has coordinated elementary language programs in Spanish and taught courses in Spanish language and foreign language methodology. Professor Dvorak received her Ph.D. in Applied Linguistics from the University of Texas at Austin. She has published books and articles on aspects of foreign language learning and teaching, and is coauthor of *Composición: Proceso y síntesis,* a writing text for third-year college students.

Carl Kirschner is Professor of Spanish and Dean of Rutgers College. Formerly Chair of the Department of Spanish and Portuguese at Rutgers, he teaches courses in linguistics (syntax and semantics), sociolinguistics and bilingualism, and second-language acquisition. Professor Kirschner received his Ph.D. in Spanish Linguistics from the University of Massachusetts. He has published a book on Spanish semantics and numerous articles on Spanish syntax, semantics, and bilingualism, and edited a volume on Romance linguistics.

Rodney Bransdorfer received his Ph.D. in Spanish Linguistics and Second Language Acquisition from the University of Illinois at Urbana-Champaign. He has taught at Purdue University, the University of Illinois at Chicago, and Gustavus Adolphus College. He is currently Associate Professor of Spanish at Central Washington University. He has presented papers at national conferences such as AATSP and AAAL. In addition to his work on the fifth edition of the *Pasajes* series, he also coauthored the first and second editions of the *Manual que acompaña ¿Qué te parece?* (2000, McGraw-Hill), authored the instructor's annotations for *Nuevos Destinos: Spanish in Review* (2003, McGraw-Hill), and coauthored the instructor's annotations for *Destinos: Alternate Edition* (2002, McGraw-Hill).

Constance Moneer Kihyet is Professor of Spanish at Saddleback College in Mission Viejo, California, where she currently teaches a wide range of courses in Spanish language and Latin American civilization and culture. She received her Ph.D. in Spanish at Florida State University in 1979, specializing in Golden Age literature. Her interests and publications include studies of Golden Age and nineteenth-century Spanish literature, as well as aspects of second-language acquisition and teaching methodology. She has reviewed numerous McGraw-Hill texts, including *¿Qué tal? An Introduction to Spanish*, Fifth Edition, and *Tapices literarios*, and presented seminars on foreign-language teaching methodology. Professor Kihyet has written test bank materials for the *Pasajes: Lengua*, Fourth Edition program and is a coauthor of the test bank for *Puntos de partida, An Invitation to Spanish*, Sixth Edition. She is coauthor of *El mundo hispano, An Introductory Cultural and Literary Reader*, and *Con destino a la comunicación*, and also served as a contributing writer and reviewer on various components of the fourth edition of the McGraw-Hill intermediate Spanish program *Pasajes*.